叢書・ウニベルシタス　799

アレントとハイデガー

政治的なものの運命

デーナ，R. ヴィラ
青木隆嘉 訳

法政大学出版局

Dana R. Villa
ARENDT AND HEIDEGGER

This translation published by arrangement with
Princeton University Press through
The English Agency (Japan) Ltd.

目　次

第5章　根拠抜きの行為・根拠抜きの判断力──ポスト形而上学の政治　238

第6章　近代批判　284

まえがき

本書の主題はハンナ・アレントの政治行為論だが、彼女の理論とマルティン・ハイデガーの哲学との関係も継承と批判の両面にわたって明らかにする。本書の主題は小さなものだが、大きな主題とも言える。アレント政治思想の包括的な概観や批判をめざしていないという意味では、主題は小さなものだ（そういう概観がどうしても必要な人は、ジョージ・ケイテブの論考かマーガレット・カノヴァンの近著を参照されたい）。主題を行為（action）の理論に限定したため、アレント思想のいくつかの重要な側面は簡単にすまさざるをえなかった。たとえば『全体主義の起源』はあまり重視していない。『エルサレムのアイヒマン』も同様である。カノヴァンが指摘しているように、一部省略するこのやり方には、アレントを特に政治理論へ駆り立てた経験を軽視する危険がある。しかし、アレントという二〇世紀最大の独創的政治思想家を理解するには新しい視点が必要である。そういう視点に立とうとすれば、伝統を突破した彼女の行為論のラディカルな部分に焦点を当てなければならない。ハンナ・アレントの政治行為論が西洋政治思想の伝統から離脱していることに目を向けない限り、彼女がいかに独創的な政治思想家であるかはわからない。これだけははっきり言っておきたい。

アレントの著作の無視されがちな次元をハイデガーを介して解明するとともに、ハイデガーの政治論をアレントによって批判するわけだが、私の企てが大きなものだと言うのはそのためだけではない。確かに、このどちらも小さな仕事ではない。しかし、それが非常に複雑になるのは、アレントの独創の多くが哲学や政治理論の伝統への批判的応答に認められるからだ。彼女の行為論は、プラトン・アリストテレス的根源に由来する伝統の深層批判としか言いようのない仕事である。彼女が伝統の底にある反政治的な偏見の起源を見いだすために着目したのが、ハイデガーによる西洋哲学の脱構築なのだ。しかし彼女はハイデガーの脱構築の身振りをただ**反復する**のではない。ハイデガーが解釈の際に駆使した暴力を、アレントは彼自身が認めない（そして明らかに認めなかった）方向に向け変えている。したがってここでは、アレントの政治理論とハイデガーの哲学との複雑な関係の検討にとどまることなく、むしろアレントとハイデガーによる伝統批判を検討して、現代の病理現象に対する伝統の影響を彼らがどう見ているかを調べることにする。

表題に「と」が含まれているため、アレントとハイデガーと彼らが批判する根拠主義（foundationalism）という権威主義的伝統、この三者を比較対照しつつ展開される議論の三つ巴の構造があまり目立たない。言うまでもなく、**こういう**文脈で取り上げるアレントは、日常の政治的関心とは縁遠い思想家である。最近の解説者たちのように、アレントを「再検討」して、今日の政治運動に利用できるようにしようとは私は思わなかった。そうした「我田引水」の読み方をすると、彼女の思想は毒にも薬にもならぬものになってしまう。彼女の関心事である思想の中核を切り捨ててしまうことにもなりかねない。批判者たちが、アレントの最も重要な公私の区別を自由主義的政治理論と同じような区別だと考えて、無視している場合は少なくない。しかし、公的領域特有の現実への関心を無視して（あるいはそれに気づかずに）、彼女の闘争的行為論だけを重視しても、アレントを理解したことにはならない。そういう読み方では、公私を区別する仕方や理由に関する**自分の**偏見を彼女に押しつけ、自己投影して彼女を非難することになってしまう。アレントによる公私の区別を批判したければ、少なくとも、その区別は自由主義的理論に見られるものと同じでは**ない**こと、彼女が――時代とともに変化する現象学的領域の特徴を思い出させるために――公私を区別する動機は、たとえばロックが合法的国家権力の限界に関して行った区別とは、ほぼ無関係であることぐらいは心得ていなければならない。

アレントを読む場合には、ハイデガーと合わせて読むとともに、ハイデガーと対立させて読む必要がある。そういう読み方をしないと、国家や経済とは異なる公的領域の消滅に関する彼女の懸念は理解できない。公的領域と国家や経済との差異を抹殺すれば、時代の歪みはたちどころに直ると思い込まれているような時代では、アレントの懸念も解答も、時期はずれの思想のように思われるかもしれない。政治は純粋な自己充足的行為だという彼女の考えも、謎でしかないかもしれない。しかしこういう読み方をしさえすれば、その謎も解ける。

アレントの政治理論が重要なのは、(平等や参加を求め、討議による健全な民主制をめざす)今日の闘争の解決法が得られるからだけではない。そういう闘争が起こる**状況**に関する根本的に新しい視点にこそ、アレントの理論の深い意味がある。アレントは世界史的な長い時間のなかで、「われわれが行っていることを考える」試みをやってみようとしている。その試みの成否は、ほかならぬ政治と「政治的なもの」との区別にかかっている。この二つを区別すると、現在の政治的な行為や分析や判断では自明とされている一連の前提に目が届くようになる。アレントはこの区別を、**真に**政治的なものの一種超越的な基準としてプラトン主義的に使っているわけではない。この区別によって、政治的なものに関する**われわれの**感覚が歴史的に限定された有限なものであることが思い出されるのだ。自分の時代や彼女の時代の政治的要求に突き動かされて読んでいるうちは、アレントの著作のこういう特質を正しく理解することはできない。そういう読み方をしたのでは、伝統や時代状況との出会いのなかで育まれ、行為の衝動よりも理解の要求に応えようとする、アレントの政治思想の地平をせばめてしまうことにしかならない。

謝辞

本書を実現できたのは、多くの方々や施設のご協力のおかげである。連邦人文学基金がタイムリーに奨学金を交付され、アマースト・レーヴェンシュタイン協会が財政的に援助され、アマースト大学評議員の方々が寛大に休暇を与えてくださったことに感謝したい。数年にわたって夏季とサバティカルの期間、ハーバード大学のヨーロッパ研究センターから快適な宿舎が提供されたことにも感謝したい。最後に、マールバッハのドイツ文書資料館が、アレントに送られたハイデガーの原稿の多くを利用させてくださったことに謝意を表する。（アレントとハイデガーの往復書簡は現在、原則として研究者に公開されていない。）

他の方々との会話や議論から多くのことを得たが、なかでもジョージ・ケイテブ、セイラ・ベンハビブ、リチャード・フラスマン、ビル・コノリー、ボニー・ホーニッグ、トレイシー・ストロング、フレッド・ドーラン、ボブ・グッディング＝ウィリアムズ、ナサニエル・バーマン、テリー・アラジェム、パッチェン・マーケル、千葉　眞、ニック・ゼノス、（とりわけ）ジェフ・ロモナコに学ぶところ多大であった。本書の一部は、ハーバードとプリンストンでの政治哲学会で発表したものであり、その学会に参加されたすべての方々に感謝している。特にハーバード大学のスティーヴ・マセドにお礼を申し上げたい。同僚のオースティン・サラットは何度も原稿を読んで、すばらしい助言を数多く与えてくれた。私が初めてアレントを真剣に読み始めたのはプリンストンの院生のときだったが、シェルドン・ウォーリンの指導に感謝している。リチャード・ローティにも感謝しているが、それは彼のおかげで私たちの多くがプリンストンで、〈脱呪術化された〉ハイデガーを初めて見ることができたからだ。後に見られるとおり、先生や同僚と意見が異なる場合があるが、それはできるだけ役に立ちたいと思えばこそのことなので、お許しを願いたい。

ラーリン・ダウエルには本書全体の最終稿をワープロで打ってもらったが、全体を作り上げるどの段階でも彼女には大変ご協力をいただいた。ヴィッキィ・ファリントンには最終段階での修正の際に大変お世話になった。

困難な時期を含む多年にわたる友情に対して、キャシィ・シーピーラ、フレッド・ドーラン、ティコ・マンソンに特別の感謝を捧げたい。絶えず変わることなく支えてくれた両親に本書を捧げる。最後に、研究生活への専心の模範を示されたジョージ・ケイテブと、美学についてご教示くださり、ドイツ人の真剣さ以外にもさまざまな形の真剣さがありうることを教えてくださった、スヴェトラーナ・ボイムにお礼申し上げたい。

第3章の一部は最初 *Political Theory*, vol. 20, no. 2, 274-308, © Sage Publications に発表したが、Sage Publications の許可を得てここに掲載するものである。

読者のための注記

アレントならびにハイデガーの読者には周知のことだが、西洋の伝統の諸側面のなかで、彼らが批判的に言及することのなかった側面がある。それはジェンダー論的なバイアスである。ふたりが使う哲学的・理論的な語彙には、男性代名詞が目立ち、man が明らかに人類や人間という意味で使われている。多くの場合、彼らの言葉遣いをそのままにしておいたが、これは、彼らのテクストにジェンダーに関する中立性やジェンダーについての感覚があるような、まったく誤った印象を与えないためである。私の議論の大半は、アリストテレスやカントやニーチェその他に対するふたりの応答に関わっているため、こういう思想家についてのアナクロニズムに陥らないためにも、彼らの言葉を、われわれの観点から見て抵抗のないものに書き替えることはしなかった。

引用書略号

著作を注に引用するとき、多くの場合、書名は略号を使った。注だけでなく本文でも頻繁に引用する著作については、以下のような略号で示した場合がある。詳しい書名は文献目録に記している。

BPF	Hannah Arendt, *Between Past and Future*
BT	Martin Heidegger, *Being and Time*
BW	Martin Heidegger, *Basic Writings*
CR	Hannah Arendt, *Crises of the Republic*
HAP	Philippe Lacoue-Labarthe, *Heidegger, Art and Politics*
HC	Hannah Arendt, *Human Condition*
IM	Martin Heidegger, *An Introduction to Metaphysics*
Kant Lectures	Hannah Arendt, *Lectures on Kant's Political Philosophy*
LH	Martin Heidegger, "Letter on Humanism," in *Basic Writings*
LM	Hannah Arendt, *The Life of the Mind*

MDT	Hannah Arendt, *Men in Dark Times*
NE	Aristotle, *Nicomachean Ethics*
OR	Hannah Arendt, *On Revolution*
OT	Hannah Arendt, *The Origins of Totalitarianism*
OWA	Martin Heidegger, "The Origin of the Work of Art," in *Poetry, Language, Thought*
PDM	Jürgen Habermas, *The Philosophical Discourse of Modernity*
POB	Richard Wolin, *The Politics of Being*
QCT	Martin Heidegger, "The Question Concerning Technology," in *The Question Concerning Technology and Other Essays*
SZ	Martin Heidegger, *Sein und Zeit*

アレントとハイデガー

序論　アレントにおける行為の問題

行為の本質を考えるには
われわれは明らかにまだ力不足である。
——ハイデガー『ヒューマニズムについて』

政治的行為に関するハンナ・アレントの思想の独創性は広く認められている。だが彼女の思想には懐古趣味があると思って、現代政治にとってどういう意義があるかと首をかしげる人も少なくない。アレントに共感する論者のなかにも、彼女にはカント以来のドイツ哲学の職業病であるギリシアへの回帰願望がある、と非難する人々がいる。アレントは、ポリスを原型とする考えを捨てきれず、ホメロスやニーチェに戻って、行為の英雄的要素を賛美しているという指摘もある。[1] そういう考えや賛美にもとづく政治行為論は、根本的によほど修正しないと、現代に有益な理論にはならないというわけだ。

現代にとって重要で有用だと認める場合でも、アレントの理論が、ハーバーマスの言う「アリストテレスのプラクシス概念の体系的再生」に影響を与えているからにすぎない。[2] 現代の政治理論や政治活動に認められる行為の手段化や、公的領域の衰退を批判する多くの人々には、「アリストテレスのプラクシス概念の体系的再生」が重要であった。しかも、アレントに学んでいながら、彼女の理論の一般には受け入れられていない部分や、総合しにくい部分は無視している者が少なくない。相当刈り込まなければ、アレントの政治行為論は「救出」できないと言うのである。

政治理論家たちがアレントの仕事に共感して、彼女の理論に見られるアリストテレス的要素を強調した結果、今ではアレントの「アリストテレス主義」は自明のことのように思われている。現代政治理論がアレントの行為論から影響を受けたとしたら、それはアリストテレスのカテゴリーや区別を徹底し、最も独創的に「再生」させていると考えられたからだ。つまりアレントの理論が重要なのは、参加民主主義の主張者にとっては、政治を手段と見る（自由主義に顕著な）見方の検討に役立つ言葉が提供されているからである。批判的理論の伝統の継承者にとっては、マルクスやウェーバー系統のカテゴリーでは曖昧だった政治的行為の相互主観性の要素を、再び主題化できるようになったからだ。最近のことを言うと、民主政治における「正義」と「善」の優先順位をめぐる問題での、自由主義者と共同体論者の論争にも、アレントの理論が使われたが、それはアリストテレス的な共同体の考えを再び導入するためにすぎなかった。

こういう使い方がされるのは、アレントの政治行為論が本質的にアリストテレス的なものだと考えられているからだ。そう考える人たちは、彼女の仕事のアリストテレス的な側面を時には華々しいくらいに喧伝した。しかしそう解釈したのでは、確かに今世紀で最も徹底的な政治的行為の再検討であるものが無害無益のものになってしまう。『悦ばしい知』でニーチェが注意を促しているように、「類似を探り差異を無視するのは弱視者の特徴である」[3]。アレントを利用する人たち――つまりアレントの「味方」――が、彼女の著作にはアリストテレスの伝統が支配的だと断定するのは、解釈上の視野狭窄に陥っているからだ。

こう言っても、アレントの政治理論にはアリストテレスの影響は見られないと言うわけではない。しかしアレントの企ての本質や抱負がわかると、一般の解釈に異議を申し立てるだけでなく、彼女へのアリストテレスの影響の特質を指摘せずにおれない。アリストテレスの影響は、ある点ではポジティヴでなく、むしろネガティヴなのだ。アレントの議論は、アリストテレスと**対立している**。それもアリストテレスの政治的偏見と対立しているだけではない。アレントは行為論で行為の理解を根本的に変革しようと試みているが、その試みには、アリストテレスのプラクシス概念に対する批判や、概念の変換が含まれている。アレントの企ての意図を「再生」だと考えるハーバーマスの主張のなかでは、この事実が見落とされている。一般的に言って、アレントが西洋政治理論の伝統的要素を「回復」させているとしても、それはその伝統を**克服する**ためなのだ。行為論が伝統克服の企ての重要な部分になっているのは、伝統的に軽視されてきた現象を浮き彫りにするのに行為論が最適だからだ。そういう連関がわかると、アレントの行為概念に関して注目しなければならないのは、アリストテレスではない。もうひとりの伝統克服者である彼女の師マルティン・ハイデガーのほうである。

しかしまず最初は、もっとなじみ深いアレントに目を向けてみよう。『人間の条件』を読むと、アレントがギリシアのポリスに原型的な意味を認めているのは疑う余地がない。ギリシア人の政治的生活に関するロマンティックな記述があるからだ。しかしそれは、ポリスへのノスタルジアの所産ではない。シェルドン・ウォーリンやベンジャミン・バーバーのような理論家によると、アレントの行為論は、市民運動への継続的直接参加の観点から政治を捉え直したものと見ることもできるのだ(4)。アレントは政治を捉え直すにあたって、政治の**本性**に関する自由主義の根深い先入観を問題にしている。アリストテレスに従って政治の本質は**行為**だと主張するのだ。自由主義者にとっては法律や制度が政治の要素だが、アレントにとっては、法律や制度は行為の枠組を提供するものにすぎない。中心的位置を占めるのは、論争や討議のような活動、あるいは意志決定への参加のような活動である。政治が行為である以上、市民権の概念も政治参加という形に練り直す必要がある。共同体の政治問題に参加しないと、共同体の本当の成員ではなくなるからだ。それを指摘する点で、アレントはアリストテレスと変わりはない。[5] しかし、アレントでそれ以上に重要なのは、公的領域は、市民社会を構成する利害や欲望とは縁遠いものであって、公的領域と市民社会との間には大きな深淵があるというアリストテレス的な主張のほうだ。アレントは、政治的領域を経済的領域から決定的に区別して、政治を「私的利害の部屋係」[6]（バーバー）と見る自由主義の伝統では失われていた不可侵性と尊厳性を、政治に取り戻そうとする。

参加民主主義ないし非集権的民主主義の擁護者にとっては、アレントによる「プラクシスの新生」が理論、実践のいずれにとっても大きな意味がある。アレントの行為論のおかげで、民主主義を手続きと考える標準的解釈だけでなく、多元論者が多用する関心や選択や交渉といった言葉も検討できるようになった。何よりも、社会正義や共同体という不確かな観念で批判するのではなく、**政治**の名のもとに批判できるようになったのだ。アレントは目的自体としての政治というアリストテレスの概念を額面通り受け止めて、ほとんど独力で、民主政治の本性や課題や将来性に関する論争を変質させてしまった。ホッブズから現代までの自由主義的政治観の特徴は、「政治を手段とみなす愚かな道具主義」だ。参加民主主義論者たちがそうした特徴から解放されて、公私を峻別する「強力な」民主政治を堂々と主張できるのは、アレントが政治的生活（*bios politikos*）というギリシア人の理想を新生させたおかげである。[7]

まったく別の形でアレントを活用して大きな影響を与えたのが、批判的理論の伝統のなかで活躍していたユルゲン・ハーバーマスその他（たとえばアルブレヒト・ヴェルマー、リチャード・バーンスタイン、セイラ・ベンハビブ）であった。[8] 彼らはフランクフルト学派の先輩たちと同じように、技術的合理性の普遍化による脅威、特に技術的合理性による政治的領域の侵蝕を憂慮していた。広大な社会生活の領域が、道具的理性の命令や合理的管理の特権に従属させられるにつれ、市民権を行使する余地はしだいになくなる。自由や自律や合理的民主制といった啓蒙の理想は、経済的、官僚制的な合理化過程（ウェーバーの「鉄の檻」）によって蝕まれ、実質的には消滅してしまう。第一世代の批判理論家たち（特にマックス・ホルクハイマーとテオドール・アドルノ）の意見では、「啓蒙の弁証法」によって逆説的事態がもたらされるだけで、啓蒙による解放の可能性は、地球規模の支配を本質とする理性の一つの仮面であることが明らかになったのだ。(9)

ハーバーマスや彼の世代の人たちは、合理化過程はマルクスが考えた以上に、遥かに多義的な解釈が可能だと言うホルクハイマーやアドルノ（そして無論ウェーバー）に同意しても、理性を全面的に批判して美学の領域に撤退するのは認められなかった。（結局もう一つの「猫がみな灰色になる夜」に終わる）ホルクハイマーやアドルノの否定弁証法に反発して、ハーバーマスは、「合理化」が支配だけを意味するものではないことを示そうとした。目的合理性の帝国主義との全面対決が必要なことは確かだが、効果的な対決は、成功や統制をめざす合理性ではなく、合意をめざす合理性というもう一つの合理性の名における対決である。ハーバーマスの考えでは、この対話的合理性こそ現代人の特質の中核である。(10)技術的合理性に屈した決断主義によって被われ、そのため見えなくなっているが、コミュニケーション行為の構造そのものに対話的合理性が含まれている。

したがって、討議のうちに働いている合意をめざす合理性に光を当てて、近代における自律への合理性の歩みを示し、政治的生活に対する合理性の要求を思い出させることが、ハーバーマスの重要な課題になる。(11)しかし、マルクス主義やウェーバー流の社会科学の思想だけでは、この企ては成し遂げようがない。マルクスが政治的領労働をプラクシスとみなすマルクスの労働概念では、行為と仕事が混同されている。マルクスが政治的領域の特質や実践的議論に特有の構造を見失っているのはそのためだ。ウェーバーによる合理化の捉え方では、「脱呪術化」した実質的合理性が認められる社会的行為がありうることは否定されてしまう。そこで批判的理論は袋小路に陥ったが、ハーバーマスの説によると、批判的理論がそこから抜け出すことができたのは、主にハンナ・アレントのおかげである。[12]

アレントの行為論では、プラクシスとポイエーシスがアリストテレス的に厳密に区別される。その区別にもとづいて、ハーバーマスはコミュニケーション行為と道具的行為を体系的に区別し、それぞれの行為に固有の合理化の筋道を捉えることができた。[13] 経済的領域での合理化とは、秩序や効率や体系的一貫性の増大を意味する。それに対してコミュニケーション行為の合理化とは、討議という合理的議論の過程を通じて正当性が獲得されるという原則を受け入れることだ。ハーバーマスはさらに、「より高度の議論を行う力」が、勝利を収める条件を確認する（反事実的な「理想的対話状況」という）基準を思いついたが、それはプラクシスの前提である「強制なき相互主観性の一般構造」に関するアレントの記述によることだった。[14] コミュニケーション的合理性の包括的理論に道が開けたのは、まさにアレントの行為論のおかげであった。

批判的理論家がアレントによる「プラクシスの新生」に頼るのは、そこに市民権についての思想が含まれているからではない。それによって、行為や合理性のさまざまなタイプを区別できるからだ。彼女によるアリストテレスの新生が、「システム」の侵略から「生活世界」を守る重要な武器になるのだ。自由主義的正義論を批判する共同体論者も、彼女の理論を活用しているが、そのやり方は批判理論家とは力点が全然ちがう。マイケル・サンデルもチャールズ・テイラーもアラスデア・マッキンタイヤーも、具体的な善と異なる政治的正義や実践的判断の原理を見いだそうとする啓蒙思想由来の努力に異議を唱えている。[15]

原理を見いだすために演繹を行う場合の「出発点」はすべて、いかなる要素による「負荷もない主体」という理念、つまり特定状況を超越した主体というカント的理念だが、共同体論者はまさにその理念を批判する。彼らの主張では、強固な原則や希望の真の源泉は、現実を形成している伝統や共同体なのだ。カントやロールズのような理論家が前提している自我のモデルでは、伝統や共同体が傷つけられてしまう。普遍化を求める彼らの熱望が潰れて、道徳上の主観主義や政治的無秩序に至りつくのはそのためだ。

少なくともサンデルの説明によると、間違いの根は「義務論的自由主義」である。この系統の自由主義は、善い生活の理念を追求する自由と矛盾しない正義原則を確保するため、善に対する正義の絶対的優位を確立しようとする。言い換えると、義務論的自由主義では、「特定目的の促進ではなく」「市民による万人共通の自由に矛盾しない目的の追求」を可能にすることこそ、**正しい**政治社会の役割である以上、そこには、正義は個々の善の観念を確実に「超えている」ことが前提となっている。[16] したがって、正義原則を演繹する以前に、義務論的自由主義には解決すべき問題がある。それは、「正しい」という観念を**いかにして**基礎づけるかという問題だ。カントもロールズも、この問題に答えるために架空の自我を使った。カントの「超越論的自我」とロールズの「負荷なき自我」は、(一方は形而上学的、他方は非形而上学的なので）方法論は異なるが、具体的個人を構成する偶然的な欲望や関心や精神的な長所短所から、自由に選択する理性的自己を切り離すのに役立っている点ではよく似ている。両者いずれも、経験的な自己から「あらゆる可能的目的の主体」を抽出して、特定の自由ではなく人間一般の自由というものに正義の根拠を求めているからだ。

主権的選択者にとっては正義が善に先行するが、共同体論者によると、そういう主権的選択者というイメージは錯覚である。よく考えると、自由主義の正義に関する原則が**ある種**の善概念の派生物であるのは明らかだ。自由主義の原則は、「それ［自由主義］が表向き拒否している共同体の観念に寄生するもの」である。[17] たとえば、「原初状態」で他の主体に「先立つ道徳的拘束」がなかったら、「負荷なき主体」がロールズの選択原理を選ぶことはなかっただろう。[18] しかし、正義の根底に共同体があることが確かだとすると、自由主義は実は、**公的な**自我の基礎である要素を明示する手間をはぶいていることになる。市民であるはずの者が、統一ある目的を失った抽象的な権利主体になってしまっている。相互主観的な「複雑な関係にある」自我が表現されるのは、私的領域において（家族や宗教や民族的遺産に特有の言葉によって）であるが、そこには、共同体の目的を表す政治的な言葉も連帯感も欠けている。それゆえ、共通善にもとづく政治を正しいと言うわけにはいかない。

自由主義に対する共同体論者のこういう批判が、一応的を射ているとすると、政治理論には、自由主義という「倒立した世界」を正立させる言葉が不可欠なように思われる。自我は政治の**前提**ではなく、政治の**前提**となりうるものでもない。自我は、共通の目的や特質を実感して活性化する政治共同体に生きる生命の「不安定な成果」にすぎない。それを認める言葉こそ、必要な言葉であろう。[19] ある種の共同体論者は、アレントの行為論にその種の言葉が見いだされると考えている。アレントの理論では、自由は個人の生き方の選択ではなく、共同体のための「共同の行為」とみなされ、[20] そのような共同の行為――「共同の討議と行動（sharing of words and deeds）」――によって初めて自我は明確になり、自我の出現が世界の確固たる出来事になることが力説される。共同体、共有される世界、出現の共通空間、これこそ自我が実現する基本的条件なのだ。さらに言えば、世界についての感覚が発展するのも、世界に登場する事物が発展するのも、「共同の行為」による。言い換えると、政治的行為によって初めて**正義**――仲間や子孫への義務――に関する感覚が明確になり、確保される。「共同体という感覚」がないと、正義が単なる適法性になってしまう。[21] こういう理由で、共同体論者たちは、アレントはほかならぬ**共同体**を政治の核心に据え、共同体こそ自我や自由や正義の要《かなめ》だとしていると考えている。アレントの行為論が有意義なのは、アリストテレスが**政治的な**集団形成の中心と考えた、共通目的という要素を復活させているからだ。アリストテレスのコイノーニア（共同体）の観念を主張するからこそ、アレントの理論は、（ウィトゲンシュタインを言い換えると）われわれを監禁している主権的主体というイメージから解放できる。彼女の理論によって、「手続きにもとづく共和制」のアノミーから解放され、強固な政治的生活だけが生み出しうる「共通善」に関する判断力が与えられる。[22]

現代政治の病弊と取り組むにあたって、以上の三つの企てはすべてアレントの行為論を頼りにしている。批判や目的はちがうが、説明や理解を見る限り、アレント解釈は実によく似ている。参加民主主義者にとっては、現代理論に新しい展望が開かれたのは、アレントがアリストテレスと同様に行為と政治を等置し、『政治学』で提唱された市民の在り方の考えを再生させたおかげだ。批判的理論家にコミュニケーション行為と合意にもとづく合理性の包括的理論が可能になったのは、彼女がアリストテレスによる行為と仕事の違いを再発見したことによる。彼女の発見が重要なのはそのためである。最後に共同体論者にとって、アレントは、政治がもたらす実存的、道徳的な高まりを経験するには、利益への欲望を超えたものによる市民の共同が必要だという、『政治学』第三巻の基本的洞察を別の形で述べたと見られている。

これらの実例は、アレントの仕事をアリストテレスの地平に収めようとする試みに、人々が魅了された証拠である。「プラクシスの体系的回復」として見ると、アレントの行為論は、さまざまな理論的試みに驚くほど「即戦力として」使えるわけだ。アレントを活用する人々が、彼女の仕事は何よりもまず伝統的な概念や区別を回復させて、それを現代において批判的に活用することだったという解釈を広めているのも不思議ではない。

アレントのテキストには、明らかに、そういう読み方をしたくなるところがある。『過去と未来の間』の序文でも「伝統と近代」という論文でも、彼女は伝統を継承する力を失った時代として現代を浮き彫りにしている。トクヴィルの言葉をかりると、「未来を照らし出すことを過去はやめてしまった」というわけだ。[23] **現代の**ジレンマは、「歴史の利害」でのニーチェの診断とは、まさに正反対のものになったようだ。われわれが病んでいるのは、過剰な記憶とそれによる気力の低下でなく、独特の忘却のためなのだ。記憶媒体である伝統が解体するか揺らぐときには、その忘却の深淵を逃れる道は、積極的、批判的に伝統を回復しようとする理論的企て以外にないように思われる。シェルドン・ウォーリンが言ったように、廃墟から伝統を発掘したとき初めて「自分の失ったものが何だったかが思い出される」。[24] そのように記憶を甦らせるものこそ、現代政治の欠陥を測る尺度を与えてくれるというのだ。

アレントの企ての特徴を示すには記憶という比喩は不可欠だが、しかしこの比喩を使うと、彼女の仕事の難解だが明らかに独創的なところを見失うおそれがある。エルンスト・フォルラートが気づかせてくれたように——われわれも気づかか**ねばならない**ことだが、——アレントの政治理論は、多くの点で先例のないものであって、文字通り比類がない。[25] 彼女の行為論を本質的に再生とか回復とか復旧をめざす試みと見ると、即座に批判的な評価が生まれるが、そういう見方をすると、彼女の試みの根本的な特質が見えなくなってしまう。上に述べたように、その特質は、伝統に対して公然と反抗するようなやり方で、行為を考え直そうと試みるところにある。アレントの見るところ、今世紀における全体主義的支配による「伝統の崩壊」が、伝統的概念の再生を不可能にし、無意味なものにしているのであって、採るべき道は一つしかない。起源への回帰（シュトラウス）とか過去との対話（ウォーリン、ガーダマー）といった、「切れた伝統の糸を結び直そう」とする試みは、すべて必ず失敗に終わる。[26] 緊急の課題は、古代の概念やカテゴリーの**再生**ではない。何らかの形での伝統の**復活**でもない。むしろ死せる伝統のさまざまな物象化を脱構築し克服することだ。アレントが言っているように、伝統は死に瀕していても、われわれは伝統から解放されたわけではない。むしろ「伝統が生き生きとした力を失い、始まりの思い出にすぎぬものと化したときには、陳腐な観念やカテゴリーがいちだんと猛威をふるうように思われる時がある」のだ。[27]

したがって、アレントの行為論を「想起」の壮大な試みの一部とみなしうるとすれば、それは「想起」に彼女が与えた特殊な意味においてである。彼女が示している「想起」がめざすのは、概念を原型のまま生き返らせることではない。「抜け殻」と化した概念で隠されているが「概念の基礎にあった驚くべき事実に達する」ために、「起源にあった精神を新たに取り出すこと」なのだ。[28]「修復不能な伝統の崩壊」の際に求められるのは、ヴァルター・ベンヤミンの言う「過ぎ去ったものへの虎の跳躍」である。[29] こうした激烈な解釈の動機となっているのは、現実の核心への接近を拒む石化した構造や文脈の保存ではなく、それらの破壊である。そういう激しい処置、そのような文脈の破壊によって、概念の網の目が再生されるのではない。「思想の断片」が過去から採集されるのだ。[30] ヴァルター・ベンヤミンに関する注目すべきエッセーのなかで、アレントはベンヤミンの「詩的な」思考について述べている。その言葉は、彼女自身の思考にもひとしくあてはまる。

……この思考を養うものは現在だが、この思考が働くのは苦労して過去から採集される「思想の断片」による。この思考も過去の深淵を掘り下げる。それは真珠採りのように、海底に降りて海の底を掘って照らし出すのでなく、海底の豊かなものや不思議なもの、真珠や珊瑚を採って海面まで運ぶのだが、——それは過去を昔のまま甦らせるためでも、消え去った時代を再生させるためでもない。この思考を導く一つの信念がある。その信念によると、生あるものは時とともに破滅するが、衰退過程は同時に結晶過程でもあり、生きていたものが沈んで溶け込む海底には、「大きな変化を受けながら」新しい結晶体となって生き残っているものがある。それらはいつか降りてきて生あるものの世界へ運びあげてくれる真珠採りをひたすら待ち望むかのように、——「思想の断片」、「豊かで不思議なもの」、さらには永遠の根源現象（*Urphänomen*）として——自然の働きを超えて生き残っているのだ。[31]

そのエッセーのなかで、アレントは、「継承し保存する者が突如として破壊者になる」ベンヤミンの過去へのアプローチと、ハイデガーのアプローチとの驚くべき類似に注目している。[32]『存在と時間』の第六節で告げられた、周知の存在論の歴史の破壊（*Destruktion*）は、伝統の死後硬直によって引き起こされた思考力の喪失への一つの応答だった。「伝統は伝えられてきたものを自明のものとし、古来のカテゴリーや概念のそれなりに正しい創作の根源たる、〈源泉〉に至る通路をふさいでしまう」[33]。破壊というアレント、ベンヤミン、ハイデガーの仕事は、単に否定的なものではない。過去を「片づけてしまおう」という幼稚な願望の表れではない。その仕事が企てられるのは、まさに現在の自己満足を揺るがす不思議な根源的経験に近づくためなのだ。[34]この自己満足は、伝統を**忘却**したところに生まれたものではない。重要なことは**伝統そのものが忘却の根本的形態であり**、本質的には物象化だということだ。

過去や伝統に対するアレントのアプローチを、ベンヤミンやハイデガーのアプローチと同列のものだと考えるにしても、私には、アレントを活用する人々を不当な骨董趣味だと非難する気はない。彼らもアレントと同様に、「過去の理解を可能とするのは、現代における最も強烈なものだけだ[35]」というニーチェの言葉に従っているのだ。私が強調したいのは、過去を意味の源泉と見る批判的記憶と、もっと根本的な形態の記憶との差異である。根本的形態の記憶は「過去と未来の裂け目」[36]について**強烈な**感覚を生み出す。批判的記憶のアプローチは、結局のところ弁証法的なものであって、ヘーゲルと同様に、過去との対話を通じて実に説得的な成長小説（*Bildungsroman*）を作り上げようとする。それに対して、根本的形態の記憶は、対話の形で伝統を書き改めて慰めを得たりしようとはしない。伝統におけるギャップまたは裂け目を出発点として受け止め、アレントの言う「思考が現在おかれている状況[37]」を規定する「〔時間の中心にある〕時間の外部（non-place）」として引き受けるのだ。ところが批判的記憶の場合には、時間的な隔たりを口実にして過去の占有を押し進め、歴史的な隔たりが「地平の融合」（ガーダマー）という形で起こる理解の創造的根拠とされる。否定性が創造の源泉として登場し、それがヘーゲル方式で絶えずロゴスに回収されるわけである。

それに対してベンヤミンやハイデガーとも共通するアレントのやり方では、——対話という形での——積極的な過去の占有に見られる全体的把握という姿勢は、断固として否定される。全体として把握するどころか、伝統という形の権威が失墜した世界での、現在の特異な孤立状態が強調される。過去を解釈し理解する活動で解釈学的状況が優先することを認めることと、その状況は「飛躍」によってしか想起が起こりえない状況であることを主張し、復旧は断片に関わるのであって、正しい回復というものは紛れもなく「詩的な思考」のしるしだと主張することとはまったく別のことだ[38]。

この警告を忘れない場合にのみ、アレントの政治行為論が提起する問題に取り組むことができる。アレントの言う想起の「コンテクスト」、つまり現代における最も強烈なものが、**自分には**わかっていると思う場合には、ある種の節度が必要なことは明らかである。**無論**アレントは、自由主義的プラグマティズムも官僚機構のいずれも激しく批判するが、**彼女は**それらに対する敵対関係や憂慮から出発したのではない。アレントにとって現代における最も強烈なもの、すなわち彼女の「非歴史的」な思想を培ったものは、現代人が根拠を失って世界から徹底的に疎外されているという事実である[39]。彼女によると、その根拠喪失、世界での場の欠如こそ、全体主義を可能にしたものにほかならない[40]。アレントの政治思想は、この根拠喪失（あるいは「世界喪失」）の系譜を辿って、いかにして政治的行為が、まさに政治的行為**だけ**がその喪失に立ち向かい、その喪失から生じる病理現象と戦うことができるかを示そうとする。「世界からの疎外」を近代の主要な事実だと考えて、彼女が試みたのは、アリストテレスに官僚制の技術的合理性との闘争への協力を求めるというより、もっと遥かに大きなことを成し遂げるためにアリストテレスを活用することだった。ジョージ・ケイテブによると、アレントは「政治的行為の意味の哲学的説明という、前代未聞のことを成し遂げよう」と考えた[41]。

ケイテブの言葉には、アレントの政治行為論の本質的次元である**意味**の次元に注意を向けさせるメリットがある。いっさいを主観的目的のための手段とする果てしない道具化によって起こった、意味の喪失が現代世界の特徴である。そういう世界の状況において、世界に意味を与え、政治的行為以外では世界に生まれようのない意義と魅力**を**、世界に与えうるところにこそ、政治的行為の**意味**がある。アレントの見るところでは、政治的行為に意味を創造もしくは開示する力があるからこそ、政治的行為には他のあらゆる人間活動にまさる「実存的優越性」が認められる[42]。政治的行為は、意味を与えて人間存在を救済し、死すべき運命との和解を可能にする。「生まれてこないことこそ、言葉で語られるいかなる意味にもまさるもの。生まれた以上は、極力速やかに元の場所に戻るのが次善の策[43]」という、シレノスの悲痛な知恵の誤りを証明できるのは、政治的行為だけである。

これは実に根本的な主張、まったく独創的な主張である。こう主張することによって、アレントは西洋政治思想の伝統では認められなかった行為の意味を「新生させる」。実を言うと、その伝統には行為の目的論的モデルがつきまとっている。その伝統では、公的領域の活気にみちた複数の在り方が取り除かれ、政治的行為から固有の価値が奪い去られたのだ。アレントの行為論は、プラクシスを哲学的文脈から「結晶した」形で取り出して、一つの実存的な文脈に置き換えようとする。その理論が行き過ぎにも見える形になっているのはそのためだ。行為の理論化によって、アレントが提示するのは、意味そのものの現象学であり、行為の根元、条件、遂行の仕方、永続性を得る可能性などの現象学にほかならない。

別の言い方をすると、アレントの行為論を動機づけているものは、ある程度、存在論的なものだと言うこともできる。確かに詩的でもある彼女のプラクシスの活用の仕方を支配しているのは、概念ではなく、ある種の世界内存在の在り方を回復させようという願いである。行為によって複数の個人と共通世界との間の開示的関係が創り出されるが、その関係は、偶然性や無根拠性を逃れて、(テクネーとかエピステーメーとか手段としての政治といった)安定したものを見つけようとする哲学的で、あまりにも人間的な願望によって、絶えず壊されかねない状態にある。絶えず生じる「曖昧化」から世界を救いうるのは、公的領域における行為の生活のみというのがアレントの主張である。アレントにおいては、デカルトから現代の科学技術に至る世界の全面的主観化のため、現代人が陥っている「世界喪失」の状況で永久に消え失せかねない、人間存在の──世界との関係、公的領域、行為に備わる開示する力のような──次元に深い関心が寄せられている。その関心を度外視した解釈では、アレントの行為論は台無しになる。アレントの「プラクシスの新生」が近代批判や西洋政治哲学の伝統の解体と結びついているのも、そういう関心にもとづいているからだ。

この一連の関心は、アレントを活用する人々の直接的な実践的地平を超えている。アレントの洞察を適用しようとして、彼らは政治的行為と政治的なものに関する彼女の考察の範囲をあまりにも狭めてしまっている。目的主導型のアリストテレスのプラクシス概念は、行為を「戦略的理性のもたらす効果と同一視する」[44] 現代の道具的見解と本質的に結びつくと、アレントが考えていることを彼らは見落としている。さらに言えば、行為の相互主観的性質を強調することは、いわば行為の伝統的概念を取り替える第一歩にすぎないことがわかっていない。政治的行為の本性に関するアレント独特の見解のある箇所で、彼らが終始立ち往生するのはこのためだ。たとえば、政治的行為は通常の人間行動を支配する道徳規準を超えているというアレントの主張の動機を、彼らは説明できない。公的領域における暴力に断固反対する理論家には、そういう主張は想像を絶するもののように思われる。さらにアレントが政治的行為を舞台芸術の用語で記述したがるのは、彼らには（アレントは何か行為を芸術化（*aestheticize*）せねばならぬ説明し難い必要に迫られているようだが）有害無用で、誤解を招きかねないように思われる。最後に、まったくよく見られることだが、アレントを活用する人たちは、政治的領域は政治の内容とふつう認められている（住宅、学校、健康管理といった）平凡な一連の社会問題のみならず、社会的、経済的な正義への「通俗的な」関心ときっぱり区別すべきだという、頑固で独断的に見える彼女の要求に憤慨せざるをえない。[45]

アレントの政治行為論へのこうした異論や、その他の反論については、後で立ち返ることにする（第1章第III節）。ここで言っておきたいのは、アレントに共鳴する読者たちは、彼女の批判的な力を説明する場合と同じやり方で、アレントの「純粋に政治的な」政治への支持できそうもない願望を説明するのに、彼女がアリストテレスから得たものを持ち出しているということである。そういう文脈では、（「プラクシスの新生」という）長所が負債に変えられてしまう。アレントは、政治的行為に関するアリストテレスの考えを額面通り受け止めたが、そうする理由はなかったと言われたりする。ハーバーマスが明らかにアリストテレス的なアレント行為論の「かすがい」は、独断的に固執されている概念上の区別だと言ったうえで、そういう区別は現代政治には重要ではないと軽視しているのが、多くの読者を代弁している。(46)

私がこういう批判を述べるのは、アレントの政治理論が受けてきた解釈上の独特の思考の矛盾を示すためである。一方では、アレントはプラクシスに由来する政治的行為の確固たる概念を回復させたとして賞賛され、他方では、それを回復させるのに深入りして理論上の骨董趣味に陥っていると批判される。ハーバーマスの批判がこの悪循環を完成させているのに注意してもらいたい。アレントの政治行為論の生きている部分も（おそらく）死んだ部分も、すべてアリストテレスの影響にもとづくと言うのだ。その際、アレント理論はどう見ても独創性がないとか、独断的だといったイメージが押しつけられる。こういう悪循環を脱するには、彼女の行為論の政治的・存在論的な諸関係を改めて主題化してみなければならない。逆説的に見えるものが、アレントでは実は行為の概念を根本的に作り直そうとする試みの中核をなすものだからだ。彼女の思想の存在論的な次元に焦点を合わせると、取り残されていた側面が回復され、「再生」という捉え方とはちがう形で理解されるようになる。無論、そこに得られる行為論を批判する理由は十分あるが、それは、アレントが時代遅れの区別に過度の敬意を抱いているからではない。これは重要なことである。

アレントの行為論を解釈するためには、どうしても伝統に逆らって、しかも彼女の存在論的関心を念頭において解釈しなければならない。これは何よりも彼女の壮大な理論的目標を正しく評価するためだ。フィリップ・ラクー＝ラバルトとジャン＝リュック・ナンシーは、現代における「政治的なものの後退（*le retrait du politique*）」を指摘したが、(47)アレントはその事態に応えて、（1）政治的なものに関する西洋思想の限界を確定するにあたって、哲学が果たしてきた役割を暴露し、（2）西洋思想の限界を超えて、人間の複数性の重要さと、それによって可能になる「出現の空間」——公的領域——の現実性を主張しようとした。政治的なものを考え直そうとするアレントにとって絶対不可欠な背景はハイデガーの思想である。これは矛盾しているように思われるかもしれないが、ハイデガーによる「パラダイム変換」がなかったら、アレントの企ては想像することもできない。

図式的に言うと、ハイデガーの企ては、三つの大きな問題に関して、アレントの企ての基礎になっている。第一に、ハイデガーの『存在と時間』によって、伝統を支配してきた主体中心の自由概念の還元主義的、反世界的傾向を（完全ではないにせよ）ほぼ脱却した人間的自由の概念が提供された。この点で、人間は〈存在〉（Being）の開示が起こる関係にいるにもかかわらず、その関係が隠蔽され忘却されているのをハイデガーが解明したことは、非目的論的な開かれた言葉、あるいは「根拠抜きの（an-archic）」言葉[48]で、政治的行為を理論化しようとするアレントの企てにとって決定的に重要である。第二に、ハイデガーはその後の著作で、西洋形而上学の伝統の根底にあって、行為の伝統的概念を規定している支配と安全を求める意志を暴き出している。アレントはハイデガーの脱構築を使って、偶然性や複数性への哲学の敵意、つまり**政治**に対する哲学の敵意によって、偶然性や複数性を排除する堅苦しい行為解釈が生み出されたことを示そうとする。第三に、アレントは普遍的主観化の**政治的**結果を顕わにする——ハイデガーはやったことのない——近代批判の枠組を作り上げたが、その手がかりとなったのは、主体を基礎にして認識論や存在論を築く試みから起こった近代の疎外に関するハイデガーの診断だった。

以上、アレントがハイデガーの思想に負っている点を強調したが、アリストテレスの代わりにハイデガーを持ち出して、彼女の政治哲学はハイデガーの政治哲学の脚注にすぎぬなどと言おうとしているのではない。アレントはハイデガーの思想を活用しているが、そのやり方は、彼の思想をねじ曲げ、置き換え、解釈し直すきわめて闘争的なやり方である。そういうやり方をして初めて、政治的行為の本質とか公的領域の**積極的な**存在論的役割とか、政治的判断の本質とか反権威主義的、反根拠主義的な民主政治の条件といった、ハイデガーに**ふさわしくない**問題領域を、アレントは解明することができた。はっきり言うと、アレントの独創性は大半が、著者の意図とは異なる仕方で、著作に含まれる政治的意味を見いだす能力のうちにある。アレントは断じてエピゴーネンではない。彼女によるハイデガーの使い方は陰にも陽にも「ハイデガー的な政治活動」と対立している。これを強調するのは重要なことだ。この「ハイデガー的な政治活動」という言葉で、ブルデューやフェリーその他の批判者が三〇年代半ばの「革命的保守主義」とよんだものを指すにしろ、ハイデガーの後期著作に顕著な〈放下〉(*Gelassenheit*)の反主意主義を指すにしろ、この事情に変わりはない[49]。政治理論家であり亡命ユダヤ人でデモクラシーの擁護者だった——アレントを解釈する際に、——哲学者でありナチスの大学総長でありデモクラシーの批判者だった——ハイデガーを解釈の補助にすることのアイロニーは無論、知らぬわけではない。それでも、彼女の政治理論が政治的なものを考え直すという課題のために、他のどういう理論よりも、ハイデガーの思想を「新生させている」のは事実である[50]。ハイデガー思想を「新生させる」過程で、彼女はハイデガーの哲学的な政治活動に対して、実に強力な説得力のある批判の手段を提供している。

最後に一言。アレントはハイデガーを「民主主義化」しようとはしない。——それは、明らかに不可能な企てだ。以下に述べる解釈では、アレントが、複数性や意見の相違や政治そのものに敵対する伝統との戦いの補助に、ハイデガーの哲学のいくつかの主題を使っていることを示す。ハイデガーによる西洋哲学の伝統の脱構築は貴重な手段であっても、アレントの行為や公的領域の現象学に代わりうるものではない。

政治の彼方にある究極的なものに訴えずに行為や政治を考えるためには、哲学者であるハイデガーではなく、政治思想家であるアレントに取り組む必要がある。

第1部　アレントの政治行為論

第1章　アレント・アリストテレス・行為

……行為と製作は類が異なる。

──アリストテレス『ニコマコス倫理学』

I　アリストテレスとアレント──行為の自己充足性

ハンナ・アレントは、西洋哲学の伝統で継承されてきた消去に対する告発から『人間の条件』を始めている。彼女の主張によると、歴史的に見て西洋哲学の伝統に対する「観想の絶大な影響力」のために、活動的生活（*vita activa*）の内部の区切が曖昧模糊たるものになってしまった。[(1)]アレントの観点からすると、ソクラテスの伝統とキリスト教はいずれも、絶対的真理という妄想に支配されている。それは人間や人間行動よりはるかに重要な真理、一切の世俗的活動を停止しない限り、近づくこともできない真理である。そういう永遠の真理に関わることを可能にするのは、平安の境地で営まれる観想である。このような禁欲的な理論的見方によって、人間活動の古典的な序列が破壊され、活動的生活を構成する──労働、仕事、行為（action）という──部分は、必然によって強制される卑しいものと考えられ、自由な生活を提供するのは観想的生活(*bios theoretikos*)だけであって、政治的生活(*bios politikos*)はどちらかと言えば、労働や仕事以上にもめごとの領域だと考えられることになった。マルクスとニーチェはソクラテス・キリスト教的な価値判断に反抗して、観想的生活と活動的生活との伝統的序列の逆転に成功したが、その成功によっても、活動的生活の内部の区切を曖昧にする古来のやり方は、少しも矯正されなかった、とアレントは考えている。アレントの見方によると、マルクスとニーチェの激烈な反プラトン主義は実際には、活動的生活内部の区切を徹底的に消去することを助長した。(2) 彼らは〈存在〉という「永遠の領域」よりも、生や労働を優位に据えたが、その際にも労働、仕事、行為を区別しない形而上学的な捉え方を捨てることはなかった。

マルクスやニーチェは、西洋哲学の伝統的な概念構造を取り外そうと試みて失敗したが、アレントはそれを自分の企ての契機にしている。アレントは活動的生活を構成する各部分を、それぞれに固有の特性に着目して区切り直す。彼女は各部分の活動を明確に区別して、政治や政治的行為の評価を改め、人間の複数性とその表現である「出現の世界」の新しい理解への道を切り開こうとする。

アレントによると、マルクスもアダム・スミスも、「非生産的な」政治的領域を同じように軽視していた。(3) 政治的なものが蔑まれ、労働と労働の生産力が賛美される時代には、新しい理解の道を切り開くことは容易ならぬ課題である。それでもそういう企てに着手し、政治的なものの再検討を試みなければならない。アレントによると、行為の特質や価値を忘れることは、人間たらしめるものを忘れることにひとしいからだ。事実においても理論においても、本来の政治的行為は世界から姿を消しつつある。その過程がいきつくところまでいけば、人間はあらゆる動物のうちで自分だけは自由だと主張できなくなる。(4)

活動的生活の各部分を区別する際のアレントの絶大な自信には、誰でもきっと強烈な印象を受けるだろう。彼女が『人間の条件』で、労働、仕事、行為を記述して概念形成を行うところには、混乱とか混合が起こる余地はなく、どの活動も他の二つの活動と実にはっきり区別されている。批判者のなかには、最初は政治的なものを非政治的なものから区別する見事な試みだったが、それが行き過ぎて、独断的な政治行為論になってしまっていると見る人々[5]が出てくるのも、そういう具合に明確に区別されているためだ。彼らに言わせると、アレントは確かにプラクシスを忘却から救い出したが、そのため彼女は、人間の諸活動を区切り直すにはまったく頼りにならないアリストテレスの基準を復活させたことになる。

本章では、こういった非難をしっかり受け止めて、アレントがアリストテレスの概念装置を、自分の目的のために採用するやり方を吟味する。問題は、アレントが行為論を展開するために、どの程度アリストテレスの序列の基準に依存しているかである。少なくともこの点では、アレントの「アリストテレス主義」は批判者たちの予想を超えていると言っていい。彼女はアリストテレスの決定的区別を活用して、行為論の構造そのものである活動的生活の内部を区切る枠組を作り上げているからだ。したがってアリストテレスの影響こそ、アレントによる完全に政治的である政治の探求を理解する一つの鍵である。しかし、アレントによるアリストテレスの活用は、重要な意味でアイロニックだ。彼女がアリストテレスの政治哲学の諸概念を使って、アリストテレス自身の行為論を脱構築し、克服しようとしているからだ。アレントの判断では、そうした否定的な企てが真実の「プラクシスの新生」の前提条件である。肯定的な意味でこれがどういうことであるかは後の章で述べる。

まずアリストテレスから始めよう。『政治学』でアリストテレスは、公的領域と私的領域、諸活動とそれぞれの活動に特有の関係とを厳密に区別している。家族の領域（オイキア）には、「生命そのものの確保[6]」をめざす経済的ないし生産的な活動が含まれる。家族の領域が存在するのは、個体の生命や種の保存に必要なものを供給するためである。[7] 抑え難い人間の欲求を満たすために構成され、肉体の存続を保証する必要が強いる制約を受けているため、家族では不平等な関係が前提になっている。主人対奴隷、夫対妻という支配関係がこの領域では不可避であり、アリストテレスによると、その領域内では支配は自然なことである。[8] この共同体が基本的な経済的役割を果たすには、「家長」がいるのは当然だからだ。

家族の領域は物質的生活を可能にするものだが、これは政治的領域であるポリスとは異なる。ポリスはアリストテレスが「善き生活」とよぶものを可能にする。[9] 善き生活とは、正しい気高い行為がなされる生活であって、倫理的にも理論的にも重要な生活である。善き生活が可能になるのは、政治的共同体の成員が自由と平等を与えられる場合だ。生命の維持という問題に直結する関心から解放されて、（家長である）市民は自由になって共同体のなかにある価値を追求し、その価値が失われないように力を尽くす。アリストテレスによると、そういう共同体の一員としてのみ人は道徳的、知的能力を発展させて、完全に人間的になる。[10] 個人が理性的な話をする能力や正義の感覚を発達させるには、手段以上の意味をもつ物事に関して仲間の市民と日々交流する必要がある。選択や判断や行為の能力が十分に鍛えられ、自由が具体的に現実のものとなるのは、そういう政治的交流においてである。ポリスがなければ、個人は**人間的な**自由を知るよしもない。「単に不運によってそうなったのではなく、本性的に共同体がなく国家もない者は、悪すぎるか善すぎるか、人間以下か人間以上であって」、獣であるか、そうでなければ神である。[11]

アリストテレスにとっては、家族の目的と政治的共同体の目的は異なるが結びついている。アリストテレスは、この二つの領域を独特の仕方で結びつける。家族は、ポリスが存在するための手段ないし条件として捉え直すべきである。生命には第一次的な価値がある。それは善き生活に達するための基礎だからだ。アリストテレスはこの関係を、彼らしい目的論的な言葉で、（家族や種族や村落のような）前政治的形態の共同体は、すべてポリスを本質的目的としていると述べている。「この共同体こそ他のすべての共同体の目的（テロス）であり、この共同体の本質（ピュシス）はそれ自体が目的である。事物が完成に達する過程の終極の産物をその過程の本質とよぶが、人間や馬や家族などがめざしているものも、自らの本質にほかならないからだ[12]」。ポリスという政治的領域は、人間発達の自然過程という「生成の順序」では最後のものかもしれないが、「ピュシスの順序」では最初のものである[13]。その他のあらゆる形の共同体は、その領域に達することをめざしている。

したがって家族と政治的領域との違いは、本質的にランクの違いであり、アリストテレスの好む言い方では、優先順位の違いである。「……国家は家族や個人に優先する。全体は部分より先立っているにちがいないからだ[14]。」「全体」である政治的共同体のみが自足的であり、ポリスのみが人間の欲求を、種の保存から道徳的発達に至る全範囲にわたって満たすことができる。その他のあらゆる共同体はポリスを構成する「部分」であって、自足（アウタルケイア）つまり完成（エンテレケイア）に達することはない。ポリス以外の共同体は、人間の本質（ピュシス）の**すべて**を達成することはできない。このためポリス以外の共同体は、完全に独立した価値を有するとは言えず、政治的共同体に劣るものとみなされざるをえない。

『人間の条件』は、家族とポリスとの区別についての詳細な考察から始まる。アレントの考えではその区別が公的なものと私的なものとの決定的な区別の基礎となる[15]。アリストテレスの議論に従ってアレントは、この二領域間の差異と序列を強調する。この二領域の差異が自由と必然との差異に対応していることをギリシア人から学ぶべきだ。人間は必要や欲求つまり生命そのものによって、家族の領域に入ることを強いられる。家族という共同体は「必要から生まれたのであり、そこでのあらゆる活動を必然性が支配している[16]」。それに対してポリスは「自由の領域であった。二つの領域が結びつく場合には、当然のことだが、家族を支配する必然性を克服することがポリスにある自由の条件だった[17]」。私的または社会的な存在とよぶべき——家族というものが存在するおかげで、政治が可能になる。「ポリスの成員に関する限り、家族内での生活は〈善き生活〉のために存在する[18]」。ギリシア人の考え方では、政治的秩序を社会的秩序の一手段と見ること、たとえば**本質的に**生命の保護（ホッブズ）とか財産の保全（ロック）とか一般福祉の増進（ベンサム、ミル）に関わるものと見ることは許されない。

アレントは、ギリシア人によるこうした区別を政治理論の軸にする。アリストテレスと同様にアレントは、政治は目的であって手段ではないという確信をいだいている。これとちがう考え方をすると、政治から威厳を奪うばかりか、自由になる機会を人間から奪ってしまうことになる。それゆえ公的領域と私的領域の隔たりや序列の感覚を、ぜひとも保たなければならない。しかし、まさにその区別が、アレントの言う「近代における社会的なものの台頭」によって脅かされている。その現象の系譜学的起源は、キリスト教／観想による活動的生活の軽視のうちに見いだされる。政治的なものの特殊性が観想の伝統によって損なわれていたために、近代では、本来は公的でも私的でもない異様な雑種の領域が果てしなく拡大することになった[19]。人間共同体は「社会を表す」言葉で語られるようになったが、それは家族の領域が、つまり家族の「活動や問題や仕組み」が徐々に公的領域に侵入し、公的領域の重要性を奪い取り、公的領域を**政治的なもの**にする行為の条件や形態を消去してしまったからだ[20]。

この「社会的なものの台頭」の結果、現代人は公的領域と私的領域、政治的なものと前政治的ないし非政治的なものを正確に区別できない。現代人は「国民や政治共同体を、家事全体を司る巨大な管理機構によって日常業務が処理される家族のように思っている[21]」。そこに生じた結果は悲惨なもので、人間の複数性が公共の場に姿を現すことがなくなり、それにつれて行為の能力が衰弱している[22]。

以上のようなことが、アレントの政治的行為の包括的理論の現象学的背景となっている事柄である。公と私の区別は近代の理論や経験では絶望的なほど曖昧になっている。しかしアレントは、政治的行為のさまざまな変種から政治的行為を確実に区別する基準を見いだそうとする。その基準は「人間の条件から生まれ、(その条件が変わらない限り)不変である一般的な人間能力の分析」によって見いだされる。[23] **さまざまな**活動の違いが確認されると、政治的なものが鋭く意識されるようになる。そうなった場合に初めて、ギリシア人には自明だった領域間の区別の「明晰判明さ」がいくらか取り戻される。それが政治に威厳を取り戻し、公的領域を本来の状態に立ち返らせ、複数性に価値を取り返す第一歩である。

したがって、アレントが取りかかる問題は容易なものではない。活動的生活内部に改めて区切を設けることは、思想史の練習問題ではない。彼女を批判する人々の大半はこの企ての重要性を認めながらも、彼女の行為論では、公と私、自由と必然の区別が独断的でない形で、つまり説得力のある形で示されているとは考えていない。そして現代の政治的経験を規定する多様な要因を考えると、ギリシア的な区別を回復させせようとしても、失敗に終わるのではないかと考えている。[24] これは重要な問題だが、ここでは立ち入らない。現在、私の関心はアレントの企ての成否よりも、(これより適切な言葉がないので)彼女の「方法」とよんでいいものにある。アレントは公私の区別の回復に**どのように**取り組んでいるか。さまざまなタイプの人間活動を区別し、ランクづける基準は何か。つまり自由と必然を区別する基準は何か。その基準の出所は何で、その基準にはどういう政治概念が含まれているのだろうか。

政治的共同体には「終極目的」という特徴があると述べた先の引用文の終わりに、アリストテレスは、事物の存在理由つまり終極目的は「……最善のものであるが、自足こそ終極目的であるとともに最善のものである」[25]と書いている。言い換えると、自足していることがポリスの特質である。つまりポリスの特質は、ポリスだけが生命の必要とするものを与えるとともに、善き生活への人間の願いを満たすという事実にある。ポリスが与える善は部分的なものではなく、終極的ないし包括的なものであって、ポリスは人間のための最高に完成された最善の生活の達成にほかならない。したがってポリスの「自足性」とは、単に組織に関する事柄ではなくて、目的自体としての政治的共同体の状態を表す言葉なのだ。ポリスは善き生活のための**手段**とか、善き生活を可能にする諸条件の一つではなくて、善き生活が実現する舞台である。アリストテレスがポリスを「最善のもの」と言うのはこのためだ。目的自体である以上、ポリスは現実に達したもの（エネルゲイア）にほかならない。前政治的形態の共同体は、それを潜在的に含んでいるにとどまる。

*

アリストテレスの目的論から、序列の「自然的」原理を引き出すことができる。それは発展という観念にもとづく原理であり、宇宙に適用できるとともに、人事にも適用できる原理である。それは自足の原理と言ってもいいが、自己充足の原理と言ったほうがいい[26]。その原理によって、事物や行動のなかでもそれ自身のために存在し、それ自身のために企てられたもの、つまり十分に実現に達して自分自身の終極目的に達し、他の何ものに対しても手段や発展段階という関係にないものが選び出される。アリストテレスにとって自己充足的な活動は、目的自体である点では、自足的共同体や自足的生活に似ている。自己充足的活動は、自分以外の善をめざす活動より上位にランクされるが、それはポリスが、自分以外に存在理由を有する形の共同体より上位にあるのとまったく同じことである[27]。『ニコマコス倫理学』でアリストテレスはこう述べている。「それ以外のもののために追求される目的ではなくて、目的自体として追求される目的を終極目的とよぶ。そしてそれ以外のものの手段とならないもののことを、目的自体として選ばれるがそれ以外のものの手段としても選ばれるものよりも終極的のものであると言う[28]」。

ある活動が「自足的」ないし「自己充足的」であるとは、その活動が他の何らかの目的のために企てられたのではなく、その活動そのもののために企てられたことを意味する。実際に「それ以外のすべてがそれを目的としてなされた」(*NE*, 1097a) のであれば、本当の自足的活動は、活動のパフォーマンスそのものを目的としているにちがいない。そうでないと、活動は(論理的、時間的に活動以外のものである)目的より手前にある不完全かつ未完結のものと見なければならないからだ。アリストテレスの言い方では「……ある場合には活動が目的であり、他の場合には目的は活動以外の何らかの結果である。目的が活動以外にあれば、その結果のほうが当然優先する[29]」。完全な実現ないし完成という意味を含んでいる自足的活動は、それ自身以外に目的がない(アテレイス)。「活動そのもの以外には何も求めることはない」(*NE*, 1176b)。そういう活動の実例が、卓越した行為や観想である[30]。その種の活動を表すために、アリストテレスはエネルゲイア(現実性)という言葉を使う。

こういう考え方から生まれたのが、周知のポイエーシス(製作活動)とプラクシス(行為)との区別にほかならない。完成した活動、または自己充足的な活動にはそれ自身以外に目的はないとすると、どういう形の製作活動もこれに当てはまらないのは明らかである。製作活動を支配し完成させるものは活動の産物という活動以外のものだからだ。製作が活動として実現されるのは、達成されたときか（靴屋が作った靴とか、建築家が建てた建物のような）何らかの**成果**のなかにしかなく、活動の「現実性（エネルゲイア）」は成果のうちにある。それゆえ「製作は自分自身以外のものを目的としている」が、アリストテレスによると**行為**はそうではなく、「善き行為（エウプラクシア）はそれ自身が目的である」[31]。卓越した人の気高い行為は善き行為**にほかならず**、それは終極目的を具体的に表しているのであって、単に指示したり映したりしているのではない[32]。プラクシスの善はパフォーマンスのうちに現れるから、アリストテレスは、活動が中止されるか完成した際に初めて目的が現れる活動の「条件つきの」善と区別して、プラクシスの善を「無条件の」善とよぶ[33]。

自己充足性または終極目的という角度から見ると、プラクシスはポイエーシスとは明らかに異なる活動形態である。アリストテレスが言うように「両者は類が異なる[34]」。プラクシスは自己充足的であり、ポイエーシスは「未完結」である。それゆえアリストテレスは、「行為は製作ではなく製作は行為ではない[35]」と断定する。この見方では、人間が本性的にめざし人間の目的ないし「特有の活動（エルゴン）」である生活、すなわち「善き生活」は、当然にも「製作ではなくて行為の」生活である[36]。善き生活または人間特有の生活の特徴は、ポイエーシスの本質である手段という性格にあるわけではない。そこに特徴があると考えると、善き生活の価値を奪い取ってしまうことになる。善き生活は、アリストテレスの言う「活動的生活」であり、「卓越した気高い行為によって成り立っている生活」でなければならない[37]。卓越した生活と実利的な生活との相違は、ポイエーシスに対するプラクシスの存在論的な優位にもとづく。市民の行為は、善そのものに関与しかつ貢献するが、職人や労働者の活動では、そういうことは起こらない[38]。笛を吹くことが音楽であるのと同じように、自由な市民が行う行為の生活は、善を表しているか善そのものかである。いずれの場合も、行為の成果ではなく活動そのものが目的である。アレントがアリストテレスを要約して言っているように、善き行為は普通の意味での**手段**ではありえない。善き行為の場合には、「目的を達成するための手段がすでに目的になっている[39]」からだ。アリストテレスは「善良かつ賢明な人々の活動は、さまざまな優れた成果を生み出すことをめざしている」（*Politics*, VII. 3）と言うことができたが、厳密に言うと、プラクシスは目的・手段というカテゴリーには入らない。

アリストテレスによる政治的なものと家族の領域との区別を忘れない限りで、アレントの公的なものと私的なもの、政治的なものと非政治的なもの、自由と必然を区別するアリストテレスと同様の課題へのアプローチに取り組むことができる。『人間の条件』を読むと、プラクシスとポイエーシス、行為と仕事の区別が完全に中心になっていることは誰も疑えない。それどころかアレントの政治行為論や彼女の伝統批判や近代分析は、その区別を抜きにはありえないと言っても過言ではない。しかし、その区別は非常に重要だから、その区別の使い方を表面的に理解してすますようなことをしてはならない。

アレントがプラクシスとポイエーシスを区別するのは、行為の領域が仕事の領域と異なるという政治的秩序の相対的自律を主張する一つのやり方だとふつう考えられている。だがアレントにとっては、もっとはるかに重要なことが問題なのだ。ハーバーマスには失礼だが、彼女のやり方は単に労働と相互行為を区別するとか、道具的理性と実践的理性を区別するということに尽きるものではない。行為や自由の次元を解明しようとしているのであって、その次元は合理化や合理化への不満というウェーバー的な問題設定を完全に超えている。アレントの「文化の危機」という論文の次の一節を考えてもらいたい。そこで彼女が描いているのは、工作人（*homo faber*）としての人間を取り囲んでいる一種の認識論的地平である。

生産には……常に目的と手段が含まれている。実を言うと、目的と手段というカテゴリーが正当視されるのは生産や製作といった領域のためである。その領域では、最終製品という確認可能な目的が、製作過程で役目を果たす材料、道具、製作活動そのもの、さらにはその過程に携わる人間といったすべてを規定し、組織する。そのすべては、目的のための手段になり、手段としてのみ正当性が認められる。製作者は、一切を自分の目的のための手段とみなすほかなく、場合によっては、あらゆるものを効用によって判断せざるをえない。(40)

この一節だけでなく著作の多くの箇所で、アレントが単に現代の技術的合理性の状況だけでなく、ポイエーシスそのものに対して深い疑念をいだいていることが示されている。彼女の確信によると、工作人には生産の経験を一般化しようとする自然な傾向がある。支配し操作しようとする意志によって動機づけられて、工作人は、目的と手段という観点から世界を組み立てようとする。製作の論理が認識の基礎になり、事物は手段か目的以外には意味のないものになる。そういう「世界の道具化」によって、有用性や効用が「生命や人間世界の究極的基準」になっている。(41) **あらゆる**事物が最後には手段に格下げされて、かつての「固有の独立した価値」をすべて失ってしまう。(42) その主要な結果の一つが、政治をはじめあらゆる**活動**が、「自己充足的」だともそれ自身のためになされたとも考えられなくなっている事態である。世界に対する製作者の「行動様式」が普遍化されて、「手段として」役立つにすぎぬ**効用**が、「価値あるがゆえに」重要であることと混同される奇怪な状況が作り出されている。(43)

そういう逆説的な事態に近代の特徴を認める点では、アレントはウェーバーに従っている。近代人の特色は、「目的・手段のカテゴリーが一切を包括しうるという確信」である。(44) アレントによると、近代は「手段として」が「価値あるがゆえに」の内容となってしまった、言い換えると、「効用が意味として認められて意味喪失が生み出されている[45]」時代である。それをアリストテレスの言葉で言い直すと、近代は**条件つき**の善を**無条件**の善と取り違えて、固有の価値の不可欠な条件を破壊したと言うことができる。その結果、今では「目的と手段の連鎖を終わらせ、あらゆる目的が再び手段として使われないようにする道[46]」がなくなっている。こうした功利主義がゆきわたった結果、近代につきまとう「意味喪失のジレンマ」が作り出されている（後に明らかにするが、このニヒリズムの弁証法に関するアレントの記述には、ニーチェに学んだところが多く見られる）。工作人による混乱に伴って行為の顕著な特質が消去されるばかりか、行為の根本的な条件である人間の複数性が軽視される、とアレントは見ている。

そうした消去が起こると、ポイエーシスが自由な活動の典型であるように見えて、**行為**と**仕事**が完全に融合してしまう。工作人による「仕事と行為との自明的な同一視」が拡がる。目的・手段のカテゴリーが政治的領域を支配するに至り、「……仕事という見方が公的領域を侵害して、行為が仕事以上に目的・手段のカテゴリーで規定されるのを当然と考えるほどになった[47]」。政治的なものと前政治的なものとの相違は、跡形もなく消し去られている。公的なものと私的なもの、自由と必然、複数性と一義性を区別する認識論的根拠は消滅している。

目的・手段のカテゴリーに支配される仕事を行為と混同すると、「家族や家計に関する活動の公的領域への登場[48]」が許されることになる。複数の個人による論争や討議は「用」がなく（それゆえ）意味もないと見られるときには、「生命過程そのもの」が「公的領域に流れ込む[49]」通路が開かれるからだ。「社会的なもの」が政治的なものを包み込んでしまう。そうなると社会は、「生命に価値あるがゆえの相互依存の事実以外、何一つとして公的な意味が認められず、単なる生存に関わる活動が公的に登場することを許される形態[50]」になる。社会によって公的領域が「征服」された結果、アレントが「自然的なものの不自然な進展[51]」とよぶもの、すなわち生命過程そのものの指図によって完全に決定される公的領域というものが生まれる。その領域では、自由の領域が必然の領域に完全に埋没してしまうが、これはすべて、工作人の道具的な見方によって「境界侵犯」が続けられてきた結果だ。

やや誇張して言うと、「社会的なものの台頭」とは、経済的自己再生産への「一般的関心」が高まって、紛れもなく優越した位置を占めるに至ったということである。そのため社会には、反多元的な「一枚岩的」特徴が生まれた。アレントによると、「家長」は不要になり、「支配の最も社会的な形態」である官僚制が生じる[52]。その「無人支配」が、進歩した複雑な「国家規模の家族」にふさわしい形態である。アレントはすぐこう付け加えている。「無人支配は、必ずしも無支配であるわけではない。状況によっては、それは最も残酷な暴政にさえなりうる[53]」。経済によって（また経済の名における官僚制によって）、合理化され統制のとれた行動を求める空前の要求が作り出される。社会は「全員がすべて一定の行動をとることを求めて、成員を〈正常化＝規範化〉し、行儀よくふるまわさせ、自発的行動や自主的な行動を許さない無数の多種多様な規則を課す[54]」。

この見解は、ウェーバーやアドルノ、あるいはフーコーの著作と明らかに響き合うところがあるが、しかしそのために、社会が「あらゆるレベルで行為の可能性を排除している[55]」というアレントの主要な論点を見失ってはならない。公的領域を吸収し、複数性を骨抜きにすることによって、社会は行為の可能性を排除する。最終的に登場したのは、作者や職人の社会ではなくて、労働者の社会であり、「自分の仕事をすべて何よりも自分自身の生命や家族の生命を維持するための方法とみなす[56]」大衆の社会である。「社会全体が労働社会へ現実に変形したこと」によって、人間生活には自然と同様の必然性と画一性がゆきわたっている。種の存続は「世界規模」で保証されているかもしれないが、しかし——公共の場での行為者であり、かけがえのない個人としての人間である——**人間は**絶滅の危機に瀕している。(57)

以上のようなことが、アレントが工作人の無制限の道具主義から生じたと見ている途方もない憂慮すべき事態だ。国家や経済とは異なる公的領域の境界を明確にし、自由と複数性が表現される空間を確保するためには、プラクシスとポイエーシスの区別を新生させる必要があるのは明らかだ。さらに言えば、プラクシスとポイエーシスの区別が重要なのは、ハーバーマスが言うように、それによって「コミュニケーション的」行為を「目的合理的」行為から区別できるからだけではない。その区別の本当の意味は、行為や複数性には固有の価値があること、**自由は行為の自己充足性のうちにある**ことに気づかせるところにある。プラクシスとポイエーシスの区別を本来の厳密な形の序列で活用して初めて、意味を創造し複数性を表現する行為特有の能力を解明でき、公的なものと私的なもの、自由人と隷属者の「相違」が改めて明らかに見えるようになるのだ。

II　労働・仕事・行為——自己充足性を基準にしたアレントの分析

アレントの行う活動的生活の部分の組み替えは、ネオ・マルクス主義者たちから批判された。彼らが反対したのは、アレントによる労働・仕事・行為の厳格な区別だった。彼らに言わせると、アレントはそれらの多様な活動の間、また必然の領域と自由の領域の間にある弁証法的関係を見落としている。その結果、公的領域の新生——「奴隷なきポリス」——のための政治理論が、皮肉なことに、政治的行為の形態、内実、可能性が生産様式によって規定されることの検討を妨げるものになっている。アレントは自己矛盾に陥っているように見える。彼女のアリストテレス的な諸活動の序列によって、事実上、政治は少数者の職分となり、民主主義や直接参加への共感が明らかに妨げられているからである。

この系統の批判は、アレントの方法が至りつく逆説的結果を強調して、彼女の区別の**仕方**に注目させるのに大いに役立つ。アレント批判のなかで、ビクー・パレクはアレントの労働・製作・行為の序列にとっての、「活動の自己充足性」の重要性を強調している。(58) この自己充足性という基準を考慮してアレントの区別を検討し、その区別が彼女の政治行為論にとっていかに不可欠のものであるかを示してみよう。アレントによる自己充足性という基準の使い方は、批判者たちが考えているほど狭苦しいものではない。アレントは自律的政治のパラドックスを逃れようとはしない。むしろそのパラドックスを徹底的に考え抜いている。彼女の観点からすると、自由と人間の複数性を保持することが重要なのだ。

まず区別そのものを取り上げてみよう。アレントによると、**労働**は人間生活において、生存と再生産にささげられる部分、個人や種の保存に必要な生物学的必要を満たすためにささげられる部分を指している。そういう生活の次元は、生命過程そのものの要求を満たすが、その限り自然や必然の支配下にある。労働が**人間**特有の活動と見られないのは、「自然との新陳代謝」(マルクス)があらゆる生物と共通だからだ。「あらゆる動物の生活と共通しているもの」は、人間的なものとみなすべきではないというギリシア人の考え方にもとづいて、アレントが主張するところでは、「労働する動物(*animal laborans*)という概念の〈動物〉という言葉の使い方は……完全に正しい。労働する動物は、地球に棲む動物の種のなかの、せいぜい最高の動物にすぎないからだ(59)」。(労働が人間の本質であり、人類は労働によって創造されるという、マルクスの考えについてはここでは立ち入らない。(60) アレントにとっては、それほど真実と懸け隔たったものはない。)

労働の「人間以前」的な特徴は、労働過程そのもののリズムや「目的」に示されている。アレントによると、労働は消費のための生産の絶え間なき循環であり、消費は生産のためのもの、つまり労働力の再生のためのものだという、マルクスが『資本論』で行った労働過程に関する基本的説明は正確そのものだった。[61] アレントは、マルクスが明確にしているのは、「労働と消費が生物学的な生命活動が永遠に繰り返される循環の二つの段階である」範囲だけだと考えている。[62] それだからマルクスのように労働を価値の源泉だと考えるのは誤りだ、というのがアレントの主張である。彼女の主張によると、価値を有するためには物に持続性がなければならない。だが労働過程が携わっているのは単に消費財の生産、つまり人間が消費して自分自身を再生産するという生物学的な必要に応える「必需品」の生産にすぎない。それゆえ「後に何も残さず、努力の結果は、努力が払われるとほとんど同じくらい速く消費されてしまうことが、あらゆる労働の特徴である[63]」。

つまりアレントの観点からすると、労働過程は生産と消費の絶え間ない循環であって、生産されるものが束の間しか存在しない限り、本質的に非生産的なものである。消費財は現れるとたちどころに再び永久に循環する生命過程に埋没してしまう。その結果、労働にはテロスがない。労働は人間を自然と同化させるが、アレントによると、自然は真の始まりも終わりもない領域なのだ。

……［人間存在の生物学的過程や生体構造上の成長と衰退という事実］に対処する必要から生まれるあらゆる人間活動は自然の循環過程に縛られていて、厳密に言って活動そのものには始まりも終わりもない。**製作活動**は、めざす物が完成して共通の事物の世界に加えられるとき、終わりに達するわけだが、それとは異なり**労働**は常に同じ循環のなかで行われる。その循環は生物の生物学的過程によって定められており、生物が死なない限り「労苦や心労」がなくなることはない。[64]

循環し反復される絶え間ない労働の性格には、変わることがなく死も存在しない自然の反復が反映している。労働は「生命以外には何も生み出すことはない[65]」。労働は、人間の活動のうちでも最も動物的な活動であり、最も自己充足性がなく最も隷属的な活動である。

アレントは自分の労働と仕事との区別が、「独特のもの」であることを認めている。[66] それがヘーゲル／マルクスの伝統とは異質であるのは明らかである。だが彼女の考えでは、そういう区別が正しい歴然たる証拠があっても、それで従来の理論的関心の欠陥が補われるわけではない。主な違いは労働の実質的に人間以前的な特徴にある。労働とちがって、仕事は（人間**特有の**活動ではないにしても）明らかに**人間的な**活動である。仕事の特徴は目的があるということである。仕事はすべて永続性のある持続するものを作り出すことをめざす。そのため仕事には、労働にまったく欠けている志向性や目的論的な性質がある。

仕事によって、道具や椅子から芸術作品に至るさまざまな物が**作り出される**。労働には本質的に手段という特徴がある。「製作過程そのものが目的・手段のカテゴリーによって支配されている[67]」。さらに「製作過程がそこで終わるという意味と……この終わり（目的）を作り出す手段であるという意味の二通りの意味で、作られた物は最終の作品である[68]」。終わり（目的）である持続性のある成果をあげる点で、仕事は労働過程の循環性や必然性と切り離して考えねばならない。「明確な始まりと予測できる明確な終わりがあることが仕事の特徴である。こういう特徴があるだけでも、それ以外のすべての人間活動と区別される[69]」。

労働と仕事とのこういう区別の仕方は、必ずしもわかりやすいものではない。労働には（個体や種の再生産という）目的があるのではないか。労働にも目的があると考えることはできないか。この点についてのアレントの態度を明らかにするには、もう一度、アリストテレスを参考にしなければならない。アリストテレスによると、「あらゆる技術は生成するものの領域に関与している」。したがって、仕事は「存在しているものや必然によって生成するものや、自然によって作られるものには関与しない。それらには運動の根拠が備わっているからだ(70)」。仕事を労働と区別するものは、仕事には達成しようとする目的によって**強制される**という特徴があることだ。そういう――机の製作のような――目的は、自然によって指定されるものではなく、むしろ自然に対して強制するものである。このため製作ないし生産活動は、本質的に暴力的である、「……あらゆる生産活動には暴力が潜んでおり、人間的構築物の創造者だった工作人は、常に自然の破壊者だった(71)」。

それゆえ仕事は作品を創造することによって、自然を破壊する。アレントが物化とよぶ仕事の成果は、自然の成長と衰退の循環に戻ることなく、どこまでも自然の外部にとどまる。世界を築き上げるのは、職人である人間、工作人であって、労働者たる人間ではない(72)。アレントの見方では、仕事は人間的否定性を本当に具体的に表す唯一のものである。工作人は自然に働きかけて、自然を安定した堅牢な「人工の家」に変えてしまう。絶え間なき自然の運動を脱却した人間特有の生活が可能になるのは、まさにこうした安定性にもとづく。

こういう点だけを見ると、アレント（およびアリストテレス）とマルクスやヘーゲルとの違いは、大半は語義に関するもののように思われる。生産の性質や意味についての彼らの説明は、製作活動をそれぞれ別の仕方で示そうとするものだが、かなり類似しているように思われる。しかし、その類似は表面的なものだ。アレントにとっては、仕事に認められる否定性は暴力であって、そこにはヘーゲル的な媒介という意味は含まれていない。仕事は自然を人間化するものではない。むしろ彼女の見方では、仕事が創造する「世界」という非自然的な空間は、自然の混然たる現実と並んで存在し続ける。したがって、人間が創造する客観的実在の領域は、ヘーゲルが「第二の自然[73]」とよぶものでは**ない**。アレントの図式では、自然は仕事が創造する世界に**包括**されず、世界は自然と人間との**中間**に存在する。世界は自然**からの**隔たりを提供するが、その隔たりこそ、自然を認識し操作するためには不可欠なものだ。「自然が与えるものから、自分自身の世界という客観的実在を創造し、自然環境のなかに築き上げて、自然から身を守るわれわれだけが、自然を〈客観〉とみなすことができる[74]」。

労働と仕事をはっきり分けて自己充足性という観点でくだされる判断が、自由の領域と必然の領域との区別を確立するためには必要だ。必然の領域を限定しているのは、仕事によって作り出される有用性の連関である。作品によって作り上げられる世界は、本来、自由の領域ではなく、それを作り出す活動も自己充足的なものではない。はっきり言えば、自己充足性という基準で測ると、労働と仕事、必然性と有用性との相違はなくなる。労働のむなしさとは、労働には意味が欠けていることを意味するが、仕事では目的ないし成果が明らかに優位に立っているため、製作活動そのものには独立の価値が認められない。製作過程は「目的を作り出すための手段にすぎない[75]」からだ。アレントがアリストテレスに従って言うところによると、固有の意味があり自己充足的で、それゆえ自由であると言えるのは**行為**だけだ。しかしアレントの観点から見て、行為と**みなされる**のは、どういう活動だろうか。さらに、その活動が「目的を追求せず、後に作品も残さず」、「活動にありうる意味はすべてパフォーマンスそのものにある[76]」と言えるのは、どういう意味においてだろうか。

これは間違いなく重要な問題であって、アレントの政治行為論および彼女の逆説的な政治観の核心に導くものである。まず明らかなことから始めよう。アレントにとって市民の政治的行為と言論は、アリストテレスが主張したように、典型的な自己充足的活動である。労働や製作活動は人間的と言うには不足があるのに対して、その活動は明らかに完全に人間的である。アレントは、非常にアリストテレス的（そして反ヘーゲル的）な箇所で、挑発的に述べている。

人間は労働しなくても十分に生きることはできる。自分のために他の人々を労働させることもできるし、世界に何一つとして有益なものを付け加えなくても、事物の世界を使用し享受することは可能である。搾取者や奴隷保有者の生活や、寄食者の生活は正しいものではないかもしれないが、人間的な生活であることは疑いがない。それに対して言論も行為もない生活は……世界にとって文字通り死んだも同然である。それは人間的な生活ではなくなっているからだ[77]。

政治的生活、つまり行為と言論の生活だけが自由である。それゆえ政治的生活だけが人間的である。人間的であることは、市民であることにほかならず、アリストテレスが指摘したように、市民であることは、非市民に対する搾取や疎外と矛盾しない[78]。それに対してヘーゲルでは、主人と奴隷がいる場合には、主人が市民であって他の市民とともに行動する限り、真に**人間的な**自由を享受できるのは主人だけである。それでもすべての人が家族の必然に屈しているより、一部の人が他の人々の隷属を土台にして自由であるほうがいい。

こういうアレントの判断は無情で耳慣れない、極端に「訳のわからないもの」に思われる。アレントが

「自己充足的な」政治的行為の実質を明確にしようとすると、彼女の見解はわかりにくくなり、不快感も増してくる。（アリストテレスが言うように）行為が政治だとしても、政治のすべてが行為であるわけではないからだ。自己充足性という基準を使えば、**政治的**と言うに値するもの、つまり公的領域に輝かしく現れるにふさわしい活動の種類は、ごく限られている。行為を労働や仕事から区別することは、課題の一部にすぎない。それに劣らず重要なのは、政治がまさに行為という名に恥じぬものであることを確認することだ。したがって問題は、アリストテレス的な基準を厳格に適用した場合に、どういう政治や政治的行為の概念が得られるかである。「自己充足的政治」には、どういう特性があるのだろうか。

アリストテレスの基準によって排除されるものを、まず示しておこう。家族にふさわしい関係や役割を写したような形態の「政治」は、非政治的なものである。それは必然性の強制力を自由の領域に導入するからだ。またプラクシスとポイエーシスの区別によっても、手段や戦略である行動はすべて本質的に括弧に入れられる。行動が**根本的に**目的をめざすものであり、成否を問わず結果によって規定される場合には、それは決して真に政治的なものにはならない。こうした抽象的な否定を具体化すると、**一般に**政治的なものとされるものの大半が実際にはその名に値しないとする、アレントの一連の否定になる。支配も解放も実は、真に政治的な行為とはみなされず、管理や代表といった活動も、厳密な意味で政治的なものと考えるべきではない。

アレントは、政治が限定された支配に**もとづく**こともあるとは言うが、政治はすべて究極的には支配だとするウェーバーの発言をきっぱりと否定している。(79) 支配が政治的でないのは、言論と行為を独占するからであり、それが複数性を破壊する独占だからだ。行為が支配者や支配集団の特権になっている場合には、実質的には市民は存在せず、存在するのは被統治者と支配者だけである。支配者の生命と権力の維持が、そういう共同体の唯一の本当の目標であって、被統治者の活動はその目的のための手段としてしか価値がない。支配である政治は、主／奴関係を普遍化して、必然や不平等や統一意見のような家族領域の特徴をあらゆる活動に浸透させる[80]。

支配が特に非政治的な形態の活動だとすると、それを克服する活動——**解放する**活動——が政治的なものの本質をなすと言いたくなるかもしれない。しかし、アレントの観点からすると、そういう言い方には欠陥がある[81]。彼女の考えでは、**革命的**活動は明らかに政治的でありうるし、確かに、ある場合には、近代で最も充実した強烈な政治的生活の経験が得られたのは、その種の活動においてだった。アメリカ革命、パリ・コミューン、一九〇五年および一九一七年の初期ソビエト、一九一八年のドイツ革命の労働者評議会（*Räte*）、ハンガリー動乱はすべて、暴政が転覆されて自由の空間が開かれ、（悲劇的に短期間ではあったが）行為と言論が開花した実例である[82]。しかし、近代の革命的活動には、反政治的な影響もあって、貧困や食糧難や搾取によって培われた、恐るべき「自然の」力を爆発させることにもなった。貧困層が政治の場面に登場したとき、公的領域とそれ特有の自由は、暗闇から解放された前代未聞の人間的欲求の噴出に圧倒されてしまった、とアレントは力説している。**社会的な**革命によって、貧困が「第一級の政治的影響力」あるものに祭り上げられ、自由が「必然つまりは生命過程の強い要求に引き渡され」ざるをえない状況が作り出される[83]。こういう文脈でアレントがあげている模範的実例はフランス革命だが、それは政治的自由で正当化される革命ではなかった。それは人民の要求、「衣服と食料と種の再生産」の「権利」という観点で正当化される革命だった[84]。そういう要求は強烈で否定し難い**必然的なもの**であって、**政治的**手段によってそういう要求を満たそうとする試みは、必ず恐怖政治を生み出すことになる。なぜなら、政治は自然を「超える」ことはできるが、自然を克服することはできないからだ。アレントによると、「恐怖政治を呼び込んでフランス革命を終わらせたのは……まさにそういう要求にほかならなかった」。

この点に関するアレントの判断は容赦がなく、ほとんど反動的にさえ見える。人間が自然に隷属している場合には、政治的自由は無意味であることにアレントは気づいていないのだろうか。言うまでもなく、彼女はそれに気づいている。生存や再生産という生命の重荷から自由であることが、あらゆる真の政治の前提条件だ[85]。彼女の要点は、生物学的要求が人間的条件の無視できぬ次元である以上、生命過程に関わる活動と、政治に関わる活動を厳密に区別して初めて自由は可能になるということである。彼女の言う「社会問題」を、政治的手段によって解決しようとする試みは、人間存在全体を必然の観点で捉えることにしかならない。マルクス主義的革命家たちはフランス革命をモデルにして、必然を決定的に克服し、人間を生物学的必然から解放できると単純に考えていた[86]。しかしその目標は、自然的必要を革命的政治の唯一の実質として、必然から自由に達するのではなく、必然から暴力に至りつく。アレントの見解では、生物学的必要や社会的不平等から人間を解放しようとする試みは、人間を「自然状態」に立ち返らせることにしかならない[87]。

自己充足性を基準にすると、一般に日常的な現代政治のやり方とされるものも政治的なものから除外される。行政はウェーバーが書いたように、仕事が完全に目的・手段の観点で枠づけられているから[88]、政治的行為とはみなされない。官僚や行政官は、既定目的を達成する最も有効な手段だけに関心を寄せている。そういう目的はふつう社会的再生産の必要に合わせて設定される。したがって統治を行政や管理運営のようなものと考える場合には、統治が関わっているのは根本的に社会の生命過程であり、社会の存続と円滑な活動の物質的条件だ。そういう仕事は「あらゆる経済的過程の基礎にある要求によって左右される」以上、アレントによると行政や管理運営は「本質的に非政治的[89]」である。政治が「国家規模の家族」の管理運営に切りつめられているところに、自由な行為または複数性にもとづく行為はありえない。アレントが注意を与えているように、「生命が危機に瀕する場合には、当然のことだが活動はことごとく必然の支配下におかれる」[90]。

プラクシスとポイエーシスの区別にもとづいて、アレントは議会制も非政治的なものに分類する。議会政治に関する見解は攻撃的で、彼女は民主主義に対するエリート主義的批判者かとさえ思われる。(『革命について』で詳しく述べられている)批判の詳細や、その批判から生じた論争を取り上げる場ではないので、ここではアレントの主要な論点[91]だけに話を絞らざるをえない。彼女の見解によると、理論的には、代表されるもの(民衆)と代議士の関係は完全に手段的なものにすぎない。代議制は本質的に労力軽減のための仕組である。代議士は支援者の意志を遂行する、あるいは支援者の利益を公的な舞台で代弁する。代議士が政治に参加しているおかげで、選挙民は自分の「もっと緊急でもっと重要な」私的な仕事に取り組める。つまり代議士は選挙民が公的事業に参加する「負担」を軽減するわけだ[92]。したがって代議制の存在理由は、私的な経済的利益追求を容易にするところにある。確かに――「見せかけのメッセンジャーボーイか臨時雇いのエキスパート」という目的に限定された――**正真正銘の**代議制は、代表される側の物資的幸福や繁栄といった明確な具体的**利益**にもとづいてしかありえない。(もっと明らかに政治的な問題の場合のように)個人の**意見**が大きく分かれる場合には、その仕組は崩壊するか、民衆の力を奪ってしまうかである[93]。したがって議会制がうまく機能する場合には、公的なものが私的なものの手段となり、政治が生活の手段になる、もっと正確に言うと、「便利な生活」の手段になっている。アレントによると、その最終の結末は「政治が行政に変質し」、「公的領域は消滅してしまう」ということだ[94]。自由のための余地はなく、民衆の複数の意見を表明するための空間も、「気高い行為」を行う場所もない。代議制がうまく機能しない場合には、代議制は寡頭制に移行する。「今日デモクラシーとよばれているものは、少なくとも建前だけは多数者の利益のためということにして、少数者が支配する政治形態である」[95]。

支配、解放、行政、代表いずれも必然の力に規定され、複数性を破壊する限り、まさしく政治以前のものである。それらを政治の実質だと取り違えると、公的領域を生命過程に従属させることによって、公的領域を変質させて反政治的なものにすることになる。アレントにとって、真実の政治的行為は決して（単なる）生活手段ではない。政治的行為は、**意味に満ちた**生活の具体的表現ないし体現である[96]。しかし上述のような除外されるものを考えると、政治的行為はどういう形になるのだろうか。どういう意味で政治的行為は必要や手段を超えると言えるのか。アレントには、こうした答えられないような問いに対する一つの解答がある。それは外部から見る限りでは、いかにもアリストテレス的な解答である。

生命過程を突破する（可能性のある）人間活動の一般的な形は**発言**、つまり他者と話すことである。真の政治的行為は一種の話し合いであり、公的な事柄についてのさまざまな会話や論争である。アリストテレスの主張によると、人間が蜂のような他の「社会的」生き物と区別されるのは、よく考えて発言する能力（ロゴス）による。単なる好き嫌いとか快感や苦痛の表現を超えて、**判断**を表現するのが発言である限り、発言によってこそ人間は**政治的**動物になるのだ。すなわち何が善く何が悪いか、誰が賞賛すべきで誰が非難されるべきかを言い表し、話し合うことができるのは人間だけだが、それはすべて発言によって行われる[97]。いわば生命と生命の欲求を超えて判断のレベルまで人間が高まるのは、こうした発言する能力によってであり、そのためアレントは、「発言の重要さが危機に瀕しているところでは、当然のことだが、問題は政治的なものになる。というのは、発言によってこそ人間は政治的動物になるからだ[98]」と書いている。**こういう**種類の話し合いの重要性、**人間的**生活にとっての話し合いの基本的重要性は、レッシング論では次のように強調されている。「……世界は人間が作っただけでは人間的なものではない。人間の声が響くというだけで人間的世界になるわけでもない。言葉による伝達の対象になって初めて人間的な世界になるのだ。……われわれは世界について語り合うことによって初めて、世界に起こる事柄を人間的なものにし、語り合うなかで人間的であることを身につける[99]」。アレントは表向きは行為と発言を区別しているが、発言を伴わない行為は判断能力を十分に表現できない以上、行為にならないのは明らかである。

発言が本質的に政治的なものであることには、もう一つ理由がある。それは発言が、強制や暴力抜きに共同して生活し、行動する土台だからだ。アレントがポリスについて一貫して強調する一つのポイントがある。ポリスを支配するものがあったとすると、ポリスは言葉によって支配されていたというのがそれである。アリストテレスの政治的タイプの権威と非政治的タイプの権威との区別を説明して、アレントは「政治的であること、つまりポリスに生きることとは、一切が発言や説得によって決定され、力や暴力によって決定されないということだった。ギリシア人の自己理解では、暴力による強制とか、説得でない命令というものは、ポリスの外部の生活の特徴をもつ人々相手の政治以前のやり方だった[100]」と書いている。家族生活や国家の外部である「野蛮な」生活に比べると、政治的生活の特徴は、「発言だけが意味をなす」という事実だった。「どの市民の重要な関心も互いに話し合うことだった[101]」からだ。

発言が人間を単なる欲求のレベルから引き上げるのに貢献し、服従ではなく――「共同の討議と行動」という――一種の共同にもとづく関係を、人々の間に作り出しうるという、アレントの主張は認めることができる。しかし、どういう形の政治的な話し合いが「自己充足的」なのだろうか。話し合いが「目的を達成する手段がすでに目的であり」、**パフォーマンス**が**ゴール**であるような活動の一つであるのは、話し合いのどういう本性によることなのか[102]。

この問題の解答は、独特のタイプの話し合いだけが実際に政治的であり、行為という名に値するというものである。アレントは終始一貫、**討議**に焦点を当てている。政治的討議にはふつう、決定するとか活動方針を選ぶといった目的がある。したがって政治的討議は、行動に先立って行われる討論や議論、「討議や論争」、「説得、交渉、妥協」といった過程である。[103] 政治的討議とみなされ、（それゆえ）**政治**とみなされるものは、「演説や意志決定、弁論や議事、思考や説得」だ。[104] 公共心に富む市民による政治的討論である討議は「目的自体」である。その場合には、採るべき「手段」や適切な行動についての論争は、常にすでに目的に関する論争だからだ。達成されるべき「善」は、可能な行動形態についての討論のなかで明確になる。したがって、**政治的**舞台での討議は決して（行政の領域の場合のように）単に技術的なものではない。目的について全員が一致している場合は、討論が行われても、それは政治的なものではない。[105] 目的を設定するために行われるのが、政治的討論だからだ。討論のゴールは、討論過程から独立し過程全体を支配するものではない。むしろ討論の「パフォーマンス」そのもののなかで形作られる。こういう討議によって、各個人は単に戦略的な考慮を超えて、自分たちが構成している政治的共同体の**在り方**に直接関わりのある問題に携わる。真の政治的討議は「手段として」というレベルではなく、「価値あるがゆえに」というレベルで行われる。すなわち政治的討議の究極的関心は、共同生活の意味にほかならない。

アレントが討議に固有の価値を認める事情は、『ニコマコス倫理学』第六巻に遡ることができる。そこでアリストテレスは、実践的・政治的討議をそれ自体として価値ある活動だと述べている。行為に関わる討議の基本的な価値である実践的知恵（プロネーシス）は行為に関わるものであって、テクネーや技術のように単に手段の選択に関わるものではない。実践的知恵を有する者（プロニモス）が討議で関心を寄せているのは、自分や仲間の市民のために**善**であるものを見いだすことだ。そのためそういう人物の熟慮は、特定の政策問題に関わる限られた手段の部類のものとは異なる。手段に関わる種類の熟慮をアリストテレスは「条件つきのもの」とよんでいるが、そういう熟慮がうまくなされたときには、「特定目的の達成という成功」がもたらされる。[106] 行為に関わる熟慮は「無条件な意味で善い熟慮」であって、「健康とか体力増進に役立つもののような、部分的な意味で善いとか有益なもの」に関わるのではなく、「善い生活一般に貢献するような種類のもの」を求める。[107] 無条件な熟慮の「正しさ」を測るものは成功ではなく、「善きもの」を達成する能力である。[108] それにはポイエーシスのような「それ自身以外の」目的はない。「善い行為それ自身が目的である」からだ。[109] 実践的知恵を有する人物の場合のように、よく熟慮するということは、よく**行為する**ことにほかならない。

プラクシスとポイエーシスの区別によって、アレントとアリストテレスのいずれの著書においても、討議に焦点が当てられている。アレントの政治についての広義の概念の基礎として役立っているのは、まさにこの討議の独特の特徴である。討議が「政治的生活の本質そのものを構成する」。[110] **政治的**討議は**意見**の交換や変更や批判を介して進められるからだ。自由と行為の空間である公的領域は、基本的に、自由な意見交換が行われる舞台である。それは「あらゆる人々に共通の会合の場」であり、すべての人が「見られかつ聞かれる」場所であり、[111] その原型は古代の集会だったアゴラである。[112]

しかし討議が行われ、「参加」が実現するためには、一定の必須条件を抜きにすることはできない。第一に、共同の討議と行動としての政治には、紛れもなく**複数性**が何よりも前提されている。複数の人間がいないとか、「ひとりの人間ではなく複数の人々が地上に生き、世界に住んでいるという事実」[113] の意味する多様な見方が存在しない場合には、アレントの言う意味での行為はありえない。複数性が家族の場合のように共通の関心によって形無しにされ、全体主義的支配の状況下で起こったように否定されれば、政治的行為は不可能になる。そのような唯一の見方だけが「継続され」あるいは「増殖して」、すべての人々を包み込んでしまった状況では[114]、目的を設定するための討議はありえない。目的はすでに決定ずみか押しつけられるかであり、多様な観点や意見の形成に必要な個人間の空間は圧縮されるか完全に取り去られているからだ。アレントが空間的配置と多様な見方を意味する複数性を、「特に政治的生活全体の——**必要条件**であるにとどまらず**根本条件**である——**条件**[115]」とよぶのはこのためである。

第二に政治的討議には**平等**が前提となる。対等な者の間で行われる場合にのみ、討議は自由なものでありうる。不平等であれば強制が生じ、意見交換は偽りのものになってしまう。しかしアレントが平等を政治的行為の必須条件とするときには、人権宣言や独立宣言に表明されたような自然的平等論に賛成しているわけではない。平等は自然現象では**ない**。ギリシア人はこのことを心得ていたからこそ、市民**である**個人が平等な立場で相互に承認できる人工的領域であるポリスを創設したのだ。「ギリシアのポリスにおける平等、政治的権利の平等はポリスの属性であり、生まれたことではなく市民であることによって平等を享受する人々の属性ではなかった[116]」。**市民**である限りで各人は、見られかつ聞かれる平等の機会をもち、公務に参加する平等の機会があった。それゆえ政治的平等は政治的自由から切り離すことができない。政治的自由は「政治参加者たる権利以外の何ものをも意味しない[117]」からだ。

討議として考えられる政治的行為のもう一つの必須条件は、**共通の特徴を有すること**である。集団行動の方針に関する討論であれ意見の相違であれ、判断や行為の背後に最低限度の合意のあることが前提である以上、討議は共通の世界に深く結びついていなければならない。そうした合意がなくなったり粉々になっている場合には、同じものを多様な見地から見ることはもう不可能だ。意見の形成に必要である仲介するものが壊れ、その結果、(少なくともアレントの意味での)政治は停止してしまう。こうした「背後の合意」の必要性を伝えようとして、アレントは政治的行為の「世界性（＝世界への依存）」を力説している。工作人によって作り上げられた「人間のための恒久的な住まい」である世界こそ、「すべての者に共通の集会場」の役割を果たして政治を可能にするものである。

アレントは「世界の共有」が政治の必須条件だと考えているが、これを「有機体的」形態の共同体を奨励するもののように解釈してはならない。公共世界に関する彼女の重要な論点は、先にも述べたように、世界が客体であること、つまり「物化されている」[118]という世界の性質である。世界が客体であることによって、「人々は結びつけられると同時に分けられる」。世界と世界内部の事物によって（共通の）空間が開かれ、個人が結ばれる。手で触れられる「間」が存在する場合に初めて、――同じ現象を見る紛れもなく多様な見方である――複数性が可能になる。世界に関する共通の感覚が――大衆社会のアノミーや孤独の結果であれ、あるいは「間」を崩壊させて、信徒を愛や共通の信仰の力によって結びつける（初期キリスト教徒のような）強烈な内密の形態の共同体から生まれた結果であれ――衰弱した場合には、政治の存在そのものが危殆に瀕する。[119]

共同性が強すぎても弱すぎても、政治は危機に陥る。このためアレントは、市民の間の適切な関係を「友愛」の一つとして述べている。アリストテレスに従って、市民の友愛は親密や内密の関係とは対立するものだと言う。友愛の実質は公的な討議である。「……ギリシア人にとって、友愛の本質は言葉による伝達にあった。絶えず言葉を交わすことによって初めてポリスの市民は連帯できると彼らは考えていた。言葉による伝達のなかで、友愛の政治的な重要性や友愛特有の人間らしさが明白な形をとったのである[120]」。政治的意味での友愛は、議論や会話による共同の一形態である。それは相互の敬意と「共通の企てへの参加」にもとづいている。[121]

厳密に政治的である討議の最後の必須条件は、**能力があること**である。行為の条件として市民の平等を擁護していても、アレントは平等主義者であるわけではない。彼女はある種の活動（労働や仕事）や主題（行政や経済）は公的領域に登場するには不適だと考えるのと同じように、意見はみな共有されるに値するとは限らず、語る者には必ず耳を傾けねばならないわけではないと考えている。政治的討議／行為には判断（アリストテレスの言う「討議の能力」）や誠実さや公平さ、「公事」への積極的参加が必要である。その結果、政治活動には無視できない「エリート主義的な」次元がある。「本物の政治的才能」と公共心のある者しか、いわば公的領域の住人たることは許されない。才能や公共心の有無に関わらず、**すべての者**が政治への参加を求めれば、その結果たるや、政治以外の関心によって政治的行為が変質し、壊されてしまう。実際アレントは「大半の住民が政治的問題そのものへの才能が明らかになく、関心を寄せていないことも顕著であること」を知らぬ者はなく、政治的な生き方が「多くの人々の生き方だったことはなく、今後も決してそうならない」ことを強調している。[122]

公的領域は開かれていると**同時に**排除するものでもあって、そこに「所属する人々は自ら決めたのであり、所属しない人々も自らはずれたのだ」とアレントは力説する。[123] 彼女は「平等主義的社会の民主主義的考え方」の正当性に疑問を投げかけている。彼女に臆するところはない。アリストテレスと同様、彼女は「善き生活」を過ごせるのは「善き人々」ないし最高の人々だけだと考える。政治的領域に入ることが、出生や富のような政治以外の基準で決められてはならず、政治的領域にとどまることは無差別に誰にでも許されることであってはならない。アレントは対等な人々に見られ聞かれるという特権を問題にするとき、配分的正義に関するアリストテレスの原理によく似た原理に賛成している。その特権的機会は、信頼や誠実、判断や勇気といった政治特有の能力や美徳を具えた人々だけに限るのが正しい。[124] そういう人々は政治的共同体の活力や自由に直接貢献する性質をもっている以上、公共の場で認められ尊敬を受けるに値する。[125]

自己充足性という基準で活動的生活から取り出して見ると、政治的行為はアレントの著作のなかでは、共通の関心事をめぐる対等な人々による目的設定に関する論争や討議という一種の話し合いとして登場している。[126]そういう話し合いが行われるのは公的領域においてだが、これは国家や経済のいずれとも異なる領域であり、複数性、平等、共有性、能力などによって構成される領域である。こういう側面でのアリストテレスとの連続性についてはすでに述べたが、ここでは、そういう側面のために政治的なものについての（アレントの）考え方が、ほぼアリストテレス的だと見られるようになった事情を強調しておきたい。

第一に、アレントとアリストテレスは**参加**の重要性を強調する点で一致している。政治はアレントにとって行為に**ほかならない**。「判決や権力」への参加を「他の人々から市民を効果的に区別する」基準とするアリストテレスの市民論に、アレントが学んでいるのは明らかである。第二に、アレントとアリストテレスは行為の基礎として、**共同体**に焦点を当てているように見える。アリストテレスにとって実践的共同体は、単なる利益ではなく共通の規範や目的、基本的判断における一致によって結びついている。アレントの「共同の行動」という行為の定義には、これに似た捉え方が含まれているように思われる。最後に、ふたりには政治を本質的に討議とする考え方がある。その考え方では、平等である多様な人々による論争や討議に独特の価値が認められる。

真の政治的行為の**形態**が「無条件の」熟慮や論争として提示されても、そういう討議が現実には何に**ついての**討議かという問題が残っている。討議の自己充足的特徴には、アレントが公的領域における議論され論争され決定されるものについてどう考えているかは何一つ示されていない。「家族」や経済の問題はそれには入らない。では何が討議の内容なのか。これを問題にすると、政治や政治的行為に関するアレントの非常に厳密な考え方をめぐって論争の的になっているものにいきつく。

III 「自己充足的」政治の理念

アレントによるアリストテレスの活用の仕方には、彼女の批判者たちも賞賛するものが少なくない。たとえばリチャード・バーンスタインは、討議、実践的知恵、判断能力がアレントの政治的行為の考え方の中核をなしていることに注目している。[127] アレントの思想のこの側面は、政治的・実践的問題を技術的問題に格下げして、専門家たちに市民の集団的判断に対する完璧なヘゲモニーを与える現代の傾向と戦う強力な武器を与えてくれる。ロナルド・ベイナーとハンナ・ピトキンも、少し別の観点からアレントの著作のこの次元を強調している。[128] しかし批判者たちは、平等な者の間での強制のない論争という政治的行為の捉え方は賞賛するが、形式から内容に移るところで躊躇する。自己充足性という基準を使って行為の明らかに**政治的な**形態を区別することと、その基準を使って政治的討議の正しい**主題**を限定する、それも厳密に限定することとは、まったく別だというわけである。

政治的行為の内容を問題にすると、アリストテレスの行為論にアレントが加える「限定」が最もはっきり感じられる。自己充足性を強調する結果、公的なものと私的なもの、政治的なものと社会的なものとを切り離そうという、支持される見込みのない誤った試みが生まれたのだ。[129] 複雑に絡み合っている要素は切り離せるとしても、適正賃金、人種差別、性差別、社会福祉、環境のような「政治の外にある」問題が除外されれば、市民には語り合うべきものとしてそのほかに何が残ろう。ハンナ・ピトキンは多くの読者の不満を代弁して問うている。「市民を一体化させるものは何か。……アゴラでの果てしない討論で彼らが話し合うものは何なのか」。[130]

この問いに対する答えは容易ではない。政治の内容が「自己充足的」であるということは、どのようにして可能だろうか。多様な社会集団の「現実的関心」（ピトキン）から隔たったレベルで、どのようにして政治的討議が起こりうるのか。社会問題や正義への要求でなければ、政治的行為が**現実**に取り組むものは何か。「そのほかに何が残るか」という問いのほかに、単に概念のレベルでないレベルで政治的なものと社会的なものが区別できるかということも問題になる。アルブレヒト・ヴェルマーは、実質的にはすべての社会問題は、あるレベルでは政治的問題でもあると言っている。[131] ネオ・マルクス主義者でなくても彼の見解をもっともだと思うだろう。ピトキンがアレントの政治や公的領域のイメージの特徴は、「奇妙な内容の欠如」だと非難するのも、無理からぬことに思われる。

こうした反論については、後で立ち返ることにする。今のところは、政治の外にあるものとの関連はなさそうな、アレントの政治的行為の概念の逆説的な性質に注目したい。ここで明らかにしておかねばならない重要なことがある。すなわち（1）アレントが政治的討議の内容を明らかに**政治的な**問題だけに限定**しようとしている**こと、（2）彼女には「内容の欠如」という非難に対する解答があることがそれである。その解答は必ずしも満足のいくものではないかもしれず、アレントも別の言い方をして事柄をわかりにくくしているところがある。しかし彼女の考えでは、厳密に政治的な討議の範囲は限定できるばかりか、限定する必要がある。行為の価値のみならず、複数性や公的領域そのものが危機に瀕しているのだ。そのためアレントは、「自己充足的」なプラクシスのもたらす影響を曖昧にしない点では、アリストテレスよりも徹底している。[132]

政治的行為がそれ自体において価値がある場合には、「政治的行為とは政治に関する討議であるという意味で」[133]、政治的行為の内容は政治であるはずだ。ジョージ・ケイテブによると、こういう言い方に循環があることは避けようがない。完全に政治的な政治とゲームとのアナロジーという、ケイテブが示しているアナロジーを使えば役に立つかもしれない。ケイテブによると「ゲームはゲーム以外のもの〈に関する〉ものではなく、それ自身で充足している世界である。……どういうゲームもそれ自身がゲームの内容である」[134]。ゲームで重要なのはプレイそのものであり、プレイの性質は、ゲームの「世界」に加わるプレーヤーの意欲や才能しだいである。アレントの政治観では（共同の討議と行動という）「プレイ」の精神が、——個人的関心とか集団の利害とか道徳的要求といったものよりも——前面に出ている。個人的関心その他の要素が「ゲーム」を支配する場合には、プレイは損なわれ、行動のパフォーマンスは台無しになってしまう。いいゲームになるのは、プレーヤーがゲームにのめり込み、主観的動機やゲーム以外の動機ではゲームしない場合に限られる。いいゲームは真の政治と同じように、それ自体に価値あるからこそ行われるものだ。

このアナロジーは問題をはっきりさせてくれるかもしれないが、政治の**価値を**正しく評価しておらず、政治の領域での「プレイ」の重大さを正しく扱っていない[135]。政治的行為には大きな「責任や犠牲や危険」が伴う[136]。そのうえ政治的行為には、どういうゲームと比べても、はるかに出来事への応答という性格がある。最も重要なのは、政治的行為や議論の現実内容は何かという問題を避けているところに、このアナロジーの不足があることだ。このアナロジーによって政治的行為にふさわしい精神は理解できるかもしれない。しかし、政治がいかにして自己充足的であり、あるいは自己充足的でありうるかについては説明できない。

このパラドックスは、アレントが典型的な政治的議論としてあげている実例を見ると、少なくとも部分的には解決できる。彼女があげている——アテネ民主制の議論、アメリカ共和制建設の際の論争、革命評議会の討議、ある種の市民的不服従の行動のような——実例はすべて、公的領域の創設と維持をめぐるものである。真に政治的な言論は、「[政治を]可能にする状況を作り出すことか、そういう状況を維持すること[137]」に関わっている。このことこそ、政治が政治それ自身の内容であり、あるいは内容でありうるという意味である。ギリシア人にとってそういう言論は通常、ペリクレスの弔辞の場合のように、ポリスの防衛、あるいは隣国とは異なるポリスの生き方の防衛に関わるものだった。現代人にとっては、政治的言論はもっぱら、公的領域を明確にし守るのに役立つ法律という制度的な装置ないし組織の構築や維持をめぐるものになっている。言い換えると、もっぱら**憲法**の制定に関わっているわけだが、アレントの理解によると、憲法が制限の手段というより、積極的な「権力システム」になってしまっているわけだ[138]。

アレントによると、憲法は、個人の集団が行為と「明確な」自由のための空間を築き上げる手段となる協定にほかならない。したがって「国家の基礎」である憲法は「自由が出現しうる空間を保証するもの」なのだ[139]。権利や特典の擁護は重要ではあるが、憲法の本質的機能はそれだけではなく、自由のための空間を創設し維持することである。「立憲政治」を憲法の制約内での政治だと考えると、それはアレントの意味での政治ではなくなってしまう。国家を創設する活動も、その創設に先立つ論争や討議も、典型的な政治的言論の証拠であるが、それはまさしくそれらが——たとえば権利の保障、公私の区別、民衆参加の制度化のように——政治的行為を共同存在の恒常的な在り方に変形する「条件の創出」に関わるものだからだ。行為のための空間は、「人々が言論と行為という形で共同しているときにはいつでも登場し、それゆえ公的領域のあらゆる形式的構成に先立つ[140]」かもしれないが、形式的構成が出来上がるまでは「自由が住まうことのできる家」にはなりえない[141]。フランスの人民集会（*sociétés populaire*）、ソビエト、一九一八年のドイツ労働者と兵士の評議会のような——革命的な評議会での論争が典型的なものだが、それはこの種の論争が、いわば人民の憲法である新しい権力の憲法を制定したからだ。評議会のシステムでは、権力システムは行為のための空間を創設しただけではない。それ自身が行為のための空間に**ほかならなかったのだ**[142]。アレントにとっては、ギリシア人にとってと同様に、「憲法」とは制度的な構造というより、独特の政治的な生き方を意味するのである[143]。

創設の瞬間を真の政治的討議のパフォーマンス**そのもの**として実体化すると、それは言うまでもなく自滅的なことになる。上述の理解によると、その後も行為が続けられうるのでなければならない。したがってアレントが考える政治的行為には、内外の浸食から憲法を守るのに役立つすべての言論が含まれる[144]（権力システムと自由のための空間が一致している）評議会システムやアゴラの場合には、言論にとって最大の機会がある。それに対して議会制民主主義の場合は、討議や行為の機会は限られたものになりがちだ。しかし市民的不服従は、普通の市民にも補足的な表現手段を提供するのであって、これはアレントがその問題を主題とした論文で力説している重要な論点である。ソローとはちがって、アレントは市民的不服従を、個人の良心の表現とは見ていない。アメリカにおける（市民権運動や反戦運動のような）最近の市民的不服従の形態が——**政治的な**行為である——共同行動の典型的実例とみなされている[145]。

したがって真の政治的討議は、「行為の在り方およびそこに含まれている価値の維持や促進[146]」に関わっている。これが政治的討議の自己言及的特徴の要点である。しかし憲法を物化して、憲法によって作り出される権力システムや、憲法によって可能になる行動形態とは別個の理想的なものにしないように注意しなければならない。たとえば、憲法を一連の超越的道徳原理を制定して、政治的共同体の生活を指導するもののように見るのは誤りである。そういう仕方での憲法の「基礎づける」性格についての解釈は、すべての活動を反復に格下げするのに成功するだけであって、政治の**内容**は政治的行為の現実の**パフォーマンス**から切り離されてしまう。真の政治的行為に陰にも陽にも含まれている憲法への関心は、討議や論争は一連の既定の固定された意図や目的に拘束されており、それらを支持しなければならないということを意味するわけではない。アレントが言おうとしているのは、**政治的**共同体の内在的目的はそういう性質のものではなくて、共同体の存在は持続的に適用や変形が行われる過程の役割を果たすところにあるということにほかならない。

政治的行為の構造は、論争や意見の相違のすべてに特定の政治的世界と、それによって実現される共同存在への重要な参加が反映される構造である。それゆえ参加の精神が残っていて、市民たちが「すべての個人の自由への能力を承認し、その能力を発揮するような形態の共同存在への参加を共有している」[147]のであれば、**何**が論じられるかとか、結論が**いかに**保守的か進歩的かということはそれほど問題ではない。真の政治的討議は、常に何らかの形で、そういう構造の創造または維持に関わっているのでなければならない。さらに政治的行為の内容は、既定のものでも固定されたものでもなく、パフォーマンスそのもののなかで生み出されるのである。ケイテブが言っているように、憲法は一定の目的を実現するために存在するのではなく、「未来における不特定の政治的行為の可能な形態のために存在し、……その枠組は枠組に含まれているものによって――つまり枠組が作り上げるとともに、調整を加える経験によって――変えられる」[148]ために存在する。

政治的行為の内容のこういう記述を見ると、アレントの批判者たちによる無内容だという非難に立ち返ることができる。アレントの著作への深い共感をこめた解釈のなかで、ハーバーマスはアレントが――意見の一致と共同活動の結果としての権力という――本当の政治的権力概念と、伝統的にしばしば奨励された戦略的モデルを区別していることを賞賛している。[149] しかし、道具的または戦略的な関係からコミュニケーション的関係を引き離そうとするアレントの賞賛すべき試みのために、認め難い偏狭な政治観、「現代の諸関係には適用できそうもない」[150] 政治観が生み出されたのだ。もし彼女の政治観が非常に有益になるとすると、それを拡大して、現代世界の政治の無視できぬ次元である社会経済的関係を考慮に入れなければならない。[151]

アレントによる「政治的なものの切りつめ」というハーバーマスの捉え方が正しければ、彼女の政治理論には自明的な弱点があることになる。事実リチャード・バーンスタインは、社会的なものと政治的なものとの区別が、アレント理論の核心にある自己矛盾を生み出していると非難している。参加する「機会が各人に与えられねばならない」と主張されるが、その機会を保証するのに役立つ状況をいかにして政治的手段によって創り出すかという問題には目を閉ざしている政治理論家を、どうして真剣に受け止めることができるか疑問だからだ。[152] アレントの概念構造の偏狭さが、彼女の政治的行為の考え方を現代政治の現実から遠ざけることになった根本的障害ではないのか。

上に述べたように、政治の内容についてのアレントの考え方は意図的に排除的である。実を言うと、政治に「最大限可能な自律」[153] を確保したいという願いが、行為に関する彼女の思想を背後から突き動かす力になっている。しかしそのことは、必ずしも彼女の考え方を今日的意義のないものにするわけでもなければ、修正の可能性を閉ざしているわけでもない。しかしアレントの言う行為が社会経済的問題に「接近」できる範囲を、異常なほど拡大するのは避けねばならない。[154]

この点ではいくつか問題を取り上げねばならない。第一に、ハーバーマスとは対立するが、アレントの行為概念は一般的な分析をめざすものではなくて、アレントの行為概念のもつ批判的な力は、まさにその奇妙さ、抵抗を呼び起こすような性質に由来する。確かに彼女の行為概念や行為と暴力との区別は、現代の公的領域を支配している（イデオロギー的歪曲とかメディアによる操作といった）複雑な形態の抑圧を明確にする助けにはあまりならない。しかし**実際の**合意と**真実の**合意を区別するのに必要な基準を確定することが、ハーバーマスの企ての中心である限り、その目標はアレントの目標とは大きく異なる。[155]アレントの行為概念の「妥当性」は、公的領域をそれ以外の領域から区別する力、さらには複数性という根本的現象を維持する力によって判定されるべきだ。

第二に、バーンスタインがアレントに向ける自己矛盾という非難は筋が通っていない。確かに、「**どういう人にも**、政治参加の機会が与えられねばならない」という主張は、「すべての人が政治に参加する機会を有する社会はいかにして達成されるか、いかにしてそういう社会を実現できるように努められるかという問題に真剣に取り組まねばならないことを意味する」点で、「社会問題を変形する」[156]。しかし厳密に言うと、大がかりな社会正義という目標から生じる問題は政治以前のものである。行為に必要な最低条件と、公的領域への真に平等な接近の達成（という、どの社会もまだ実現したことのないもの）とは区別しなければならない。憲法によって保証される政治的権利を、社会正義という抽象的目標よりはるかに基本的なものと見る点で、アレントは社会民主主義者よりも自由主義者に近い。広い意味での条件の平等より市民としての平等のほうが、アレントの基本的関心事である。彼女の考えでは、この二つの平等は、バーンスタインが考えるほど緊密に結びついているわけではない。

第三に、アレントのプラクシス概念は厳密なものだが、ハーバーマス、バーンスタイン、あるいはピトキンが考えているよりやや柔軟なものだ。批判者たちから「政治的なもの」の定義が極度に厳密だという問題を突きつけられて、アレントは（形式的な限定は別とすれば）自分の考え方が二通りの仕方で「開かれている」ことを指摘した。まず政治的行為の**内容**――市民が話し合うもの――は歴史的にも文化的にも変化する。次に政治的討議は世界に関するものである。しかし、アレントは「世界」を非常に特異な意味で使う。つまり世界は人々を結びつけると同時に引き離しもする「間」である[157]。世界は「われわれすべてに共通なもの[158]」という広い意味では、「公的なもの」と同じ広がりをもっている。この世界あるいはこの「間」の内容は、必ず「人々の集団とともに変化する[159]」。メアリー・マッカーシーが困惑して出した問いに答えて、アレントはこれを次のように述べている。

生活は休みなく変化し、話の対象になる事柄も絶えず存在します。いつの時代でも、共同生活をする人々は公的なものの領域に属する――「公的に話し合うに値する」――問題をかかえていることでしょう。それぞれの歴史的**瞬間**にそういう問題が**実際に**何であるかは多分**まったく**異なっています。たとえば、大伽藍が中世の公的空間でした。後には市役所がそうなりました。そして**そこでは**多分、互いに関心がなくもない問題である神の問題について話し合われたことでしょう。そういう具合に、特定の時期に何が公的なものになるかはまったく異なっているように思われます[160]。

この回答は上に述べたさまざまな限定を放棄せずに、公的領域と政治的行為の「独特の性質」を相対化している。アレントの回答は言い逃れのように見えるかもしれないが、確かに彼女の「公式の」立場と完全に一致している。行為のどういう枠組にも一定の形式的な性質があり、人工的な平等の空間を創造しなければならないことは明らかだ。その空間からは暴力や圧政はほとんど排除されていて、市民には自分の意見を聞いてもらう機会がある。政治の基本的関心が常に公的領域の繁栄や、政治によって可能となる特定の共同生活の安定でなければならないという意味で、政治はそれ自身に関わるものでなければならない。政治の自己充足的な性質は、主としてこういう形式や内容の次元に示される。だが政治的討議の**対象**——公的空間を満たす世界の事柄——は変化し、論争の的になるだろう。これは**現代の**公的空間が社会経済的問題によって満たされているために、その種の問題が政治特有の内容であるとか内容であるべきだと言うことではない。むしろ（今や世界における行為の対象という意味で理解された）内容の問題は、政治的行為の精神や形式的構造に従属するという意味である。ある種の関心によっては「世界への配慮」が損なわれるが、アレントによると、「世界への配慮」がすべての真の政治的生活を活性化するものである。

したがってアレントが提示している「修正」は、行為の政治的内容についての元々の考えを大きく揺るがすものではない。アレントは、圧政や本質的に手段である行動を、「家族」や行政の問題と同じように公的領域から閉め出すプラクシスとポイエーシスの区別を捨てていない。行為論の背後にある動機を思い出せば、彼女の排除的なやり方はそれほど奇妙な気はしない。何よりもアレントが望んだのは、活動的生活を構成しているその他の活動から行為の生活を区別することであり、さらに、政治的生活の特徴である果てしない論争や討議や複数性を肯定することであった。アリストテレスの区別を用いて、目的をめざさないという政治的行為の特徴に着目して、彼女は社会経済的領域の支配から行為を解放することによって、少なくとも原理的には複数の意見がある領域特有の価値を回復できたのだ。

第2章　伝統に抗する行為論

人事の脆さを逃れて、安定と秩序の確実さに頼ることには大きな魅力がある。それゆえプラトン以降の大半の政治哲学が、政治一般からの逃避に理論的基礎と実践的方法を与えようとする多様な試みだったことを説明するのに手間はかからない。

——アレント『人間の条件』(1)

I　目的論と自己充足性

アレント政治理論を検討する際、これまでは「アリストテレスのプラクシス概念の体系的再生(2)」に主な意味が認められるという、ハーバーマスの判断がそのまま受け容れられがちだった。ハーバーマスのアレント解釈によると、アレントは政治的行為の本質をコミュニケーションと考える理論家であり、真の政治が合意にもとづくことを強調しているが、それはアリストテレスによるプラクシスとポイエーシスとの区別を再確認したことにもとづく。この解釈の魅力は、一見古典的である構造の欠点は無視して、アレントの政治概念の討議的次元を強調しているところにある。アレントの行為論は、「古代ギリシアへの郷愁」に屈していると見る必要はなく、むしろ行為と実践理性の完全に対話的な概念を表明する主張とみなすことができるというわけだ。(3)

序論で述べたように、この解釈の問題点は、アレントの行為論が実際にはいかにラディカルであるかを見失わせてしまうところだ。ハーバーマスが「行為の目的論的モデル」こそアレントが標的にしているものだと言うのは確かに間違いではない。(4)しかし（アレントの区別を「翻訳」して）コミュニケーション行為と手段的行為に分けると、アレントの批判の包括的な性格の理解がおろそかになってしまう。アレントの主要な標的は、ウェーバーが提示した行為の戦略的概念に限らず、むしろ伝統を隅々まで支配している目的論的モデルなのだ。後で明らかにするが、合理的合意をテロスとする純粋にコミュニケーションによる政治というハーバーマスの理想は、アレントが提示する観点からすると、ウェーバーの戦略的モデルと同じく政治をほとんど手段的なものと捉えて、複数性と政治を損なうことになる。複数性とそのために生じうる現象を見失わないためには、行為を確実に「目的そのもの」として扱うアプローチが必要である。

アレントが目的論的モデルを克服するためには、古典的行為概念を**再生させる**だけでなく、それ以上のものが必要なのだ。古典的行為概念では真の政治的行為の現象が保持されながらも曖昧にされている以上、アレントに必要なのは、古典的行為概念を脱構築することである。したがって彼女によるアリストテレスの活用は、ハーバーマスが示唆している模倣だとか独創性のないものではない。それどころか変換であり批判である。彼女はアリストテレスを手段に使って、行為の性質を根本的に捉え直そうとしているのだ。(5)この点では、ライナー・シュールマンの見解が有益である。彼によると「行為を脱構築するということは、行為を目的性という理念による支配から切り離し、アリストテレス以来、行為を摑んで離さなかった目的主導型の捉え方から引き離すことだ。その場合、脱構築は解体とは異なる[6]。アレントはプラクシスの概念に対して、解釈上ある程度の暴力をふるっているが、それは概念を破壊するためではない。「本来の精神を純粋な形で取り出す」ためであり、哲学的な捉え方によって曖昧にされてきた「驚くべき根本的現実」を明示するためだ[7]。「実質と異なる外殻」を取り外せば、継承されてきた――自由、権威、自律、主権、権力といった――概念の総体をまったく新たに照射する行為概念が立ち現れる。

まず、行為の自己充足性という基準をアリストテレス自身に突きつける、アレントのやり方を見てみよう。アレントがやっているのは、ハーバーマスが言うように、プラクシス概念を「体系的に再生させること」ではない。アリストテレス自身の捉え方に含まれる、内部の緊張を限界点まで高めることである。これは、アリストテレスの記述の核心にある道具主義を暴き出し、アリストテレスの行為概念では解決されず問題が残された理由を示す、包括的戦略の一環として採用された戦術だ。アレントにとっては、アリストテレスを通常とはちがう仕方で解釈しないと、プラクシスの現象は明らかにならない。そのことがわかって初めて、アレントの行為論（および政治哲学一般）のきわめて反伝統的な性質が見えてくる。彼女が検討しようとしている行為は、（権力や真理や正義のような）他の何かの**手段**ではなく、公的領域の自律的現象である。しかしアリストテレスの場合に見られるように、伝統のなかには目的・手段のカテゴリーや、そのカテゴリーの根源である製作の比喩が深く根づいているため、複数性や公的領域で実現される独特の自由を明らかにするものは、パフォーマンスを重視して行為を捉えるアプローチ以外にない。

批判者のなかには、アレントが一貫して「共同の討議と行動」に注目することに強い不安を覚える人々もいる。「政治のための政治（*politique pour la politique*）」に陥るのではないかと思われるのだ。彼らに言わせると、複数性や行為の現象を重視すれば、確かに、行為を伝統的な道徳や認識の基準から切り離すこともなければ、行為を手段に格下げするような説明から行為を守ることもできる。しかし結局、「自律的な」政治的行為に一体どういう価値があるかわからないというわけだ。そういう疑問があるために、アレントの読者のなかには、彼女の企ての説得的な記述を無視するか拒絶して、普遍化可能な意志や手続きの合理性にもとづく反目的論的な説明を選ぶ人が多い。『革命について』は**近代の**政治的行為に関する広範な考察だが、そこにはアレントに対するカント的／ルソー的修正を支持するように思われるものがある。しかし第Ⅳ節で述べるように、主意主義や合理主義による民主政治の基礎づけに対するアレントの反対には、実に深い根拠がある。人間の複数性が政治的行為の「起源であるとともに目標」であることを否定する、カントやルソーのような行為や自由の解釈をアレントは認めようとはしない。アレントが近代の「自由の哲学者たち」とその現代の末裔を避けるようになったのは、彼女が人間の複数性とそれが顕わになる「舞台」に、一貫して実に**倫理的に**取り組んでいるからだ。逆説じみているが、アレントが提起している政治思想の革命は、ニーチェの援助を受けるとともに初期ハイデガーの哲学から流用したカテゴリーを使って、初めて実現されるものなのだ。ニーチェやハイデガーとともに考えない限り、行為の問題の奥行は明らかにならない。アレントは公共の舞台で複数の個人たちが経験する行為の無制約的自由を明確にするが、それはニーチェとハイデガーへの共感（と反感）にもとづいている。

*

アレントの行為論は基本的にアリストテレス的で、プラクシス／ポイエーシスの区別を展開しただけだという解釈があるが、そういう解釈を根本から揺るがすものがある。それは彼女の著作に繰り返し現れる三つのテーマだ。それは特に「自由とは何か」という論文と、『人間の条件』の行為に関する章に明確に現れるテーマである。(8) 最初のテーマは、彼女が行為を論じるとき、常に**自由**――政治的領域という現実世界に現れる明確な自由――に与える絶対的な優越性である。最も衝撃的な表現は「自由とは何か」に見られる。

問題としてではなく日常生活の事実として自由が常に経験されてきた現場は、政治的領域である。……というのも、人間生命のあらゆる能力や可能性のうちでも、行為と政治だけは、自由の存在を想定しない限り、考えようがないからだ。……さらに自由は政治的領域の問題や現象、正確に言えば正義や権力や平等のような多くの問題や現象の一つにすぎぬものではない。すなわち自由は、実を言うと……事情はともあれ、人々が政治組織のなかに生きる理由にほかならない。自由がなければ、政治的生活そのものが意味を失う。政治の存在理由は自由であり、自由が経験される現場は行為である。(9)

自由が「政治の存在理由」であるという考えは、**近代的な**考えである。アレントはトクヴィルの言葉を使って、自分の行為や政治の捉え方をアリストテレスの捉え方と区別している。確かに彼女は自由の領域と必然の領域を区別するために、アリストテレスのプラクシス／ポイエーシスの区別を使い、家族とポリスの区別に近づいている。しかし、自由は人間存在の「自然的」次元とは完全に懸け離れた現象だとするアレントの評価と、ポリスは人間独特の能力が実現される舞台だという限定され、ある点では矛盾したアリストテレスの主張との間には、大きな裂け目がある。(10) アリストテレスが構造的に統一された序列があると考えているところが、根本的に非連続であることをアレントは指摘している。自由が政治の存在理由であるというアレントの主張は、政治的共同体を究極目的とするアリストテレスの見方、つまり必然からの解放が国家で実現する自己充足、ないし完成への第一歩だと見る見方を逆転させている。アレントによると、政治的共同体は自由という目的への「手段」なのだ。この見方によって、アリストテレスの枠組には明らかに欠けている、独立性と優越性が自由に与えられる。アリストテレスの枠組では、自由は国家の道徳的目的に包括されてしまっているからだ[11]。

アリストテレスのパラダイムと合わない第二のテーマは、アレントによる**行為**と開始ないし創始との同一視である。『人間の条件』ではこう言われている。「行為するとは、最も一般的な意味では、開始すること、始めること……何かを動かすことを意味する[12]」。行為の自由は「それ以前には存在していなかった、認識や想像の対象としても与えられていなかった、それゆえ厳密に言えば知られえなかったものを存在させる[13]」能力のうちに見いだされる。アレントはこの人間的能力を最も重要なものとして、人間の本質的な「生まれたという事実（natality）」、つまり人間自身が**始め**であるという特徴にその根拠があると考えている[14]。行為は——人間の自発的開始の能力、先立つものがまったく存在しないものを創造する能力として理解すると——アレントにとってはほとんど奇蹟的なものに等しい[15]。バーカーが注意を与えているように、行為が創始であるという次元は、ギリシア人には知られていなかったが、アレントはその次元に、ギリシア人には不可解な意味があると考えている[16]。

アレントの理論は「アリストテレス的なもの」だという見方をゆるがす最後のテーマは、彼女が**見事なパフォーマンス**（*virtuosity*）を行為の自由の本質とみなしていることだ[17]。この捉え方では、行為の自由は厳密に**パフォーマンスに関わる**言葉で語られる。行為の自由ないし自己充足性は、行為を決定する（美徳とか人間にとっての善きものといった）テロスに関するものではない。むしろ見事なパフォーマンスを表す言葉で**しか**言い表せ**ない**ものなのだ。[18] アリストテレスが多くの箇所で行為が遂行される次元を強調し、徳は知なりとするソクラテスの見解を反駁するとき、特に強くそのことを力説しているのは確かだが、アリストテレスにとっては、パフォーマンスの質だけでは善き行為（エウプラクシア）の十分な基準にはなりえなかったのも事実である。[19] アリストテレスが常に強調したのは、パフォーマンスと徳との一致、善き行為と性格（ヘクシス）との一致だった。[20] 彼が特に関心を寄せていたのは、真の有徳な行為と単に**外見**だけ有徳に見える行為との区別である。善き行為のどのパフォーマンスも確固たる性格にもとづいていること、そうでなければ美徳は行為のうちに現実化されないことを、彼が主張したのはそのためだ。それに対して、アレントの見事なパフォーマンスという自由の説明では、道徳に関する独特の自律性が行為に与えられるだけでなく、自由の本質は、ほかでもなくアリストテレスが距離を置こうとした現象の領域にあるとされている。

アレントは善き生活でなく自由こそ政治の存在理由だと言い、行為が始まる次元を自由が現れる主要な場所とみなし、見事なパフォーマンスを自由の基本的な現れだと考える。こういう側面をまとめて見ると、アレントの行為の見方はアリストテレスの見方と少し異なるどころではないことが明らかである。[21] アリストテレスは活動の自己充足性を、人間にとって善きものの達成、つまり人間固有の活動（エルゴン）の達成への貢献に密接に結びつくものとみなしている。優れた実践活動または見事な実践活動であるプラクシスは、パフォーマンスのなかで善きもの（知的・倫理的に優れた生活）の実現に役立つ限りで、目的自体のように思われる。先に述べたように、アリストテレスが善き生活の特徴を**活動的**生活と言うのはこのためである。[22] プラクシスとポイエーシスを区別するときアリストテレスは、行為は、手段としての活動が目的を達成するやり方とは本質的に異なる仕方で、善きものに「到達する」と述べている。[23] 見事な行為は

「それ自身が目的である」。なぜなら、それが「ある種の生活」を構成するからであり[24]、またそういう特殊な意味で、人間の目的と「一致」しているからだ[25]。ここに示されている――「人間の仕事」が「善く生きること」であり、一種の活動であるという――内在的ないし本質的な関係は、生産の目的・手段の図式とはまったく異なる。だがプラクシスの自己充足性が「最高善」そのものであることに変わりはない。そこでプラクシスの目的達成は、「目的達成の手段がすでに目的である」という意味で内在的だが、目的はあくまでも論理的に優先し、手段とは異なる。

アリストテレスによると、プラクシスが自己充足的であるためには大きな条件がある。一般的には、善きものの獲得も活動の達成も、すべての活動はプラクシスも含めて、目的論的モデルで包括されると言うことができる。プラクシスはある観点からは固有の価値があり、別の観点からすると常に何らかの目標に従属しているが、その価値を決定するのは人間の活動である「最高善」独特の性質にほかならないのだ。このように目的論的枠組が包括的なものであることは、『ニコマコス倫理学』冒頭の一文を見れば明らかである。「どういう術つまり実地の学もどういう理論的な論究も、同様に**どういう行為もどういう選択も、**何らかの善きものをめざしていると思われる。それゆえ善が、すべてのものがめざすものと定義されたのは適切なことだった[26]」。**こういう**観点からすると、行為の「人間固有の達成」が「目的・手段というカテゴリーには入らない[27]」のは、必ずしも正しいことではない。プラクシスがそのテロス（エウダイモニア）と結びついてなければ、それをエネルゲイアという在り方のものだと断定できない。プラクシスとポイエーシスを区別する根拠は、究極的には目的の違いである。つまり実践的美徳に満ちた生活である幸福という「最高善」と、最終目的でないその他のあらゆる目的との違いである[28]。それ自身が同時に形成や創造の過程であるようなパフォーマンスによってしか、最高善は実現されない。そのテロスが実現することは、

「人間の活動」の完成である性格《ヘクシス》という一つの作品が活動によって作り出されることにほかならない。

言うまでもないが、この性格の形成という主題が、アリストテレスの倫理学を政治学に結びつけている。「……政治学の主な仕事は、市民のうちに一種の性格を生み出して、市民を善良なものにし、見事な行為を行う性質を植えつけることである」[29]。法律や政治的制度や教育を通じて、市民は見事な行為という理想──つまり卓越性へ導かれる。市民たちが相互にすばらしい仕方で行為すると、集団的な性格形成が成功したことになる。美徳が社会的関係を活性化すると、国家において正義が具体的に実現すると言えるだろう。アリストテレスにとって、正義とは、規則の働きというより市民自身の質なのだ。アリストテレスは「完全な正義」を「完全な美徳の行為」ないし「実行される美徳」（アーネスト・バーカー）とみなしている[30]。社会関係を活性化する命の息吹である正義が、真の「幸福な」ポリスの必要条件である。正義によって、政治的共同体の終極の善であり道徳的目的であるものが実現されるのだ。それゆえ政治家や市民のプラクシスの判定基準は、国家の正義という共通の善に対する貢献度にほかならない[31]。権力や地位や特権はその基準に従って配分される[32]。アリストテレスの理解によると、政治的共同体は行為がなされる現場であり、行為の価値は正義を実現する度合いに応じて決まる。善き生活を市民に可能にするという目的をポリスに達成させうるものは、正しい行為だけだからだ。前と同様にここでも、行為の価値は、それ自身のうちにあるというより、（正しい市民の「産出」という）作品の創造、ないし（国家の終極的な善という）目的の達成のうちにある[33]。

つまりアリストテレスにとって行為とは、究極的には一つの**手段**にほかならない。性格の形成とか美徳の実現とか、正義の実現とか幸福の獲得などの手段なのだ。この意味で、プラクシス／ポイエーシスの区別は、アリストテレスの倫理学と政治哲学の目的論的な性格と全然一致していない[34]。実を言うと、アリストテレスの原因論では、目的因の優越性が強調され、目的・手段のカテゴリーが一般化されている以上、これは少しも驚くことではない。その結果、自己充足的と言えるものは最終産物または最終目的（エウダイモニア、正しいポリス）だけになる。アリストテレスの枠組では、プラクシスは結局、ポイエーシスに吸収されていると言っても決して過言ではない。

アレントの政治行為論は、目的論的枠組の外部でプラクシスを考えようとする、不屈の企図と解釈しなければならない。彼女が論拠としているのは、行為の目的論的説明は、人間の複数性や公的領域から生まれる自由と矛盾するということである。目的論的説明では、行為の果てしなさが否定され、――活動を**過程**とみなして――活動に意味や価値を認めるために、まず目標を設定することが求められる。行為の特徴である偶然性や「恣意性」は、目的因という概念で「生成過程」に導入された必然性によって取り除かれてしまう。アレントが『精神の生活』で述べているように、目的論は行為の意味を目標に依存させるだけでなく、始めるという本質的な力を行為から奪いとってしまう。

あらゆる現実的なものには、潜在的可能性が原因の一つとして先行しているという見方では、未来が本来的な時制であることが、暗黙のうちに否定されている。未来は単に過去の結果にほかならず、自然物と人工の産物の違いは、可能性が必然的に現実化するものと、実現が不確定なものとの違いにすぎない(35)。

つまり行為の目的論的説明によって、二つの結果が生まれる。アレントはそれに最大の関心を寄せて、行為論でそれを免れようとしている。一つの結果は、行為が手段化されることであり、もう一つの結果は、自然と人事の領域との境界が取り外されることである。前者についてアレントは、アリストテレスの行為の理解は、実は製作（ポイエーシス）の経験から引き出されていると言う。アレントは『ニコマコス倫理学』第九巻の、アリストテレスによる慈善家の説明を引いている[36]。アリストテレスは、慈善家の行動は本質的に創造的で、本性的に芸術家の活動のようなものだと説明している。「……慈善を受ける者は慈善家自身の手になる作品である。したがって作品が製作者を愛する以上に、慈善家は自分の作品を愛する」（1168a）。慈善家の活動の目的は、「作り出される作品」であるが、その作品は、慈善を受けた者の生活であるとともに、製作者たる慈善家自身の生活でもある。「その活動においては、ある意味で製作者は作り出される作品である」。慈善家という存在は、見事な活動によって「作り出され」、それ自身が重要な作品（エルゴン）なのだ[37]。行為の意味のこういう規定（および**友愛**に関する章でのまったく奇妙な規定）は、アリストテレスによれば「物事の本性」によるものだ。「物が潜在的にあるものは、それが**作り出す**ものによって現実に示される[38]」。

この箇所についてのアレントの解釈では、アリストテレスの行為の解釈によって、「現実には行為そのものも行為の本当の結果も、行為により確立するはずの関係も台無しになっている[39]」。友愛という人と人との**間の**関係を作り上げるのではなく、アリストテレスの慈善家は、慈善を受ける者も自分自身も「高次の」目的のために形成されるべき素材として扱っている。アレントは、そういう曲解をすべての目的論的説明の典型とみなす。行為が「最終産物に達する場合には、行為本来の無形の意味は必ず破壊されてしまう」というのが彼女の結論だ[40]。アレントによると、アリストテレスが友人間の行為さえ作品製作の手段だと考えているとすると、彼が「（行為と仕事、プラクシスとポイエーシスを断固として区別しているにもかかわらず）行為を仕事の観点から考え、行為の結果である人間関係を完成された作品の観点から考えている」のは明らかである[41]。

アレントにとっては、慈善家の例が実態をよく表している。この例には、目的論と製作の経験がアリストテレスの思想に、いかに大きな影響を与えているかが示されているからだ。『ニコマコス倫理学』第三巻第三章でのアリストテレスによる討議の説明にも、プラクシスをポイエーシスと同化させた結果が同じように見られる。そこでアリストテレスは、「われわれが熟慮するのは目的についてではなく、目的達成の手段についてである。……目的は当然のことと受け止めたうえで、目的を実現する方法や手段を検討するのだ」と力説している（1112b11-12）。こういう記述は、第六巻第九章での「無条件の」熟慮の説明と矛盾しているが、アリストテレスの一般的な目的論的態度とは完全に合致している（『エウデモス倫理学』では一貫してその態度がとられている）。というのは、実際に「目的は人間本性に本来備わったもので万人共通である[42]」のであれば、熟慮が目的を構成する場合はごく限られているからだ。視野を広げて見ると、熟慮という活動に示される自由は「ごく小さなもの」なのだ、というのがアレントの結論である。彼女によると、この問題に関するアリストテレスの決定的な言葉は、「われわれが熟慮するのは、当然として受け止められた目的、**われわれには選びようのない**目的のための手段についてにすぎない[43]」という言葉である。言い換えると、目的論にもとづいて、熟慮については、基本的に（ごく限られた）手段の説明で十分なのだ。

目的論によって、政治的なものと家族の領域との裂け目は閉ざされ、行為の自由の根底が掘り崩される。アリストテレスは確かにその二つの領域を区別するのだが、目的論のために両者の基本的な連続性を主張せざるをえない。政治的共同体を頂点とする自然の秩序は同質で、「生活」も「善い生活」も「自然のもの」として理解されるべきだから、「生活」と「善い生活」との間に根本的な断絶はない。政治的領域である自由の領域が自然のものとして扱われ、家族が国制（ポリテイア）の重要な先駆とみなされる。こうしてこの二つの領域は実質的に似たものになり、同じような構造のものと考えられるようになる。「どういう目的を達成する過程でも、その最終産物はその自然の本性である」とすると、「国家に生きること」は人間の自然本性だということになる。[44] ポリスの動物として見ると、人間の自由は自然的（目的論的）必然性の結果なのだ。（この連続性は、アレントがアリストテレスの政治的なものの観念の歪曲と言うものに行きつく。それについては次節で述べる。）

ここで強調しておかねばならないのは、行為に関する目的論的枠組へのアレントの反論には、狭い形のものと拡大された形のものがあることだ。つまり一方ではホッブズや近代的伝統一般とともに、政治的領域は最高に重要な**人間的構築物**であることを強く主張する。公的領域を論じる場合に、彼女が建築学的比喩を用いることからこれは明らかである。公的領域は「自由の宿る**家**」なのだ。[45] 政治的領域は決定的に非自然的なものであり、だからこそ自由の空間でありうる。しかしアレントは、アリストテレスによる人間の自由の「自然化」に反対するだけではない。彼女は、目的論的説明の果たす役割に異議を唱えているのだ。たとえばアリストテレスによるポリスの自然化に異議を申し立てるのとまったく同じように、ヘーゲルによる自然の精神化にも異議を唱えている。いずれの場合も目的論が自然と人事との差異を抹消する働きをしている。アレントにとって目的論は、本質的に弁証法的である。ヘーゲルの形態であれアリストテレスの形態であれ、目的論では「必然の過程」から「自由を作り出す」ことが試みられるからだ。[46]

これはアレントには重要な論点である。そこには、どの形態の目的論にも認められる傾向、すなわち行為を（「自然的」あるいは「思弁的」な）大きな必然性の文脈に置いて行為の自立性を制限する傾向が示されているからだ。目的論は、テオリアが行為を支配する権利の現れにほかならない。宇宙秩序の必然性を対象とするにせよ、あるいは歴史的弁証法の必然性を対象とするにせよ、ヘーゲルが言ったように、哲学的観想は「偶然的なものを除去することのみを意図している」[47]。そういう観点から見ると、自由あるいは行為の自己充足性は、幻想的なものか偶然的なものとしか見えない。人間の自由が現れる必然性と比べれば、自由も行為の自己充足性も「非現実的なもの」なのだ[48]。

II　アリストテレス的行為概念の反政治性

アレントの観点では、アリストテレスの目的論が注目に値するのは、目的論は製作の経験の普遍化であり、目的と手段という製作の論理を宇宙全体に投影したものだという見解が、それによって確かめられるからだ。製作経験の普遍化を促進しているのは、観想的生活に優越性を与え、偶然性より必然性を選ぶアリストテレスの哲学的好みである。アリストテレスの行為論についてのアレントの最終判断は非常に厳しい。疑いもなくアレントは、『ニコマコス倫理学』第十巻でアリストテレスが観想的生活の優越性を主張しているところに、全体の事情が簡単に示されていると考えている。アリストテレスの思想は疑う余地もなく、人事の領域を一貫して軽視するため徹底的に歪んでいる[49]。アリストテレスによると、真実の自己充足性は行為や言論には決して見いだされない。行為や言論は「政治的行為以上に利益になるものや、政治家自身や仲間の市民のための政治権力や名声や少なくとも幸福といった利点を、すなわち政治的行為以外の何かを獲得しようとする[50]」からだ。観想は疑いもなく、それ自身が価値あるゆえに選ばれる活動である。「ふつう〈自己充足性〉とよばれているものは、理論的認識に携わる活動に最も多く見いだされるだろう[51]」。

それに対して、プラクシス／ポイエーシスを区別する精神を守った結果、アレントには徹底的に反目的論的な態度が生まれた。その態度をとるからこそ彼女は、アリストテレスやヘーゲルに**対立して**、(ある程度）カントに**結びつく**。第一批判と第二批判で、カントは理論的、思弁的理性に対して、(実践理性という形で）行為の自律性を主張した。哲学による行為の支配への敵意から、アレントは条件つきでカント主義に同意する。『精神の生活』でアレントは、カントの *Vernunft* と *Verstand* との区別、つまり理性と彼女が「知性」と訳すものとの区別を強く支持している。[52]

アレントにとってこの区別が重要であることは、どんなに高く評価してもすぎることはない。彼女の目には、カントによる哲学における「コペルニクス的転回」の根本的業績は、真理ないし認識の問題と、意味や実践に関わる問題とを厳密に区別したことにある。カントは理論的理性を知識の体系化に限定した。理論的理性を「可能的経験の限界を超えて」思弁的に使用することは許されない。[53] 人間理性は「無視できないが、人間理性の能力を超えているため答えられない」究極的な問題は、永遠にテオリアの力を超えている。理論的理性の関心は、時間・空間の世界に限られている。[54] その結果、実践理性は自律的で徹底的に自由で、手段を決定するだけでなく人間的行為の**目標**を決定しうるものとして立ち現れる。カントの意味での実践理性は、「自発的創始の能力」としての自由を意味するのであって、[55] そこには、所定の目的を**選択**する能力という観点で自由の力を規定したがる人々との根本的な断絶が示されている。

アレントの観点からすると、カントによる実践的関心の高い評価と、合理性の諸様態の間の厳密な区別は、哲学が「単に偶然的なもの」を必然性によって置き換える必要から解放されることを意味する以上、そこには哲学における革命的瞬間が示されている。少なくとも原理的には、その解放の瞬間にプラクシス／ポイエーシスの区別が本来の姿で回復したのだ。[56] したがってアレントによるアリストテレスの使い方は、カントのレンズを通して読み解く必要がある。

ではアレントは、アリストテレスの行為理解への貢献を最終的にどう評価するのだろうか。カントに従ってアレントがくだす判断によると、彼女にとってのアリストテレスと、ハイデガーにとってのプラトンとは、構造的に類似した関係にある。[57] いずれも伝統の推移や展開に広く大きな影響を与えている――アリストテレスは行為についての、プラトンは真理についての――きわめて運命的な解釈の根源と見られる。[58] アリストテレスは（目的論によって）行為を手段として規定したが、そういう解釈を生み出した目的の序列が消滅しても、その解釈そのものは絶えることがなかった。近代初頭には「目的因」という観念は排斥されたが、ベーコンやホッブズの例に十分明らかなように、それは目的・手段のカテゴリーがすべてに厳密に適用されたからだ。このためアレントは、近代におけるプラクシス／ポイエーシスの区別の消滅と道具主義の台頭は、アリストテレスの製作経験の目的論的一般化のうちに予示されていたと見ている。

カントの示唆にもとづいてアレントがアリストテレスを捉える見方によって、行為や政治に対する哲学的偏見、行為に対する理論の優位が明らかになるだけではない。それに劣らず重要なことだが、その見方によって、アレントが「アリストテレスの企ての矛盾」とよぶ政治的生活の説明の自己矛盾が浮き彫りになる。[59] アレントの観点から見ると、行為は結局は手段だというアリストテレスの考え方が、アレントがプラクシスを積極的に活用して強調する政治的生活の本質的側面を汚してしまうことは明らかである。

（「国家は自然のうちに存在する事物の一つである」というアリストテレスの言葉に、典型的に示されている）目的論による自然と人事の領域との同一視は、自由と必然との境界を曖昧にするだけではない。アレントによると、家族から政治的領域に移る際には、概念やカテゴリーに歴然たる変質が起こる。アリストテレスの政治哲学の特徴は「別の箇所で言われているように、家族という共同体での行動や生活にしか妥当しない基準を、ポリスの行為や生活に当てはめようとする」傾向である。[60] アリストテレスは自分自身の洞察の本質に気づいていなかったのだ。最も著しい矛盾は、ポリスは「可能な限り最善である生活のための平等な者たちの共同体[61]」だという彼の独創的な定義に関わっている。**政治的**共同体の特質のこの捉え方は、その次の市民の善は「支配と被支配の方法の知識」にあるという結論[62]と矛盾している。アレントは、支配という観念や、支配者と被支配者との区別は、「政治以前の領域のものであって、……ポリスは平等の原理にもとづき、そこには支配者と被支配者という区別は存在しない」ことを指摘している。[63] さらに『人間の条件』で言っているように、支配という観念は、まさに行為の技術的解釈や、製作過程に見られる知識と実行との分離に依存する観念である。[64] その分離が、命令と遂行との序列という形で、人事の領域に移されるのだ。アリストテレスは市民の善を支配という概念によって特徴づけたが、そのため平等や討議が削り落とされ、プラクシスと多数性のいずれの力も奪い去られている。

もちろんアリストテレスは、支配という概念の基礎を「素人に対する専門家の優位」というプラトン的観念に求めているわけではない。アレントが言うように、アリストテレスは行為と仕事の違いをよく心得ているので、生産の領域から**直接に**比喩を引き出すようなことはしない。[65] それにもかかわらず、「平等な」市民の間の関係を序列として捉える彼の権威主義的記述は軽視できる事柄ではない。それは、目的があらかじめ与えられ、隅々までテロスが支配している行為の概念から直接生まれた記述なのだ。アリストテレスによると、理想的なポリスの目的は客観的なものである以上、ポリスが行為や論争の現場でなく、美徳のための**学校**として存在するとされるのも偶然ではない。基本的な政治的関係は専門家と実行する者、主人と奴隷という関係では**ない**。教師と生徒という関係なのだ。アリストテレスは、**支配**を**教育**に置き換える際に、両者の差異——教育は「平等になりうる」人々の間で行われるという事実——を意図的に隠している[66]。目的は作られるのではなく見いだされるのだと考え、道徳や実践的知識は、科学的ではないが客観的なものだと考えるなら、政治的共同体の基本的な仕事は目的設定をめぐる論争の促進ではなく、――ポリスの目的の具体化である法律や慣習という――ノモスを市民に強要することになる。それを実現するのが、強制によって効果をあげる生涯にわたる道徳教育の制度にほかならない[67]。

　したがってアリストテレスでは、市民は政治に参加するが、それは命令者としてか服従する者としてかである。市民は平等だと言っても、すべての者が同時に平等であるわけではない。市民は討議を行うが、最重要課題については討議しない。市民は**一体**になっているわけではないが、本当に複数の生き方をしているとも言えない。共同体の成員は共通の目的をめざすことで成員として確認されるというアリストテレスの考え方では、討議には実質的に厳重な制約が加えられることになってしまう。最後には討議を技術的なものにして、共同体の目的のための手段にするだけで、目的そのものが討議の対象にされることは決してない[68]。アリストテレスは、目的を抜きにして政治的共同体を定義することはできない。それに対して、アレントにとっては、政治的共同体の「目的」の問題は、前提から自動的に結論が出るような問題ではない。政治的行為特有の自由を市民にとって恒常的に可能とすること以外に、政治には既定の目的は存在しない[69]。アリストテレスはプラクシスを絶えずテロスの支配下に置くため、アレントの目には、アリストテレスは行為や政治のホッブズ的「技術化」と対立するどころか、「技術化」の系譜学的根源なのだ[70]。

　それゆえアリストテレスの行為の目的主導型モデルは、政治的共同体の基本的に権威主義的概念であって、平等や複数性を抑圧し、欠陥のある教育の比喩を使って討議を切り詰めてしまうものだ[71]。アリストテレス的な政治的共同体の概念や、政治的共同体内部でのごく限られた行為や討議の観念を、アレントが結局拒否するのは、複数性や意見交換を重視するからだ。彼女は現実の共同体（コイノーニア）の代わりに、

「世界への感覚」である共通感覚（*sensus communis*）というカントの概念を使う。[72] アレントを崇拝する共同体論者たちは、このやり方に困惑している。彼らには、アリストテレスに見られる「濃密な」共同体感覚によって、アレントが政治的生活の「真の本質」と考える果てしない討議が台無しになるのがわからないのだ。[73] アレントの見方によると、強化しなければならないのは、連帯感とか道徳に関する共通言語といったものではなく、世界への参加である。世界への参加が論争や意見の相違を活性化する場合に、そこに生まれる討議が紛れもなく政治的なものなのであって、それは単なる利害の衝突とか、意図的な連帯確認を超えている。したがって、彼女が支持する討議による政治は、しばしば論戦になる論議や論争《アゴーン》による意見交換であって、思慮（プロネーシス）の荘重な適用とは鋭く対立する。「熟慮の正しさ」のアリストテレス的な基準に対して、アレントは「完全に政治的人物」と認められるゴットホルト・レッシングの例をあげている。レッシングが真理への到達より、議論から生まれる友愛を高く評価したからだ。[74] その「友愛」は、アリストテレスの友情（フィリア）に似ているが、判断の一致よりも複数性や幅広い解釈を強調する点で友情とは異なる。

III　自律的行為——舞台芸術としての政治

アレントのアリストテレス解釈の真意は、もう明らかなはずである。行為の非民主主義的な手段化に対する戦いにおいて、プラクシスの理念を有効に活用しようとする場合、最初になすべき仕事は、手段化という考え方が生まれてきた目的論的なコンテクストを徹底的に脱構築することだ。そうして初めて、行為独特の自律性について考えられるようになる。そういう概念の組換えを容赦なくやらなければ、プラクシスの新生をめざす試みが、アリストテレスの始めた手段化の論理に屈してしまうことになる。人間の複数性、出現の空間、意見交換といった――政治的現象は格下げされ、軽視されて、確実に非民主主義的な結果に至りつく。

そこですぐ生まれるのが、「根本的変更」を加えた後でも、プラクシスの「本質的なもの」が残るだろうかという疑問である。残るとアレントが考えているのは確かだ。彼女にとっては、行為本来の意味ないし価値や自由や「エネルゲイア（現実性）」に場を提供するのが、パフォーマンスという行為の特徴なのだ。行為特有の自己充足性は、既定のテロスへの拘束から完全に切り離されねばならない。そこでアレントは、エネルゲイアを目的論的概念にしてきた生産や成長の比喩から、まずエネルゲイアを引き離すことでプラクシスの活用を始めている。目的因による決定とか展開という観念から引き離すと、エネルゲイアは行為活動そのものに完全に内在していることがわかる。そういう変更を加えると、エネルゲイアにふさわしい比喩は、美学的ないし演劇的な比喩である。つまり活動の自己充足性をアリストテレス的意味の「完成」ではなく、**見事なパフォーマンス**に認める比喩だ。行為のパフォーマンスに示されるすばらしさこそ、行為が存在する本当の理由である。行為の形で現れるものは、「人間にとっての善」ではなく自由なのだ。

以上が、プラクシスの「新生」のためにアレントが行っている、根本的な立場の変更である。その企ては革命的であり、生み出される表現は逆説的で、理解が困難である場合も珍しくない。パフォーマンスの存在論と言うべき観点で行為を考えることによって、アレントは行為の自律性を守ろうとするが、その際には、伝統的に行為の分析に使われてきたカテゴリーは軽視されている。動機や目標や条件や結果などはすべて、行為特有の意味や本質を把握するにはほとんど副次的だとされる。アレントによると「動機や目的はいかに純粋で雄大であっても、決して唯一独自のものではない。心理学で言う性質と同じように、それは類型的なものだ[75]」。そういう外面的基準で行為を判断するとたちまち、「それぞれの行為独特の意味」が失われてしまう。行為独特の意味は、「パフォーマンスそのもののうちにのみあって、動機や達成にあるわけではない[76]」からだ。テロスとは無縁な行為の性質を把握するためには、——技術的な意味[77]でなく美学的な意味でパフォーマンスを理論化する——現前ないし出現の理論が必要である。アレントは「自由とは何か」にこう書いている。

行為に内在する自由を最もよく示しているのは、運命（フォルトゥーナ）の形で世界によって開示される機会に対応する力量を意味する、マキアヴェリのヴィルトゥという概念であろう。この概念の意味は、（製作芸術と区別される）舞台芸術における腕前の「すばらしさ」と訳すのが一番いい。舞台芸術では完成は演技そのもののうちにあるのであって、活動の後も活動から独立に残る最終作品にあるわけではない。マキアヴェリ自身はほとんど知るよしもなかったが、ヴィルトゥに認められるすばらしい腕前を見ると、ギリシア人が政治的行為をその他の活動と区別するために、笛吹や舞踏や治療や航海といった比喩をいつも使い、腕前のすばらしさが決め手となる活動から比喩が採られていた事実がどうしても思い出される。[78]

腕前やパフォーマンスを強調しているこの箇所には、アレントがエネルゲイアや自由を活動そのものと同一視しようとしていることが示されている。アレント自身が舞台芸術を最も適切な比喩として提示しているが、それは舞台芸術の意味、エネルゲイア、「真理」が上演という活動と切り離せないからだ。アレントによると、舞台芸術の場合も政治の場合も、その意味は「手段や事物として示される性質」のものでない以上、舞台芸術には「政治と大いに類似したところがある」[79]。実際、行為の場合には、自由の出現は「行為そのものと同時に起こる」[80]。「自由とは何か」でのアレントの言い方では、「人々が——自由の才能を有するというのではなく——**現実に**自由**である**のは行為している限りにおいてであって、それ以前でもそれ以後でもない。**自由であることと行為することは同じことだからだ**[81]」。それゆえ、すばらしさという性質が活動に内在している限りにおいて、自由とは見事な行為にほかならない。

アリストテレスが言ったように、政治的領域が行為と自由の本拠地であることに変わりはない。しかしアレントによって、エネルゲイアやプラクシスが変形されると、「本拠地」の性質の理解が根本的に変わってしまう。目的論的背景が取り外され、プラクシス／ポイエーシスの区別に、完全な「距離のパトス」が取り戻されると、政治的領域が本質的に「一種の劇場」の姿で浮かび上がってくる[82]。アレントの特徴がよく表れている言葉で言うと、政治的領域は、行為と自由が出現し、記憶されうる「出現の空間」である。政治的共同体の制度的形態は、**舞台**として役立つように設定されねばならない。政治的な行為者＝役者は、舞台芸術の役者と同様に、「見事な腕前を見せるために観客を必要とし」、「パフォーマンスそのもののために他の人々に依存している」からだ[83]。ポリスはこういう役目にかなっていた。ポリスは「まさしく人々に行為しうる出現の空間を提供し、自由が出現しうる一種の劇場を提供する〈統治形態〉」だった[84]。それに対して、議会制民主主義は、（アレントが『革命について』で重視している）正真正銘の自由な民衆を特徴づける——「公的に組織された空間」という——パフォーマンス／出現の機会を制限する[85]。「当然にも」行為と自由のための劇場と見られる政治的領域は、共同の討議と行動によって「他の人々が私に現れるとともに、私が他の人々に現れる空間」である。それは「人々が他の生物や無生物と同じようにただ存在しているだけではなくて、明々白々と姿を現す空間」[86]である。

政治が自己言及的なものであり、行為は本質的にパフォーマンスであり、自由は本質的に卓越した演技であれば、行為の適切な判断基準は、アレントが断言しているように**すばらしさ**である。これはギリシア人は知っていたが、われわれは忘れてしまったことである。

> すべての文明人と同様にギリシア人が道徳規準によって判断した——人間行動とは異なり、実践はすばらしさという基準によってしか判断できない。なぜなら行為はその本性にもとづいて、一般に認められているものを突き破って、非凡なものの域に達するからだ。そこでは存在するもののすべてが唯一独自のものであるため、一般の日常生活で真実であるものは**もはや通用しない**[87]。

パフォーマンスそのものに通用するのは「すばらしさ」だけである。動機や結果によって行為を判断すると、行為の自律性を格下げして、「行為独特の意味」[88]を抹殺することにしかならない。

アレントによる「見事な行為の華麗な輝き」の強調は、政治の討議モデルとは確かに縁遠いものに思われる。舞台芸術とのアナロジーで守られる自律的な政治的行為は闘争《アゴーン》であり、ヒロイックなものに見えるからだ[89]。行為、パフォーマンス、創始、卓越した技量（virtuosity）、すばらしさといった概念が指し示しているのは、「激しい抗争《アゴニズム》」によって動く政治であり、「そこで誰でも絶えず他人とは異なる者であることを示し、独自の行為や業績によって自分が万人のなかでも最高の者であることを示さねばならない」、「個性的人物のために確保されている」公的領域である[90]。この文脈では、アキレスの物語に「典型的な意味」がある。この「偉業を成し遂げた……見事な発言者」こそ、アレントの言う政治的情熱**なるもの、**「何よりも自己を顕わそうとする衝動」を表現しているからだ。[91]

政治のための政治を主張し、行為を外的な（道徳的または功利主義的）基準による格下げから守ろうとする、きわめてモダニスト風の主張のために、アレントは闘争的、演劇的な「パフォーマンスの政治」の他のふたりの代表者である（ここで取り上げる）マキアヴェリと（第3章で扱う）ニーチェと妙に似ている。アレントには、政治的なものの道徳的なものへの格下げに対するマキアヴェリと共通の深い嫌悪があって、首尾一貫した善良さは公的領域では災いをもたらすとか、どう見積もっても世界への参加を妨げると力説するほどである。[92] 道徳を優先させると、行為の意味を行為そのものから行為の背後にある意図とか行為の結果へ移すことになる。それに対してマキアヴェリはそういう置き換えをしないで、ヴィルトゥという概念の重点は、――世界に関わる一種の活動である――行為の一**貫した特徴**に置かれている。

ヴィルトゥとは世界というよりむしろ群れなす運命《フォルトゥーナ》に対して人間が起こす反応である。運命のなかで世界は人間に、人間のヴィルトゥに対して開かれ、現れ、差し出されるのだ。運命がなければヴィルトゥはなく、ヴィルトゥがなければ運命もない。両者の相互関係には――相互に作用し交替し合う――人間と世界との調和が示されているが、その調和は政治家の知恵とか、個人の道徳的その他の卓越性や専門家の能力とは懸け離れたものである。[93]

ヴィルトゥとは、こうした相互関係の自由、創始する行為の自由である。その自由は日常生活の倫理的基準や、行政としての政治の手段である命令を超えている。創始する闘争的行為という観点からすると、

最も重要なことは善悪でも目的達成でもなくて、異彩を放ち光り輝く能力である。(94)

闘争《アゴーン》を重視するアレントのアゴニズムから生じる難点は、マキアヴェリの難点に似ている。マキアヴェリの見事な行為の賞賛によって、道徳と政治の関係は弱まって、断ち切られることにもなりかねない。アレントの批判者たちは、通常の道徳規準への軽蔑と見えるものに手を焼いて、危険で不当な行為の芸術化(aestheticization)と思えるものを激しく非難している。アレントが行為の自律性を保持し公的領域を保全しようとする戦略には、ヒロイックに誇示する政治や、悪くするとすばらしさを独自の徳性とする背徳的賛美に変質するおそれがあるというわけだ。(95)

このような非難は結局、アレントのパフォーマンスを重視する考え方の核心を見逃すことになるとしか思えないが、いい加減にあしらうわけにもいかない。アレント批判者たちは、彼女の行為論によって、見事なパフォーマンスや技術や才能の至上主義が強化されると指摘している。この点ではマキアヴェリのヴィルトゥの政治がいい例で、そこには「ヒロイック」ないし華麗な政治は、一歩進めばたちまち厚顔無恥な背徳の政治に陥ることが示されている。チェーザレ・ボルジアを優れたヴィルトゥの持ち主で完成された政治家だと言う、マキアヴェリの説明を思い出しさえすればいい。(96)マキアヴェリとちがってアレントは、パフォーマンスや見事なパフォーマンスの政治と、欺瞞や人心操作の政治との違いを力説しているように思われる。彼女がマキアヴェリを引き合いに出したおかげで、**政治的な**自由という独特の概念があることに気づくし、政治をゲームに比するアナロジーがクラウゼヴィッツ風の戦略的対決になりがちであることにも気づけるのだ。(97)

権力と暴力、行為と強制の区別に見られるように、アレントは**以上のような**方向に進もうとは全然思っていなかった。それだけに、政治的行為について近代的な戦略的捉え方を創始したとされがちな理論家、マキアヴェリに対するアレントの非常に肯定的な見方に驚くのは当然である。[98] 彼女がプラクシスに手段という性格が残ることにきわめて過敏で、ヴィルトゥの「演劇的」次元に焦点を当てているのが印象的だ。彼女の行為論の核心には、逃れようのない根本的な自己矛盾があるように思われる。それは、アリストテレスから示唆された平等、複数性、強制の欠如にもとづく討議の政治というイメージと、華麗で闘争的な見事なパフォーマンスに対するマキアヴェリ流の賛美との矛盾である。討議的なものと創始的なもの、対話的なものと闘争的なものを結びつけて、**一つの**政治行為論に仕上げることができるとどうして考えられるのだろうか。パフォーマンスの次元が討議や対話の次元より優先されているというのが正しければ、彼女の闘争的な「政治のための政治」は英雄崇拝やインモラリズムに至りつくという非難に対して、どうすればアレントを擁護できるだろうか。

この点でアレントを批判する人々のなかでは、ジョージ・ケイテブが最も説得力があるように思われる。アレントが行為の自律性を厳密に主張する結果、道徳性が置き去りになっていると彼は主張する。政治のための政治は、真の**政治的**行為に必ず含まれる道徳的判断を考慮しない。ケイテブによると、「アレントのラディカリズムの要点」は、「政治的行為は正義を行ったり、その他の道徳的目的を達成したりするために存在するのではない。……政治的行為によって達成される最高のものは実存的なものであって、道徳的なものを超えたところに関心があるように見える」という見解にある。[99]

アレントが政治的行為の完全性を保とうとするあまり、行為を拘束する道徳的制約があることは否定される。そのためケイテブは、「道徳的制約を受けない行為がどうして背徳的なものにならずにすむか」を問題にしている。[100] ケイテブは、アレントの立場は徹底的に分析するとインモラリズムになるという考えに反対して、彼女の政治行為論には「内的な」道徳性があることを説得的に主張する。しかし激しい反道具主義のために、彼女が行為の**結果**を徹底的に軽視しているのは胡散臭い結論だと彼は言う。ケイテブの見方では、結果の優越性を否定するような行為論は道徳的には支持できない。アレントの場合にも、結果や道徳的制約への配慮が「行為至上主義」と同レベルでなければならないというのが彼の主張である[101]。

ケイテブの言うことが正しいとすると、アレントのパフォーマンスを重視する闘争的概念は、行為の自律性の強調に**行き過ぎ**がないかと問わざるをえない。実際のところ、アレントは時々、道徳的生活の反政治的で脱世界的な性質を主張する点では、マキアヴェリ以上であるようにさえ思われる。「安定した生き方のような……よい状態は、公的領域の範囲内では不可能であるばかりか、公的領域を破壊することさえある[102]」。「人目につくことを避け、できるだけ公的領域から遠ざかること」が純粋な道徳的活動の本性であり、真の善い状態の特質である[103]。「善き業」が注目を浴び、道徳的動機が世界内部に形をとって現れそうになるとたちまち、その結果はいかがわしいものになる。道徳的態度が（イエスがしたように）政治的領域から遠ざかるのでなく、政治的領域を覆うことになる場合には、その結果は革命後の恐怖政治であり、「出現の世界」の破壊である[104]。このため生まれているのが、ルソーの同情の政治へのアレントのニーチェ的反論である。ルソーの同情の政治では、苦しみへの感受性のために、「説得、交渉、妥協といったうんざりするような過程」を抜きにして、**暴力的な**直接行動に走ることになる[105]。またそのため生まれるのが、権威主義的政治に対するアレントの等しく激しい反論である。権威主義的政治では、行動する者の「内奥の動機」が公的に示されることが求められる。そういう要求はすべての行為者を偽善者に変えてしまうが、そういう結果を回避する道は、ロベスピエール風の恐怖政治である徳の政治以外にない[106]。

したがって**政治的な**観点からすると、「絶対的な善は絶対的な悪に劣らず危険である[107]」。アレントは、この点でのマキアヴェリの洞察を賞賛して、彼が善より栄光を肯定するのを称えている。

善行のこうした破壊的な本性をよく知っていたものとしてマキアヴェリ以上の者はいない。マキアヴェリは有名な箇所で、「善良にならぬ方法」を敢えて教えている。付け加えて言うまでもないが、人々は悪人となる方法を教えられねばならないと言ったのではなく、そういうことを考えていたのでもない。理由はちがうが犯罪行為も他人に見聞きされるのを必ず避けるからだ。マキアヴェリの政治的行為の基準は古典古代と同じ栄光であって、善と同様、悪も栄光に輝くことはない[108]。

しかし（マキアヴェリとともに）政治は一般道徳の拘束を受けない独特の倫理を求めると言うのと、（アレントが一見やっているように）栄光が行為の適切な基準であると言うのとでは事柄がちがう。マキアヴェリは、ヒロイックな活動を促すものとしても、権力への下劣な道を避ける根拠としても、栄光に訴えることはない[109]。『君主論』で彼は、公的生活と私的生活との裂け目を指摘し、それぞれの生活に固有の倫理を指摘しようとしている。つまり私的な市民や一般道徳の美徳をそのまま**公的**領域に適用すれば、容易に災いがもたらされることを示そうとしている。**政治的に**行為する者が高邁さや寛容や高潔さといった美徳に忠実であれば、羨望や内紛や暴力などが生まれ、その結果は君主に限らず国家にとっても有害であることが、実例をあげて説明されるのはそのためだ[110]。

マキアヴェリにとっては、政治家によって一般道徳の一部が停止されるのは、まさに厳格な道徳的行為から生じる**結果**である。ウェーバーと同様に、マキアヴェリは暴力を政治における不可避の手段とみなし、政治という「活動範囲」をその他のすべてと異なる手段と考えている。暴力的状況が広がってはならないのであれば、政治家は「善良にならぬ方法」を心得ていなければならない。暴力を一般的レベルに**止めておく**ためには、武力を使い欺瞞を駆使する時機と方法を心得ていなければならない[111]。自分の魂への行き過ぎた配慮は、暴君の果てしない暴力と同じように、間違いなく国家を破滅させ——国家が可能にしている一般道徳の生活を破滅させてしまう。

したがって、「政治独特の倫理」という考えは、一般道徳の否定とか転倒を意味するものではない。むしろ、それは一種の悲劇的な認識にもとづいている。[112] ウェーバーが『職業としての政治』で述べているように、「政治に巻き込まれる者は……悪魔的な諸力に触れることになり、彼の活動については、善は善からのみ生まれ、悪は悪からのみ生まれるというのは真実で**なく**、しばしばその逆である」。[113] マキアヴェリには、アレントが指摘する華麗な闘争的活動の賞賛があるだけではなく、ウェーバーの「責任の倫理」に似たものがある。政治家は政治的必要によって求められる「悪魔的」手段についての個人的責任を逃れてはならず、逃れることもできない。政治的害悪に有効に立ち向かおうとすると、政治家はアプリオリな原理や、絶対的目的や自分自身の栄光に訴えて、自分の行使する暴力の責任を軽くするようなことをしないで、「汚い手」を率直に受け容れねばならない。マキアヴェリもウェーバーも絶対的道徳を拒否するが、それは、世界からの「卑怯な」撤退になるというアレントと同じような理由にもとづいている。だが、もっと重要でアレントとは対照的なことは、彼らが道徳的絶対主義を斥けるのは、それが目標達成のためにはどういう犠牲も物ともしない絶対的目的の倫理になりがちだからだ。目的が手段を正当化すると本気で信じているのは、独断的な絶対主義者だけだ。[114] マキアヴェリが示唆し、ウェーバーが支持している、独特の政治的倫理の前提は、政治家は絶対的倫理ないし一般道徳の規準では悪であるものを、必要に迫られて実行せざるをえない時があるということである。マキアヴェリとウェーバーが倫理にくだしている結論は、政治家独特の責任は、(害悪をもたらしかねない政策である) 善い目的のために善い目的しか選ばないということではなくて、道徳から離れざるをえない場合には、いつでもより小さな悪を選ぶということである。責任ある政治家なら、犠牲が大きすぎれば、手段**だけでなく**目的も控えるものだ。

政治と道徳性の関係についてのアレントの見方とマキアヴェリの見方には、著しい違いがある。善意や同情が政治化された場合に起こる、大規模で悲劇的な暴挙に敏感である限り、アレントは行動の犠牲または結果を、手段や目的の決定的な判定基準とはふつう認めようとしない。はっきり言うと、マキアヴェリともウェーバーとも異なり、アレントは目的・手段というカテゴリーの支配を撤廃して、政治的行為の目的論的モデルを転倒させたいのだ。そういう目的重視に対する反発を説明し、正当化するものが、彼女の政治行為論そのものの「内部にある」――政治的なものの領域から、暴力や強制や本質的に戦略的な行動を排除する――道徳性にほかならない。アレントの観点からすると、目的・手段のカテゴリーの観点での政治的行為の分析では、政治的行為は暴力**である**という見方が助長されるだけだ。「暴力論」でアレントが述べているように、「暴力行為の実質そのものが目的・手段のカテゴリーによって支配されている」[115]。マキアヴェリとウェーバーは、ふたりとも文句なく目的・手段のカテゴリーの支配を受け容れている。彼らは政治家という職業について、目標追求の際の暴力行使に基本的に同意し、政治独特の手段は可能な限り確実に「責任をもって」使わねばならないと考えているが、それはこのためである。アレントが彼らの立場の根拠を斥けるは、人事の領域では「目的によって正当化され目的達成に必要な手段によって、目的が〔常に〕圧倒される危険がある」[116]という単純な理由にもとづいている。

マキアヴェリとウェーバーの「リアリズム」の根拠を、アレントは拒否する。それは賞賛に値することだが、ケイテブの「インモラリズムと言われないためには、アレントのギリシア的な考え方に根本的修正を加える必要がある」[117]という結論を免れるのは容易ではない。実際は「すばらしさ」には道徳的な空白が認められるため、アレントの政治的行為の考え方は、主観主義とか独断的だと非難されがちである。彼女の「ヒロイックな」創始的行為論と討議的政治の考え方との間に、対立が生じるのもそのためだ。能力の発揮とか凄い腕前というだけでない何らかの根拠や正当化を、行為に対して指し示すことができないと、つまりすばらしさという基準は政治の討議的把握と調停できることが示せないと、彼女の政治行為論は絶望的な自己矛盾に陥るように思われる。(118)

Ⅳ　意志と歴史への近代的転回に対するアレントの批判

政治的行為の自律性に関するアレントの激しい主張を聞くと、読者は一つのパラドックスに突き当たる。一方では、彼女の行為論は、政治的領域から暴力や強制を排除して、政治的領域に力強い規範的次元を提供していると見られるが、他方では、そういう賞賛すべき排除を行う「純粋主義」のためにインモラリズムに近いと非難される。行為論を彼女の政治思想全体を背景にして考えると、このパラドックスはさらに大きくなる。道徳規準を度外視する傾向と、彼女の全体主義に関する記念碑的作品や、アイヒマンに想を得た二〇世紀の殺戮官僚制の「悪の陳腐さ」の分析や、良心や判断力（「正邪を見分ける能力」）の問題への関心とを、どう調停すればいいのか。政治と悪の可能性とのつながりが絶えず関心の的になっていたのは明らかだ。確かに彼女の思考の軌跡は、その大半を政治的悪の問題が占めているが、全体主義に始まり、（「思考と道徳的配慮」や判断力に関する未完成の著作における）その種の現象との対決に働く精神能力に関する徹底的探究で終わっている。

この事実を、ナチス・ドイツの全体主義の恐怖からの逃亡者であるアレント自身の体験と結びつけると、道徳的カテゴリーの「専制」から政治的行為を救出することに、彼女がなぜあれほど熱心だったのかと問わずにおれない。よりによってそのアレントが、正義や倫理性や権利よりも、行為を優先的に主張するのはなぜか。

アレントの著作に共感しながらも、彼女が政治の自律性を強調するのに不安を覚えた批判者たちは、彼女の政治理論についてもっとカント的な解釈を提出しようと考えた。彼らには——アリストテレス以後アレントに最大の「伝統的」影響を与えた——カントなら、アレントの「演劇的」理論を包括した、行為と自由を肯定する別の理論を提示してくれそうに思われたのだ。特にセイラ・ベンハビブとユルゲン・ハーバーマスがその道をとったが、彼らはパフォーマンスや闘争《アゴーン》よりも行為や判断の討議的要素を強調して、アレントは広義の近代主義、普遍主義の立場に近いと見ている[119]。彼らは、アレントが政治的判断の本質的に相互主観的モデルを使って、行為や規範や仕事の正しさや優秀さを決定する際に、普遍化可能性という基準に訴えていることから、彼女にはアリストテレスよりカントの影響が大きいと主張している。

それと少し違うがJ・グレン・グレイも、似たようなカント的アレント解釈を出している[120]。彼はアレント理論における討議の役割ではなく、アレントの行為概念にとって実に重要なこの考えの起源は、明らかにカントの第二批判にあるとしている。アレントが一種の自発的な創始として自由を肯定していることに注目している。アレントの行為概念にとって実に重要なこの考えの起源は、明らかにカントの第二批判にある。グレイが指摘しているように、『精神の生活』ではアレントはカントに従って、既定の選択肢から選ぶ能力ではなく、「未来のための器官」である創始の能力として意志を考えている。しかし彼女には、カントによる（「純粋実践理性」という形での）意志と理性との融合にも、理性を別世界の（「本質的」）領域に位置づけることにも不満がある。グレイの解釈では、アレントはカントの自由の哲学のアポリアを解決するために、（ジョン・ロールズの言葉を使えば）「形而上学的でなく政治的」な自由の哲学に基礎を提供しようとした理論家だと考えられる。

この解釈では、アレントの行為と自由の見方は、哲学的主意主義の最大の代表者の見方に似ているとされるが、この解釈を支持するものとして、『革命について』の自発的行為と創設に当たっての合意を賞賛している箇所があげられる。実を言うと、――社会契約の伝統とのアレントの最も見事な対決である――この著作では、行為論の焦点は「見事な」行為ではなくて、約束や民主的な意志形成の問題に移っている。『革命について』には主意主義的な参加民主主義が登場しているようにも考えられるから、ジェイムズ・ミラーはアレントのルソーへの敵意は不適当ではないかと暗に考えている。ルソーの道徳的自由論は直接カントに影響を与えたし、ルソーの政治共同体の考え方は（少なくとも表面的には）アレントの考え方と驚くほど似ているからだ。[121] ミラーによると、アレントがルソーの主意主義の「個人主義的」性格を批判するのは正しいが、彼女の徹底的民主主義の考え方は、ルソーの共通自我（*moi commun*）によく似た規範的基礎にもとづいている。アレントの主意主義は集団的次元のものであり、その基礎は個人の意志よりも「共同生活への意志」である。[122] アレントの「共和制」には民主的連帯と参加のエートスが浸透していて、彼女の議会民主主義批判には、ロックや議会制に対するルソーの批判の反響が認められる。

以上は、アレントを二流の「モダニスト」扱いしようとする努力のほんの一部である。[123] この種の解釈の利点は実に明らかだ。彼女の「ギリシア風の」行為理論のエリート主義的な考え方を避けることができるだけでなく、ケイテブその他によるインモラリズムという非難を、納得のいく形で反駁することもできる。ベンハビブ、ハーバーマス、グレイ、ミラーなどの説明によると、アレントは行為理論を（1）一種の討議倫理か、（2）自律的意志か、（3）民主的共同体や共通自我によって**基礎づけている**。この三つのどれを基礎とする場合も、「道徳的基礎づけ」の問題の解決が試みられているのは明らかなはずだということになる。

本節では、近代の「意志の哲学」へのアレントの反論を調べて、その種の哲学とヘーゲルやマルクスの歴史主義との関係に関する彼女の見方を解明することにしたい。これには二重の目的がある。第一に、普遍主義的で主意主義的なアレント解釈は、果たして説得力のあるものかどうかを検討するという目的である。アレントは本当に無自覚ないし「不本意」なモダニストなのだろうか。それとも、カントやルソー、ヘーゲルやマルクスに対するアレントの批判には、アリストテレスの目的論への反論にも劣らない、自律的自由と行為の近代的定式に対する理論的反論が示されているのだろうか。この後のほうが事実だとすると、行為を再検討するアレントの展望や野心の評価を改めねばならない。――そして、これが第二の目的だが――アレントがある程度、道徳的なものと政治的なものとを分離するのは十分に正当なことではないか。これを検討しなければならない。ケイテブの意味での非難は見当違いかもしれない。

＊

カント的なアレント解釈は、一見もっともで望ましいものに思われる。カントの（『純粋理性批判』以後の）自由を自発性とする「消極的」定義と、（『道徳形而上学の基礎づけ』および第二批判以後の）自由を自律ないし自己立法による法則と一致して行為する能力とする「積極的」説明を結びつければ、アレントの行為理論に必要な哲学的基礎が得られるように思われるからだ。カントは自由を根本的創始の一つの形として救おうとする。行為の価値を目標達成の成否から引き離し、自律を普遍化可能性と同一視する。確かに、カントは自由の根源を別世界の（「本質の」）領域に位置づけ、意志を（実践理性として）思考に近いものとしている。しかし彼の実践哲学には、アレントの企図にとって貴重な材料が含まれているように思われる。アレント自身が、そのことを後期著作のなかではっきり認めている。『精神の生活』での意志を「自由な自発性の器官」とする断定から、早い時期のカント講義での判断力の本性や独特の力への注目に遡ると、アレントは自分の初期の立場をカント的な形に取り換える仕事、つまり「ギリシア風の」行為理論の演劇的アゴニズムを意志や普遍化可能性に取り換える仕事に取りかかっていたように見える。アレントは「実に慎重に過去への思索の旅路を……カントで終えた」[124]と考えるのは、ジュディス・シュクラールだけではない。シュクラールその他にとっては、アレントがカントに立ち返ったことが「彼女の企ての健全さ」[125]の保証である。

しかし、カント的なアレント解釈がどれほど魅力的であるとしても、そこには、乗り越え難い障害がある。彼女の死後出版された『カント政治哲学講義』にも「文化の危機」や「自由とは何か」のような初期論文にも見受けられる、カントに関するアレントの見解を詳しく調べてみれば、このことははっきりする。カントを大いに賞賛しながらも、アレントはカントの実践哲学は少しも政治的自由の本性を解明していないとして、行為論に寄与するところがあるという見方を断固として拒否している。『カント政治哲学講義』で簡単に述べられているアレントの見解は、カントの実践哲学は「行為をまったく考慮していない」[126]というものである。行為に関するカントの著作の主題は、——意志、道徳的行為、実践理性の本性などの——何が主題だと考えても、アレントの意味での行為ではない。こうした根本的な食い違いが生まれる一因は、意志は反政治的な能力だというアレントの確信である。[127]意志が政治的なものでないのは、政治的行為と自由の必要条件である複数性が、意志には容認されないからだ。それゆえ「政治に関する自由は意志の現象ではない」[128]。カントが提示する道徳的因果性は、政治以前のものである。道徳的行為者の自律は、行為の自律にとっての基礎を与えることはできない。はっきり言えば、カント的な道徳的自律は、後で示すように、政治の徳性を奪ってしまうのだ。

「自由とは何か」[129]でアレントは、自由を「行為よりも意志や思考の属性」とする西洋哲学の伝統的傾向を問題にしている。アレントは実に激しい言葉で、自由を自由意志と自動的に同一視する傾向を斥けている。両者を同一視すると、公的領域の自由が損なわれて、（自律ないし主権としての自由という）非政治的な基準が、人事の領域に君臨することになる。[130] カントは「自発的な」自由を肯定するにもかかわらず、明らかに伝統的な枠組に囚われている。カントには複数性に対する哲学者仲間と同じ偏見が認められ、人事の領域への同じ軽蔑が見られる。[131] カントの実践哲学の中心は、自由を意志へ還元することなのだ。この事実を、自由を（結局）理性の自発性と考えるカントの理性能力という意志概念と結びつけると、彼の実践哲学は、行為や政治に関する思考と無関係なものになってしまう。

アレントはカント講義のなかで、こういう判定をくだす背景を述べている。そこでは、カントが自分の哲学の大枠として提示している問題を論じながら、アレントはカントの本質的に個人主義的で非政治的な傾向を引き出している。

> 人々に哲学的思考を求めるだけでなく、カント自身の哲学が解答の試みでもある三つの主要な問いをカントは何度も述べている。その問いのどれも政治的動物《ゾーン・ポリティコン》としての人間を問題にしていない。その――「何を知りうるか」、「何をなすべきか」、「何を望みうるか」という――問いのうちの二つは、形而上学の伝統的テーマである神と不死を対象としている。「何をなすべきか」という第二の問いとそれに関連する自由の理念が、何らかの仕方でわれわれの探究に役立つと思うのは大きな間違いだ。

……第二の問いは行為を対象とするものでは全然なく、カントは行為をまったく考慮していない。カントは人間の基本的な「社交性」を詳細に説明して、その要素として、コミュニケーションの可能性、コミュニケーションを求める人間の要求、考えるだけでなく公表する**公的な**自由、つまり公開性などを列挙している。……しかしカントには、**行為の**能力も**行為**への要求もわかっていない。カントでは「何をなすべきか」という問いで問題になっているのは、他者から独立した自己の行為であって、その自己は、人間にとって何が認識可能かを知ろうとする自己と同じ自己であり、……不死に関して何を望みうるかを知ろうとする自己と同じ自己である。(132)

この一節を長々と引用したのは、カントを政治的なものへの関心が非常に薄い思想家と見るアレントの見解が、ここに要約されているからだ。アレントはカント哲学を、きわめて個人主義的な関心によって限定されたものであり、他者や人事の領域から懸け離れた自己を中心とするものとみなしている。その自己の行為や自由は、複数性と出現の領域で活動する政治家の行為や自由と異なっているばかりか、対立さえしている。この点ではアレントが、(「永遠平和論」や「啓蒙とは何か」のような)ふつうカントの「政治的著作」とされるものを、それらの論文の関心は(「著作活動の自由」や「コミュニケーションを求める要求」を含めても)政治以前のものであり、行為の条件ではあっても行為そのものではないとして、切り捨てているのが注目に値する。その区別を見ると、アレントの**行為**の概念を早まって**コミュニケーション**に還元しないようにすべきである。アレントがカントの**美学**に関する理論での「コミュニケーションの可能性」や「賢明な意見交換」(133)の役割を強調しているのは確かだが、アレントの行為概念は、そういう要素に還元できるものではない。

カントの実践的著作も「政治的」著作も、複数性と出現の領域での行為の問題に取り組んでいないからこそ、アレントは『判断力批判』から彼女の言う「書かれなかった政治哲学」を探り出そうとするのだ。[134]「何をなすべきか」という問いと「何を望みうるか」という問いは、単独の人間に取り組んで、(魂の健康や保護という広い意味での) 自己の関心に訴えている。カント哲学において複数性という人間の条件が問題にされ、「共同体のうちに生き、共通感覚 (*sensus communis*) を具えた地上の生物[135]」である人間が取り上げられるのは、「いかに判断するか」が問題にされる場合だけである。判断する場合、個人は意見の領域で活動し、その関心は世界へ向けられており、個人は自分の判断の妥当性を仲間に説得しようとする。アレントによると、カント哲学が本当に政治的になるのは、第三批判の第一部美的判断力 (ないし趣味判断) 批判においてのみである。しかしそこについても、カント思想の政治的な意味合いは積極的に働きかけて取り出す必要がある。

カントの**真の**政治哲学は、芸術哲学のうちに見いだされるという主張に異論があるのは言うまでもない。アレントが第三批判の趣味判断の分析にのみ焦点を当てているのを見て、尻込みした注釈家は少なくない。アレントとは逆にパトリック・ライリーは、カントは「確かに政治哲学を書いた」が、それを理解するには、カントがアプリオリな道徳的真理のために確保する根源的場所をまず認めなければならないと言っている。[136]「賢明な意見交換」では**なく**アプリオリな道徳的真理の光によってのみ、カントの普遍的共和主義や、立憲体制が道徳的目的の達成に役立つという期待を理解できる。厳密に言うと、カントの実践哲学は「非政治的」であるかもしれない。しかしそのためにカントが、「永遠平和論」の言葉を使えば、「道徳に敬意を払う」ことから始まる政治哲学を作り出せないわけではない。

ライリーの義務論者というおなじみのカント像によって、アレントの解釈が選り好みのひどい特異なものであることが強調される。（アレントには失礼だが）ライリーの論点は、カントの政治学は意見交換や相互主観的判断を中心課題とはしていないということである。「……カント自身は、道徳的意見はいかに〈一般的〉で〈幅広い〉ものであっても、道徳的真理に代わりうるとは決して言わなかっただろう」[137]。しかしこの批判は、アレントの主眼点を見逃している。アレントはカントが道徳法則から始めて、道徳の観点から共和制を正当化していることを否定しているわけではない。彼女の論点は、そのやり方そのものが意見や複数性や出現の領域を最初から考慮に入れておらず、政治的なものを損なうということである。アレントが第三批判のうちに「書かれなかった政治哲学」を求めるのは、**カントが**「美的判断のなかに新しい道徳的、政治的理論」を求めたからでは**なく**、美的判断の世界が公開性の世界、つまり政治の世界でもあるからだ[138]。

カントを政治のために活用するためには、彼の政治的著作を支配している体系的意図を無視せねばならない、とアレントは考えている。ライリーが述べているのは誤りではない。カントの「公式の」政治哲学では実践哲学が、つまり道徳的真理や純粋（理性的）意志が優先される。疑いもなく、カントの「公式の」政治学は真理の政治学であり、絶対的な政治学から演繹的に導き出された政治学である。アレントがカントの政治学を斥けて、別の箇所を探すのはこのためだ。アレントの探究は、カントの実践哲学は「非人間的」であり、人事の領域とそこに不可欠の複数性を本質的に破壊するものだという判断にもとづいている。

カントが主張したのは、ある絶対的なものが存在し、人間を超えた定言命令に従う義務が、あらゆる人事にとって決定的に重要であり、どういう意味の人間性のためにも侵害されてはならないということである。カント的倫理の批判者は、こういう主張は非人間的で無情であるとよく非難した。彼らの批判論の真価が何であろうと、カントの道徳哲学が非人間的なものであるのは否定できない。これは、定言命令が絶対的なものとして要請され、それが絶対的なものであるため――**本性的に諸関係から成り立っている**――人間関係の領域に、その基本的な相対性と矛盾するものが導き入れられるからだ。唯一の真理という概念と堅く結びついた非人間性が、カントの著作に特に明瞭に現れるのは、人間認識の限界を容赦なく指摘したカントが、人間は行為においても神に似た行動はできないと考えることに堪えられないかのように、真理の根拠を実践理性に求めようとしたからだ(139)。

カントが絶対的なものに訴えることによって、「人間関係の網の目」が引き裂かれ、意見は貶められ、人間の言葉は道具化されてしまう。しかしこういう結果は、カントに限られたことではない。絶対的なものを人事の領域の組織原理にしようとすると、**どういう**試みも同じ結果になる(140)。人間的自由の根拠を純粋(理性的)意志に求めるカントの試みは、本質的に反政治的な性格のものだが、それを捉えるためには、定言命令という仕掛けが複数性を厳格に消去し、自己決定と他者の自由との調停をはかるものであることを検討しなければならない。

カントによると、意志が真に自由であるのは、意志が普遍化可能な格率に合致して働き、意志が法則の純然たる**形式**そのものを決定の根拠とする場合だけである。アレントの見方では、純粋意志による立法活動は、思考の最も基本的な規則である無矛盾の原理から推論されたものにすぎない。「文化の危機」でのアレントの言い方では、「〈行為の原理が普遍法則となりうるような仕方で常に行為せよ〉という――〈定言命令〉の形で規定される立法原理は、理性的思考はそれ自身と一致しなければならないという事情にもとづいている」[141]。こうした思考の根本規則が、支配的な行為原理に高められ、「ある者の恣意と他の者の恣意との一致[142]」を保証する原理になるのだ。

こうした動きはカントから始まるものではない。アレントが指摘しているように、最初に自己同一性を倫理的行為の決定的基準として提示したのはソクラテスだった[143]。ソクラテスの場合と同じようにカントでも、倫理的根拠は思考の過程にあるとされており、「……思考と行為を規定するものは――自己矛盾を犯すなという――同じ一般規則である[144]」。この定式にカントが加えた新機軸は、――自我それ自体ではなく――思考する自我を無矛盾の判定者とすることだった。自己同一性つまり自分自身との一致というソクラテス的な観念は、対話形式を内面化している（それゆえ自己と良心がソクラテスによって「一体化」されている）限りにおいて、複数性とかすかにつながっている。しかしカントでは、そのつながりが、意志（*Wille*）を実践理性とする解釈によって断ち切られる[145]。意志をそのように理解すると、意志は立法者である点で、内的にも外的にも、複数性との一切の連関を排除したものになってしまう。問題は意志はそれ自身で意欲するということであり、意志は自分の理性的（普遍的）な本性を望むということだ。こういう過程はヘーゲルが書いたように、完全な独白であり、「意志のまったく無条件の自己限定[146]」である。

カントの――定言命令という――絶対的なものの普遍化する力は、もっぱら意志の理性的な性格から生まれている。自律が達成されるのは、意志が一切の条件を乗り越えて、普遍法則の形式に合致してそれ自身を規定するときである[147]。複数性や他者との一致の可能性は、「他律」としてカントの実践哲学から追放されている。――そういう**政治的な**テーマが新たに取り上げられるのは、第三批判においてである。

意志を基礎とした、複数性に敵対する普遍主義から生まれる政治概念は、アレントが絶えず指摘しているように、基本的に手段としての政治という概念である。政治は単に手段なのだ。カントが共和主義的な立憲体制を好むのは、道徳法則の分析から引き出された目的を達成するのに必要な装置が、その体制によって与えられるからだ[148]。「真の政治システムは……まず倫理に服するということがなければ一歩も進めず」、倫理はアプリオリという観点で考えられるのであれば、——意見交換と「不断の論争」からなる政治である——討議による政治の空間の重要性は根本的に無視されることになる[149]。確かにカントが「理性の公共的使用」の権利を力説したのは有名なことだが、アレントが指摘しているように、カントは理性の公共的使用が**思想**の自由と学者には不可欠だと考えている[150]。カントが行為を意志へまず還元したために、その自由というものから明確な現実性が奪われる結果になったのだ。カントの公的領域の概念は示唆に富むものではあるが、アレントの観点から見ると、重要な要素が決定的に欠けていると見られる。カントが本当に関心を寄せているものは、今日では憲法と言われるものにとっての手段なのだ[151]。

カントが行為と自由を意志へ還元した結果、人事の領域から意味が排除されるという奇妙なことが起こる。形而上学的な観点から見ると、自由は本質的根拠であり、「善き意志」に固有の価値を与えるものだ[152]。しかし、意志を世界に影響を及ぼす「自然的能力」とみなせば、意志の活動は「自然というメカニズム」の内部に戻されて、意志に固有の価値があるとは言えなくなる[153]。人事の領域は複数の人々が**出現する**領域であるから、それを支配しているのは理性ではなく、本能でさえなくて、経験できる意志から生じる関心や好みの衝突である。このためこの領域は必然的に哲学者の側に「一種の嫌悪」を呼び起こし、「……個別の行動には時々知恵のようなものが見られるが、全体としては愚かな考えや幼稚な虚栄心から成り立ち、幼稚な悪意や破壊欲から成り立っていることも珍しくない[154]」。（カントが「壮大な世界ドラマ」とよぶ）この領域がニヒリスティックな笑劇のレベルを超えることができるとすると、哲学者はそういう争いのなかに何か摂理が働いていると想定せざるをえない。このためカントは『世界市民的見地における普遍史の構想』では、争いは合目的的な自然が人間の能力を十分に開発するために使う**手段**であり、――暴力的だが人類を平和と自由へ突き動かす「文明化」の過程だと考えている。このような「自然の策略」が、人間の背後に働いていると想定しない限り、人事の領域には「憂鬱な偶然（*trostlose Ungefähr*）」という特徴があって、カントの目には無意味であるように見える。モーゼス・メンデルスゾーンへのカントの返事を見れば明らかなように、個人の特定の行動はいかに価値あるものであっても、「壮大なドラマ」を救うことはできず、人類はそこでは進歩するとは限らないのだ。[155]

アレントの観点から見ると、カントが採用した救済策には、近代の政治思想にとって重要だが大半は否定的な意味が含まれている。カントは特定のものの自明的な無意味さを、「全体」というレベルに上ることによって免れている。[156] 人類史を人類の成長過程として構想しうる傍観者には、経験される相反する意志や行動に含まれている意外な意味が見える。明らかにこの戦略は、理論的な観想者の立場を認識における特権的位置に祭り上げている。理論家のみがゲームから離れてゲームの首尾一貫性を見てとり、その意味を判定できるというわけだ。[157] しかしカントにおける活動者に対する傍観者のこのような優越性には、いろんな解釈がありうる。一方では、それはカントの美学理論のテーマと結びついており、そこには判断力の活動にとっては重要な結論が含まれている（第3章参照）。他方、それによって目的論的説明への逆転と、〈歴史〉による政治の包括に対するお膳立てがなされている。カントは（人類という）超主観的な活動者を歴史の主体としたが、それによって、後にヘーゲルやマルクスの歴史哲学がそれに習うことになる様式が作り出された。さらに言えば、カントは平和と自由を歴史過程全体を意味あるものにするテロスだと考えた。それによって、過程の「産物」そのものが意味である一種の製作過程として歴史を解釈する可能性が開かれたのだ。[158] ヘーゲルでは、その「製作過程」の目標は、目標を達成する手段である人間にはどこまでも未知のものである。「ミネルバの梟」が飛び立ち、人類の歴史が哲学者の目に「自由の理念の漸進的な展開と実現」として見えるのは、〈歴史〉の「終わり」においてのみである。しかしマルクスでは、意味と目的とのこういう目的論的融合は、もっと別の徹底的な形をとって、カントの「自然の策略」やヘーゲルの「理性の狡知」は、理論的には人間が意識的な人間的行為（プラクシス）によって「歴史の終わり」を**作り出す**と表現される要求に道を譲っている。[159]

〈歴史〉から政治を導き出そうとするマルクスの試みを、アレントは「行為を製作のイメージで解釈して、人間的行為の挫折や脆さから逃れようとする古来の試み」の近代独特の形態とみなしている。[160] この文脈で重要なことは、（アレントは別の箇所では、こういう試みから生まれる「卵を割らねばオムレツは作れない」式の論法を非難しているが）、〈歴史〉の終わりを作り出そうとするすべての試みにともなう**暴力**ではない。アレントが最も関心を寄せているのはむしろ、〈歴史〉の終わりへの進歩という想定によって、行為の自由そのものが消し去られることである。「製作過程」**と見れば**歴史には「憂鬱な偶然」という特徴はなく、その代わり弁証法的な必然性が認められる。ヘーゲルやマルクスに反対するアレントの主要な理論的根拠は、彼らのような「歴史の運動」を想定すると、「根本的に新しい始まり」の可能性が排除されてしまうことである。ヘーゲルやマルクスの理論の底にある進歩の観念は実体論的な概念であって、歴史的時間を等質化して（ヘーゲルの言い方をすると）「すでに存在していたもの以外、何も生じない」ことになってしまう。[161]

ヘーゲルでは、人事の領域が存在論の対象とされて〈歴史〉になっている。アレントが特に書き記しているように、ヘーゲルの「後向きの視線」、つまり哲学的傍観者の視線は、「行為や発言や出来事など――一切の政治的だったもの」を歴史的なものに還元してしまう。[162] ヘーゲルが哲学の主要な仕事となすもの、すなわち偶然的なものを必然的なものと区別して、歴史に働いている絶対者を顕わにするという仕事をやれたのは、この還元のおかげである。(163) ヘーゲルの図式では、偶然的なものはカントの場合と同じように、無意味と同一視され、必然性が真理や意味と等しいと見られている。哲学的傍観者の立場では、自由への進歩は理性的に見ると必然的な進歩なのだ。アレントはそういう見方に「誤謬」というレッテルを貼りつける。それは観想者の視点を物象化することから生まれる誤謬なのだ。「自由は必然性の所産である」という逆説が現れるのはこういう誤謬にもとづくのだが、マルクスだけでなく一七八九年以後の革命的伝統全体がこの逆説に魅了されたのだ。(164)

「歴史的必然性という呪文」が政治的行為や自由に及ぼす致命的な影響を、アレントは『革命について』で詳しく述べている。ヘーゲル・マルクス的理論の逆説の基礎となっているのは、驚くべきことに、フランス革命の奔流（*torrent révolutionnaire*）であり、解放されることによって「不可避的に」旧体制を破壊した不可抗力と見えた社会的、歴史的な力なのだ。こういう「事実」が疑問の余地のない理論的真理に祭り上げられると、「革命家たち」自身が行為に価値を認めず、「〈歴史〉という偽りの神」を崇拝するようになってしまったのだ。(165) 十月革命の闘士たちが、自分が排除されることに甘んじて「歴史の犠牲者」になったのは、ほかならぬこの偽りの神への信仰のためだった。彼らがそういう「運命」を唯々諾々と受け容れたところに、ヘーゲルの「世界歴史は世界審判である（*Die Weltgeschichte ist das Weltgericht*）」という有名な言葉が、政治的価値体系の集大成として内面化されていたことが示されている。こういう判断原理は、カントの原理とは鋭く対立していた。アレントはその対立を（『精神の生活』の第一巻の「あとがき」で）強調しているが、カント講義での分析を見ると、カントが（出現と複数性を特徴とする）人事の領域から意味と自由を取り除いたことによって、ヘーゲルのこの言葉に至る道が整えられたのは明らかである。

自由と意味が（カントやヘーゲルの歴史哲学のように）まず〈歴史〉の**目的**として現れるところでは、人間的生活の破壊が**手段**として「救済」されるからだ（それが、カントにおける「争い」とかヘーゲルにおける「修羅場」なのだ）。勝利を収めさえすれば、どういう運動でも進歩のための手段であるように見える。[166]

＊

カントの絶対主義や歴史哲学に対するアレントの批判は正しいと認めるとしても、カントの実践哲学に対するアレントの徹底的な拒否は認められないという異論が出るかもしれない。ベンハビブにとっては、そういう拒否は少なくとも性急にすぎる。そこには、アレントの政治的なものの自律性への極端な関心が示されている。その関心のためアレントは、芸術主義という危険な道へ傾斜していったのだ。ベンハビブの見方によると、こういう結果は危険なものではあるが、アレント自身のカント解釈が第二批判と第三批判に架橋できることを示しているのだから、それは避けられるものだったのだ。そういう橋があれば、定言命令の独白主義《モノロジズム》を打ち破って、カントの普遍化可能性への関心を討議や同意の領域に置き直すことができる。普遍化可能性という基準をこのように討議という形で改めて定式化すれば、意志概念のうちに組み込まれている複数性の否定を克服できる。「単なる」意見によって与えられる基礎よりも堅固な基礎を行為や判断に与えることもできる。こういう一連の関心をいだいてベンハビブは、カントの「幅広い考え方」という概念についてのアレントの解釈に目をつける。

「文化の危機」でアレントは、カントの道徳哲学に見いだされる立法の原理を、カントが判断力の特徴とみなしている考え方と比較している。

『判断力批判』では……カントは別の考え方を力説した。その考え方にとっては自分自身と一致するだけでは不十分であって、「他のすべての人々の立場に立って考える」ことができるというところに成り立つものであって、カントはそれを「幅広い考え方（*eine erweiterte Denkungsart*）」とよんだ。判断力は他の人々との起こりうる同意を当てにしており、何かを判断する際働く思考は、純粋な思考の場合のように自分自身との対話ではない。判断の際の思考は、決断する際に完全に自分ひとりであっても、常にまず何らかの一致が期待される他の人々とのコミュニケーションのなかで働く。判断独特の正しさが得られるのは、そうした起こりうる同意による。逆な面から言えば、これは、判断は「主観的な私的条件」である個人的特性から解放されねばならないことを意味している。個人的特性は当然にも私的条件下にある各個人の見解を決定するが、……公的領域ではまったく妥当性を欠いているからだ。この幅広い考え方は判断としては個人的限界を超えることができるが、完全な孤立ないし孤独の状態では機能しない。幅広い考え方には、他の人々の存在が必要である。幅広い考え方は「他の人々の立場に立って」考え、他の人々の見方を考慮するものであって、他の人々を抜きに機能できる見込みはまったくないからだ。(167)

ベンハビブの考えでは、この一節にアレントによる「公的領域における相互主観的妥当性を確認する手続き」の発見が含まれている。(168) 簡潔に述べられたその手続きは、意見が公共的対話や理性的議論のなかで純化される手続きである。そういう対話によって、意見から「主観的、個人的な条件」が取り去られ、原則にもとづく議論とも、仲間である市民の見方とも一致しないものが除去される。「期待されるコミュニケーション」や「起こりうる同意」のさまざまな制約に合致して作られた意見は、いかにも普遍化可能な形のものであり、判断する仲間の普遍的な同意が得られるものであろう。こうして、ベンハビブが「公共的対話本来の過程」と言うものが、「幅広い考え方」という普遍化可能なものへ自然に向かっていく判断能力の一助となるのだ。(169)

アレントが趣味判断の「独特の正しさ」についてのカントの記述に魅力を感じたのは、カントがそこに認めている討議による公共的な性格にもとづいてのことだったという、ベンハビブの指摘に間違いはない（第3章参照）。しかしカントと同様にアレントは、反省判断力というモデルは純粋実践理性の原理や構造とは調和しないと考えている。反省判断力が概念抜きに特定の事柄を判断するのに対して、純粋実践理性は命令するからだ。両者を結びつけるのは論外としても、両者を調和させることも不可能なのはこのためである。(170)

ベンハビブは実践理性と反省判断力の間に、壁を作るのは誤りだと考えている。アレントのカント解釈に見られるように、趣味判断独特の正しさは、判断が伝達できることにもとづいている。まさにこの伝達可能性によってこそ、趣味判断が普遍的同意を得られるものになるのだ。ベンハビブの示唆に従って、カントの「幅広い考え方」という概念には議論によって決定する手続きが含まれていると解釈すると、純粋実践理性の「独白」を三次元的な公的領域に移し替える方法がわかってくる。アレントの解釈によって、定言命令を、「〈人々の同意を得る〉ことのできる仕方で、行為の格率が他のすべての人々の見解を考慮に入れるような仕方で行為せよ」と言い換える可能性が開かれる。(171)この言い方では、カント倫理の「普遍主義的、平等主義的な核心」が、実践理性の討議的、民主主義的な捉え方という、カントの主意主義や二世界論的形而上学の束縛から解放された捉え方の基礎になっている。

この解釈は、アレントによる複数性、討議、意見交換の強調をカントの普遍主義の規範的力と結びつけている限りでは独創的だ。この結びつけ方が優れているのは明らかである。たとえばルソーが一般意志とよんだものと全体意志（*volonté de tous*）とを、理性的討議によって区別できるようになる。全体意志は本来の普遍化可能な意志ではなく、単に利益の集合ないし一致にすぎない。ではアレントが、「幅広い考え方」によって提供されているカントの道徳哲学と判断力の理論を結ぶ「橋」を活用**しない**のはなぜか。この問いに対する答えは複雑だが、その答えによって、ハーバーマス的な活用からアレントを引き離す問題の核心へ導かれることになる。

「幅広い考え方」についてのベンハビブの討議的、手続き的解釈の目的は二通りある。第一に、その説明によって、定言命令の独白主義や意志にもとづく政治での意見の単一性から逃れられる。第二に、この説明によって、ベンハビブは自分がアレントによる道徳的なものと政治的なものとの分離とみなすものを克服できる。「幅広い考え方」がこの点で重要だが、それは、アレントが支持する「アリストテレス」版の討議的政治を、普遍主義的・平等主義的な現実参加にもとづく「原理を重んずる道徳的見地」から引き離す必要はないことがそこに示されているからだ。(172) ベンハビブはアレントに同意して、道徳的、政治的判断は、特定の事柄に関わり、（カントの用語を使えば）性格としては規定的というより反省的であると言う。しかしベンハビブは、アレントも（ハンス・ゲオルク・ガーダマーのようなネオ・アリストテレス主義者やジャン・リオタールのようなポストモダニストと同様に）そう考えているように見えるが、道徳的・政治的判断は反省的な性質のものだから、「実際的技術」や「局部的状況や慣習」を重視せねばならないと考えるのは誤りだと述べている。「幅広い考え方」という概念に含まれるエートス（つまり他の見地に促されて普遍化が生まれるエートス）に導かれる公共的な対話に個々の市民が加わって、公共的な対話から「共通認識」が生み出されるのであれば、状況判断と普遍的倫理との「対立を埋める」ことは確かに可能である。(173)

しかしアレントの観点から見ると、ベンハビブが提案する止揚（*Aufhebung*）や綜合には疑問の余地がある。問題は、ベンハビブによるアレント政治理論の討議的次元を救済する試みでは、創始やパフォーマンスの次元が犠牲にされていることである。ベンハビブの考えでは、公的領域での会話や判断に価値があるのは、何よりもまず「共通認識」に貢献するからであり、つまり意見や関心や外見が入り交じった状態から真に一般的な関心を取り出すのに貢献するからである。(174) しかし公的領域について「幅広い考え方」のエートスから引き出された手続きの方向へ解釈すると、行為や判断は、合意をめざす対話やコミュニケーションに還元され**手段化され**てしまう。確かにアレントでは「幅広い考え方」という概念に、ある種の「普遍化」機能が認められている。すなわちこの概念によって、特異で取り除きようのない特殊性が取り除かれて、個人の意見が強化される。その結果が、公的に表現されるにふさわしい「公平な」判断である。しかしアレントにとって重要なことは、意見または判断が**現れる**ということ、政治的行為者の観点や判断が**公共的な**現実性を獲得するということである。したがって複数性は、単に理解や合意を獲得する大規模な過程の「データ」ではなくて、むしろアレントにとっては、起源であると**ともに**目標であり、行為や判断の必要条件であるとともに達成なのだ。(175)

対話的・普遍化的解釈が、意見や行為や判断から固有の価値をどれほど奪うかを見るには、ハーバーマスを見ればいい。ハーバーマスはアレント論で、彼がアレントの「行為のコミュニケーション・モデル」と称するものを、ウェーバーが定式化した政治的行為と権力の道具的ないし戦略的概念と並べている。

「［アレントにとって］基本的な現象は、他者の意志を自分の目的のために道具化することではなく、**合意**をめざす**共通意志**を形成することである」[176]。「協力して行動すること」というアレントのバークゆずりの行為の定義だけを強調して、ハーバーマスは「共同の討議と行動」に含まれている広範な活動を、コミュニケーションと合意という架空のテロスに還元している。こうしてアレントの行為論はウェーバーが支持する目的論的モデルとは区別されるが、そこには「合意をめざすコミュニケーションの合意形成力が目的そのものである」[177]という制限がついている。

ここに見られるアレントとの相違は、まったく調停のしようがない。アレントにとっては、「党派を超えた目的そのもの」であるのは**合意**ではなく、**行為**と**判断**である。行為と判断のいずれかがコミュニケーションや「合意に達する」過程に還元できるという考えは、アレントには無縁のものだ。これはアレントが相互主観性をあまり評価しないという意味ではなくて、「公平な相互主観性」に近づくことや「幅広い考え方」を育成することを、真の政治的な行為や判断にとっての前提条件と考えているという意味である。こういう条件をほぼ満たせば、――合意に劣らず、討論や討議や意見の相違があっても――複数の人間に発言の機会が与えられる。ハーバーマスによるアレントの行為論の解釈や、ベンハビブによるアレントの判断論の読み替えの底にある誤りは、コミュニケーションに対する組織的な強制や歪曲を**取り除け**ば、おのずから共通の関心が生まれ、誰でも同意できる「共通認識」が得られるという考えだ。この誤りはマルクスやルソーの思想のうちに理論的な深い根があり、マルクスやルソーは――派閥争いやイデオロギーや階級対立とみなされる――政治を逃れて、調和に満ちた一般意志による安全や快適さを求めた。ハーバーマスやベンハビブは、討議的政治へのルソーの非難や、制度化された公的領域を承認するマルクスの失敗を拒否している[178]。それにもかかわらずアレントとは反対に、「本来の公的対話の過程」によって、真理の力の認識にもとづく合意が生じるというハーバーマスやベンハビブに共通の主張を見ると、彼らが、アレントの言う複数性から生まれる「果てしない議論(179)」を除去するのではないが、それを軽視しようとする合理主義者の試みの後継者であるのは明らかだ。

以上の考察によって、判断力と実践理性を分離するアレントのやり方に新しい光を当てることができる。アレントはこの二つの能力を切り離して、パフォーマンス**とともに**説得の、討議**とともに**創始の、論争**とともに**合意の、政治的次元を保持したいと考えている。実践理性の普遍化的モデルに合わせて公的領域を作り直そうとする試みは、(義務論的なものと討議的なもののどちらも)、必ず政治からパフォーマンスの次元を取り除こうとする試みである。ハーバーマスのように行為をコミュニケーションに還元して、討議的次元だけを独立に取り扱えば、理論的ないし科学的な議論を支配する議論の規則を、さも政治的領域の適切なモデルであるかのように思わせることができる(180)。

合理的議論や命題の検証や普遍的合意の獲得という形で展開される議論の領域という考え方は、言うまでもなく、合理主義的か自由主義的かを問わず、啓蒙思想の流れを汲むあらゆる政治哲学にとって貴重なものだ。しかしリオタールが力説しているように、実践的議論と理論的議論の間に想定されている同質性はどう見ても疑わしい(181)。一つには、それは公的領域に**合意の目的論**を押しつける。そういう目的論は、研究者の集まりでは意味があるかもしれないが、政治的領域では複数性を骨抜きにして、「自由の劇場」である公的領域の価値を傷つけるだけだ。さらに、厳密に論争的な公的領域という考えでは、議論による合理性という既成のパラダイムのヘゲモニーが要求される。ヘゲモニー的形態と縁遠い、あるいは対立するレトリックや議論や合理性には、決して「よりよい議論の力」は備わっていない。最後に、議論をめざす厳密に論議的な公的領域の制度化によって、クーンの「通常科学」が政治的領域にもたらされる危険が再生する。討議的合理性という流行のモデルを転覆させるものである限り、自発性もリチャード・ローティの言う「会話における革命的転回」も抑え込まれてしまう[182]。

以上の批判はハーバーマスだけでなく、ソクラテスまたはミルにも当てはまる。しかしハーバーマスが言うように、「政治的問題で合意に達することを合理的な合意形成と考えること[183]」をアレントが**回避する**のを説明しようとすれば、このことは念頭に置いておかねばならない。ハーバーマスの言うのとは反対に、アレントがいわゆる回避するのは、時代遅れの真理概念のためでも、「自然権の伝統への後退[184]」のためでもない。むしろそれは、対立する複数意見（ドクサ）の領域を超えて、政治的な行為や判断の基礎を真理に求めようとするすべての試みに対して、アレントが深い疑念をいだいていたために起こったことである[185]。ハーバーマスやベンハビブは、そういう懸念を斥けて、（アプリオリではなく）討議にもとづく自発的合意としての真理の特質を強調している。「理想的なコミュニケーション状況」の所産には、（ハーバーマスの言い方では）真理の規範的な力があって、その反事実的な状況が「幻想的確信と非幻想的確信」を判別できる「批判基準」を与えるというわけだ[186]。「強制なきコミュニケーション」によって、カントの「擬制」としての社会契約解釈から生まれた構造上の空洞が埋められる。そういう見方をすると、ハーバーマスは「強制なきコミュニケーション」が、イデオロギーに汚染され組織によって操作された無価値な意見と、普遍的同意に値するものとを切り離すための不可欠の試金石だと考えていることになる。

もちろんアレントの公的領域の概念にとっては、暴力や欺瞞、強制や操作は最小限にとどめられることが前提となっている。しかし（ハーバーマスに言わせれば）「公平な相互主観性の一般的構造を読みとろうとする」アレントの試みには、**政治的**諸関係の出現に必要な最低条件の概略をあげること以外に何かをやろうとする意図はほとんど感じられない。ハーバーマスとちがって、アレントは本来的合意と非本来的合意を識別する体系的基準を提供しようとは考えていない。しかしハーバーマスには、ルソーにとってと同様に、そういう基準を提供することが政治理論の主要課題なのだ。したがってハーバーマスは、討議の重要性を強調するだけでなく、**真正な**正統性を与えるために必要な討議的政治の独特の形態を決定する公的領域の確固たる規範的概念を、アレントから引き出そうと試みる。[187] しかし「合意に達すること」を「合意の合理的形成」として扱うことをアレントが拒否するところには、まったく異なるアプローチが示唆されている。それは正統性の問題は保留して、政治的行為そのものの本性や意味に焦点を当てるやり方である。正統性の理論家には、合意が真正な意志であるのはどういうときかというルソー的・カント的な問題がいつもまず現れる。しかし政治行為論にとっては、正統性（または非正統性）の「擬制による」演繹は、社会契約論の伝統から引き継がれたスコラ的課題の一つにすぎない。

*

歪みなきコミュニケーションの統一力にもとづく合理的政治という理想は、西洋の伝統のうちに深く根ざしている。それに魅力があるのは明らかだ。そういう政治によって、破壊的になりかねない抗争や意見の相違の効果とともに、もっと露骨な形の強制や操作を免れられそうに思えるからである。さらに言えば、純粋なコミュニケーションの理想または理解の理想によって導かれる政治は、複雑な操作手段となる政治的な発言や行為の演劇的次元を回避できるからだ。ソクラテスやルソーと同様、ハーバーマスにとっても、「優れた議論の力」は演劇的な公的空間では必ず弱くなってしまう。アテネの集会や現代の政治集会での「甘言」のような——レトリカルな発言には、衆人環視のなかでのパフォーマンスであるだけに、常にいかがわしさがつきまとう。わざと演技か確信かわからなくした（アメリカ反戦運動や反エイズ団体や一部のフェミニズム・グループのような）形の政治的な発言や行為にも、そういういかがわしさが感じられる。

アレントが参加や自主的判断を強調し、批判的思考の重要な役割を力説したのを見ると、彼女が擁護する演劇的政治が、「聴衆」が受動的消費者になっているスペクタクルやイメージの政治とは正反対のものであるのは明らかだ。[188] アレントにはデマゴーグは必要がなく、あらかじめ仕組まれたメディアの出来事のような「政治的演劇」も必要がない。アレントは、公的領域の「強烈な光」をセミナー室の調節できる照明に替えようとする討議的政治の考えを、非政治的なものとして斥ける、アレントにとって、公共の場に現れること——つまり政治的行為に参加すること——は必然的にパフォーマンスをやることである。アレントは、（明らかに集会の外で行われる）ソクラテスの対話でさえいかにパフォーマンスであるかを強調して、この主張を明確にしている。ソクラテスの対話の**政治的な**性質はすべて、ソクラテスが「フルート奏者が宴会でやるのと同じやり方で、アゴラで**パフォーマンスをやった**」[189] 当然の結果であり、「それ［ソクラテスの対話］は完全なパフォーマンスであり、完全な実践活動なのだ」。パフォーマンスとして見ると、ソクラテスの言葉は行為である、——集会から離れた（しかし集会を補足する）公的領域（アゴラ）で行われた行為である。それどころかアレントは、ソクラテスの死を意図的に演出されたパフォーマンスであり、仲間の市民たちに自分が公的に言ったことを守り、死刑を逃れて自分の言葉を裏切るようなことはしないことを示そうとするパフォーマンスだったとさえ解釈している。[190]

アレントにとっては、ソクラテスの対話の「純粋な」議論にも重要な演劇的次元がある。それに注意を向けさせる場合、アレントは議論の場の不可避的な一面を強調しているだけではない。むしろパフォーマンスとしての次元が**積極的な**価値であり、出現の領域における行為の最も顕著な特質であることを主張している。ジョン・アダムズが「行為することの喜び」とよんだ――「公的な幸福」は、舞台がなければありえない。制度化されたものかどうかは別として、出現する場である舞台がなければ、人々の複数性が姿をとって現れることはない。パフォーマンスを逃れよう――いわば舞台裏で討議しよう――という願望は、言葉や同意に「単なる」意見や約束以上に現実味のある領域を確保したいという願望である。そういう願望を満たす唯一の方法は、討議を自分の内部に引き取ること、つまり公的領域ではなく自己を議論による浄化の場にすることである。近代の理論家のうちでこういう透明なコミュニケーションと民主的な意志形成への要求の論理的結果を、ルソー以上に理解した者はいなかった。

ジェイムズ・ミラーが述べているように、『革命について』でのアレントのルソーに関する論評は、過酷なほど否定的なものだ。実を言うと、多くの自由主義的な批判者たちと同じように、アレントはルソーの政治哲学のうちに全体主義の芽を見いだしている。ルソーの政治的理想とアレントの政治的理想の外見上の類似点を考えると、自由主義者は自分とも共通するこういう判断を驚くべきものと思うかもしれない。アレントもルソーも直接民主主義の支持者であり、確固たる政治的生活のイメージを古典的資料に求めている。両者とも利害の政治や代表制のメカニズムを非難している。[191] さらには、真正の「自然状態」と政治によって作り出された世界との間の深淵を強調して、政治権力の基礎が**契約**にあることを力説している。[192] 古典的共和制を同じように賞賛するにもかかわらず、自然（自然法または自然権）を根拠とすることはもはや不可能であるという主張では、彼らは徹底的に近代的である。しかし彼らが似ていても、政治的自由と権力の根拠を意志に求める近代的な試みの欠陥を、アレントがルソーのうちに見いだせなくなるわけではない。

正確に言うと、その近代的試みのどこが間違っているのか、そしてルソーのその種の試みの何をアレントは忌み嫌うのだろうか。結局ルソーの主意主義は、カントの主意主義とはまったく異なり、純然たる政治的形態のものになっている。そこで問題になっている意志は、肉体のない実践理性ではなく、共同の自我（*moi commun*）、つまり特定の政治的**共同体**の意志である。しかしアレントの見地から見ると、普遍主義的な理性意志から国民または「人民の意志」への移動に、複数性に敵対する意志能力の特徴が明らかに認められる。ルソーの政治哲学は、古典に想を得た共同体主義と、意志や契約という近代的な個人主義的イディオムを結びつける試みである。ライリーが述べているように、その結果はいささか分裂病的であるどころではない。その二つの側面を結合しているのは、アレントによると、不和を生じる複数性の「腐敗的」効果を取り除こうというルソーの激しい願望である。この角度から見ると、近代の意志というイディオムは異常ではない。むしろそれによって、複数性を克服して統一を健全な政治的共同体の基準として確立するのに必要な理論言語が、ルソーに提供されているのだ[193]。

ルソーはこの課題をどうやって解決しているだろうか。この問いに対する答えは、明らかに、一般意志（*volonté générale*）という、アレントが「多頭の一者の構成[194]」と評する概念のうちにある。ルソーはホッブズに従って、単一の分割不可能な主権が必要であると考えていたが、その権力を主権者である「代表」の手に委ねることには懐疑的だった。そこで、契約する個人が自分の力を個人や集団でなく共同体そのものに譲渡すると考えられるように、——社会契約という——共同体を構成する契約を捉え直した[195]。この権利と自由の共同譲渡によって生み出される「人為的共同体」によって、成員が法の主人であるとともに主権に与る者であることが可能になる。個々の成員が主体として服従する意志は、実際には、自分が市民としての公的能力のうちに表現した意志なのだ。この「公的なものと成員との間の相互契約」である社会契約は、「……個人の身体および財産を共同の力をあげて防御するとともに保護し、各人は全体と結合するが自分自身にしか服従せず、以前と同様に自由であるような結合の形態を見いだすこと[196]」という、ルソーが自分に課した不可能に見える課題に対する解答なのだ。

社会契約によって作り上げられる道徳的集団が、共同体全体の利益を表現する意志を表していさえすれば、社会契約によってこの謎は間違いなく解決される。すなわち人民が立法する主権の一部として自由であるのは、主権の行使が真に一般的な利益を表現している限りにおいてである。そうでない場合には、民主主義的な手続きによって、共同体の一部が他者による支配に譲り渡されることになる。そういう不当な結果を免れる道は、ルソーによると、市民が自分の心のなかを探して、自分が心から公共の利益になると信じるものに投票するのを保証することである。それが実現すると——「人民が事情を知って討議すれば、相互間に連絡がなくても」——、一般意志がはっきり示されることになり、法律に関する投票結果は全員一致に近づくだろう[197]。しかし、「社会の絆がゆるみ、国家が衰退してくると特定利益が目立ち、多くの小集団が全体に影響するようになると共同利益は損なわれ、それに反対する者が出てくる。採決の際にも、もはや全員一致が支配することはなく、一般意志は全体意志ではなくなる。意見の対立や論争が起こり、最良の意見であっても、必ず論争の的になるようになってしまう[198]」。

ルソーにとっては、抗争や論争は国家崩壊の紛れもない兆候である。「一定不変で純粋な[199]」——一般意志は常に存在するが、特定の利益や論争の騒音が一般意志をほとんどかき消してしまえば、市民はもはや一般意志に一致しなくなる。一般意志を回復するために定期的な**調査**が——集会においても自己においても——必要だが、それは明白だが曖昧にされている一般利益を目覚めさせるためのものだ。この点についてアレントは、「ルソーの政治理論全体の根本をなしている意志と利益との奇妙な同一視[200]」と書いている。ルソーによると、一般意志は一般利益、つまり人民または国民全体の利益の表現である。しかしアレントによると、そういう「客観的な」普遍的利益が存在するのは、「それぞれの特殊な利益または意志」と対立する場合に限られるのは明らかだ。

ルソーの説明では、国民が「ひとりの人間のように」立ち上がって神聖同盟（*union sacrée*）を作るのに、外敵が国境を脅かすのを待つ必要はない。各市民が自分の内部に共通の敵を抱えているとともに、そこに生じる一般利益を有している以上、国民の統一は保証されている。共通の敵とは各人の特殊利益または特殊意志だからだ。特殊な存在である自分自身に反抗して立ち上がりさえすれば、特殊な人間である各人は、自分自身に敵対する一般意志を自分の内部に喚起することができ、国家という政治体の真の市民となる。……国家という政治体に参加するためには、国民はそれぞれ自分自身に対して立ち上がり、絶えず反抗せねばならない[201]。

一般意志のダイナミックスについてのこの分析は啓発的である。一つには、特殊性を排除した純粋な共同意志を作り上げたいという要求には、アレントの考えでは、デカルト風の内省への転回が前提されている。「討議」がルソーでは、分裂した魂（*âme déchirée*）の自己吟味になるのだ。一般利益が明確に姿を現す機会があるのは、人間の魂が分裂し、個人の特殊性と市民の一般性とに引き裂かれているからだ。カントの理性意志は、自律を実現するために、一切の経験的根拠による条件づけを克服しなければならないが、それとまったく同じように、ルソーの市民は、個人としての自分と対立することによって、一般利益を生み出すように努めねばならない。こういう内的な奮闘の目的は、意志の調和とか一致を超えている。つまりその目的は**公的な意志**の確定であり、すべての人が自分の特殊性を完全に無視すれば同意するような見方を発見することだ。ルソーはどういう有徳な市民も同じ結論に達すると想定し、意見交換によって起こる泥仕合から民主的意志形成過程を隔離することによって、複数性の「破壊的」効果を取り除いている。[202]言うまでもないことだが、ルソーが有徳な市民に求める自己吟味から、ロベスピエール、レーニン、スターリンが実践した「恐怖政治の理論」まではほんの一歩である。恐怖政治を行った者たちとルソーに共通しているのは、「全体の利益は自動的に、いやむしろ永遠に、市民の特殊利益と対立せざるをえない」[203]という想定である。

ルソーの民主的意志形成の理論は、カントの理論より表面上は政治的だが、実際には徹底的に反政治的なものだ。唯一の主権的意志を真正な自由の典型とすることによって、ルソーは公的領域から複数性とその効果のすべてを組織的に除去しようと試みている。ルソーが全員一致、**完全な**合意という理想に与えている規範的地位が、民主的決定の手続きの説明全体を導いている。そこには、アレントが政治的自由のモデルを真正の自由意志の理念に求める「有害かつ危険な結果」[204]とよぶものが示されている。政治的自由の根拠を意志に求める点で、ルソーもカントも、**自由**を主権または自律と同一視する伝統的な誤りを犯している。そういう自由の解釈は、ギリシア思想やキリスト教思想に深く根ざしているものであるが、アレントは「自由とは何か」でその事実を強調している。彼女は、政治的領域における自由に関する本質的な事実は、自由が根本的に自律的ではないことだと主張する。カントやルソーとともにそれと異なる考え方をすると、複数性と公的領域を徹底的に軽視し、そのあげくの果て、**世界において**自由はそもそも可能かどうかを疑問視することになってしまう。

アレントが激しく批判しているにもかかわらず、ジェイムズ・ミラーのように、アレントの政治理論を本質的にルソーの社会契約論の手直しだと見る人々がいる。ミラーによる『革命について』の解釈は、約束するという人間的な能力、つまり「共通の公的原理の永続的構造を確立しようとする集団的努力[205]」の根底にある能力に、アレントが魅力を感じていることに焦点を当てている。相互の約束によって結びついた個人の集団は、制度化された現実を確立し、「共同生活への意志を共同して貫徹すること[206]」によって、新しい政治的秩序を作り上げることができる。ミラーにとって、アレントが行為の創始的次元を強調する理由をはっきり示しているのは、約束の構成的な力だ。アメリカ革命における「自由の構成」は、相互の誓約にもとづく根本的な始まりである[207]。「共同の努力」が主権に取って代わり、「われわれには力がある」が「私が欲する」に取って代わっている。しかし（ミラーによると）アレントが新しい公共の現実、新しい「自由のための家」を打ち立てる力を強調するところに、彼女が「実現されなかったルソーの夢を無意識に継承する者」であることが示されている[208]。アレントの「公的な自由の完全なイメージ」が、ルソーの同意にもとづく参加という理想と最も明らかに共鳴している。ミラーの主張によると、アレントの**本当の**敵はルソーではなくて、意志と英雄を神格化する（ニーチェやハイデガーのような）主意主義者である[209]。

こういうアレント観は正しいだろうか。ミラーによるニーチェやハイデガーの捉え方は措くとしても、ミラーの解釈手法とベンハビブのものが類似していることを指摘しておきたい。ベンハビブがカントについて認めているように、ミラーはルソーによる政治的自由の明らかに「個人主義的」な捉え方を認めるが、ルソーの自己支配の理想の核心について、複数性を受け容れる相互主観的解釈をくだすことができると言う。ミラーによると、アレントは『革命について』では、ルソーの理想に忠実であることを否定しているにもかかわらず、まさにそういう相互主観的な解釈への変更を試みていることになる。

そういう解釈について問題なのは、基礎づけという契機を創設の行為の**まさに**パラダイムとして実体化していることである。ある程度はアレントにも責任があり、『革命について』での分析には、優れて政治的行為としての基礎づけに焦点を当てる傾向がある。しかしミラーが約束の構成力を過度に強調する結果、アレントの「公的自由の完全なイメージ」についてはは歪んだ解釈になっている。『革命について』で究極的に重要なのは、相互の約束という枠組によって、行為と発言において市民が出現しうる制度化された空間が開かれるということだ。したがってアレントの考えでは、アメリカ憲法の悲劇は、それによって異常な権力システムが作られたにもかかわらず、公的な演劇的空間が十分に提供されていないことである。革命の伝統の「失われた宝」は、創設の協定の根底にある「共同生活への意志」ではなくて、公共の場で見聞きされ、「公的な幸福」を達成したいという願望である。ミラーの『革命について』の解釈でも、それは認められている。しかし、新しい権力システム形成の根底である集団的意志の活動を強調するあまり、ミラーはルソーと同様に、活気に満ちた市民文化を維持するうえでの共同体の役割を誇張している。連帯と「基本原則」の共同崇拝が、闘争的な議論や討議に取って代わっている。複数性が市民的共和主義によって設定されるごく狭い限界内に制限され、そのために、自由のイメージがアテネからスパルタへ移動している。(210)

V 結論——アリストテレスとカントを超えて

アレントによるプラクシスの「新生」を、ハーバーマスが、マキアヴェリやウェーバーが提起した戦略的/手段的な行為概念と並べているのは確かに正しい。アレントが考えている政治的行為には紛れもなく相互主観的な次元があって、そのため、ある個人の意志を他の個人に押しつけるという目標とは鋭く対立するものになっているからだ。しかし、アレントの言う「共同の討議と行動」の根底には、一種の討議的なエートスがあるが、アレントの「共同の討議と行動」は、ハーバーマスの提案する行為のコミュニケーション・モデルにはどうしても還元できない。アレントの意味での「行為」は、共同体の道徳的目的の達成にも、理解をめざす対話にも還元することはできない。このいずれの捉え方にも、政治的行為や公的領域の演劇的次元についての認識と、一つの活動としての政治独特の価値についての理解が欠けている。そのため「行為の目的論的モデル」によって、マキアヴェリと同じようにアリストテレスも、また、ウェーバーと同様にルソーやカントも閉じ込められているのは驚くことではない。アレントの観点から見ると、「行為の手段化」はハーバーマスが言う以上に人を誤らせる現象であり、政治理論には大きな責任がある。

アレントが徹底的変革を企てるのは、政治理論における深い根をもつ行為と複数性の軽視に対抗するためである。その企てのラディカリズムは、行為を戦略（成功）、道徳（正義）、認識（真理）のいずれかのテロスの支配下におく**すべての**捉え方に異議を申し立てるところにある。したがってアリストテレスは行為を製作と区別する点では有益だが、彼も目的・手段の図式を哲学的に規定することに大いに貢献している。同様にカントも、人間的自由の自発性を肯定しているが、彼の実践・政治哲学は、行為と意見の領域から固有の価値を完全に奪っている。意志の性質または進歩に対する貢献だけが、出現の領域での行為を救うにすぎない。アリストテレスやカントでは、観想の伝統の偏見があまりにも歴然としている。共同体のエートスとか道徳法則とか人類の進歩という名のもとに、複数性と政治的行為に固有の価値があることが否定されているのだ。

アリストテレスやカントに対するアレントの批判が、常に興味の対象となるのは、現代政治思想において新アリストテレス学派や新カント学派が著しく優勢だからだ。（共同体論や批判的理論も含む）こういう学派は、師匠たちの思想には複数性に関する一種の偏見があるのを認めている。しかしそういう学派の説によると、そういう偏見が生まれるのは、アリストテレスやカントの**形而上学**のせいであって、彼らの政治思想そのもののせいではない。アリストテレスの生物学主義や、カントの二世界論的形而上学によって導入された欠点を切り捨てれば、その後には、現代社会における市民の本質的役割を新生させるための目下の闘争にとって最も貴重な源泉が残るというわけだ。(211)

アレントによるアリストテレスやカントの解釈を見ると、こういう主張は疑わしくなる。複数性にもとづく政治に対する偏見は、カントやアリストテレスの政治理論の余分な部分であるわけではない。それどころか、彼らが政治や公的世界について考える際の（正義、共同体、意志、普遍性といった）基本的カテゴリーそのものが、その偏見によって組み立てられているのだ。驚くことではないが、カントやアリストテレスを活用する現代の人々にもそういう偏見が現れている。共同体論者が行為を評価するのは、共同体を分裂させないとか、共同体の一員としての充実感を損なわない限りにおいてであり、ハーバーマスの共鳴者たちが行為を評価するのも、次第に合理的になる真の普遍的合意に貢献する限りにおいてなのだ。どちらの学派でも、複数性や意見の相違は本質的に解消すべき問題だと考えられている。この点では、多元論を肯定して団結意識に疑念をいだいている限り、どうしても自由主義のほうが、現代における一部の自由主義の競争相手よりも政治の土壌に深く根ざしているように感じられる。

言うまでもなく、アレントは自由主義者ではない。彼女は政治的行為や公的領域という「舞台」に実に大きな期待を寄せている。しかし、公共を忘れぬ個人主義や複数性を肯定する以上、アレントが連帯とか全員一致とか合意といった、合理主義者や共同体論者の言う美徳に反対するのは明らかである。彼女は意見の一致や理性的議論の役割は十分に評価するが、公的領域をそういう活動の関数だとは考えていない。

啓蒙主義の批評家ゴットホルト・レッシングに関する注目すべきエッセーに見られるように、アレントは公的領域においてこそ出現や——果てしない——論争が可能になるという理由で、公的領域を高く評価している。[212] 彼女の確信によると、本質的な政治的責任は、自分自身に対するものでも共同体に対するものでもなくて、あの「死すべき人間が共有する家」である**世界**に対する責任なのだ。[213] アレントが政治を動かす道徳的力と見ているものは、自己や他者への配慮ではなく、世界への配慮である。この配慮が欠けている場合には——秩序や所属や真理や連帯への願望がこの配慮を上回っている場合には——、政治のエネルギーがこの「間（＝世界）」を破壊することになる。道徳的絶対主義に対するアレントの疑念は、そういうリゴリズムが**現実の**生活、**現実の**世界に価値を認めないことから起こっている。『パイドン』のソクラテス——あるいは「世界は滅ぶとも正義を行うべし」という心情を支持するカント——の現実世界を超えた禁欲主義に、アレントは激しく反発する。

レッシングと同様、アレントにとっては、世界は論議による闘争を通じて——人間の条件へのルサンチマンでなく、世界への愛から生まれる議論や討議や論争を通じて——人間化されるものである。**非人道的行為**は、（〈正義〉とか〈国家〉とか〈理性〉とか〈歴史〉のような）何らかの絶対的なものにもとづいて、人間関係の世界を秩序づけようとする、ルサンチマンに根ざす試みから生まれる。この「人間相互間の領域」の「根本的な相対性」を進んで受け容れるところに——すなわち意見が政治の本質であり、意見の多様性が人間的世界の条件であることを受け容れるところに、人間愛は見いだされる。[214]「政治に内在する倫理」が感じられるのは、世界を**改造しよう**という**ルサンチマン**に突き動かされる（そして必然的に**暴力的な**企てとなる）欲望が抑えられて、世界への参加が堂々と行われる場合だけである。しかし、そういうことが起こるためには、出現の世界に対する態度が根本的に変わらなければならない。アレントの考えでは、人間的な政治、つまり絶対的なものによる暴力から解放された政治が実現する前提条件は、存在（＝世界）への深い愛（aesthetic attachment to existence）である。

第3章　アレント・ニーチェ・政治的行為の「芸術化」

まったくこのギリシア人たちは生き方をよく心得ていた。そのために必要なのは毅然と表面に踏みとどまることだ。いわば皺や皮膚に踏みとどまり、仮象を愛し、形や音調や言葉やオリンポスの山なす仮象を信頼することだ。ギリシア人たちは表面的だった──それは深さゆえのことであった。精神の冒険家たるわれわれ、つまり現代思想の危険この上ない絶頂をきわめて四方を展望し──そこから見下ろした者であるわれわれの帰るところは、まさにここなのではないか？　まさにその点でわれわれは──ギリシア人ではなかろうか？　形や音調や言葉を愛する者ではないか？まさしくそれゆえ──芸術家なのではないだろうか？

──ニーチェ『悦ばしい知』

反形而上学的世界観──確かにそうだが、それは芸術的な世界観なのだ。

──ニーチェ『力への意志』

芸術と政治を結びつける共通の要素は、いずれも公的世界の現象であることだ。

――アレント「文化の危機」

I 序論

アレントは近代政治理論における意志への転回を拒否する。自由を主権や自律として解釈することは、本物の政治的行為の本性や条件に矛盾していると考えるからだ。彼女の考えでは、自由の根拠を自律的意志に求めようとする近代の試みでは、行為の目的論的モデルの複数性を否定する性格が避けられるどころか、反政治的な傾向がさらに徹底している。行為を意志へ還元し、政治を〈歴史〉に吸収すると、完全な政治的行為はその名残まで破壊されてしまう。意志と〈歴史〉へ転回して、観想の伝統に由来する政治、行為、複数性への軽視が引き継がれ、その傾向はさらに強まっている。哲学や文化における行為の軽視に対して、アレントは公的領域の威厳を保持する方法として、行為の「芸術的（aesthetic）」な捉え方を提起した。現代人で、それに代わりうるものを提出した者はいない。

本章では、アレントによる行為の「芸術化（aestheticization）」の問題を取り上げ、それをプラトン主義に対するニーチェの戦いに結びつける。行為をパフォーマンスとして取り上げるアレントのやり方でまず注目すべきことは、道徳的主体を脱中心化するニーチェの場合と同様に、政治的行為者が脱中心化されることである。ニーチェもアレントも行為者と行為、行為主体と「結果」という定着した区別にもとづく、道徳的な判断基準《エピステモロジー》に異議を申し立てる。彼らによると、この区別は行為や出現の領域から固有の価値を奪い去ってしまう。パフォーマンスのアナロジーで行為を「芸術化」して初めて、行為の意味が救われ、その純真さが回復され、行為は（誤解されがちなニーチェの言葉を使えば）「善悪の彼岸」でなされるものとなる。行為に関して言うと、パフォーマンスというモデルは、——プラトンによって据えつけられた、単なる現象という「仮象の世界」を超えた「真実の世界」である——本質に訴えて存在を正当化する、ニヒリズムの習慣から解放されるためのものだ。アレントが繰り返して主張しているように、政治的世界が出現の世界である以上、ニーチェ的な価値転換が絶対に必要なのだ。

アレントによる行為の「芸術化」を、プラトン主義の克服というニーチェの広大な企図につながるものと見ると、アレントの政治行為論の戦略的意図はよくわかる。しかし、その見方のため、行為を闘争《アゴーン》として捉える行為概念が不安の対象になりかねない。そこで本章の後半では、ニーチェとアレントそれぞれの「行為の美学」の差異を主題化してみる。アレントが行為の闘争的次元を強調する事情を解釈するためには、彼女の政治的判断の理論と結びつけてみなければならない。政治的判断の理論では、カントの第三批判が独特の形で活用されているが、そこには、（力への意志や遠近法主義という）ニーチェ的芸術主義に見られる形而上学的、認識論的見解に対する強力な批判が認められる。カントの美的「無関心さ」や一種の共通感覚としての美的センスといった概念が使われるが、アレントは（プラトン・アリストテレス的に行為を手段化する）還元主義を捨てて、（行為を力への意志の表現とするニーチェ的還元とも言うべき）もう一つの還元主義を採ろうとしているわけではない。アレントが政治的判断の理論でカントを引き合いに出しているのは、必要な境界線として——、つまりアゴーンを制限して闘争をあくまでも競技にとどめておくための一つの方法として——討議の次元を主張するためだ。それによってアレントは、政治行為論の創始的次元と相互主観的次元を調停して、ニーチェの芸術主義の欠陥を免れている。もっと重要なことだが、アレントは主観中心のカテゴリーによる行為の捉え方に対して、行為には開示という特質があることを認めている。

アレントの政治的判断の理論の解釈では、それが彼女の政治行為論と連続していることを強調したい。その点では、アレントの「判断する目撃者への関心は、卓越した技量やパフォーマンスという観点からの［彼女の］政治の定義を拡張したものにすぎない」[(1)]というロナルド・ベイナーの主張に完全に同意する。さらにアレントの政治的判断の理論で、行為者と目撃者とのギャップ、つまり行為者の見事なパフォーマンスと観衆の受動的な在り方とのギャップが埋められ、政治行為論が「完成する」ことになる。アレントの政治的判断の理論によって、判断を単に行為のもつ開示する力の発揮と見るのではなく、判断それ自体を一種の行為として見ることができる。[(2)]こうしてアレントのマキアヴェリ／ニーチェ的な創始や見事なパフォーマンスの強調と、討議や複数性や市民の平等のアリストテレス的な強調が、カントの美学によって思いがけない形で媒介されるのだ。

II　非主権性とパフォーマンス・モデル——アレントの反プラトン主義

アレントの行為論に関するこれまでの議論のなかで、複数性——「地上に生き世界に住んでいるのは〈人間〉ではなく人々である」という事実——が、「特にすべての政治的生活の条件」であるというアレントの見解[(3)]を強調してきた。複数性は、労働や仕事とちがって個々の人々の間でしか遂行されない行為の特質である。[4] 複数性は「共同の討議と行動」の必要条件だからこそ、政治的行為独特の自由、つまり**世界的**で**有限**で**非主権的**である自由が複数性によって可能になるのだ。自由が**世界的**であるのは、この自由が「共通世界の変革」に加わっている「複数の〈われわれ〉」の自由だからだ。[5] アレントが述べているように、それは「〈内面的自由〉の正反対[6]」なのだ。内面的自由とは外部からの強制を逃れて自由と**感じられる**内的空白にすぎない。そういう**哲学的**自由は――貧弱な意志の自由も思想の絶対的自由も――「姿をとって外部に現れず、そのため政治とは無関係である[7]」。

アレントによると、[8] 自由であることは行為することにほかならない。行為の自由は本質的に**有限な**自由である。自由が現れるのは、複数性の事実からなる人間関係の網の目、つまり**世界**においてである。その事実から、いくつかの結果が生まれる。[9] 第一に、この自由――自発的に始める力、「以前には存在していなかったもの、認識や想像の対象としても存在していなかったものを存在させる[10]」力である自由――の創始としての次元を理解する仕方が変わる。創始の能力によって初めて、行為者は「人間世界に組み込まれる[11]」。しかし――行為と発言から出来上がっている――世界に組み込まれる際には犠牲を払わねばならない。行為は常に始まりだが、行為者に支配権があるような始まりではないからだ。行為して人間世界に組み込まれると、複数性の事実に直面する。政治的行為者は「常に他の行為者との関係のなかで活動する[12]」。したがって政治的行為者は、「単に〈行為者〉であるのではなく、常に同時に受難者であるほかはない[13]」。政治的行為の自由が本当の自由なのだが、この自由は世界のなかに現れる自由であり、主権的な自由ではない。政治的自由の本来の在り方の特徴は、支配や自律の条件とはまったく異なっている。政治的な行為者である限り、主権者であることは**決してない**からだ。[14]

複数性のために、政治的行為には、どうしようもない偶然性という、多くの点で行為独特の自由の根拠である次元がつきまとう。しかし偶然性は、卓越した技量による運命《フォルトゥーナ》への応答という観念の前提であって、どういう自発的な始まりの「驚くべき意外さ」にも偶然性が認められ、それが行為者の目的達成をいつも阻害する。行為の偶然性――アレントの言う行為の「むなしさ、際限のなさ、結果の不確実さ」(15)――のために、行為への失望が生まれ、最後には行為への敵意さえ生まれる。アレントによると、**西洋**哲学の伝統の根元にはそういう敵意が潜んでいる(16)。実を言うと、伝統の本質的特徴はそういう敵意から生まれているのだ。

　このように考えるのは西洋思想の優れた伝統と一致したことであって、人間を必然へおびき寄せると言っては自由を非難し、行為の結果、行為者は所定の関係にはまり込んで引きずり回され、自由を行使した途端に自由を失うようだと言っては、新しいことを自発的に始める行為を罵倒する有様である(17)。

「自由と非主権性が同時に存在すること」の「不条理さ」を受け入れること、「非主権性という条件のもとにある人々にいかにして自由が与えられたか」を理解すること、それは伝統では不可能なことだった(18)。行為から逃れ行為による災いを防いで、「行為者の複数性に潜んでいる偶然性や道徳的無責任(19)」を超えて、行為に代わって人事の領域を打ち立てるものを求める努力が繰り返しなされてきたが、それはこういう事情にもとづいていた。アレントの考えでは、プラトンはこの問題をはっきり知っていた。自分が始めるものを支配する力を行為者に与えるような仕方で、行為を解釈し直すことがプラトンには必要だった。政治的行為者が「自分が始めたものの完全な主人であり続ける」ためには、複数性に効果を発揮させず、「徹底的な自己充足性と支配という理想」を政治的に実現できるように、行為を解釈し直さなければならなかった。[20] アレントによると、プラトンは行為を一種の仕事や製作として解釈し直すことによって、そういう理論的転倒を達成し、複数性と政治を無力なものにすることに成功した。政治的行為者（哲人王）は、職人と同じように、行為する前に自分が作り出したいものを「知っている」。彼にあっては、知ることと行為することは分離している。行為は所定の目的を達成するのに必要な操作をするだけになっている。[21] その結果、理論と行為が分裂し、支配者と被支配者、知者と行政官の間に「自然な」序列が出来上がる。そしてそれが、いかにも行為の「自然本性」そのものが要求するもののように見えるのだ。[22]

プラトンのアナロジーの形而上学的、認識論的な根拠であるイデア論は生き残らなかったが、彼の製作による行為の代替は、複数性と偶然性を抑えようとする伝統の基礎となった。アレントによると、「一種の製作への行為の変形」が継続され、成功を収めてきたが、それを示しているのが、「政治理論および政治思想のすべての用語である。その種の事柄を論ずる場合には、必ず目的・手段というカテゴリーを使い、手段という観点から考えることになったのはそのためである」[23]。プラトンによる行為の手段化は、主権的自由の理念と構造的につながっている。それは注目すべきことである。複数性へのプラトン的な敵意を真剣に克服して、政治的行為固有の価値を回復させようとすると、アレントの考えでは、どういう政治行為論も目的・手段のカテゴリーを克服するだけでなく、「一種の製作への行為の変形」の根底にある、主権としての自由の解釈も乗り越えなければならない。伝統を支配している目的論的モデルを克服するためには、まさにプラトンやアリストテレスが覆い隠した行為の姿を見失うことのない別のモデルが必要だ。

以上のことから、第2章第III節で簡単に述べた行為のパフォーマンス・モデルに、新しい展望が開けてくる。アレントの人事の領域の「脆さ」についての記述を読むと、彼女が伝統のうちに認めた見方と実によく似ているのに驚かざるをえない。アレントでも伝統においても、人事の領域(およびその領域での行為)はきわめて脆く、偶然的で、持続性のないものと考えられている。[24] しかし伝統においては、そのことは嘆きの対象であり、それから逃れようと試みられてきたのに対して、アレントはそのことを賞賛している。まずアレントは、偶然性が行為の自由を構成する特質であることを力説している。卓越した技量が発揮されるのは、運命《フォルトゥーナ》によって提供される機会を逃さない場合だけである。「運命なしにヴィルトゥはなく、ヴィルトゥがなければ運命もない[25]」。自由が見事なパフォーマンスという形で現れる機会が与えられるのは、まさに人事の領域に行きわたっている極端な偶然性によるのだ。次にアレントは、行為と発言が見聞きされるという事実にもとづいて、政治的行為が**感知できる現象であるという特質**(*phenomenality*)に注目して、公的領域は「出現の空間」であり、「自由が現れる一種の劇場」であることの重要さを示そうとしている。[26] 最後にアレントは、パフォーマンスを強調して、**複数性**が政治的行為の基本条件である事実を示そうとしている。他の行為者がいなければ、ヴィルトゥが表現される機会もない。観衆がいなければ――行為と発言という――活動は起こらず、意味も生まれようがない。アレントの考えでは、感知される形で表現されなければ現実性はない。「現れること――自分にも他人にも見聞きされること――によって、われわれに現実性が生まれる[27]」。複数性が、世界を存在論的に構成するものなのだ。

パフォーマンス・モデルによって、(アレントの「アゴニズム」にもとづく捉え方の証拠である)見事なパフォーマンスとしての自由が、非主権性という条件と結びつく。アレントは非主権性という条件を強調して、政治的行為者を見事に脱中心化している。自律的な行為者という観念を核にして出来上がった実践哲学では、政治的行為の自由はうまく捉えられない。「作者」とか「製作者」というカテゴリーは、**政治的な**行為者には適用できない。[28] さらに言えば、行為を非主権的パフォーマンスと見て初めて、目的・手段とか動機と目的といったカテゴリーを超えることができるのだ。こういうカテゴリーでは、政治的行為の現象は捉えられないばかりか、政治的行為で経験される自由の多様性も曖昧になってしまう。「自由とは何か」でアレントは、「行為すること、すなわち自由であることは、一方では、動機から解放されていなければならない。もう一方では、予測可能な結果としての意図される目標からも解放されていなければならない」と書いている。もちろん動機や目標はどういう行為の場合も重要なファクターだが、それは「行為を限定するファクターであるが、行為は動機や目標を超えて初めて自由なのだ」。アレントが政治的行為の非主権性を強調し、「限定するファクター」から行為を解放したおかげで、われわれは「純然たる始める能力」である自発性を行為の自由の本質だと考え、それを行為の「動機や目標を超える」性質の根源とみなすことができる。[29][30][31]

アレントが自発的な政治的行為の非主権的自由を強調するのを見て、その次元が賞賛されねばならない理由、また政治的行為を曖昧さから救い行為を根本的に捉え直して政治的行為を維持しようとする理由が問われることがある。アレントの答えは、工作人による意味と効用との破滅的な同一視への彼女の批判に含まれているが、見事な行為と発言が動機や目標を超える性質、すなわち原理的に無限定のものである性質こそ意味の源泉だからだというのが、その答えである。新たに始める見事な非主権的行為は**無限定**である。すなわち行為からは、新しい関係や不測の状況が作り出され、――そこから――物語や永続的な意味が生み出される。アレントによると、他のどういう人間的活動も、公的領域における行為ほど自然に意味を「生み出す」ことはない。このことはパフォーマンス・モデルで強調されていることであって、そのモデルでは、行為には現象としての特質があり、観衆が必要であること、そして行為が「既存の人間関係の網の目」において遂行されることが強調されている。新たに始める見事な行為の姿がそれに結びつくと、[32]

行為は手段ではなくなって、意味を「生み出す」ものに変わってしまうのだ。アレントは『人間の条件』のなかで、新たに始める行為の意味を創造する力を、行為の「むなしさ、際限のなさ、結果の不確実さ」と直接に結びつけている。「行為が目的を達成することがほとんどないのは、対立する無数の意志や意図が働いている人間関係の網の目がすでに存在しているからだ。しかし、行為のみが現実であるこういう環境があって初めて、製作が触知できる物を生産するのと同様に、行為が意図の有無を問わず自然に物語を〈生み出す〉こともできる[33]」。

したがって政治的行為には、人事の領域独特の感知できる現実を照らし出し、その現実に意味を与える力、つまり**開示する**という独特の力が具わっている。この「行為の開示的特質」と行為に具わる「物語を生み出し歴史的なものになる力」が結びついて、「人間存在を意味づけるとともに照らし出す源泉そのもの」になっている[34]。世界とともに世界のなかの行為者も開示し、世界と行為者を現前させて意味を生み出す力が、ケイテブの言う政治的行為の「実存的業績」である[35]。行為のこういう開示的ないし示現的な特質こそ、アリストテレスの本質的に偽りであるプラクシス概念によっても、カントの行為の動機や意志への還元によっても、把握することも表現することもできなかったものだ。アレントが行為の自主性または独自性についての自分の概念を、アリストテレスやカントの概念と区別するのは当然である。

パフォーマンス・モデルには、行為の非主権性または「偶然性」が行為独特の自由の根源であり、意味を創造する力の根源であることが示されている。パフォーマンス・モデルでは、新たに始める闘争的行為は（公的領域である）「出現の空間」に位置づけられるが、「出現の空間」では、アレントの言葉によると、異常なものないし驚嘆すべきものが「日常茶飯の出来事[36]」になる。アレントは、これこそポリスが存在した理由だと考える。ポリスは「行為のむなしさに対する救済」を与え、行為から生まれる「感知できず脆弱そのものである真正な意味」を保存する道を提供したのだ。アレントは政治的共同体は、一種の「組織的記憶」として発生したとも言っている。「無論、歴史的なことでなく理論的隠喩として言うのだが、トロイ戦争から帰還した人々が、自分たちの功績と苦難から生じた行為の空間を永続的なものとし、自分たちが個々ばらばらに帰郷するとともに消え失せないようにしようとしたのと同じことである[37]」。

制度によって明確な公的空間〔=ポリス〕が出来上がって、「人間活動のうちで最もむなしいものである行為と発言と、そこから生み出される人間の〈作品〉のなかでも最も感知できず最も短命な偉業や物語が、不滅のものとなる」ことが確かなものとなったのだ[38]。見事な行為ないし新たに始める行為によって世界が照らし出されるわけだが、そこには、発言や行為が現前して感知できる現象として、すなわち明瞭で紛れもなく現実的な出現の領域として判定される、比較的永続的な空間の存在が前提となっている[39]。

これで、政治的行為の自主性と威厳を強調するアレントの深い動機を理解できる。哲学的伝統と近代思想による行為の軽視に敢然と戦いを挑んで、彼女は世界と行為者を開示する行為の本質を忘却から救い出そうとする。彼女による目的論的モデルの脱構築、「芸術的な」概念変革、激烈な反プラトン主義、これらはすべて、最も重要な開示という次元を保持しようという願いの表れである。政治的行為の開示的特質は、次節で詳しく考察する。まず、西洋哲学および政治哲学の伝統を枠づけていると考えられる複数性や現象への敵意が、パフォーマンス・モデルによって克服される事情を検討することにしよう。

*

『道徳の系譜』でニーチェは、行為の背後に主体という「文法上の虚構」を据えて、世界から行為者を取り除こうとする「奴隷的」傾向を問題にしている。[40] 行為者を行為から切り離すことによって、「奴隷的」か反動的である人間は、**自分の人柄**（*who*）は行動の一貫した特徴であるヴィルトゥとは関係がないと信じ込めるのだ。奴隷にとっては、個性が行為に先立ち、独立しているという信念はきわめて慰めになる。そう信じると、反動的人間は自分の無力、行為して自分を際立たせる能力の欠如を、自分の本性とは考えず、一つの選択とみなすことができる。ニーチェによると、主体信仰によって「あらゆる種類の弱者や抑圧された大半の人間に、弱さを自由と解釈する途方もない自己欺瞞」が可能になる。[41]

世界の外にいる行為主体という「奴隷的幻想」に対して、ニーチェはただこう言っている。「そういう基体は存在しない。行為、作用、生成の背後の〈存在〉はなく、〈行為者〉とは行為につけ加えられた虚構にすぎず——行為がすべてである」。[42] アレントは自由を卓越した技量とし、行為をパフォーマンスとする解釈に賛成する。その際、現象の背後に実在を考え、行為者を世界の外に連れだし、行為者を行為から切り離して道徳的に考える「奴隷的」傾向を、[43] アレントはニーチェと同様に拒否する。ニーチェやアレントによると、自由は、行為しないことを選ぶところに見いだされるものではない。個性も行為に先立ち、行為から切り離されうるものではない。自由を知っているのは、実際に行為する者だけだ。分裂した者も、パフォーマンスによって統一に達し、独自性を提示できる。ニーチェならこう言うだろう。[44] 個人が自分になるのは行為によってであり、行為の一貫した明確な特徴を示すことによってなのだ。個人は見事な行為において自分を顕わにすると言うとき、アレントが言っているのはニーチェに似た事柄である。[45]

「製作による行為の伝統的代替」へのアレントの批判によって、そういう代替のやり方が政治的行為の現象に加えてきた多くの暴力が暴き出される。しかし、『道徳の系譜』でのニーチェによる道徳的主体の暴露を参照しないと、道徳的な捉え方が事実を曲解していることを正しく把握できない。アレントの記述では、目的主導型の捉え方で覆い隠される行為の次元が強調されているが、ニーチェは、行為に押しつけられて差異の抹殺と闘争的行為の抑圧に役立てられている基本的シンタックスの**系譜学**を提示している。ニーチェはそのシンタックスによる物象化の根源は、アレントが問題にする人事の領域への哲学的偏見よりも根源的な、行為に対する奴隷的な敵意だと考えている。アレントは行為の道徳的解釈が複数性や差異と対立することを強調して、行為を手段とする捉え方ときっぱり縁を切った行為の捉え方が必要だと考えるが、その考えはニーチェの分析によって裏づけられる。アレントが言うように、複数性が闘争的な政治的行為の起源であり目標であれば、西洋の行為の文法が行為の基本的条件や根源的な達成を逆転させるように常に働いていることを知るのは重要なことだ。

主体に関するニーチェの疑いによって、西洋の言語そのものに組み込まれた複数性や行為への敵意が暴露されるだけではない。現象と実在との基本的なプラトン的、形而上学的区別の底には、〈虚構〉への信仰があることも明らかになる。[46] 物象化された行為者／行為の区別を克服すれば、闘争的行為についてもっと肯定的な説明が可能になる。したがって、**世界性**や**現象**のプラトン的／キリスト教的／禁欲的な軽視を克服するに当たって、物象化された行為者／行為の区別の克服が重要な契機となるだろう。プラトンによる現象／実在の区別の確定から始まったニヒリズムの弁証法を脱却しようとすると、こうした壮大な克服が絶対に必要である（プラトン的な評価は、**現実の**世界から意味を奪ってしまうが、後の時代に同じ真理への意志によって始められた攻撃から、超越的根拠を守るだけの力はない）。

この点こそ、アレントの「芸術主義（aestheticism）」がニーチェの態度に最も近づいているところだと思われる。プラトン的評価によるニヒリズムの論理から生まれた意味の枯渇に対して、ふたりとも戦略的に芸術的（aesthetic）な見方を採用している。ニーチェが言っているように、過去二千年間を「現実世界はいかにして寓話になったか」という物語として、つまり超越的根拠への信仰の消滅後には、**人間には現実の**世界しか残っていないという物語として解釈できるとすると、「意味のない現象」を実証主義／ニヒリズム風に容認するか、それとも意味の現れる特権的な場として、現象を芸術的に評価し直すか、という選択しか残っていない。アレントとニーチェはプラトンに反対して、芸術的な見方を採用する。それは、〈真理〉や超越的価値の存在への懐疑だけによることではない。（そういう理想が崩壊したことは、彼らには近代西洋の歴史における既成**事実**だが）[47]、むしろニヒリズムの時代に**意味が生まれる可能性**を救う一つの方法としてなのだ。

したがって、超然たる自律的自我や行為に関する道徳的解釈に対するニーチェの批判が、アレントにとっては非常に重要であり、多くの点で、ニーチェの批判はアレント自身による行為の捉え直しの準備とも言うべきものだ。道徳的／目的主導型の行為の解釈が克服されねばならないが、それは一方では、複数性や差異の抑圧を回避するためであり、他方では、意味や現象の抑圧を回避するためだ。自由を主権として考えると明らかに複数性を抑圧することになるが、道徳的解釈では両者を区別することに強い抵抗のある行為者と行為との区別のほうはどうだろうか。動機と目標、意図と結果、手段と目的に焦点を当てることは行為に反することであり、行為を救うためには現象を「芸術化」**せざるをえない**が、そういう焦点の当て方はどうだろうか。ニーチェは先に引いた『道徳の系譜』の一節で、この問題を解く鍵を与えている。それは非常に重要な鍵であって、この区別を導入すれば、行為の現象の**見方が**一**変してしまう**ほどのものである。ニーチェの主張では、**今でも**われわれは闘争的な行為を最大の悪と考えた人々の観点から行為を見ているのだ。

ニーチェの議論は、次のように展開されている。自己肯定の営みとして自分自身の価値を創造し、見事な行為を行い、自分を際立たせることができ、そのために生きている人間である——能動的人間の観点からすると、「主体」とそれがもたらす結果を区別するのは意味をなさない。ジル・ドゥルーズが言っているように、高貴な人間の力やエネルギーは常に働いているのであって、そういう人間自身が行為に**ほかならず**、それ以外の仕方では表現のしようがない。[48] ニーチェの言う奴隷である反動的人間はそれを分けて、無力であることを自由だと錯覚し、幻想を作り上げるのだ。反動的人間にそういう区別が必要なのは、能動的人間を誘惑して、思えばいつでも**別の**行動もできたはずだから、自分の行為には**責任がある**と思わせるためでもある。能動的人間なら行為の主体として、その気になれば闘争の形では行動すまいと積極的に**決めたり**、行為の奴隷的否定にもとづく一連の行動規範を採用したりするだろう。奴隷の観点からすると、行為は原罪なのだ。行為に示される生き方は、行動のうちに力を発揮し、絶えず行為を通じて個性的になり傑出しようとする生き方である。[49] ニーチェの目には、道徳における奴隷の反逆は、まさに実践的生活への反逆である。その反逆によって達成される価値転倒は、行為を控えることが善だという考えにもとづいている。

これは、闘争的行為者に根本的に見方を変えさせ、自分の行為は肯定すべきでなく非難すべきものと考えさせようとする策略である。ニーチェによるとこの策略は、主体というものを虚構して、力が成し遂げることと力とを切り離すことで完成する。奴隷が押しつける（「稲妻が光る」というような）行為の同語反復的表現に騙されると、主人は「弱くなるのは強者の自由であり、子羊になるのは猛禽の自由である」[50]という考えに屈してしまう。主人が受け入れているのは、「猛禽に猛禽であることに責任をもたせ」、自分の優れた独自性を恥ずかしく思わせる道徳的判断基準なのだ。活動的な人間が、奴隷的な意味で「善く」なるために、喜んで闘争心を抑え込む。[51] 行為者と行為、主体と「結果」という物象化された区別を戦略的に使うことによって、根本的に異なるタイプの間の「距離のパトス」が克服される。反省や弁明や羞恥によって、活動的人間の力が反動的な力になってしまう。[52] スタイルや見事なパフォーマンスでは評価されず、ことごとに動機や結果が問題にされるため、行為は格下げされてしまうのだ。

行為の道徳的解釈には、独自の見事な行為の**構造そのもの**への敵意が示されている。その敵意によって行為者と行為がもっともらしく区別され、行為のパフォーマンスそのものよりも動機や結果が優先される。「良心のやましさ」の段階では、闘争的行為に要求されるエネルギーが内面化されて、自己監視とか自己処罰といった活動に使われる。[53] 行為することのない者の立場が普遍化されると、新たに始める行為の自発的な特質がしだいに打ち消されていく。（ニーチェが『道徳の系譜』で語っているように）行為が道徳化された結果、闘争とは正反対の態度が生まれる。重要なことは、行動を群れの要求に合わせることだ。[54] **われわれ**が美徳と称する「公共心、親切、思いやり、勤勉、節度、慎み深さ、寛容、同情」は、**飼い馴らされた**動物、行為しない動物、「協調的で群れにとって有用な」動物の美徳である。[55]

行為の道徳的解釈（およびそういう解釈に対応する目的主導型の解釈）によって助長される一般的傾向についてのニーチェの解釈に、アレントは共感するが、その共感は演劇的説明や、見事な行為についての自分の〈ギリシア的〉理論が、「疑いもなく……今日では非常に個人主義的と言えるようなものである」[56] ことを皮肉まじりに認めているところに明らかに見られる。『人間の条件』での近代分析の展開も、効用の観点を評価して行為より反応を重視する道徳的解釈のため、行為や差異が決定的に衰退しているというニーチェの主張にアレントが同意している証拠だ。[57] 工作人《ホモ・ファーベル》には行為の意味が把握できないことを力説し、労働する動物《アニマル・ラボーランス》してての人間が行為の意味を把握できなくなっているという結論に至るまで、アレントの分析の前提となっているのは、ニーチェの系譜学が本質的に「正しい」ということ、つまり近代における手段、

生命、物質的快適さの物象化は道徳的解釈に見られる行為への深い敵意から生まれたということである。(58)

もちろんアレントは、ニーチェの分析の底にあり、『善悪の彼岸』のようなテクストの貴族主義的ラディカリズムを支配している、「序列」という原理を支持することはほとんどない。アレントがニーチェと共有しているのは、出現の世界での闘争的行為の価値を意図的に奪って、従順な主体を作り出すと考えられる道徳的判断基準に対する深い疑惑である。アレントがニーチェと同じように、自己についてパフォーマンスを重視する考え方をし、公的領域についても行為を重んじる演劇的な捉え方をするのは、道徳的解釈にはこういう「規範化」の傾向が見られるからだ。しかしニーチェとちがって、アレントは民主主義をキリスト教的、あるいはソクラテス的な道徳的判断基準と融合させることはない。アレントがニーチェの分析の大半を民主主義的な抗争《アゴニズム》を擁護するために使用できるのは、ニーチェとちがって**彼女の見る**ギリシア人が民主的であるからだ。

このやり方に矛盾はないだろうか。普遍主義的な道徳用語の効果についてはニーチェ的な疑いをいだきながら、(民主制、立憲制、公民権のような)形式的な政治機構については「近代的」でありうるだろうか。この問題をめぐる現代の論争は激しく、結果的には、(ハーバーマス系の人々や自由主義者のような)「普遍主義者」と(リオタールのようなポストモダニストや共同体論者のような)「状況論者《コンテクスチュアリスト》」への二極分解が起こっている。アレントの立場は、そういう二分法では捉えられないが、反プラトン主義の企ての政治的な決定不可能性が明らかになっている以上、これは重要な問題である。ニーチェの例に見られるように、あらゆる形のその種の企てが民主的であるとは限らない。だからアレントによる「現象の再評価」が、ニーチェのものと実質的にちがっていても、驚くべきことではない。その問題に向かう前に、出現を重視するアレントの政治の**開示**という特徴を検討しておきたい。政治的行為は何を開示するのか。その開示はどのようにして起こるのだろうか。

Ⅲ 「芸術化された」行為の開示的特質

アレントによると、公的領域での見事な闘争的行為によって示される重要な現象がある。それは行為者独自の個性である。[59] 人間の複数性には「平等と差異という二重の性格」があると言われている。[60] 個人の差異は「すべての存在者と共通の」差異や他者性にも、「あらゆる生物と共通の」個性にも還元できるものではない。[61] 複数性の観念に含まれている共存の形態によって、**独特の**特徴が表現されるが、その独特の特徴を表すのが行為と発言である。「行為と発言には独特の特徴が現れる。行為と発言によって、人々は他と異なるだけでなく、自分を独特のものとして際立たせることができる。行為と発言は、人間が自分は身体であるだけでなく人間であることを示し合うやり方である。単なる肉体的存在とは異なる現れ方は創始にもとづいている。創始をやめると人間は人間ではなくなってしまう[62]」。

行為と発言のない生活は、「世界にとっては死んだも同然」である。行為と発言によってこそ、個人の**人柄**が開示されるからだ。アレントによると、「発言にも行為にも、人柄の開示が含まれている」。アレントはつけ加えている。「発言と開示の密接な関係は、行為と開示との関係以上である[63]」。発言が伴わない場合には、「開示するという性質が行為から失われ、さらには行為の主体〔＝行為者〕も失われてしまう[64]」。発言を欠いた行為は行為でなくなる。「それは、もはや行為者がいなくなってしまうからだが、行為する者が同時に発言する者である場合に初めて行為者が存在するからだ[65]」。

発言し行為するとき、「人々は自分の人柄を示し、独特の個性を積極的に表して、人間的世界に登場する」[66]。（ポリスでは「誰でも絶えず他の人々と異なる自分を表し、独特の行為や事業によって自分が最も優れた者であることを示さずにおれなかった」が）、この見解を、アレントがポリスに行きわたっていた「激しい闘争心」について述べている意見と結びつけて考えると、多くの批判者と同様に、アレントは自己について明らかにロマンティックな表出主義的理論[67]を主張している、と言いたくなるかもしれない。そう批判する人たちは、アレントの言う政治的行為者を、行為と発言という触知できる媒体を通じて自分を表出し、顕わにし、あるいは「明確にする」自己として捉えている。しかし、アレントの闘争《アゴーン》という捉え方は、ニーチェの場合と同じように、表出する者として自己を捉えるやり方[68]はすべて拒否するところから始まっているのだ。それを理解するのは重要なことである。

　では、行為をパフォーマンスとして捉える場合に、考えられている自己はどういうものだろうか。表出としての捉え方では、核である自己、つまり固有の能力を有し、基礎となっている基本的な個体が想定されている。そしてその個体が、出現の世界に表現されるとか、現実化されるとか、具体化されるというふうに考えられている。そういう見方では、「行為と発言における行為者の開示」とは、現れた姿**の背後に**永続的な主体が実在することを意味する。それに対して、アレントやニーチェが使うパフォーマンス・モデルでは、そういう「虚構」を暴露して、行為に敵対する奴隷的な道徳的偏見から離脱しようとする試みがなされている。その種の道徳的偏見は、あらゆる行為を「結果」とみなし、その原因として主体というものを「必然的に」想定するところに示されている[69]。アレントが自由を卓越した演技として解釈するのは、行為者をあくまでも世界**の内部で**捉え、行為者である限りその個性は行為に先立つのでなく、行為とともに出現する、と考えるからだ。アレントの観点からすると、行為に**先立つ**自己は生物学的あるいは心理学的な自己であり、本質的に分散し分裂した複数の自己であって、出現しない限り統一も実在性も認められないような自己である[70]。ニーチェと同様アレントは、一様な主体が行為の背後に存在しているという想定には、一貫して異議を唱えている。また世界を超えた自己は――思考するだけでなく生物学的かつ心理学的な自己であって――、実際には、対立もする多種多様な衝動や欲望や能力にほかならないと主張する点でも、アレントはニーチェと変わらない[71]。

したがって行為者の統一性や首尾一貫性や同一性は、既成のものではない。それはむしろ**達成される事実**である。行為とともに生まれるのだ。しかし見事な行為を行って同一だと認められる自己、つまり統一性が認められ、「独特の特徴」を有する自己は、どのようにして生み出されるのか。アレントによると、行為によって、内部で規定している分裂した自己から逃れることができる。新しいことの自発的な創始としての自由が実現されるのは、公的領域に登場して可能になる欲望や心理の乗り越えによる（繰り返して言うと、ここでは生命の要求や動機の純粋さが問題ではないからだ）。分裂した自己からの脱却は、行為以外の思考のような自由な人間活動には見いだされない。思考の自由は、内的対話を行う自己のいわば「一にして二」である自由である。観想への退却によって複数性の領域から逃亡しようとする哲学者の試みは、「どこまでも幻想にとどまる」。アレントによると、哲学者は孤独のうちにあっても、「どういう人間にも内在している複数性に、他の誰にもまさって徹底的に引き渡されている[72]」からだ。公的領域に登場して初めて、自己分裂から解放されるのであって、公的領域では「他者との連帯」によって「思考という対話から」引き戻され、「再び統一あるものに――ただ一つの声で語り、他のすべての人々にそれと認められる唯一独自の者となる[73]」のである。

したがって行為によって、私的領域での「変化し続ける曖昧な」性質を脱して、「明確な独特の形」をとるチャンスが自己に与えられる。[74] 明確に認められるその形に、独特の一貫した特徴のある行為が達成したものが現れている。言い換えると、そこに行為者の卓越した技量が示されている。[75] その技量はまた行為者の行為を生み出す原動力によって作り出される。つまり、行為する者が公的領域に登場する際に帯びている仮面なり役割、つまりペルソナによって作り出される。[76] アレントの主要な論点は、「ある人の〈本質（what）〉ではなく〈人柄（who）〉の開示が……人の語り行うすべてのうちに含まれているとすると」、その人らしさ《アイデンティティ》が表現されるのは、発言や行為に一貫した特徴が示される者に限られるということである。公的領域で行為することによって、一貫した特徴を示す機会が与えられる。そういう特徴を示すことが、その人らしさが具体的に現れるための不可欠の前提であり、公的活動が記憶に残る語り草や物語となるための前提なのだ。[77]

　個性は既成のものであるどころか、独特の一貫した特徴の創造によって実現されるという考えもニーチェを思い出させる。ニーチェも、語られ記憶されるに値する自己の創造という問題を、似たような形で語っているからだ。『悦ばしい知』にニーチェはこう書いている。

> **必要なのはただ**一つ。——自分の性格に「一貫した特徴を与えること」——これは見事な芸術だが希有のものだ！　こういう芸術をこなしうるのは、わが天性の長所短所を調べ上げ、そのすべてが芸術とも理性の業とも見え短所さえも好ましく思えるほどに、長所短所のすべてを一つの芸術的構想にまとめ上げている者だけだ。多くの第二の天性が付加されているところもあり、本来の天性が一部取り除かれているところもあるが、——それはみな長期にわたる修練と日々の労苦の所産である。取り除けなかった醜悪なものが隠されているところもあれば、崇高なものに解釈し直されている箇所もあ

る。明確な表現に逆らう曖昧模糊としたものは、遥かなものを思いみさせるためそのまま活用されている。……ついに作品が完成したとき、大小を問わずすべてを支配し形作ったのは一貫した美的センスの力だったことが明らかになる。そのセンスが優れているかどうかは、思われるほど重要ではない──一貫したセンスでありさえすればそれで十分だ[78]！

重要なことだが、芸術作品としての自己というニーチェの考え方は、政治的行為において自己が開示されるというアレントの考えとは異なる。ニーチェは個性、つまり「自己となること」を、多様な素材から達成されるもの、主として統一ある特徴の獲得を本質とするものと考えている。アレグザンダー・ネハマスが記しているように、実際に目的に達したかどうかは、**行為者自身には**判定のつけようがない[79]。ニーチェは、混乱状態に統一をもたらすためには、自己となることに困難はつきものであることを強調している。アレントが公的な役割に必要な修練を強調しているところには、その反響が見られる[80]。しかしいかに修練を重ねても、統一ある特徴なり一貫性なりが達成されたかどうか──またどういう**種類**の性格が現れているか──についての最終的判断は、──観衆とか聴衆である──他の人々に委ねられている。統一が達成されたしるしである一貫した特徴や性格は、本質的に**公的な**現象であって、行為者自身が統一をどう感じているかとはまったく別のことである[81]。

パフォーマンスという捉え方と表出という捉え方には、三つ目の決定的な違いがある。アレントにとって「行為と発言における行為者の開示」は、行為の根底である主体というものは存在しないこと、個性は既成のものでなく達成されるものであること、自己の開示には**中心をなすものがない**ことを意味する。アレントは──独自の闘争的行為の「報酬」とも言うべき──行為者の開示は、計画されうるものではないことを力説している。行為によって開示される「人柄」には、志向性は最も縁遠いものだ[82]。また行為と発言における行為者の開示は、必ず自己認識が深まるとか自分が透明になるという過程でもない。『人間の条件』でアレントが述べているように、「この〈人柄〉は、意図的にめざして達成できるとか、性質と同じように人が所有し駆使できるものでは決してない。それどころか〈人柄〉は、他の人々には明らかに紛れもなく見えるが、当人にはどこまでも見えないと言ってほぼ間違いはない[83]」。われわれは自分自身の作者になったり、自分について語られる物語の作者になったりすることはできない[84]。公共の場で各人が帯びているマスクで何が意味され何が示されているかを決定し、マスクに開示される「人柄」を決定するのは、観衆や聴衆であり、友人や未来の人々である。

政治的行為者としては独自の個性を開示するが、自分自身を表現することは**ない**。それには二つの根本的理由がある。第一に、表現すべき統一ある自己というものは存在しない。第二に、行為は個性を達成するとか可能にすると言えるが、同時に個性を隠すこともある。ここでもニーチェを引くのが当を得ている。『道徳の系譜』の序言で、周知のようにニーチェは、「認識者たるわれわれは自分自身にとって知られざるものだ。……われわれは自分自身に関しては〈認識者〉ではない」と述べている[85]。最初の文章の「認識者」を「行為者」に入れ替えると、アレントの立場に近づく。アレントはこう述べている。「行為や発言において自分を開示するとき、自分がどういう人柄を示すのかは誰にもわからない[86]」が、「そういう開示を敢行することをためらってはならない」。

政治的行為の開示する力は、行為者を開示するだけではない。行為は**世界**をも開示する。アレントにとって「世界」は、「公的なもの」とほぼ同義である。つまり世界は、人々の**間に**あり、その限りで人々にとって共通な出現の領域を意味する[87]。間にあるもののすべてがそうであるように、世界も「人々を結びつ

ける と同時に引き離す[88]」。政治的行為は「間の領域」の**内部で**起こるだけでなく、二重の意味でそれに**関わっている**。第一に、政治的な討議や行為には、闘争にはやる衝動を抑えて「自己開示」に向かおうとする、世界に関わる内容または指示対象が含まれている。これをアレントは次のように述べている。

人々に向けられている以上、行為と発言が起こるのは人々の間においてである。たとえその内容がもっぱら「客観的」で、その内部で人々が活動する事物の世界に関係している場合でも、行為と発言には行為者を開示する力がある。事物の世界は人々の間に物理的にあって、世界に対する人々の特定の客観的な利害関係がそこから生まれるのだが、その利害関係（interests）によって文字通り「間にある（*inter-est*）」もの、人々の間にあり、それゆえ人々を関係づけ人々を結びつけうるものが与えられる。ほとんどの行為と発言はこの間の領域に関係しているのだが、間の領域は人々の集団ごとに異なり、そのためほとんどの発言と行為は、行為し発言する行為者を開示するだけでなく、さらに世界の客観的な現実にも**関わっている**[89]。

ここでアレントは、世界が「客観的な」側面では、世界の内部にある永続的な事物によって明確に規定された空間であることを力説している。行為は世界に関わっているが、世界を開示するという行為の特質を、客観的で物理的な「間の領域」の**創造**と混同しないことが重要である。第1章で述べたように、アレントは、**仕事**を世界を築き上げる人間能力と同一視している[90]。行為によって世界が開示される場合に、行為によって世界が客観的なものとして創造されるわけではない。行為によって世界は、出現の空間として、つまり意味の地平として構成されるのだ。行為によって世界は、発言と行為だけで成り立つ「主体的な間の領域」によって「客体的な間の領域」を包み込んで**変えてしまう**。アレントによると、こういう間の領域は、「利害関係と切り離せぬ物理的世界である間の領域」とは「まったく異なる」[91]。行為の開示的特質は、こういう主体的な間の領域を構成するところに見いだされる。主体的な間の領域は、世界を「包み込む」ことによって、永続的な事物の空間を出現の空間、意味の空間に変えてしまうのだ。

したがって世界を開示するという行為の特質は、客観性の領域そのものよりも、公的空間としての「世界」を照らし出すことに関係している（もっともアレントは、「現実についての感覚は現象にまったく依存している」と主張して[92]、この二つの側面を固く結びつけている）。事物である側面に限って見ると、世界は工作人の作品である。永続性があり持続する世界であるが、そこでは現象するだけでは十分ではない。その世界では「どういうものも何かに役立たねばならず、……別の何かを達成するための手段として役立たねばならない[93]」。要するにその世界は、効用が意味を生み出し──アレントの言い方では、「意味となった効用が意味喪失をもたらす[94]」世界である。潜在的に無制限な有用性が与える意味喪失の脅威から逃れるには、行為から生み出される「人間関係の網の目」で客観的世界を包み込むことである。工作人の効用重視の心情を抑えて、世界への配慮や公的領域やパフォーマンスに参加することこそ、闘争的な政治的行為を行う者の特徴である。その場合にのみ、世界が人工世界以上のもの、自然の反復から離脱したものとして現れる。世界は自足的な出現の空間となり、さまざまな現象は効用によって判定されるのではなく、すばらしさや美によって判定される[95]。

「人々が討議し、共同して行為するところではどこにおいても」、出現の空間と考えられる世界が構成される[96]。そこでは出現が、いや現象こそ、完全に実在性のあるものなのだ（「人事の領域では〈存在〉と現象はまったく同一である」とアレントは書いている[97]）。こういう世界の公開性、その光り輝く明るさによって、〈存在〉と同一である現象の空間が開かれる。それは「聞こえる言葉や見える行為のうちに自由が触知され、語られる出来事が記憶され物語となる」空間である[98]。公的領域のこういう**現象としての性格**を、アレントは、公的領域が意味に満ちていることの基本的な構成要件とみなしている。つまり見事な行為という現象そのもののなかで、行為の意味が生み出される。アレントによると、「……政治的なものをポリスの意味で理解すると、政治的なものの目的ないし存在理由は、自由が卓越した演技として現れうる空間を確立し、存在させ続けることにある[99]」。見事な行為のためのこういう空間がある限り、世界は輝かしく現れ、美しく輝く。そしてこういう活動が止むところでは世界は暗くなり、最後には公的空間が消滅してしまう[100]。

世界を開示するという政治的行為の特質は、政治的行為が現象として世界を照らし出す仕方に、つまり見事な行為が現象を輝かせ、現象をして意味の源泉とする仕方に、その本質がある。しかし現実の在り方が現象として出現し、現象としての性格によって現象が光り輝く空間が開かれるには、複数性が純粋な形で確保されていなければならない。公的領域の有無は、「共通世界が現れるが共通の尺度や基準は作れない無数の視角や側面が同時にあるかどうか」による[101]。「自分が見ているのと同じものを見、自分が聞いているのと同じものを聞いている他の人々がいる」という複数性があるからこそ、自分自身と世界の現実性についての感覚が確かなものとなり、散在し孤立している主観性という「奇妙な非現実性」も免れられる[102]。複数性の真の存在論的な意味は、他者に確証してもらえるという単純な事実にあるのではなくて、「どの人も異なる立場から見たり聞いたりすることができる」という事実のうちにある[103]。「共通の世界」が現れるのは、立場の違いから生まれる多様な見方で見る限りにおいてであり、「事物独自の在り方をそのまま多くの人々が多種多様な側面から見ることができる場合にのみ、……世界の現実が本当に確かなものとして現れる[104]」。つまり複数性が存在の意味を構成する役割を果たすのだ。このためアレントは、真理や知《ソピア》をプラトン的／哲学的に特権化することを断固斥け、意見《ドクサ》こそ政治的生活の核であることを認める[105]。

アレントの見方では、見方を表現するのが意見の本性である。どういう意見も、世界のなかにいる各人の立場に依存し、自分に見える《ドケイ・モイ》ものを言い表す[106]。その意味で、意見は主観的な偏見とか勝手な見解の表現というものではない。むしろ「世界のなかでの立場に応じて、各人各様に世界は異なって現れる[107]」という政治的に重要な事実がそこには現れている。共通世界が出現する根底には、まさしくあの「自分に見える」ものの相違がある。意見を述べることによって人は公的領域に登場する。そしてその登場の過程で、自分自身を開示する。「自分の意見を言うことは、自己を開示して他の人々に見聞きされる一つの形である[108]」。

アレントは、意見には見方にもとづく相対性があることを肯定する。それを理解するには、――真理と意見との対立、つまり政治への哲学の敵意から生まれると見られる対立[109]という――彼女の最も重要な主題の一つに立ち返る必要がある。著作のなかでアレントは、意見を無視し意見の価値を認めない場合には、真理によって政治の本質が損なわれることを絶えず力説している。「真理と政治」では、きっぱりとこう述べている。「意見の支えがなくても妥当する絶対的真理を人事の領域で主張すると、政治や統治の根本そのものに必ず打撃を与えることになる[110]」。真理を主張することは、――世界の出現にとって不可欠な「自分に見える」という――遠近法を否定する点で、政治を破壊する。政治の視点から見ると、真理には「専制的性格」がある。

〔真理は〕有無を言わせず承認を求め、議論を寄せつけようともしない。しかし政治的活動の本質を構成しているのは議論なのだ。真理を対象とする思考やコミュニケーションの在り方は、政治の観点から見るとどうしても独裁的に見える。そういう在り方では、他の人々の意見は考慮されないからだ。ところが他の人々の意見を考慮に入れることこそ、まさにあらゆる政治的思考の特徴なのだ[111]。

認識を行為から切り離して高く評価し、行為を手段とみなすプラトン的な考え方は、真理は意見より優れ、遠近法を超えているという見方に支えられている。プラトンがその真理概念を作った――ソクラテスの処刑に至った哲学とポリスの衝突という――政治状況に注目することを、アレントは繰り返し求めている[112]。プラトンはポリスを哲学にとって安全なものにしようと決意して、意見を正当なものとみなさないことが肝要だと考えた。このため、プラトンの「ドクサに対する激しい告発は……彼の政治的作品を赤い糸のように貫いているだけでなく、彼の真理概念の基礎の一つとなっている。プラトン的真理は……常に意見の正反対のものとして理解されている[113]」。真理を現象や遠近法と対立するものとすることによって、プラトンは複数性を軽視して、人事の領域の脆さを逃れるために最も効果的な武器の一つを作り出している。「絶え間なく流動状態にある人事に関して、意見をやりとりする市民たちに向かって、哲学者が差し出したのは、人事を安定させる原理となりうる本性的に永遠なものについての真理だった[114]」。

哲学者が思慮深い人《プロニモス》に取って代わり、知《ソピア》が意見に取って代わるべきだというプラトンの要求は、「真理の専制」、絶対的基準の専制に至りつく。一時的に善とされるものは常に議論や説得にさらされている。それはまた「本性的に関係からなる」「人間関係の領域」にふさわしく、必ず相対的なものである。アレントによると、「人間関係の領域」では「根本的な相対性」が支配的である[115]。絶対的善に関わる哲学的真理と取り組むのは、複数の相対的な人間ではなく、単独者である人間であり、絶対的真理においては状況や環境は無視され、説得ではなく強制がなされる。プラトン的な絶対的形態の――真理への意志は、ソクラテスのように現象や意見から真理を引き出すことには関心がなく、そのため意見を掘り崩してしまう。真理への意志は、現象や意見が幻想であることを暴露しようとする。その結果、真理と意見の間には深淵が作り出され[116]、「自分に見えるもの」＝意見で織り上げられる領域である「市民特有の政治の現実の姿」が破壊される。絶対的基準という形の真理によって意見や複数性は破壊されるため、アレントは、レッシングのように「人間的な会話の無尽蔵の豊かさ」を保存するために真理の獲得を喜んで犠牲にする人々と連帯する[117]。

真理にもとづくプラトン的政治へのアレントの敵意は、**事実の**真理の領域に向けられたものではない。事実の真理には、理性の真理や宗教上の真理と同様、説得に抵抗する「強制的」性格がある[118]。しかしアレントは、事実の真理が得られることこそ、まともな意見形成の基本前提だと考えている。事実と意見を結ぶ線が組織的に乱されたり、イデオロギーや歴史の修正によって完全に別の現実が作り出されたりする場合には、アレントの意味での「意見による政治」が根を下ろすことはない[119]。意見《ドクサ》の観点からは、事実の真理について「専制」と言うこともできるが、その専制は、理性の真理や宗教上の真理によるものとは種類が異なる。事実の真理のために意見や説得の領域に、非政治的な制限を加えられることはない。それに対して、理性の真理や宗教上の真理は例外なく、アレントが尊重する「絶え間ない議論」を実現する視点の複数性を抑え込んでしまう。

事実と意見の区別を見失わないことが、ある種の新しいニーチェ風の解説者とアレントがちがうところだが、少なくとも、公的領域に**道徳的な**事実は存在しないという点では、アレントはニーチェと同意見である。議論が展開される領域では、理性や宗教や道徳のいかに堅固な真理も変形されて、意見に組み込まれる。哲学者に劣らず政治家にとっても、ある種の提案に疑問の余地のない真理の力を与えることは常に魅力のあることにちがいないが、アレントは、そういうやり方は常に自己欺瞞の所産だと言う。彼女が例にあげているのは、ジェファーソンが独立宣言で頼りにした一連の「自明の真理」である。アレントにとっては、「自明」という言い方は、ジェファーソンが「革命を行った人々の間の基本合意を議論の余地のないものにする」ために使った、見え見えのレトリカルな策略である。しかし

「**われわれは**これらの真理を自明のものと**みなす**」と言うことによって、彼は自分では無意識だったとしても、「万人は生まれつき平等である」という主張は自明ではなく、同意や合意を必要とすること——つまり、平等は**政治に関する限り**意見に関わる問題であって、「真理」というものではないことを認めていた。それに対して、そういう意見に合致する——すべての人間は神の前では、あるいは死を前にすれば、あるいは理性的動物という同じ種に属する限り、平等であるといった——哲学的または宗教的な主張があるが、そのどれ一つとして、政治的ないし実践的な影響を与えたためしがない。それは神であれ死であれ自然であれ、人間を平等にするものがすべて、人間的交流の起こる領域を超えており、どこまでもその領域の外部にあるものだからだ。その種の「真理」は人々の間にあるのでなく、その彼方にあるものであって、近代においても古代においても、平等への合意の背後にはその種の真理は一つも存在しない。万人は生まれつき平等であるというのは、自明でもなければ証明できるものでもない(120)。

政治的に言うと、「万人は生まれつき平等である」という主張は意見の領域に属するというアレントの

断言は、その主張の重要性をなくそうとするものではない。その主張には、「疑問の余地のある支配の快感よりも、腹蔵のない交流の歓びや満足を求めるべきだ」という、「きわめて重要な」信念が示されているとアレントは考える。[121] 彼女がジェファーソン解釈で問題にしているのは、議論を寄せつけない妥当性の根拠に頼ると、複数性の領域を抑圧することになりかねないことを無視して、平等の名のもとにそういう根拠に頼ることが許されるかどうかという問題なのだ。アレントは自分の立場を明確に述べている。彼女の確信はマディソンと同じく「統治はすべて意見にもとづく」ということであって、それ以上でもそれ以下でもない。[122] これと別の考え方をすると――つまりジェファーソンとともに、真理に**助け**を求めたり、プラトンとともに真理という**武器**を振るったりすると――、公的領域に入ればどういう提案でも根本的に変形することを否定することになる。さらには、平等のような基本的選択の基礎として必要な、説得や討論という活動への継続的参加が妨げられてしまう。言い換えると、彼女が問題にしているのは、人跡未踏の領域で神の真理や自然の真理を具体的に示すことではなくて、支配や差別の快感はまったく卑しいものであることを仲間に説得することなのだ。

ここでも他の場合と同じように、アレントは、権力ないし支配への意志をはっきり斥けている。[123] しかしアレントは、理性の真理や宗教上の真理を公的領域での行為に対する有意義な指針、または重要な指針とすることを拒否する。それは現象や遠近法の領域を超越しようとするプラトンのような人々への、深い疑念と結びついているが、そこに見られるのは、プラトン主義に対するニーチェの戦いに含まれているイデオロギー的な内容ではなく、正当な判断である。

ニーチェにとっては、普遍性を主張するのは行為の道徳的解釈の顕著な特徴である。道徳的観点が勝利を収めた主な理由は、言語そのもののなかで主体の物象化が起こったからだ。[124] 文法によって作られた行為者と行為の間の裂け目のおかげで、道徳的解釈が解釈用の一つの言葉ではなく、世界および世界のなかでの行為の構造の表現または翻訳であるかのように見えたのだ[125]。禁欲主義的価値評価の力の大半は、遠近法や不公平さや利害関係の否定に由来する。そしてこの否定によって、行為を普遍原則から導き出すゲームが生まれたのだが、それはリオタールが指摘しているように、西洋自身と同じくらい古くからあるゲームである[126]。実を言うと、そのゲームの最大のモニュメントがプラトンの『国家』なのだ。

もちろんニーチェは、遠近法を否定し解釈の彼方にある、実在の構造を映し出す言葉を提示できる可能性を否定する。『道徳の系譜』第三論文一二節で言っているように、「遠近法的な視力**しかなく**、遠近法にもとづく〈認識〉**しかない**」。こういう立場に立つことによって、権力への禁欲主義的意志／真理への意志（「他の解釈、他の目標を許さない」理想）から解放され、世界の本質的な複数性を肯定することができる[127]。生を肯定する強力な客観性も実現される。それは、「意志も苦痛ももたず時間を超えた純粋な認識主観」という、観想の理想とはまったく異なる客観性であり、「……一つの事物について**多くの**感情を語ることができ、一つの事物を見るのに**多くの**異なる目を使うことができるにつれて、その事物についての〈概念〉や〈客観性〉は完全なものに近づく[128]」。

アレントによる意見にもとづく政治、遠近法の積極的役割や真理の強制的性質の強調は、ニーチェ的な遠近法主義を政治化した独特の形と見ることができる。そこには、道徳と無縁の事実に対する健全な敬意が保たれている。意見の本質的に遠近法的な性格を肯定する場合に初めて、行為を軽視するプラトン的／道徳的な解釈、実在と現象を分割し現象を非真理として語る解釈の影響から、世界を救うことができる。アレントがニーチェから採用したパフォーマンス・モデルでは、実在と現象は同一視され、複数性についての強烈な感覚が保たれているから、行為の価値と公的領域が無傷のまま維持される。

アレントの闘争的政治行為論には、プラトン主義に対するニーチェの芸術主義的な戦いを足場としたものが多分に含まれている。先に述べたように、これまでのように類似や連続性を論じただけでは、プラトンから現代まで続いているニヒリズム[129]を離脱する道として芸術的なものへ向かう、アレントとニーチェの最も深い結びつきに触れたことにはならない。マイケル・ハールが書いているように、ニヒリズムは「この世界は無価値であり、世界のなかにあるものはすべて価値がない」という断定に始まり、この世界に欠けている（統一、安定性、同一性、真理、美徳といった）属性を有する「真実の世界[130]」を発明して、プラトンが企てた絶妙の技である二世界論によって、**優れて**ニヒリズム的な偉業を達成する。その二世界論では、現象そのものには意味や価値が認められないからだ。（現象しない）何らかの実在の表れである限りでしか、現象には意味が認められない[131]。早くから西洋人は、現実を超越した本質の領域に意味を求める習慣を身につけてしまったのだ。真理や本質への意志に必ず伴うものが「啓蒙の弁証法」であり、真理や本質を求める過程で、「超越的」根拠は激しい懐疑によって崩壊し、真実の世界は寓話になってしまう。西洋文化の中心価値である真理が絶え間なく暴露を強制し、生を肯定する幻想や地平を破壊して、「真理は存在しない――神は死んだ――という真理[132]」へと導く。トレイシー・ストロングが述べているように、皮肉なことにこの真理の発見によっても、われわれは、意味を獲得するためには真理を有する必要があり、意味は真理または普遍的なものと不可分に結びついているという感覚から解放されない[133]。意味喪失の感覚を深めながら、存在しないことがわかっているものを求め続けている。そしてさらに悪いことに、この意味の消滅した状況に安住しているのだ。

ニーチェの芸術主義――真理に対する芸術の擁護、幻想や現象の肯定、真理から自分を救うためには芸術が要るという確信――は、こういう状況を抜きにしては理解できない。アレントの行為に対する芸術的な捉え方は、明らかに、最高価値の価値喪失や伝統や権威の崩壊という同様の世界史的現象への類似した応答である。[134] 現象の領域には――それをニーチェ的に世界の芸術化として広い形で解釈しようと、アレント的に政治的なものの芸術化として狭い形で解釈しようと――、真理への意志から解放された意味、自然や神や人間に関するすべての目的論に潜むニヒリズムから解放された意味が期待できる。ニーチェによって提起された存在に対する芸術的態度も、アレントによって提出された政治的行為の芸術的な捉え方も、絶対者や権威が崩壊して無価値となった世界の救済をめざしている。芸術家や政治的行為者や現象賛美者のように――「表面的に」生きて初めて、ニーチェが『悲劇の誕生』[135] 冒頭に引いた、そしてアレントも『革命について』の末尾に引いた、シレノスの悲劇的な知恵を忘れることができる。公的領域における芸術や行為で起こる現象を称えることによって、それ以外には得られない意味が世界に与えられる。芸術と行為によって世界はすばらしくなり、現代の特徴である意味喪失[136]を免れることができるのだ。

Ⅳ　闘争の制限――差異と複数性・遠近法主義と判断

先に述べたように、アレントは行為を手段とみなすプラトン的/アリストテレス的な考え方を克服する方法として、行為を演劇化している。そこに得られる行為論のパフォーマンス重視の闘争的次元が、複数性を維持するためには不可欠なのだ。そういう行為の捉え方はニーチェによる行為の反プラトン的、「道徳と無縁」な芸術化に負うところが少なくない。アレントとニーチェは、「善悪の彼岸にある」脱中心化された非主権的自由を賞賛する点で一致している。このように見ると、アレントの理論は、ハーバーマスが合意論的解釈で示しているものとはまったく縁遠いものに思われる。しかしその場合、アレントがその反プラトン主義によってニーチェと同様に、闘争的な主体を無批判に支持しているかどうかが問題である。闘争論に制限を加えねば起こる危険や歪曲——（複数性、平等、公共性といった）政治的行為の**前提**そのものを掘り崩しかねない歪曲——に、アレントが気づかないということがあるだろうか。

まともな政治的行為のすべてを支えている「激しい抗争《アゴニズム》」を過度に強調する危険は、アレントにはもちろんよくわかっている。彼女は「哲学と政治」という未刊の原稿のなかで、抗争のためにポリスが壊滅し、遠心力によって分裂する恐れがなくなることはなかったと述べている。[137] 彼女がニーチェによる行為の闘争性に寄せた関心を拡大して、行為と判断の討議的要素を主張しているのはそのためである。彼女の側でのこういう処置は一つの屈服——行為についての軽率な芸術化の放棄——であり、アリストテレスの実践《プラクシス》とか思慮《プロネーシス》という概念に埋め込まれている健全な常識《コモン・センス》への復帰のように見えるかもしれない。しかし強調しておきたいが、アレントは「芸術化された」闘争論の修正に外部の尺度を使っているわけではない。彼女が頼りにしているのは、理性とか対話ではなく**美的センス**なのだ。[138] アレントの政治的判断力の理論では、行為の芸術化を放棄することなく、芸術化を**完成すること**によって政治の闘争的次元が制限されている。彼女によるカントの第三批判の実に風変わりな活用もここから生まれているのだが、ニーチェの完全に闘争的なモデルの主観主義を避けて、アレントが複数性と政治を守ることができるのは、そういう活用をやっているからだ。

闘争的政治論の修正によって、アレントはハーバーマスのような合意論の理論家たちから区別されるとともに、ニーチェに従って議論を戦いとか果てしない闘争とみなす傾向のある（そう考える局面はそれぞれ異なるが、ドゥルーズ、リオタール、フーコーといった）[139] 人々とも区別される。しかしニーチェを非難して、他者に開かれているというより自分自身を顕示または誇示する主体という、公然と闘争的な男性的主体のモデルを奨励していると言うのは、完全な誤りだという反論があるかもしれない。『道徳の系譜』におけるニーチェの道徳的責任主体の考古学全体の要点は、結局、中心に据えられるそのような主体を考え出したとき、その根底に働いていた秘められた強制力や暴力を暴き出すことなのだ。[140]（たとえば『啓蒙の弁証法』でのアドルノやホルクハイマー、あるいは『監視と処罰』でのフーコーのように）現代において『道徳の系譜』を活用する場合には、自己同一的主体の構成の背後にある暴力やパラノイアや病理が力説されている。[141]（多大の犠牲を払って得た境界線を緩めるくらいなら、苦痛や死を選ぶ主体である）本質的に歪められた主体に抗して、ニーチェは芸術的体験という観念を駆使して、禁欲主義的理想である果てしない苦行や禁欲にとどめを刺そうとしたのだと言われる。

ポスト構造主義のおかげで有力なこの種の解釈では、ニーチェは、ヨッヘン・シュルテ＝ザッセの言う「近代的主観性の闘争的個人主義[142]」の偉大な破壊者とされている。ニーチェでもアレントでも自律への批判が核心的な要素である限りでは、そういう解釈を真剣に受け止めたほうがいいかもしれない。しかし自律に対するニーチェの批判では、闘争的主体に類するものはすべて拒否されているだろうか。『道徳の系譜』に限って言うと、ニーチェによる主体の脱中心化や、いわゆる「自由な」行為者の暴露が、単に主体の告発でないのは明らかであって、その批判における主体の積極的イメージが闘争的なイメージに対立するとは言えない。フーコーとちがって、ニーチェにとっては、主体化（*subjectification*）は必ずしも、あるいは単に従属化（*subjugation*）ではない。[143]主体化が従属化であれば、ニーチェは「行為の歓び」の根拠を自己反省の欠如や本能的行動に求めてもよかっただろう。しかし、散見される「黄金獣」という厄介な言葉は別として、ニーチェの分析の要点は、人間が興味深い動物になったのは、まさに主体化という自己歪曲の結果だということにある。「約束できる動物を育てること」、つまり「習俗の倫理」の「巨大な事業」は**単一の**結果をもたらしたのではない。[144] 自己自身に背く意志、自己監視や自己処罰の道具である意志、群れへの順応の道具である意志といった奴隷的意志は確かに存在する。しかしニーチェが「主権的個人」とか「熟しきった果実」とよぶもの、すなわち習練や修得をへて習俗の倫理から解放され、倫理そのものから解放された強固な意志も生まれるのだ。[145]「自由意志の主人」である**そういう個人**は、自分自身に対してのみ責任を負う。そういう人間は動機や目標といった外的な強制から解放され、動機や目的にふさわしい道徳的基準からも解放されている。そういう人間の習練にその種の支えは必要ではない。ニーチェの積極的な主体のイメージは、「自律的かつ超道徳的」な人間であり、断片的な素材に種の一貫した特徴を与え「本来のものとする」習練をへた人間である。そういう人間は自己を支配し、自己を超克して、現実に自己自身となるのだ。ニーチェの考えでは、自己創造でもあるこの自己超克によってこそ、真実の自由が生まれる。

自由とは何か。自己に対して責任ある意志を有することだ。各人を分かつ距離を保っていることだ。苦難や労苦や欠乏に限らず命にも恬淡としておれることだ。自分自身の主義主張のためには自分のみならず、人々をも犠牲にする覚悟があることだ。自由とは戦いと勝利に歓びを感じる男性的本能が「幸福」を求める別の本能を征服していることだ。**自由になった**人間――ましてや自由になった**精神**――は、小売商人やキリスト教徒や雌牛や女やイギリスその他の民主主義者が夢見ている下劣な幸福をにべもなく拒絶する。自由な人間は**戦士**なのだ。[146]

至芸の域に達した主体の自由についてのニーチェのこういう言葉を読むと、「非闘争的」だとする解釈は疑わしくなる。それによく似たアレントの見事な行為者の見方についての解釈も当然、この影響を受ける。自由な行為が本質的に動機や目標というカテゴリーを超えているとすると、自己支配の意識や自分の至芸の顕示から感覚的快楽や権力意識が生まれること以外に、自由な行為にどういう意味があるだろうか。「行為がすべて」と言う場合に重視されているのは、行為の一**貫した特徴**であって、行為の起源とか目標でないことはもう明らかだが、ニーチェによる行為の意図的な芸術的捉え方では、そういう「自律的」行為が、形式を押しつける「制圧過程」[147]以上のものにいかにしてなりうるかが問われている。そうした超克の原型、創造的／独自の解釈の原型として、ニーチェが賞賛するのが芸術家の意志なのだ。それを見ると、アレントに対して問わずにおれないのは、ニーチェに似た主観主義にならない行為の捉え方がどうしたら可能になるかという問題である。(「芸術的」行為の顕著な特質である)**すばらしさ**を求める要求は、真実の複数性を維持することとどうやって調停できるのか。

ニーチェによる行為の芸術化は、闘争的かつ芸術的な行為が世界や自己を創造する力を誇張するところで絶頂に達する。「活動的な」力は「自発的、攻撃的、支配的、形成的」であり、「新しい解釈や方向」を現象に与え続ける。[148]「力への意志」とは、新たに解釈をくだす力によって覇権を獲得する企てだ。そう考えると、世界は任命を待つ「記号の連鎖」にほかならない。このことをニーチェは次のように述べている。「存在するものはすべて、存在するに至った以上、より優れた力によって繰り返し新しい目的のために解釈し直され、取り入れられ、変形され、方向を変えられる。有機的世界の生起はすべて制圧であり**支配**なのだが、あらゆる制圧や支配には新しい解釈が含まれている」。[149]固有の意味とか同一性、あるいは構造というものを失っているので、世界にも自己にも、アポロン的な形成や肯定的価値創造のための無限の機会が与えられている。「芸術家」は新しい言葉を巧みに駆使して、新しい世界観や新しい自己形成の方法を創り出すというわけである。[150]

別の言い方をすると、ニーチェの芸術主義では、行為者と見る者とが分離され、見る者が不要になってしまうのが欠点だ。新しい価値の創造者、新たな幻想の創造者に、観衆への何らかの関心があるだろうか。創造者は、ニーチェと同じように、自分自身の反時代性を認めている。ニーチェのパラダイムで観衆に出る幕があるとすると、それは同時代の解釈の形式としてである。観衆は、行為を解釈する闘争的な解釈者や批評家の集合とみなされている。[151] こういう観点からすると、「真実の世界」の廃絶とともに現象の世界も確かに廃止されてしまう。意味や構造は、行為者や観衆が主観的に設定するものにすぎないからだ。『偶像の黄昏』でニーチェは、「真実の世界」の暴露と現象の世界の暴露とをあっさり結びつけている。[152] その結果、**共通の**世界である現象の世界について語る意味がなくなっている。現象の超越的根拠または超越論的根拠が解体したということは、そういう根拠には「遠近法的に見る」一つの機能としてしか意味も価値もないということである。ニーチェの遠近法主義では結局、現象そのものの実在性も否定され、現象を現実と見る考えは形而上学の遺物にすぎないということになる。

では、アレントは第三批判を活用して、芸術的、闘争的な政治の捉え方の行き過ぎをいかにして免れることができるのだろうか。カントの美学は、アレントが維持しようとする現象の相互主観的本質を主張する際に力になるのか。美的判断力の理論が、政治的行為の闘争的な捉え方を無力化しないで制限するということが、どうしてできるのだろうか。

「文化の危機」という論文でアレントは、芸術作品を行為や発言や行動の「所産」とくらべている。いずれにも共通しているのは、「そこに現れ、他人に見てもらえるような、何らかの公的空間を必要とするという性質である。現象という在り方が実現するのは、あらゆる人に共通な世界においてのみである」[153]。カントの芸術理論は「見て判断をくだす者の立場での美の分析[154]」を提供していて、美の**公共的な**性格によく適合している――、そこに示される美の在り方は、（最終的には）現象が消されてしまうニーチェの見方では排除されていたものだ。ニーチェにとっては、現象は生のために創造された人工物、誤謬、仮象である[155]。その結果、美の問題は、創造者たる生の必要や被造物に表されている生の力という観点を抜きにして論ずべきではないことになる。カントの美学のように、**観想**の立場から現象の世界や美の問題を取り上げることは、禁欲主義的理想というデカダンスの一つのしるしなのだ。ところが――「すべての哲学者のように美学の問題を、芸術家（創造者）の観点から考察するのではなく、見る者の観点からしか芸術や美を考えていない」(GM III, 6) と――ニーチェが特にカントを**非難**していることが、カントの美学理論は**政治**に関連するものだとアレントが考える主な理由なのだ[156]。

　第三批判でカントは、美に関する判断とその対象の特質を明らかにしようとしている。規定的判断と反省的判断を明確に区別して、つまり「(規則、原理、法則といった) 普遍的なもの」が与えられている判断と、特殊なものだけが与えられていて「普遍的なものが見いだされねばならない」判断とを明確に区別することによって、対象をあるものの実例として判断する活動と、対象をその特質のまま表現《レプレゼンテイション》として判断する活動をきっぱり分けるのがその狙いである[157]。美的判断は表現を既成概念の実例として見るのでなく、表現として見るからこそ反省的判断なのだ。カントは――表現としての快・不快についての判断である――美的判断と、――知覚の客観的性質についての判断である――認識判断とを実に厳密に区別して、扱い方しだいで現象が異なる在り方で現れることを強調している。芸術的態度では一種の判断停止《エポケー》がなされ、事物への関心や興味がつきまとっている自然的態度は括弧に入れられている。そのことをカントは第三批判の第二節でこう述べている。「美しいかどうかと問う場合に知りたいのは、現実の存在が自分なり誰かにとって少しでも大事かどうか、あるいは大事になるかどうかでさえなく、単に観察して（つまり直観するか反省して）どう判定するかということである[158]」。

カントが美に関する経験や判断を入念に区別したおかげで、ニーチェとは逆に、現象を過剰な生の何らかの表現[159]と考えずに、現象を判定する方法を考えることができる。カントによる見る者としての考察は誇張もあり形式張っているにしても、生の強烈な関心から除外されていた領域がそれによって開かれる。その領域とは、アレントの言い方では、「実用や実益に関する考慮とまったく無関係に存在し、不変の特質を有しているものに向かい合う[160]」領域である。アレントによると、カントの美学の考え方には、「芸術作品だけが現れることを唯一の目的として作られている[161]」という事実に注意を向けさせるメリットがある。芸術的なものは「現れることと美しいことを本質とする」ものであり、「……現象を判定する適切な基準は美である[162]」が、それは美が精神を向上させるからではなく、美が現象を現象として輝かせるからだ。

したがって「現象を救済すること」には、ニーチェが軽蔑した観想的態度に似たものが前提となる。カントの観点から見ると、真実の芸術的な経験や判断には、**関心抜きの**態度が出来上がっていることが前提である[163]。ところが政治的領域という別の現象の領域で、そういう態度がどうして出来上がるかということになると、途方に暮れざるをえない。しかしアレントは、**政治的**領域に目が開かれるには芸術的態度に似たものが確かに必要だと言う。「文化の危機」では、カントの基本的な考え方をこう説明している。

> 現象を判定する適切な基準は美である。……しかし現象に気づくためには、まず自分と対象との間に一定の距離を保つほど自由になっていなければならず、事物の純然たる現象が重要であればあるほ

ど、それを適切に判断するためにはいっそう距離が必要になる。われわれが自分自身を忘れ、生活上の心配や関心や欲望を忘れて、好き勝手に摑み取るのでなく現象をあるがままにしておくのでなければ、そういう距離は生まれるものではない[164]。

アレントが言おうとしている事柄は実に明白である。政治的行為を正しく扱い、公的領域での発言や行動によって開示されうる意味を回復するためには、見て判断をくだす者は、カントの言う関心抜きの喜びないし満足（*uninteressiertes Wohlgefallen*）に似た態度をとることができなければならない。そういう態度がないと、非主権的な政治的行為から開示する力が失われ、行為は、実利的関心または道徳的関心の観点からしか判定されず、悪くすると権力の表れとしか見られない。真の闘争的政治の特徴である「正々堂々たる振る舞い」を理解するためには、それを見る者が「生活上の必要から解放されて」いなければならない。そうであって初めて「世界のために自由[165]」になるのだ。これが美的判断ないし趣味判断についてのカントの記述が、政治的判断にとって適切なモデルである理由だ。「趣味（美的センス）は世界を現れた姿のまま、世界の在り方において判断する……個人の生活上の関心も自己に対する道徳的関心もそこには含まれていない。趣味判断にとって重要なものは世界であって人間ではなく、人間の生命でも自己でもない[166]」からだ。

政治的領域に適切である「関心抜きであること」の本性や程度の問題は厄介な問題だが、重要なことはアレントがなぜカントに依拠しようとするかを知ることである。闘争的な政治的行為はポリスを分裂させかねない。それを避ける一つの方法は、行為する者が勝利を収めることより、正々堂々と振る舞うことに熱中するようなエートスを培うことである[167]。同じように重要なもう一つの闘争制限の方法は、政治的判断が——発言や行為から引き出した意味が——効果を発揮するのは、見る者の直接的関心から一定の距離が保たれている場合であることを強調するやり方である。切実な生活上の必要や自己の要求を超える際「関心抜きであること」が、行為の評価には不可欠であり、複数性や意見や政治そのものの固有の価値に不可欠なのだ。

しかし、イデオロギーや利害や欲望で動く政治を回避するためには、ある程度は関心抜きであることも必要だが、アレントが政治的行為に対して観想的な態度をとることを勧めているのは皮肉に見える。というのも、『人間の条件』では、観想的（プラトン的）衝動は明らかに反政治的だと言われているからだ。(168)しかしアレントは、テオリアの特徴である観想的な態度に対して、実践的判断をくだす人の特徴である「客観性」を徹底的に区別している。実践的判断の客観性は（ソクラテスのように）自己自身との一致を達成するところに生まれるのではなく、カントの言う「すべての他の人々の立場に立って考える(169)」ことができるところに生まれるものである。「物事を自分自身の観点からだけでなく、居合わせるすべての人の観点から見る能力」とアレントの言う「幅広い考え方」をするには、距離と想像力が前提となる。(170)想像力をカントは、表象する精神能力の自由な活動と述べているが——、想像力によって「他の人の立場に」立って、「自分自身の価値判定に偶然付随している制限(171)」を免れることができる。芸術的——そして政治的——判断が関心抜きの性質のものになるのは、世界から完全に撤退することによってではなく、代理的であることによってである。これこそアレントが「真理と政治」で強調していることだ。

政治的判断には代理という性格がある。当面の問題をさまざまな観点から考え、居合わせていない人々の立場を想像して意見を作り上げるが、これはその人々の立場を代理することにほかならない。

この代理の過程はよそから世界を別の視点で見ている人々が実際に考えていることを無闇に採用することではない。それは、別人と同じ在り方をしようとか同じように感じようとする感情移入の問題でもなければ、賛否を数えて多数派につくという問題でもなくて、実際には自分のいないところで自分独自の形で考えることなのだ。当面の問題をじっくり考えながら想像される人々の視点が多く、また自分がそこにいたらどう感じどう考えるかが十分に想像できるようになるにつれて、代理という形で判断する能力も高まり、最終の結論である自分の意見もいっそう妥当なものになる。(172)

関心抜きの判断力で実現される代理という形の判断というのは、ニーチェの遠近法的な客観性をアレントがカント的に表現したものであり、物事を判断し解釈するために「より多くの」「異なる」目を駆使して得られる客観性である。(173)しかし想像力を働かして開ける視野と、ニーチェの言う「遠近法的な見方」との間には、明らかに決定的な違いがある。ニーチェにとっては「より多くの」「異なる」目をもつことは、信奉されている意味の外見上の堅固さを、意味生成の現場に立ち返って解体し、その意味をすべて相対化するということである。(174)それに対してカントやアレントの場合、判断をくだす行為者の注意を問題の**公的な意味のある**側面に集中させる力が、想像力の活動に認められている。(175)代理という判断力の本性によって、「個人的な制限」や「主観的な私的条件」を乗り越え、現象の完全に公的な側面へ解放されるのだ。

系譜学によって得られる「客観性」と代理の形の判断との違い、つまりニーチェが支持する一種芸術的な距離とカントとアレントが支持するものとの違いは、要するに、ニーチェが「別の惑星から物を見る」と言うやり方と、カントとアレントの「共通感覚」(*sensus communis*)を求めるやり方との違いである。(176)遠近法主義という形のニーチェの芸術主義では、解釈共同体を**超えた**ところ(系譜学的立場)に立つこともあれば、実行可能な「背景となる合意」の存在を否定して、公的領域から認識上の基本要件が奪われてしまうこともある。「神の死」とともにウェーバーの「闘争する神々」[177]が到来するということになれば、共同の議論の場もなければ、真の公的空間も存在しなくなってしまう。リオタールは相異なる言語ゲームの究極の複数性が顕わになったことを、現代における正当化のメタ物語の衰退と結びつけているが、そのとき彼が考えているのも同様のことだ。[178]そういう状況では、判断や解釈は芸術化されざるをえないのであって、ニーチェの言い方をすれば「味の好み」[179]しだいということになってしまう。

カントにとっては、芸術的な距離が意味しているのはその正反対である。先に述べたようにカント[180]は、芸術的経験には客観性は認められないにもかかわらず、美に認められる公共的性格を重視している。公平な芸術的判断では真理を装うことはないが、芸術的満足の対象または根拠は**伝達可能**であることが主張されている。そこには、ニーチェや現代の主観主義的な趣味観念では曖昧になっている、判断としての趣味の特質が示されている。公平な趣味判断の特徴は、純粋な趣味判断が「万人の同意を求め、何かを美しいと言う者は、万人がその対象に賛同してそれを美しいと言うことを要求する」[181]独特の要求にある。趣味判断が伝達可能であることにもとづいて、カントは共通の「世界への感覚」である共通感覚が存在すると考えている。それどころかカントは、美的センスそのものを「一種の共通感覚」だと述べている。[182]

芸術に必要な距離は代理という形の判断によって実現する以上、判定の「根拠」は共通感覚に求められる。これこそアレントが力説している問題である。彼女によると、「共通感覚によって……共通の世界であるという世界の本性が明らかになる。厳密に私的で〈主観的〉な五感や感覚データが、他者と共有される非主観的で〈客観的〉な共通の世界に適合するという事実は、共通感覚にもとづく」[183]。政治にとってのカントの趣味判断論の意味は、判断に関する根拠主義的でない理論で、共通の現象の世界についての感覚を壊すどころか、それを強化することが可能になるところにある。カントの趣味判断の分析では、アレントの言い方をすると「他者との世界の共有が実現する最も重要な活動ではないとしても、一つの重要な活動は判断であること(184)」が明らかにされている。すべての純粋な趣味判断に含まれている公的なものへの要求を解明し、賛否や満足の有無の表現が、判断する仲間の共通感覚に訴えるものであることを示すなかで、そのことが明らかにされている。趣味の問題では人は「他のすべての人々の同意を期待している(185)」のだ。ニーチェの言うのとは逆に、趣味判断は賛同を求め共通感覚を頼りにして、公的世界がそれによって現象という姿を現す活動なのだ。すなわち共同体は、その活動によって「効用や世界内部での生活上の利害と独立に、世界がどのように見え、どのように聞き取られるか、また人々がそこに何を見ようとするか、何を聞き取ろうとしているかを決定する」のである(186)。

したがってカントの判断論によって、(政治的判断は規定的判断であり一種の認識《エピステーメー》だと考える)プラトンの誤った客観主義と、ニーチェによる遠近法的価値判定の主張に見られる主観主義との間に場所があけられるわけだ。趣味判断には妥当性があるが、その「独特の妥当性」は、カント的な意味での認識判断または実践的判断の特徴である「客観的普遍妥当性」とは、まさしく正反対のものとして理解すべきものである。アレントは「その妥当性は判断の際に考慮された他の人々以外に及ぶものではない(187)」という言い方で、それを示している。趣味判断は決定的に視点に依存し、「自分に見えるもの」に依存し、「どういう人にも自分の居場所があり、その場所からしか世界を眺めもしなければ判断をくだすこともない(188)」という事実に依存している。それにもかかわらず、「そこに住む者のすべてに共通である」現象の世界をいつも指し示すものが趣味判断なのだ。アレントの考えるところによると、カントの趣味判断という観念に、政治的判断にとって完璧なモデルが提供されているわけだが、それは、その観念には現象と視点が保存されるとともに、共通の現象の世界が壊されていないからだ。

カントの判断論は、要するに、主観主義で考えられるような見る者を取り去るにもかかわらず、妥当性の根拠を客観的ないし認識的なものに求めようとはしない。[189] 趣味判断には客観的原理がないため、判断は困難であり、妥当性が問題になる場合には説得という手段でしか妥当性は確保できない。そのことをアレントは「文化の危機」で次のように述べている。「趣味判断は［証明可能な事実や論証可能な真理とはちがって］……説得に依存するという点は、政治的意見と共通である。判断をくだす者は——カントが実に見事に述べているように——いずれは自分に同意してくれることを期待しながら〈あらゆる他の人々の合意を得ようと努める〉ほかはない[190]」。

要するに、趣味判断が妥当とされるのは討議によってなのだ。したがってアレントにとって、——代理という形での判断に必要な視点の交換から始まり、どういう判断の場合にも見られる説得の応酬で絶頂に達する——カントの芸術的判断の捉え方は、徹底的に政治的なものだ。[191] そこに求められるのは、交流と討議が行われる過程である。それはリオタールの言う「基準抜きの」過程にほかならない。[192]

カントの趣味判断は、見事な行為の「事態を受け止める側面」である政治的判断に関するアレントの説明に格好のモデルだが、そのもう一つの理由がここにある。ここでは共通であるものまたは公的であるものを普遍的なものに結びつけるのではなくて、現象ならびに判断の相互主観的な性質が主張されているからだ。判断する能力は世界に対する感覚にもとづいているのであって、その感覚には現象の超越論的根拠とか論証による合理性の普遍妥当の基準は必要がない。実践的な問題に真理が介入する余地はまったく**ない**。[193] 一種の趣味判断と見られる政治的判断によって複数性と討議との関係が復活し、判断力の活動により可能性としては、差異が明確になるとともに見聞きする人々に共通の事柄が明らかになり、それによって闘争《アゴーン》を制限できるようになる。アリストテレスや現代の共同体論者とはちがって、見聞きする人々に共通の事柄は**目的**ではなく**世界**なのだ。アレントによると、政治的生活の本質を作り上げているのは合意ではなく**討議**である。(194) カントの趣味判断の捉え方によって、闘争的行為で危うくなっていた討議の空間が改めて開かれるが、そこでは、合意は政治的討議の目的に祭り上げられることなく、一種の統制的理念にすぎぬとされている。

カントに立ち返ることによって、アレントは、闘争的行為についての行為者を中心にした捉え方の反政治的な側面を免れることができた。政治的行為の開示的特質は、判断力を駆使して討議する一群の行為者として考えられる見聞きする人々に大きく依存している。したがって行為の意味は、アレントによると二重の「作者の死」にかかっていると見られる。行為者は、芸術家が作品を作るように意味を作るのではなく、見て判断する人々もある程度、自分を忘れることができなければ意味を救うことはできない。これはアレントの政治的行為や判断の捉え方によって、自己が抹殺されるという意味ではない。自己の統一性は、行為者と判定者の**両者に**開示される過程によって得られ、その過程には中心がないことが重要だという意味である。明らかなように、見て判断する人々も、討議する行為者という役割で「発言と行為」に参加している。アレントが注意を与えているように、「判断の仕方で人はある程度自分自身を、つまり自分の人柄を開示するが、その開示は意図して起こるものではなく、個人独特の表現が少なければ少ないほど説得力があるものだ」。(195)

したがって闘争が制限されるのは、行為の芸術化からの後退によってではなく、反プラトン主義の衝動を徹底的に発揮することによってである。カントに示唆された判断論による行為論の「完成」には、行為をヒロイックまたは異常なものとする見方が生きている。ただそこでは、力点が世界や自己の創造から、

「偉大な」発言や行為の世界を照らし出す力へ、行為の**美**へ移されている。美しいものが公的な現象として確認されるのは、世界への関心を有する見聞きする人々がいるからだ。「文化の危機」で偉大さと美を結びつけているところほど、アレントの「芸術的」な政治の捉え方と、ニーチェによる生の芸術的な捉え方との違いが明らかにされている箇所はない。

一般的に言って文化には、行為する人々により政治的に確保される公的領域が、現れてすばらしくあることを本質とするものに、その本質を発揮する空間を提供することが示されている。言い換えれば文化に示されているのは、対立も緊張もある芸術と政治が、相互に関連し相互依存の関係にさえあるということなのだ。放置すれば世界に跡形も残さず消え去る政治的経験という活動とくらべると、美は不滅性の顕現である。発言や行為の偉大さは束の間のもので、美が加わらない限り持続できない。美がなければ、すなわち潜在する不滅が人間世界に顕現する輝かしい栄光が存在しなければ、人間生活はすべて不毛なものとなり、どういう偉大さも持続しえないだろう(196)。

アレントの「芸術主義」は世界への愛にもとづく芸術主義であって、ニーチェのものとは決定的に異なっている。ニーチェの芸術主義は**芸術家**の芸術主義だからだ。アレントの著作に繰り返し現れるテーマは、政治と哲学との間の緊張の強調と同様に、芸術と政治との対立に関わっている(197)。芸術と政治の対立は、政治的行為の現象学に対する芸術の現象学から生じているのではない。先に述べたように、両者は実によく似ているとアレントは考えている。アレントによると、芸術家は世界を目的・手段の観点から見る一種の工作人である。芸術家はプラクシスをポイエーシスから切り離して考えることができない。活動そのものよりも作品のほうがいつも優先している。その結果、パフォーマンスが軽視され、行為が誤解されることになる。

もちろんニーチェは、アレントほど工作人を無用視することはない。もっとも、アレントが力を込めて批判するのは、製作そのものではなく、製作という特定の態度を普遍化することである。だがアレントの視点から見ると、芸術家 - 哲学者であるニーチェが、形成する力への意志の表現として「国家や政府を芸術作品とみなす、広く行きわたった誤謬に陥っている」のは明らかだ。[198] プラトンの『国家』が「総合的傑作」としての国家、芸術作品としての国家という言葉の生みの親である。プラトンがラクー = ラバルトの言う「模倣術《ミメトロジー》」の観点からこのメタファーを使ったのに対して、ニーチェが繰り返し呼応とか一致というメタファーを斥けているのは事実だが、両者に根本的に共通するところがあることに変わりはない。[199] プラトンもニーチェも行為を、本質的にパフォーマンスとみなすのでなく製作とみなしている。ニーチェの場合には、ポイエーシスに根本的に別の意味合いがあるのは確かだが、自己創造や自己超克という活動では、プラトンのパラダイムを転倒して壊すまでには至っていない。ニーチェでは古典的な意味での目的《テロス》という概念は破壊されているかもしれないが、製作というモデルには依然として重要な意味が残されている。したがって、行為の伝統的モデルを脱構築する企てにニーチェの反プラトン主義は重要だが、複数性や差異を**政治的な**仕方で考えることにニーチェが貢献したかと言うと、そこには決定的な限界がある。ニーチェが本質的に「存在の美学」という視点で考え、一切の目的から解放された自己創造の企てという視点で考えている限り、彼の差異を肯定的に評価する考え方も詩的なものにとどまっている。芸術家の活動と同じように、それが十分に表現されうるためには、「公的なものから孤立させ、公的なものから隔離され、秘匿されねばならない[200]」。ニーチェが採用している詩的で、結局は反演劇的である枠組によって、アレントのような考え方は妨げられてしまう。アレントは、一種独特の条件のもとで公的領域は複数性によって構成され、差異の完全な明確な表現を可能にすると考えるからだ。

したがって、(誤解されかねない言い方だが)アレントの政治の「芸術的」な捉え方とよんだものを認める場合に、アレントの政治的判断論に含まれているニーチェの芸術主義への批判が非常に重要である。アレントはプラトンからシラーやヘーゲルを通って、ニーチェに至る伝統とは異なり、芸術作品という国家像を慎重に避けている。はっきり言うと、アレントによる政治の「芸術化」は、カント以後のドイツ哲学の伝統による芸術と政治の融合と根本的に対立しているのだ。(201)ニーチェの芸術主義の「詩的」な特徴には、彼が自称する「ダイナマイト」でないことが示されている。ニーチェはキルケゴールやマルクスと同様に、伝統に反抗したものの、伝統の概念構造から完全に解放されることはなかった。(202)アレントによると、ニーチェの失敗は予測できることだった。ニーチェの価値転換は、伝統の概念の序列を**逆転させて**伝統を転覆するという形で起こるからだ。そういう「転倒」というやり方は、脱け出そうとする構造の内部に囚われる結果にしかならない。したがってニーチェの「転倒したプラトン主義」は、哲学を超えようとしたマルクスの試みとともに、伝統との本当の決別とはならず、伝統の終末になっている。(203)ニーチェは行為を製作と同一視する哲学的／プラトン的な見方の犠牲になって、結局、哲学による忘却から行為と複数性を救出するのに必要な手段を提供することができない。ニーチェとともに考えている限り、行為の本質を十分に考え抜くことはできない。

第2部　アレントとハイデガー

第4章　アレント政治理論のハイデガー的根源

自由の本質は元来、意志と結びついているものではなく、まして人間の意志と結びついているものではない。

——ハイデガー『技術への問い』

政治に関わる自由は意志の現象ではない。……人間は自由を有するというよりも、人間が、あるいは人間の生誕が宇宙における自由の出現にひとしいのだ。……人間が始まりであるからこそ、人間は始めることもできる。人間であることと自由であることとは同一なのだ。

——アレント「自由とは何か」

現存在は自らの開示性である。

——ハイデガー『存在と時間』

I　序論──アレント行為論の存在論的／政治的連関

アレントがカントに立ち返ったことで、ニーチェのアゴニズムの反政治的な側面が浮き彫りになるとともに、彼女の自由、行為、判断の再検討に存在論との関連という特徴があることも明らかになった。カントの美学に頼ることは、政治的行為の出現という性格と、出現の空間──**公的な**世界──の存在を強調することだ。変化に富む現象の世界の現実が、（プラトンに始まりニーチェに終わる）形而上学の伝統のなかでは繰り返し否定されてきた。プラトンにとっては、──民主政治という──現象の世界は影の領域にすぎなかった。ニーチェにとって（共有の現象の領域と理解された）「仮象の世界」は、「真実の」世界の露呈とともに消滅するものでしかなかった。

アリストテレスやカントとの間だけでなく、ニーチェとの間にも、アレントにとって裂け目のあることがこれで十分理解できる。客観主義と主観主義の対立は、ニーチェの反形而上学的思想によってドラマ化されたが、アレントの視点から見ると、それは徹底的に反政治的なものに思われる。その対立の（古代と近代の）両極のどちらでも、政治的行為によって開示され照らし出される世界が曖昧にされている。アレントは哲学による忘却から、公的世界（および世界内部の行為）の記憶だけでも救い出そうと考える。しかし、客観主義と主観主義の対立を脱出するのは容易ではない。プラトンと（罪は軽いが）アリストテレスが始めた反政治的な語り方が執拗に引き継がれたばかりか、それが近代の「世界からの疎外」と結びついて、現実の世界は人間にとって限りなく疎遠なものになっている。現実の世界を「回復」させて、行為、自由、判断力、複数性を**政治的に**考えるためには、観想の伝統によって歪曲される以前の「本来の姿」に回帰するという、独特の戦略をとる必要がある。

アレントはこの「根源への回帰」を容易にするため、『存在と時間』序論の脱構築（Abbau）と反復というハイデガーの二重戦略を採用している。アレントの目標は、（「真実の」〈存在〉を重視する）伝統的存在論の偏見を解体し、製作によって行為を代替する伝統的なやり方の限界を顕わにして、哲学以前のギリシア人の政治的経験の驚くべき核心を明らかにすることだ。[1] その企ての「否定的」な側面は、『存在と時間』で予告された「存在論の歴史の破壊」によく似ている。「肯定的」な側面は、ギリシア人独特の経験を参照して、行為や公的領域の現象学を構築することだ。そこには、物象化された主体／客体という区別の背景を究明して、理論以前の世界内存在の構造を解明しようとする基礎存在論の試みが反映している。

しかし、アレントの企てとハイデガーの思想との類似は、「方法」の問題に限らない。本章の出発点は、ハイデガーによる人間的自由の問題の存在論的把握が、パラダイムの根本的変換に影響を与えているというテーゼである。その転換が、自由を「世界内部の触知可能な現実」[2]として考えるために、決定的に重要である。ハイデガー自身は、自由を主体の性質でなく在り方として捉えることによって与えられたチャンスを生かせなかったのは明らかだ。アレントはハイデガーの実存論的‐存在論的アプローチを活用して、主観主義を排して、政治的な自由や行為や判断の現象を正しく把握しようとしていると考えられる。行為を非主権的な開示として理論化する際、彼女は『存在と時間』や「中期の」著作の最も重要なテーマを活用する。それらのテーマは、ハイデガーによる有限性、偶然性、世界性（＝世界への依存）を人間的自由の構造的要素として強調すること、あるいは開示性（Erschlossenheit）ないし露呈性（Unverborgenheit）としての人間存在の捉え方、本来的（eigentlich）な開示と非本来的（uneigentlich）な開示の区別、さらには開示ないし「明るみ（Lichtung）」の場としての現存在（Dasein）の「現（Da）」という考え方などだ。

本章の第II節と第III節では、こういうテーマが、アレントの人間活動の序列や政治的自由や政治的行為の捉え方や、彼女の公的領域の存在論にいかに浸透しているかを述べる。そこにはつながりが認められるが、そのつながりは根が深く、決して単純ではない。アレントはハイデガーの単なる「弟子」ではない。[3]テーマのつながりが見られるのは、アレントのハイデガー活用の最初に目につくレベルだけだ。影響のもっと深いレベルは、ハイデガーの超越と日常性のダイナミックスを、アレントが実存論的連関から政治的連関へ転換する事情を考えないと明らかにならない（第5章）。アレントでよく問題にされる公的なものと私的なものの関係や、自由と必然の関係、あるいは意味と効用の関係、さらには政治的なものと社会的なものの関係などについての記述は、ハイデガーの本来性と日常性、開示と隠蔽の間の独特の複雑な関係の反映として理解する必要がある。そういう——家庭の「暗さ」と公的領域の「輝かしい明るさ」との対比から、目的・手段のカテゴリーを普遍化して真実の政治の可能性を掘り崩す工作人の傾向への批判に至る——事柄についてアレントが述べることの大半は、ハイデガーの超越と頽落（*Verfallenheit*）との対比を受け入れた結果だ。ハイデガーと同様、アレントは「本来的開示」を求めるところに、超越の能力が示されると考える。しかしその人間特有の能力が、自由の偶然性よりも日常生活の「必然」や「平穏」を好む傾向によって掘り崩されると考える。そこから生まれたのが、「著しく闘争的」または「革命的」である精神によって活性化されている場合に初めて、公的領域が真実の開示の空間でありうるという主張だ。そこにも、ハイデガーの「決意性（*Entschlossenheit*）」という問題の多い観念との共鳴が認められる。また「自動的」過程の海原に創造される数少ない「自由の島」に関する、彼女のペシミズムもそこから生まれている。「開かれた空間」の消滅についての完全にハイデガー的な感覚が、アレントにはつきまとっている。[4]

アレントがハイデガーの影響を受けているという考えに、異論のある人はまずいない。多くの場合はごく曖昧な言い方でだが、彼女はハイデガーに借りがあるとはよく言われてきたことだ。彼女の政治理論の傾向や「危険」を判定するとき、問題のありそうな側面は案の定ハイデガー由来のものだ、という独特の意見がよく聞かれる。たとえばマーティン・ジェイ、リュック・フェリー、アラン・ルノー、リチャード・ウォーリンたちはみな、アレントの「演劇的」な行為の説明の「決断主義的」または非合理主義的な要素と思われるものを強調し、――それはハイデガーに由来すると考えている。[5] こういう傾向の批判は、レオ・シュトラウスによるハイデガーの「実存主義」についての記述とも共鳴する。シュトラウスが実存主義は「すべての客観的な合理的認識の根拠として見いだされるのは、底知れぬ深淵だけだという自覚から始まる」と主張しているからだ。[6] アレントがハイデガーに従って、自由を行為の「深淵じみた根拠」[7]と見る限り、彼女も同様に、（シュトラウスが現代の「歴史主義」に対立させて、「恒久的なもの」と言う）理性、自然、論証による合理性などにもとづく基準を拒絶しているように見える。ジェイによると、そういう基準を拒絶すると、「自律的」行為に対する「手段として有効なすべての規範的強制」を排除することになる。その排除の結果、行為のための行為、政治のための政治（*politique pour la politique*）を賞賛するという認めがたいことになってしまうのだ。こういう見方をして、ジェイは何のためらいもなく、「実存主義者」であるアレントは、アルフレート・ボイムラーやエルンスト・ユンガー、さらにはカール・シュミットの仲間だと決めつけている。[8]

嘘を連想で塗り固めるようなやり方でハイデガーを持ち出すのは、解釈としては疑わしく、思想的にも怠惰だ。アレントが「決断主義的」に見えるのは、彼女による政治における意志への批判や暴力に対する非難、さらには意見《ドクサ》にもとづく合理性の強力な擁護を考慮しない場合だけだ。それにもかかわらず合理主義者や自由主義者は、アレントによる自律的政治の提唱や、行為の創始という特徴の強調に不安をいだく。このほうが根本的に問題だ。批判者たちは――いわば望遠鏡でぼんやり覗いて――そういう反応を起こしているが、その反応は実は、アレント政治理論の中心的動機の一つである、政治的行為や判断を根拠抜きで考えようとする熱望に対して起こっているものだ。

行為や判断の根拠喪失――行為の仕方や判断の方法を示す「手摺」ないし超越的基準の欠如――が、アレントの著作全体を貫いているテーマである。このテーマは、『全体主義の起源』での「人権」に対する懐疑的態度に初めて現れたが、その後、現代における伝統の崩壊や権威の喪失についての考察で明確になり、判断の本性に関する未完の著作の背景にもなっている。アレントの政治理論は、行為や判断の問題に関する形而上学**以後の**徹底的な思索だと言っても過言ではない。この角度から見ると、アレントによる行為や判断からの「根拠剝奪」には、行為の実存主義的特権化が示されているのではない。そこに示されているのは、理性や理論によって行為や判断のために政治の外部にある根拠を確保できるという、「権威主義的」な考えに対する根深い敵意なのだ。アレントによると、その種の根拠を求める欲望は、自由の「重荷」や自分で思考し判断する「重荷」からの解放を求める欲望にほかならない。

人事の領域を超えた根拠という考えによって、ライナー・シュールマンの言う形而上学の「バックボーン」が提供される[9]。それによって第一哲学と実践哲学の区別が可能になり、(厳密な伝統的な意味での「存在論」である)第一哲学に示される原理ないし基準への依存関係によって、実践哲学が規定されることになる。また、認識と行為の分離が可能になり、政治的関係を――美徳や理性や知識を原理として定められた支配者と被支配者との――序列ないし権威の関係として再構成できるようになる。アレントは、西洋における権威という歴史的事象は、形而上学の開始とともに始まり、その衰退とともに消滅したと見ている。[10]「権威とは何か」という論文で強調されているように、(理性や真理や能力などによる)一般に受け入れられた非暴力的な強制を使うことが、権威主義的支配の必要条件であり、その使用を支えているのが超越的基準への依存である。しかし「超越的なもの」は人間行動の規則として身近に現れるわけではないから、この依存関係にはパラドックスが含まれている。(観想の達する領域である)「実在」と人事の領域の媒介を達成したのが、プラトンによる製作経験への転換だ。製作の経験で行為を「言い換える」手頃なメタファーが与えられると、実践的要求に適した実在のイメージも(「イデア」として)与えられた。[11]その結果、理論と実践の分裂が確定し、それが伝統全体にとって権威あるものになり、行為を手段に矮小化して、哲学が示す真理を政治的領域に適用することになった。行為を手段視する目的主導型の捉え方は、西洋の伝統では決して本当に問い直されたことがなく、行為は「哲学的なものの実践的達成」とみなされてきた。[12]

アレントにとって伝統の崩壊とは、要するに基準を設定する「始元」に頼れなくなったということだ。権威が終焉した――そして行為の究極的根拠が消滅した――結果、形而上学にもとづく自由や行為や判断の概念は、明らかに考え直さねばならない。この問題を認めなければ、理論的な自己欺瞞に陥って、古い手摺に頼るか新しい手摺をみつけるほかはない。今日では、(行為や判断を「究極的」基準に合わせて)保護してもらおうとする願望に対して、一つの確信が現れている。それは、自由民主主義は形而上学的正当化に頼る必要はなく、伝統的な根拠主義的衝動からの「解放」も簡単なことだという爽やかな確信である。そういう確信はリチャード・ローティやジョン・ロールズの最近の著作とも結びついて、形而上学は一種の根拠主義的な議論とされ、その種の正当化は他の奇妙な時代錯誤と同様、片づけるべきものだと考えられている。[13]政治を語る言葉に反政治的(観想的)伝統が浸透していることを無視しているのが、そういう考え方の欠点である。「ポストモダンのブルジョア・リベラリズム」では、根拠は追求されないが、一連の伝統的概念が手つかずのまま残っているのだ。その種の反根拠主義では、現状が肯定されるところに浅薄さが見られる。「哲学はすべてを現状のまま残す」というわけだが、——政治理論の用語も偏見も反省されずそのまま残っている有様だ。

根拠主義者も反根拠主義者も同じように、伝統の内部崩壊で到来したチャンスを十分に生かしてはいない。アレントにとっては、伝統の崩壊という出来事は、行為と判断を自律的活動として理論化するチャンスなのだ。その理論は、政治の外部の究極的なものによる支配だけでなく、政治に敵対する哲学的伝統が人事の領域に押しつけた、政治と異質な語り方からも解放されている。アレントによる行為や判断の「根拠剥奪」を客観的に評価するには、**こういう**状況を把握することから始めなければならない。形而上学的合理性の終焉とともに、奇妙な空間が出現したのだ。その空間では高次の目的は終焉を迎えたが、行為を手段とみなし判断を「既成のカテゴリー」か「慣習的法則」の適用と見る見方は残っている。[14] そういう従来通りの見方のために、政治的領域から固有の威厳が奪われるだけでなく、自立的に行為し判断をくだす特権まで奪われているのだ。

II　自由の深淵と現存在の開示——世界性／偶然性としての自由

アレントはどの著作でも、自由を世界内部の出来事として、複数の人々の間での行為に現れる現象として考える際の困難を強調している。(簡単に言うと) 問題は、自由に関するギリシア哲学と初期キリスト教にもとづく偏見が、伝統的に拡大され引き継がれてきたことだ。ギリシア哲学は政治的領域に現れる自由を斥けて、観想的生活（*bios theoretikos*）の優越性を主張し、初期キリスト教は、確実な公的世界の消滅を補うために、自由を内的領域に位置づけた[15]。歴史的には、自己支配というプラトン的理想が、パウロによる内的に分裂した意志の発見と結びついて、アレントが派生的な現象とみなすもの——つまり意志の自由、内面的自由——が、元来「世界内部で感知できる現実」として経験されていた自由に取って代わった[16]。意志と自由を同一視するキリスト教的／哲学的な考え方によって、世界内部の自由の感知できる現実が見えなくなった。その成り行きが、政治理論に「致命的な結果」をもたらすことになったのだ[17]。

政治的領域の非主権的自由が現実に考えられないため、アレントは**哲学的**自由（意志の自由）と**政治的**自由（「複数のわれわれ」の自由）とのモンテスキュー的な区別を改めて力説する[18]。非主権的自由が現実に考えられないことが、アレントが自由の感知可能性、自発性、偶然性を有効に表現できる行為モデルを探求する動機にもなっている[19]。そういう——自由を主体の能力としてでなく「在り方」として、世界に属する非主権的な形で考える——努力は、自由を意志に還元する習慣だけでなく、「絶対的な」始まりがあるという考え方に当惑するという事情もあって、困難をきわめる。「自発的創始」の能力を本当に肯定した唯一の哲学者であるカントは、その能力が時間的連続そのものを揺るがすと思われるパラドックスに着目した[20]。そういう自由の一見恣意的と見える性質（無からの創造［*creatio ex nihilo*］に匹敵する人間の能力）を考えると、偶然性という犠牲を払って自由を獲得するよりも、「必然性への信頼」のほうが、伝統的に好まれてきたのは驚くべきことではなかろうか[21]。

行為の自由が無根拠であるという特質——信頼できる因果の連鎖によっても、アリストテレスの可能性と現実性というカテゴリーによっても、説明できない行為を前にすると……無の**深淵**に臨むような特質

——を考えると、哲学者が必然性を好み、実体論によって創始を取り戻そうとする事情はよくわかる。[22] アレントが『精神の生活』の最終章に記しているように、この問題について自己欺瞞に陥ったのは哲学者だけではなかった。驚くべきことには、「その活動の性質そのものから自由の立場に身を置くべき」人々である「行為する人々」でさえ、アレントの言う「自発性の深淵[23]」の前でひるんでいる。行為する人々の自己欺瞞は、一八世紀の革命家たちが西洋の伝統の創設神話に含まれている「策略」、すなわち「**新しいもの**を古いものの改善として理解する[24]」トリックに頼るところにきわめて明白である。「絶対的創始」という考えが「職業的思想家たち」には重荷になったように、「絶対的に新しいものを求める革命的パトス」は「行為する人々」にとっても余りにも重い荷物だったのだ。

政治的行為の根拠抜きの自由を肯定するためには、どういう方向へ向かうべきか。自由を幻想的だとか耐え難いものとする偏見の枠組を突破するためには、進路をどう変更したらいいだろうか。すでに簡単に示した理由で、その変更の企てにはカントはほとんど役立たない。『精神の生活』にアレントは、「自由という贈り物に対して偶然性という代償を払う覚悟」があったのは、一三世紀の神学者ヨハネス・ドゥンス・スコトゥスだけだと述べている。『人間の条件』と「自由とは何か」では、『神の国』でのアウグスティヌスの自由概念を支持することを明確にして、「……自由はそこでは人間の内面的性質ではなく、世界内部における人間存在の特徴として把握されている」と述べている。[25] しかしスコトゥスによる偶然性の肯定も、アウグスティヌスによる（「人間は始まりであるがゆえに始めることができる」という）人間生誕の捉え方もそれだけでは、アレントの政治理論の前提であるパラダイム変換に影響を与えていないのは明らかだ。その政治理論の前提となっている人間的自由の存在論的把握や、非主権性や開示性の強調に、ハイデガーの特徴、特に『存在と時間』の特徴が見られることは議論の余地がない。

以下では、アレントの政治行為論が求めるパラダイム変換に、ハイデガーによる人間的自由の「問題」の実存論的・存在論的な捉え方からのどういう影響が認められるかを取り上げる。ハイデガーは自由を実存論的かつ存在論的に考えて、意志という根拠を完全に捨てて、世界内存在の一つの在り方として自由を解明する道を開いている。不十分だったとしても、それは、アレントの政治理論が企てている世界**に属する**一つの在り方としての自由の解明にとって必要な一歩であった[26]。

*

シェリングの『人間的自由の本質』(一八〇九年)についての一九三六年の講義で、ハイデガーは次のように述べている。

シェリングの論文には——結局は誤った問題設定のため適切な問いではなかった——自由意志の問題と共通するところは何一つない。この論文では自由は人間の性質ではなく、むしろその正反対であり、人間はせいぜい自由の一つの性質だからだ。自由はその環境においてのみ人間が人間となる、広範な包括的な存在の次元である。人間の本質の基礎は自由のうちにある[27]。

この一節でハイデガーが述べているのは、シェリングの説明というよりも、人間的自由の問題についての自分自身の捉え方である。そして(フレデリック・ダルマイヤーが指摘しているように)シェリング講義には、自由に関するハイデガーの思考における移行の契機が示されていて、その後に起こる「転回

（*Kehre*）」を予期させるが、そこには『真理の本質について』という一九三〇年の論文と『人間的自由の本質について（*Vom Wesen der menschlichen Freiheit*）』という同年の講義に現れるテーマが要約されている。[28] これらのテクストの底には、自由を自由意志ないし選択と同一視する伝統的な捉え方を乗り越えて、人間存在の根拠としての自由という存在論的な捉え方を明確にしたいというハイデガーの願いがある。

ハイデガーの捉え方は次のように要約できる。自由の問題の伝統的捉え方は「人間とは何か」という問いに対する答えを前提していることを確信して、ハイデガーは（独特の原因として捉えられた）意志から、〈存在〉に対する人間の開けまたは振る舞いという根源的現象に注意を向け変える。『真理の本質について』に、ハイデガーはこう書いている。

> 自由は、常識的に選択の際の不安定な気まぐれのように言われているものだけではない。自由は可能または不可能なことについて強制がないだけではない。また自由は、求められ必要とされるもの（したがって何らかの存在者）へ向かいうるということでもない。（「消極的」自由や「積極的」自由を含む）あらゆる事柄に先立って、自由は存在そのものの開示への関わりである。開示性そのものが脱 - 自的な関わりに依拠するのであって、開かれた領域の開けである「現（*Da*）」が現実のものとなるのはそうした関わりにもとづく。[29]

自由に関する開示という存在論的な捉え方を明らかにし、世界性や偶然性という次元がそれによって肯定されることを示すためには、『存在と時間』（一九二七年）に向かわねばならない。自由を意志や一種の因果性と同一視することを、ハイデガーが根本的に問題化し始めたのがこの著作である。自由についての

「主観主義的」見方と決別して初めて、目的主導型の行為概念ないし目的論的行為概念、つまり行為を（目的を設定する）理性に導かれ、意志によって支えられるものと見る見方を問題化する道が開かれる。[30]因果という言葉に対立する存在論的な言葉で自由を考えて初めて、アレントが「自由である限り、行為は知性の指導下や意志の指令下にあるわけではない」とか、「自由であるためには、行為は一方では動機から解放されていなければならず、他方では予見可能な結果として意図される目標からも解放されていなければならない[31]」と言うのは真実であることがわかってくる。言い換えると、ハイデガーが『存在と時間』で示した転回を行わない限り、複数性の領域での行為の非主権的な自由が、まさに**自由で**あることは理解できない。

政治的行為独特の自由を把握する場合に助力を求めるにしては、『存在と時間』は、一見奇妙な場所のように思われるかもしれない。〈ひと〉の「雑談」で引き継がれてゆく「公共的世界解釈」への攻撃は言うまでもないが――本来性、死への存在、「良心の声」が強調されているため、多くの人々が『存在と時間』をきわめて非政治的な著作であると考えた。[32]実を言うと、アレントも一九四七年の「実存哲学とは何か」という論文では、『存在と時間』を公然と非難して、ハイデガーの言う「自己（*Selbst*）」はロマンティックな主観性のきわめて肥大した最も新しい形だと主張している。[33]しかし八年後の「最近のヨーロッパ哲学における政治への関心」という講義では、辛辣な調子は控えて、もっとバランスのとれた賛辞を述べている。注目すべきことは、アレントがハイデガーにおける「自己」の重要性を軽視して、歴史性（*Geschichtlichkeit*）と世界（*Welt*）という概念を強調していることだ。世界概念をアレントは「ハイデガーの哲学の中心に」あるものと見ている。[34]アレントは以前は自分の師であるカール・ヤスパースのコミュニケーションへの注目を、ハイデガーの「実存論的独我論」よりも高く評価していた。この講義では、ヤスパースの対話論的モデルの致命的な欠陥を指摘している（アレントによると、「我／汝」という関係をいかに拡大しても、政治の「複数のわれわれ」には達しない――これは、彼女が『精神の生活』でも繰り返す批判だ）[35]。アレントはそれとなく、ハイデガーの「世界」という概念には、政治的領域の現象学的研究にとって、有益な出発点が見いだせると言っている[36]。

ハイデガーの存在論的自由論は、彼の「世界」概念、とりわけ『存在と時間』における「世界内存在」という人間存在の捉え方から生まれている[37]。ハイデガーがこのやや無様な言い方を使うのにはいくつか理由がある。第一に彼は、人間存在を基本的に理性的動物として事物的存在のように扱う傾向を避けようとした。「世界内存在」が――**実存**という――人間固有の在り方を他の在り方から区別するのに役立っている。人間存在だけが「世界内存在」なのだ。第二に彼はこの言い方で、デカルト的認識論やカントからエトムント・フッサールまでの表象主義的問題設定に組み込まれている存在論的偏見を相手に戦っている[38]。ハイデガーの根本的批判の要点は、認識論的アプローチは行為者を**まず**世界の外部に置き、本質的には相関的なものを物象化して実体／主体とし、物ないし客観的領域とみなされる世界にそういう存在者を対置させていること、その結果、人間存在が本質的に状況的であり（本質的に**関与していて**）、観察者という比喩を使って人工的な距りを設けるという特徴が見失われているというものである。そこから第三に、ハイデガーは、存在者との原初的ないし根源的な出会いが、認識や理論という性格のものであることを問題化する。世界を主観と客観に分割するデカルト的分割によって、出会いの一つの形である**認識**が誤って優先され、その結果人間の「本性」について疑問の余地のある記述がなされたのだ。ハイデガーにとって「世界の認識」は派生的な関係であって、認識ではなくて実存（すなわち世界内存在）こそが人間の本質的な在り方である。周知のようにハイデガーはこのことを「現存在（*Dasein*）の〈本質〉はその実存にある」[39]と言い表す。

ハイデガーの主張では、われわれは（デカルト的イメージで描かれるように）世界と対立しているのでも、世界の外部にいるのでもない。われわれと同様な他の存在者とともに、常にすでに世界の内部にいる。さらに「世界」は、われわれや事物の全体が鞄に詰められるように押し込まれた単なる容器ではない。「世界」は外部にある一種の超存在者でもない。「世界」はわれわれ以外の存在者の領域をさすわけでもない。「世界」とは「現存在そのものの特質」[40]なのだ。ハイデガーの主張によると、「世界」は人間存在すなわち現存在（文字通りには「現‐存するもの」）を構成する基本的な実存論的構造（*existentialia*）の一つである。「世界」は事物の総体ではなく関係の総体であり、──ハイデガーが「装置的」と言う──道具連関の包括的ネットワークである。[41]われわれがまず出会うのは事物的なもの（*vorhanden*）ではなく、「のために」という関係における機能や役割という観点で見られる道具である。道具関係の全体であるこのネットワークは、[42]理論に先立って、（ハイデガーが「配慮」とよぶ）実践的関与に特有の「見方」によって与えられている。「世界」は根源的には「見られる」のでなく「住まわれる」のだ。住むことによってこそ、われわれは存在者が現在の在り方に達する種々の状況と親しくなる。『存在と時間』からハイデガーの有名な例をとると、ハンマーがハンマーであるのは、事物としてある性質を有しているからではなくて、われわれの実用的関心の連関のうちで何らかの機能を果たすからだ。ハンマーは作業場で「（道具として）手もと（*zuhanden*）」にある。ハンマーは一連の「のために」という関係のうちに、すなわち物を作り上げるということで成り立っている関係のうちにある。[43]その関係を方向づけているのは現存在の実存論的関心だが、その関心によって組み立てられているのが、ハイデガーの言う「関与の全体」[44]にほかならない。したがって理論に先立つ全体の把握によって、あらゆる活動や実践の前提である基礎理解が得られる。

「世界」は、意味の可能性にとっての一種超歴史的な条件なのだ。「世界」によって、カーステン・ハリエスの言い方をすると「理解可能性の空間」が与えられるが、日常の行動ではその事実はいつも見過ごされている。(45) ハンマーが壊れて初めて、その目立たない装置という在り方が一変して、単なる客観として事物的存在が姿を現す。(46)「のため」という関係のコンテクストが意識されるのは、装置が機能を停止したときだけだ。そのコンテクストは実践的な配慮によってあらかじめ与えられているが、「曖昧になっている」わけだが、それが「はっきり」して世界の「世界」としての性格が明確になるには、「妨害」が必要である。(47) 妨害が起こらず日常的活動に「没頭」している限り、地平としての世界の現象は、道具を使う状況そのものが見過ごされているのと同じように、見過ごされたままだ。

ハイデガーが描いている「仕事の世界（*Werkewelt*）」には、手段と（「のために」という）目的論が行きわたっている。これが工作人が作り出し動かす「世界」についての、アレントの記述の手本になっているのは明らかだ。ハイデガーとは対照的に、アレントは人間活動の前提をなす一連の背景である理解や実践としての「世界」の「超越論的」在り方に対して、世界および世界内部にある事物の永続性を強調する。それにもかかわらず、両者の類似は顕著であって、後に示すように、ハイデガーもアレントもある種の「本来的」な活動や「見方」や理解を、工作人あるいは「日常に没頭した」現存在に顕著な日常的な世界の見方と対置している。

世界内存在の「世界」の特徴は以上述べたとおりである。次にハイデガーに従って、この「構造全体」の第二の要素である世界内存在という存在者を取り上げる。現象学的には、この——現存在という——存在者の存在はまったく「各自のもの」である。現存在は事物的存在ではない。現存在は「何」ではなく「誰」である。(48) そして現存在が「誰か」という問いには、ハイデガーが言っているように、「〈私〉自身とか〈主体〉とか〈自己〉という言葉で答えられる。〈誰〉とは経験や行動の仕方は変わっても同一なものとして持続するもののことである」[49]。しかし現存在が「誰か」という問いに対するこの答え方は――現存在を「他の存在者と似た形で」(「何」として、事物的存在として)取り扱う誘惑を免れてはいるが――やはり間違っている。その答え方が指し示すものは、デカルトの「疑えぬ我」であり、孤立によって主体となっている主体にすぎない。しかしハイデガーが注意しているように、「世界内存在の解明の際に示したように、世界なき純粋の主体というものは基本的に決して〈存在〉せず、与えられることもない。そして結局、他者なき孤立した〈自我〉は基本的に決して与えられているものではない」[50]。デカルトからフッサールまで認識可能性が問題にされてきた――「他者」は「すでにわれわれとともにいる」のだ。われわれは常にすでに他者と**ともに**いる。それはわれわれがさまざまな存在者とともにいるのと変わりはない。現存在の「誰」という観点から見ると、世界内存在の世界は「共同の世界(*Mitwelt*)」である。ハイデガーにとって「内存在」とは「他者と共同の存在」である[51]。世界内存在としてわれわれは、根源的に自分自身と同じような他者のなかにいる。(したがって、フッサール的な相互主観性の「問題」は解消する)。

アレントも同様に、人間を「何」に実体化して、「人間本性」を人間存在を記述する試みへの適切な答えとみなす傾向から離れようとしている[52]。「現存在の〈本質〉はその実存にある」以上、人間の歴史的実存論的状況を無視して「人間本性」とよばれるものは取り出せない。求められるのは、人間が存在している「世界内部の」状況の現象学的記述であり、それによって可能になる「誰」の実存論的構造や能力についての叙述である。アレントにとってもハイデガーにとっても重要な問題は、人間存在の状況が(科学技術や全体主義によって)根本的に変化し、以前は固有のもの、「人間本性の一部」とみなされていた能力が消滅しかねないことだ[53]。アレントはこの点でのハイデガーの「歴史主義」と非難されるものに賛同するばかりか、現存在の世界は「共同の世界」だというハイデガーの示唆をハイデガー自身以上に重視する。アレントはハイデガーの「共同存在」という観念を、根本的に非ハイデガー的な方向に変形して、政治的行為の条件である「複数性」という概念に作り変える。(54)

世界内存在の構造上の第三の要素は、「内存在」そのものの関係であるが、それはハイデガー特有の言い方では、「世界」と現存在との「等根源的」な関係だ。実は「世界」と現存在という両極が現れるのはこの関係にもとづいてのことである。ハイデガーが述べているように、「内存在は〈世界〉という事物的存在によって事物的存在である主体にもたらされた、あるいは主体から引き出されただけの特徴ではなく、内存在はむしろこの存在者自身の本質的在り方なのだ(55)」。ハイデガーは続けて、「内存在」は「事物的な主観と事物的な客観との**間**に、事物的に存在している関係（*commercium*）」のことにすぎないという誤解が起こるのを防ごうとしている。(56)もっと実際に近い言い方をすると「現存在とはこの〈間〉という在り方である」――その世界によって開かれる空間のうちにある、虚無であり裂け目であり間なのだ。(57)

したがって〈現〉という特徴が現存在に与えられるのは、世界内存在の「内存在」にもとづいている。「本質的に世界内存在によって構成される存在者それ自身が、あらゆる場合に自らの〈現〉にほかならない(58)」。関心をいだく世界内存在によって、つまり現存在自身の在り方に実存論的関心をいだくという事実によって、現存在が一つの世界、意味の空間、〈現〉を「顕わにする」、あるいは開く。さらに言えば、現存在に「現‐存在（*Da-sein*）」という根本的特徴があるのは、まさに〈現〉――特定の歴史的な仕方での世界内存在――としてである。〈現〉である限り現存在は、何らかの仕方で「外部世界」と結びつこうとする、閉塞した精神的実体ではない。現存在の「現‐存在」は**開かれた**構造であり、実体論的形而上学から引き継がれた一連の偏見と対立する在り方である。(59)内存在としての現存在は開かれているだけでなく、

現存在が開けそのものなのだ。

存在者についての比喩的表現で、人間内部にある自然の光（*lumen naturale*）と言う場合に考えられているのは、存在者がそれ自身の〈現〉であるという仕方で**存在している**、実存論的・存在論的な構造にほかならない。それが「光に照らされて」いるというのは、世界内存在として自己自身において、つまり他の存在者によってでなく、それ自身が明るみであるという仕方で顕わになっているということだ。そういう仕方で実存論的に透明になっている存在者にとってのみ、事物的存在は光に照らされもし、暗闇にも沈むのだ。その本性からして、現存在にはそれ自身の〈現〉がある。この〈現〉が欠けていれば、事実上、本質的に現存在である存在者でないどころか、それはまったくそういう存在者ではない。現存在は**自らの開示性である**(60)。

ここには、人間についてのハイデガーの世界内存在としての基本的記述に独特の特徴が見られる。少し先走ることになるが、現存在はそれ自身の〈現〉ないし開示性であるという考え方には、ハイデガーの考える〈存在〉との人間の関係の一般的特質が表現されていると言っていい。「現‐存在」である限り、日頃の経験や関わりから、現存在には世界について理論以前の理解が備わっている。そして——すべての主観／客観という関係の前提である——その理解には、さらに〈存在〉についての（存在論に先立つ）非主題的な理解が前提されている。古代ギリシアであれ、アズテックであれ、近代ヨーロッパであれ——どういう文化の慣習や信念も、文化によって創設され、文化がそこに宿るさまざまな「世界」に表現される、〈存在〉に関する把握や理解にもとづいている。文化に生命を与えている〈存在〉についての理解ないし開示は、それぞれに異なっていること——ギリシア的な**生き方をする者**は、アズテックやわれわれとは異なる〈存在〉理解を表現していたこと——には、まず疑問の余地はない。それどころか、それは『存在と時間』の実存論的分析ではやや曖昧になっている事柄を明らかにするのに役立つ。ハイデガーによると、人間は最も基本的なレベルでは、「〈存在〉の開示」にほかならず、世界内存在の独自の歴史的な在り方で成し遂げられる、特定の形の現前の開けにほかならない。

こういう人間の見方から、いくつか結論が出てくる。第一に、現存在の〈現〉に示されているように、〈存在〉のどういう明るみや開示も、本性的に不完全であり有限である。〈存在〉自体が現存在によって開かれるか「開示」される一連の〈現〉——現前や不在の特定の歴史的在り方——にほかならない以上、完全とか最終的であるような〈存在〉の開示はありえない。「現存在が存在する限りにおいてのみ（すなわち存在の理解が存在者に可能である限りでのみ）、〈存在〉は〈現実に存在する〉」[61]という、『存在と時間』におけるハイデガーの有名な（そしてよく誤解される）記述はここから生まれている。〈存在〉は「事物を超えたもの」でも現前の持続的根拠でもない。まして（注釈家のなかにはこういう主張をする人もいたが）一種のメタ主観というものではない[62]。ハイデガーが〈存在〉と言う場合、（彼がいつも注意を与えているように）彼が語っているのは存在者とは**異なる**もののことだ。彼が言っているのは（ここで目的としているものにとっては、「文化」とよばれる信念や慣習の複雑なネットワークと同一と見ていい）一連の〈現〉または明るみに顕わな現前化の過程のことだ[63]。

第二に、現存在を開示性として記述することは、人間存在には「〈存在〉のための明るみを作る」〈現〉という意味**と**、そこに新しい（事物や議論や、芸術から政治的諸形態に至る文化的成果といった）「存在者」を登場させるという意味**との**二重の意味で、「露呈」ないし開示という基本的特徴があることを意味している。『存在と時間』第四四節でハイデガーが述べているように、「開示は世界内存在にとって一つの在り方であり……開示性は現存在がそれによってそれ自身の〈現〉であるという現存在の基本的特徴である」[64]。その節の残りの部分（およびハイデガーのそれ以後の著作の大半）に示されているように、開示性は、伝統的な真理論や（理性的動物［*animal rationale*］という）人間の定義を支えている一致という言い方と対比して理解すべきだ。開示性であるが現存在は真理と一致するものではない[65]。むしろ〈存在〉についての存在論に先立つ理解によって、現存在は常にすでに「真理のうちに」いる。もっと言えば、命題の真理――および認識に関する特定の議論――を可能にするのは、「明るみ」というレベルでの「真理」のこういう「根源的」現象なのだ[66]。

現存在は自らの開示性（〈現〉の「明るみ」）であるという考え方の第三の結論は、〈存在〉の完全で最終的な完成された開示を得ようとする試み――現象の見通しがたい網の目を抜けて、われわれ自身よりも「大きくて強力な」ものに触れようとする試み（とローティがよぶもの）――は必ず失敗に終わる。人間の認識や道徳や芸術に関する言葉はどれ一つとして、人間的実践を構成する存在論的前提を超えた、自然や人間の本質や美との一致にもとづいて「正しい」とか「真実だ」と主張できるものではない。そうした完全もしくは最終的な開示に到達しようとする努力は、（ハイデガーが好むメタファーを使うと）森を森の中の空き地に引き出そうとするにひとしい。どういう「空き地」や「明るみ」にも、周囲の――露呈や隠匿のもっと原初的な領域である――暗闇が前提となっている以上、どういう開示も必然的に不完全なものだ[67]。「正しい」科学や「正しい」政治理論は「正しい」芸術と同じようにありえないが、それは「正しさ（オルトテース）」という概念が、状況を超えた視点に立つことができるとか、人間理性にとって完全もしくは永遠の現前の領域がありうるということにもとづいているからだ（表象と物との一致［*adequatio* intellectus et rei〕という伝統的な真理の定義もここから生まれたのだ)[68]。もちろん言葉の上で「真実」と言えないという事実(たとえば議会制民主主義という言葉を「正しい」とか「真実」とは言えないという事実)は、それについて判断をくだせないということではない。そういう判断は永遠の相のもと(sub specie aeternitatis)ではなく、解釈学的状況においてくだされるものだ[69]。

現存在を自らの開示性だという記述の意味と、それが人間的自由の見方に与える影響を明らかにするには、ハイデガーが(『存在と時間』第三一節と第四四節での)現存在を開かれた可能性の構造または「被投的企投」とする議論を見てみる必要がある。現存在を内存在または〈現〉の存在とする記述によって、自己についての実体論的解釈に対するハイデガーの論争の基礎が与えられている。(第二八節で)現存在は「間」の存在であるという宣言で、その論争は絶頂に達する。ハイデガーのこの定式の正確な意味は『存在と時間』第三一節で明らかにされている。そこには、現存在の根源的開示性——現存在が「世界」を有すること——は、現存在の実存論的可能性ないし「〈存在〉への潜在的可能性」にもとづいて、世界を「開示し」、意味の地平に適応する企投的な理解にもとづくことが示されている。

〈存在〉への潜在的可能性としての現存在の在り方の本質は、実存論的には理解にある。現存在は何かのための能力を余分に有している事物的存在ではない。現存在はもともと可能である存在なのだ。現存在はそのつど、ありうるものとしてあり、それ自身の可能性であるという在り方をしている。こういう可能性としての在り方が……現存在にとっては本質的である。……**実存範疇として**の可能性こそ、現存在の最も原初的かつ究極的、積極的な存在論的規定なのだ[70]。

現存在は自らの開示性として、理解の企投的構造であり、可能性の開かれた構造である[71]。「自らを先取りする」企投の可能性または構造として、現存在は何ものかではなく**何ものでもない**。現存在の自らの在り方への配慮ないし関心の光によって、存在者が開示される**場**なのだ。フライブルク大学の就任講義（一九二九年）である――『形而上学とは何か』で、ハイデガーはこういう企投的構造が現存在の存在論的自由の基礎を構成していることに注意をうながしている。「何ものでもないもののなかに乗り出すことによって、現存在はそのつどすでに存在者全体を超えている。存在者を超えたこの存在を〈超越〉とよぶことにする。本質的に超越するものでなければ……現存在は存在者にも自己自身にも関わることは決してありえないだろう[72]」。つまり（第三一節に戻って言えば）基本的な実存論的構造ないし**実存範疇**とみなされる**可能性**は、「〈無差別の自由（*libertas indifferentiae*）〉という意味でのとらえどころのない存在可能性を意味するものではない[73]」。それは、特定の可能性の範囲に「投げ込まれている」ことから生じる自由な在り方（*Freisein*）を意味する。現存在はその在り方を自らの「最も固有の」存在を構成するものとして認めることもできるが、現存在による選択をまつ存在者に関わる二者択一としても表現できる[74]。ハイデガーにとって重要な点は、選択の自由（*liberum arbitrium*）（選択または決定の能力としての意志）を可能にするのは、――被投的企投という――在り方としての自由だというところだ[75]。

それでは、ハイデガーが現存在の「可能である存在」の「何ものでもない」あるいは「超越」ということから、現存在の「最も固有の存在可能性」へ移るとき、どういう種類の自由について述べているのだろうか。この自由が「無差別の自由」でない以上は、何らかの**積極的な**自由――現存在にとって**本来的**（「最も固有」）であるような在り方への自由なのではないか。

ハイデガーの言葉は、特に『存在と時間』では、この種の誤った解釈を招きがちだ。しかし、先に引いた『真理の本質について』の主張を忘れてはならない。ハイデガーが示そうとしている自由は、「単なる強制の不在」でも「求められるものや当然のもの（当為や義務）への即応」でもない。消極的自由や積極的自由に先立つ自由であり、このいずれの自由にとっても可能性の条件である自由なのだ。その自由――被投的企投という在り方の存在者の存在論的自由――は、「開かれた領域」の自由、「存在者そのものの開示への関与」に見いだされる自由である。[76] それは開示性の自由だ。動物や事物にはありえない（選択や目的追求の器官たる）意志が働く世界へ「開かれた態度」の自由であり、〈現〉の自由、世界**への**自由である。

可能性の被投的企投として、現存在の開示性、現存在の世界内存在は本質的に配慮である（『存在と時間』第四一節）。ハイデガーによると「根源的構造全体」には、〈被投性〉（*Geworfenheit*）、〈企投〉（*Entwurf*）、〈頽落〉（*Verfallenheit*）という三つの契機がある。現存在の企投については、可能性としての現存在の在り方との関連ですでに述べた。本来的開示と非本来的開示とのハイデガーの重要な区別を取り上げるまえに、〈被投性〉と〈頽落〉について述べておきたい。

ハイデガーは〈被投性〉という概念を「すでに世界内にあること」を強調するために使う。この「すでに世界内にあること」が、現存在の企投や開示性を構成しているからだ。現存在は世界の内部に「いる（*sich befindet*）」。現存在は「世界内部にある特定の範囲の特定の存在者とともに、すでに特定の世界に」いる。[77] 開示性が現れるのは常に、現存在には制御できない在り方で存在している世界の内部においてだ。現存在に開かれている可能性の範囲は、可能性の最大限の地平も歴史的、文化的に既成のものという意味で有限である。ハイデガーが「開示性は本質的に事実に属する」と言うときには、[78] 可能性つまり企投としての現存在の在り方が、**条件づけられた**ものであることを強調しているのだ。被投的な世界内存在であるわれわれに立ち現れる――事実性は、フィヒテ的に意志を主張して克服し消去できるような、われわれと別個のものではない。また現存在による可能性の企投を**妨げる**ものでもない。事実性とは、それにもとづいて現存在の企投が可能になるということにほかならない。

現存在の構造的特徴として〈被投性〉を強調していることが、ハイデガーをドイツ観念論的「自由の哲学」の継承者として描く試みでは、しばしば見過ごされている。[79]系譜学的に言うと、第二批判における自由概念から、ヨハン・フィヒテやフリードリヒ・シェリングを介してニーチェに至り、最後にハイデガーに至りついているというわけだ。『存在と時間』のそういう「主意主義的」な解釈の動機となっているものは、「人間本性」という考えを拒否するところに一切の強制の排除が示されているという間違った見解である。そういう捉え方をすると、「**可能性**が現実性に優越する」というハイデガーの言葉はファウスト的な響きを帯びてくる。[80]実を言うと、ハイデガーが「他の事物と同じように、人間には本性なり本質がある」という想定を問題化することによって（アレント）、人間の有限性についての新たな理解がうながされているのだ。[81]目的論的存在秩序としての自然の衰退に対する近代初頭の反応は、アレントの言う「概念の虹の橋」を渡って、歴史的状況を超越した人間的自由の概念や人間の完全な自己創造という神話に至ることだったかもしれない。しかし、たとえ『存在と時間』は近代哲学の歴史にとってほかに役立つところがないとしても、デカルト・カント的観念論の遺産は決定的に拒絶している。[82]基礎存在論では、哲学では前例のない形で、世界に所属するという特徴ないし条件づけられたという特徴が強調される。これがアレントにも通じる重要な論点であって、アレントは『人間の条件』の始めで、人間本性という概念を問題化して、条件づけられているという人間存在の特徴を強調している。

人間の生命活動に影響したり持続的に関わるあらゆるものには、人間存在の条件であるという特徴が認められる。人間は何をしても、条件づけられた存在であるほかないのはこのためである。人間の世界に自発的に入るものも、人間によって引き込まれるものもすべて、人間の条件の一部となる。世界の現実の影響は制約する力として感じられ、受け止められる。……人間が条件づけられた存在である以上、人間の存在は事物抜きにはありえないが、人間の条件となっていなければ、事物は無連関ながらくたか**世界に属さないもの**かである。(83)

被投的企投としての現存在の開示性に関するハイデガーの記述には、「与えられて」いても可能性として意識されていない可能性を、現存在が絶え間なく引き受け、あるいは創造的に活用するという意味が含まれている。開示性である現存在は、絶えず新たな——言葉や習慣や信念といった——「存在者」を明るみにもたらしている。しかし——これが『存在と時間』の最も重要な主題の一つなのだが——、現存在には開示や企投という自らの特徴を「忘れる」傾向が本来備わっている。「日常性」では現存在は世界に、すなわち日々出会う事物や人々や事件に「没頭」し「熱中」している。その傾向は、ハイデガーが「公共的(=大衆的)世界解釈」と言う「雑談、好奇心、曖昧な言葉」のような形をとる解釈のうちに、特に顕著に見られる(第三五—三七節)。「大衆性」(*Öffentlichkeit*)のうちに投げ込まれた自己である〈ひと〉独特の理解ないし開示性は、その種の振る舞い方に示される。(84)

「大衆性」についての問題——ハイデガーがそれを極力非難する理由——は、「大衆性」によって手近で有効な「平均的了解事項」があらゆる人々に伝えられることだ。アレントがカントの共通感覚(*sensus communis*)という概念を使って考えているものの一種の堕落形態である——「大衆性」には、日常の習慣のうちに示されている開示や開けが、存在についての完全で十分な完成された把握をもたらすかのような印象がある。事物は現にあるもの以外のものではありえず、それ以外に開示されるべきものは何もなさそうだ。本当は偶然的でしかない習慣や理解が当然のもののように思われる。これでは、世界内存在の既成の在り方や成就した在り方が物象化されてしまっている。ハイデガーが「頽落」とか「世界のなかで道を見失っている」と言うとき考えているのは、まさにそういう一般に流布している習慣の物象化のことだ。その物象化によって、現存在の真実が真実でないものとなり、**不完全な**理解が完全な理解だと誤解され、その結果、開示的性格が忘れ去られてしまう。ハイデガーによると、**そういう**忘却には大いに安心させるところがあって、本来なら恐るべきものであるはずの有限性や偶然性からの逃げ道が提供される。未知で統御不能な可能的である事柄が忘却されて、現実のものによる支配に委ねられてしまうのだ。

……事物についての一般的な解釈が……現存在を頽落の状態にしっかりと繋いでいる。雑談や曖昧な言葉や、全部わかったとか全部理解したということから、現存在の有効で流布した開示性によって、現存在のあらゆる可能な在り方が安全で真実で十分なものであることが保証されているという思いに至りついてしまう。〈ひと〉の自明的な確実性や明確さのために、情態性にもとづく本来的理解は不必要だということがしだいに広まっていく。完全で真実の「生活」を過ごしているという考えによって、現存在には**平穏**がもたらされる。そこではすべてが「完璧」で、あらゆる可能性があるのだ。頽落し続ける世界内存在そのものは誘惑に満ちていて、**平穏をもたらすもの**でもある。(85)

〈頽落〉についてのハイデガーの記述を読むとき、次の二点を忘れないことが非常に重要だ。第一に、

〈頽落〉は「存在者の嘆かわしい悪い性質で……人間文化がもっと進めば取り除けるようなもの」ではなく、「現存在そのものの明確な実存論的特徴」である。[86]〈頽落〉は「日常性に属する基本的な在り方」であり、そうである以上、取り除くとか追い抜くことのできるものではない。[87]これはハイデガーの「本来的」実存という概念の理解にとって重大なことである。ここで問題にしているのは超越と日常性という一対の対立ではなく、超越と日常性の間の一種の弁証法なのだ。ハイデガー自身が警告しているように、「**本来的**実存は頽落した日常性を超えて浮遊するものではない、実存論的に言うと、本来的実存とは日常性が襲われる限定された形態にすぎない」。[88]アレントがハイデガーを積極的に活用できるのは、多くの点で、このような記述にもとづく。

第二に、〈頽落〉した世界内存在そのものが一種の開示性である事実を見失ってはならない。ハイデガーでは、開示する世界内存在と開示しない世界内存在という対立は存在しない。ハイデガーが本来的(*eigentlich*)実存と非本来的(*uneigentlich*)実存を区別して説明している対立ないし緊張は、自覚的な開示性と自らを事物的存在(*vorhanden*)とみなす無自覚な開示性との間にあるものだ。ハイデガーが『真理の本質について』で、「あらゆる形態の人間的態度がそれぞれの仕方で開かれたものである」と言うとき、彼が述べているのは明白な事柄である(後に『技術への問い』では、技術的な「ゲシュテル」さえ「一種の開示」とされている)。[89]しかしこう言っても、ある種の態度(および存在論に先立つ〈存在〉の理解)が他のものより開かれたものでないということではない。〈頽落〉した現存在の有するような〈存在〉についての「非本来的」な理解の特徴は、地平現象である「世界」を無視し、企投という自己の特徴を忘れて、「開かれたもの」または「明るみ」を「現にあるがままの事実(everything which is the case)」(ウィトゲンシュタイン)として実体化することだ。

こういう考え方は、トーマス・クーンの言葉を借りて、非本来的理解を独特の用語ないし習慣と言うほうがわかりやすいかもしれない。非本来性に相当するのはクーンの言う型通りの「通常科学（normal science）」だが、そこでは「革命的な」変換を思いつく能力は失われている。[90] 根源は完全に忘れ去られ、自らの歴史性も忘れられて、パラダイムたものになると、開示するより隠蔽するようになる。それぞれの態度に含まれている「真実」が「非真理」になってしまう。

露呈し開示されたものが、雑談や好奇心や曖昧な言葉によって姿を変えられ、閉じ込められる在り方になっている。存在者に関わる存在は、消滅はしていないが根を抜かれている。存在者は完全に隠されているわけではなく、まさに露呈されているが、姿が変わっている。存在者は現れるが、変装した状態で現れるのだ。以前に開示されたものも同様に、隠され変装した状態に戻ってしまう。**現存在は本質的に頽落するものであるから、その在り方は「非真理」のうちにあるような在り方である。**[91]

「真実」が「非真理」と化し、開示が隠蔽となるこの不可避と見える動きは防げるだろうか。その動きはある程度は**確かに**不可避であり、不可避な物象化の過程によって革命的なものも日常的なものとなり、詩も散文になってしまう。しかし、そういう「ほぼ大半は頽落した」実存のうちに、ハイデガーは別の**種類**の態度、開示の別の**在り方**を認めている。そしてその――本来的実存という――在り方が、政治的行為を非主権的開示として捉えるアレントの考え方の手本になったものなのだ。

III　ハイデガーの本来的開示性と非本来的開示性の区別とアレントによる活用

これから、本来性／非本来性（*Eigentlichkeit/Uneigentlichkeit*）の区別にもとづく、現存在の開示性に関するハイデガーの説明を検討してみよう。本来性と非本来性の区別には、真に開示的である活動や理解とそうでない活動や理解との関係が表されている。そこに表現されているのは、ハイデガーが超越と日常性との間に見ている独特のダイナミックスだが、そこでは、「根拠」に支えられた安全な日常を求める傾向に対して、開示し露呈させようとする本来的な試みが対置されている。ハイデガーは日常性と大衆性を同一視するため、本来的開示性が達成されるのは内面的転回によると考える。自分の無根拠性または可死性に直面するだけで、日常の平穏はかき乱されてしまうわけだ。アレントはハイデガーの自己への転回には明らかに抵抗しているが、人間存在に関する一般的記述や、本来的開示と非本来的開示の区別を活用しないわけではない。アレントはその区別を受け入れ、それを空間化し、あるいは外面化して、――闘争的政治の舞台である――公的領域こそ本来的開示性に格好の場所、そこでこそ現存在の〈現〉が顕わになる領域だと考える。「根拠抜きの自由」が顕わになるのは政治的行為においてであり、それが顕わになることで世界は「死すべき人間のための家」となる（これは、気味悪さ［*Unheimlichkeit*＝宿なしの感覚］を重視する哲学者ハイデガーにはありえないことだ）。

ハイデガーによると、頽落した日常的現存在のいる世界は、仕事の世界ないし日常雑務の世界である。「大半の」現存在は環境（*Umwelt*）に没頭して、実用に関わる配慮や関心から生まれた「見方」や理解で事物や他者に対している。世界は「曖昧になっている」。もっぱら生産的な態度で存在者に関わり、それに没頭している自己には、何らかの目的に「有用」なものしか見えていない[92]。日々のルーチンワークに没頭しているため、日常的現存在は世界だけでなく「自分」さえ無視している。それどころか、関心の対象に深くはまり込んでいるため、現存在は仕事場で頼りにしている見方や理解の仕方を普遍化している。道具は事物的なものとして「現前する」が、現存在は自分も自分の在り方も事物的なもの（*vorhanden*）だと思いこんでいるのだ。後で示すように、ハイデガーは〈存在〉の意味を「現前」とする形而上学的規定は、ギリシア哲学が製作の経験にふさわしい〈存在〉理解を素朴に普遍化した結果だと考えている[93]。そういう素朴さに対して、『存在と時間』では、現存在の実存論的時間性がもっと原初的な地平であり、あらゆる〈存在〉の理解はそこから生まれると主張されている。いまのコンテクストでの重要な問題は、存在者への製作的態度の普遍化（日常的現存在の特徴の普遍化）によって、開示性つまり被投的企投であるわれわれの〈存在〉が曖昧にされ、その結果、現存在の「〈存在〉への最も固有の可能性」――さまざまな可能性を自らのものとし、個別化する能力――が、拡散して〈ひと〉という自己の在り方になってしまっていることだ。

ハイデガーにとっては、自分自身と世界についての頽落した非本来的な捉え方は、（ジャック・タミニオーの言い方では）「現存在の最も固有の在り方にふさわしい[94]」高次の捉え方の衰退した形態である。言い換えると、別の形の態度や活動にふさわしい別種の「見方」があり、世界内存在であるわれわれの超越の能力をもっと正しく表す「見方」が存在する。そういう理解や活動こそ**本来的に**開示するものだ。それはさまざまな所定の（特定の）目的のために企てられるものではなく、現存在の自分自身の存在への**関心**から生まれるものだ。つまり、そういう理解や活動は現存在それ自身のために企てられるものなのだ[95]。ハイデガーの言い方では、「現存在はそれ自身のために存在する（*Das Dasein existiert umwillen seiner*）」。こういう在り方は平均的な日常性と緊張関係にあるが、両者の間には関連がある。

それでは、「本来的開示性」はどう理解すべきものだろうか。現存在の〈頽落〉に「本来備わった」性質だと考えると、この種の実存、こういう活動や理解の仕方を可能にするものは何だろうか。

実存主義の決まり文句(テオドール・アドルノの言う「本来性という隠語」)を頼りにしたりすると、ハイデガーの議論の筋道はたちまちわからなくなってしまう。ハイデガーの最も重要な願いは、日常的世界という「すべてが〈完璧〉で、あらゆる可能性がある」世界の安全や、身近な事物に慣れきっていない世界内存在の在り方を示すことだ。非本来的開示性とちがって、本来的開示性では、自己と世界のいずれも客体化されることはない。そこでは自分が状況的存在であることが自覚され、自らに開かれた流動的可能性についての感覚が保たれている。本来的理解とは、現状を「完全な開示」として物象化することに抵抗して、可能性としての任務を、つまり「存在者」を開示するか露呈させる任務を積極的に果たすような理解である。その意味では、本来的実存とは自らをそのようなものとして自覚した開示性にほかならない。一致という観念や、世界は「現にあるがままの事実の総体」だという考え方を避けて、世界の歴史性を認め、「永続性」も根拠もないもののために「永続性」や根拠を作り出すことの無益さを認めている開示性である。そういう無益な試みに対して、本来的な現存在は自らの地平を開かれたままにして、自らの「真理」が「非真理」に陥らないようにする。この意味で本来的開示性とは、〈存在〉に対する略奪的ないし闘争的な関係、すなわち「創造的活用」という概念で最もよく言い表せるような関係のことだ。本来的開示性の「性格《エートス》」をハイデガーが示しているのは、『存在と時間』の第四四節である。そこでは、「頽落した」現存在が(与えられたもの、あるいは事物的存在として)開示したものを「隠蔽する」やり方を述べたあとで、次のように言っている。

それゆえ本質的に現存在は、すでに露呈したものが仮象とか偽装に**ならぬよう**断固として確保し、その露呈した在り方を再三確認する必要がある。……真理（露呈した在り方）は常にまず存在者から奪い取られねばならない。存在者を隠匿の状態から引き出すのだ。そのつど事実として起こる露呈は常に、いわば一種の**略奪**である。[96]

開示に至るこうした努力が、ハイデガーが「確保」と述べている過程だが、そういう過程を通じて初めて、現存在は自らの超越、露呈ないし開示の能力、「開示性」としての自らの存在を十分に実現する。こういう見方で本来的開示性と非本来的開示性を区別すると、何よりもまず物象化された（日常的）開示性と、「明るみ」が「暗転する」のを妨げる（こともある）物象化されていない新しい形態を顕わにする能力、つまり創造的または創始的な自発性によって照らし出される形態との序列が見えてくる。真の開示性と非本来的な理解をこういう関係で捉えると、超越と日常性との関係も別の言い方ができる。本来性は日常とは「区別される」が、ハイデガーによると、「新しい事柄の露呈は、完全に隠されたものにもとづいて起こることはなく、仮象という在り方での露呈から始まる」。[97] 言い換えると、本来的開示性はその〈現〉から隔たることもなければ、それ自身の世界を作り出すこともない。むしろ本来的開示性は、ありふれたものに新しい生命を吹き込むような活動や理解の在り方なのだ。

『存在と時間』第二篇の最もよく知られている「実存的」なテーマを重視するあまり、この点がよく見過ごされている。しかしこの点は、人間と存在の関係を考える彼の継続した試みを表している限り、ハイデガー思想のおそらく中心的な要素である。[98] ハイデガーが「芸術作品の起源」という一九三六年の論文で、「明るみ」がいかにして「開かれたままに」保たれるか、不可避的な物象化や「暗転」の過程がいかにして未然に防がれるかという問題を取り上げているのはそのためだ。この論文でハイデガーは、一種のプラクシスとしての本来的開示性から、ポイエーシスの能力と芸術作品に目を向け変えて、世界を「透明化」して、「世界」と「世界」が隠れている（彼が「大地」とよぶ）原初的状態との間の「争い」を維持しようとしている。[99]「争い」や「闘争」に焦点が移っている——開示の闘争が収まって世界内部にあるものになり、より深い意味で存在論的になっている——のは重要なことだが、中心的な関心は変わっていない。「造物主」とか「守護者」という思わせぶりな言葉で、そのつながりが見えにくくなっているが、関心のつながりに文化の硬直を防ごうという願いがうかがわれる。その願いは——つまり一致や正確という表現より開示、露呈、啓示といった表現を好むところは——、ハイデガーはニーチェだけでなく、J・S・ミル（最近の人ではリチャード・ローティ）とも共通である。[100]

本来的開示性を可能にするものに目を向けると、ハイデガーの記述のなかでもアレントとは正反対の側面が見えてくる。ハイデガーのよく知られた「実存的」な面も、（以下に述べるように）本来性／非本来性の区別を転用する場合には、アレントはそれに反論して変形させている。ハイデガーの「本来的自己」がアレントの批判するキルケゴール的な転回を意味しているのに対して、『存在と時間』第二篇における現存在の無根拠性の強調によって、アレントは公的領域の非主権的自由を構想する準備をととのえることができた。さらに、ハイデガーの「決意性」には（彼に対する批判者たちが素早く指摘したように）強固な意志の響きがあるが、それは人間的自由を行使する基本前提として非主権性を受け入れるという意味でもある。[101] このこともアレントにとって重要な教訓となっている。

ハイデガーにとっては、本来的開示性の可能性の支えとなっているのは、日常性から単に離脱するだけでなく被投性ないし偶然性を肯定する能力である。本来性に意味があるとすれば、それは敢然として新しい可能性を切り開く意志、日常性が与える根拠の安全性や安定性を放棄する意志を意味する。人間存在の偶然性、「被投的企投」の偶然性は、「ほとんど多くの場合」日常生活の雑事によって覆い隠されている。周知のようにハイデガーは、偶然性〈現〉の無根拠性）を示すものは、不安の現象に見いだされると言っている（『存在と時間』第四〇節）。不安が起こるとともに、親しみのある安全な事物の世界は消え失せて、その底にある虚無が顕わになる。不安が「襲いかかるとき、〈世界〉の観点から、そして事物が一般に解釈されるのと同じ仕方で自己自身を理解する可能性が現存在から奪い去られ」、不安によって「現存在は、自分が不安をいだいているもの——すなわち世界内存在の本来的可能性——へ投げ返される」[102]。こうして不安によって「世界内存在である自分に対面」させられ、現存在は独自の存在となる。つまり不安によって、自分が可能存在であること、（ハイデガーの言葉で言えば）「のために自由である存在」[103]であることが現存在にとって顕わになるわけだ。事物に頼ることもできず、自分に投げ返され不安になって、現存在は気味悪く（*unheimlich*）なる。

不安によって可能存在の虚無性に直面させられる限り、不安のため「自分自身に立ち返る」か「最も固有の在り方」から逃亡するかのいずれかだ。したがって、カーステン・ハリエスが書いているように、「本来性も非本来性も不安にもとづいている」[104]。気味悪さ（*Unheimlichkeit*）を経験すると、〈ひと〉の親しみや安全がさらに魅力的なものになる。頽落した現存在の平穏が不安によって揺るがされると言うことができるが、頽落した非本来的な自己や可能性を、「安全で間違いなく完全なもの」と思わせる事物についての、大衆的解釈に戻りたいという願いが不安によって強まりもする。ハイデガーによると、そういう自己忘却の世界から「最も固有の」在り方についての配慮へ呼び戻すものは、「黙した良心の声」だけである[105]。

では、良心が求めるものは何か。良心は何よりも、ハイデガーの言う現存在の「負い目」を認めることを求める。[106] これを主題化すると、本来的開示性の本質的条件に至りつく。ハイデガーの言う「負い目」は道徳的欠陥とか原罪という意味ではない。むしろ存在の「根底」という観点から見た、現存在の事実性または被投性を意味している。現存在の（企投の地平であり、現存在がいる世界である）存在の基礎は現存在の支配下にはない。現存在の存在に根底があると言えるとしても、その根底には根拠という性格はない。[107] この根底の偶然性は克服できないが、現存在がそれに対して責任があるという事実を克服することもできない。ハイデガーは現存在の被投性ないし偶然性の帰結を次のように要約している。「基礎である限り――すなわち投げ出されたものとして存在する限り――現存在は絶えず自らの可能性におくれをとっている。現存在は自らの基礎に**先立って**存在することはなく、**自らの基礎からしか**存在せず、**自らの基礎としてのみ**存在している。したがって〈基礎であること〉は、自らの最も固有の在り方を根底から支える力を有するという意味では**絶対ない**。この〈ない〉が被投性の実存論的意味の一部なのだ[108]」。言い換えると、「現存在自身が自らの存在の基礎ではなく」、被投的企投として「自らの基礎」である以上、現存在は「それ自身に負い目があり」、根拠はない。[109]

こういう言い方で、ハイデガーは企投的存在としての有限性や特質に含まれている、安全性の欠如や不確実さを理解させようとしている。「負い目」の承認とは、現存在が自分を根拠づけえないことの承認にほかならない。それは現存在が「根拠なき根拠」または深淵（*Abgrund*）であることの自覚である。否定的な言い方をすると、こういう自覚によって、人間には「存在の秩序」内に固定した場を与えようとか、特定の目的《テロス》を確認しようとしても無駄なことが明らかになる。肯定的な言い方をすると、そのおかげで〈現〉の存在論的自由を（実存的レベルで）肯定できる。この自由が意志に先立ち、本質的に非主権的であることが思い出されるだろう。現存在の「負い目」によって、この存在論的自由――現存在の根源的開け——に実存的な具体性が与えられる。本来的実存には、現存在の被投性のうちに顕わな有限性を肯定するとともに、日常的雑務の放棄と基礎的な図式の放棄が求められる。言い換えると、人間的有限性の事実によって可能となる非主権的自由の肯定が求められる。

このことから、ハイデガー思想における「決意性」と言われる決意の役割が問題になる。『存在と時間』の第六〇節では、決意性は良心の声に対する本来的応答として示されている。現存在は〈ひと〉の「頽落状況」に埋没することもできるが、決然として自らの被投性を引き受けて、不安に「耐え」て、自らの偶然的で企投的な特質の重荷を受け入れることもできる。「現存在の開示性の特定の在り方」として、決意性は「負い目」を決然として承認することを意味し、「人間存在の不確実さへの開け」を表し、「一切の要求を根拠のようなものに」従わせることを表している。[110] 決意性は本来的開示性が現実化する仕方であるが、開示性が非本来的な孤立に戻らないように、決意性によって——世界のなかで他者と共同してなされる——具体的な選択、参加、行為が起こるのだ。

本来的な**自己の在り方**である決意性のために、現存在は世界から懸け離れたり、孤立して宙に浮いた「自我」になることはない。本来的開示性である決意性は**本来、世界における在り方**にほかならない以上、どうしてそういうことがありえよう。決意性によって自己は道具的存在とのそのつど配慮に満ちた共存の状態となり、他者への配慮を怠らない共同存在となる。[111]

ハイデガーの「本来的現存在」という概念が、キルケゴール的な「信仰の騎士」といかに懸け離れているかは、これを見ても明らかだ。

決意性は「常に特定の時における実際上の現存在の決意性である[112]」。ハイデガーによると、「どういう根拠にもとづいて現存在は決意性のうちに自らを開示するか。現存在は何を決意すべきか。これに答えうるものは決意自身**のみ**である[113]」。ハイデガーを批判する人々はこの言葉やこれに似た言い方を取り上げて、決断主義と区別できない立場をとっていると非難した。たとえばレオ・シュトラウスは歴史主義を実存主義の「真理」とみなし、決断主義を歴史主義の「真理」とみなしている。「実存主義は種々様々だが、それを……理解や行為の原理はすべて**歴史的**、すなわち根拠抜きの人間的決断以外には根拠がないという考え方と定義すると、その特徴をほぼ正しく言ったことになる[114]」。リチャード・ウォーリンは最近のハイデガー批判のなかで、シュトラウスは「思想上重要な歴史的な力」を確認したと言っている。「人間の信念構造の恣意性や偶然性が証明され——伝統的な道徳の要求が歴史的な事件や出来事の永遠の流れに分解されると、〈価値〉そのものが恣意的な断定になって、断定をくだしうる力だけが**人間的意志の主権的活動**であるということになってしまう[115]」からだ。道徳的な客観主義や伝統的規範の「自然性」が暴かれると、道徳的‐政治的な信条の唯一残っている基礎は、「無からの決断（*decision ex nihilo*）、意志の無根拠な自己主張[116]」であるように思われる。

アレントはハイデガーの本来的開示性という概念を活用している、と言う以上、私はここで立ち止まってこうした非難の妥当性を検討しておかねばならない。先に指摘したように、『存在と時間』を主意主義的だとする解釈は疑わしいと思われる。その理由の大半は、ハイデガーが取り上げているものが意志以前の開かれた態度だからだ[117]。しかし、ハイデガーがそういう存在論的な重要問題を実存に関わる言葉で語るときには、確かに純然たる決意ないし本来性への**意志**、すなわち決意性を強調しているように見える。だがシュトラウスやウォーリンの解釈が一面的であることを示すには、二点だけで十分だ。第一に、『存在と時間』が現存在の歴史性を強調している限り、そこでは間違いなく、「価値」が偶然的なものとして示されている。これは、道徳的地平は伝統や信仰が複雑に入り交じり、（世俗化や「普遍主義的」道徳意識の漸進的発展といった）大規模な歴史過程によって形作られた**地平**であることを意味している。現存在の被投性には**空虚**という意味は含まれていない。道徳的地平はこういう広い意味で地平であるという主張を徹底的な主観主義だと言うのは、道徳的語彙を何らかの価値の源泉によって**根拠づける**形而上学的／心理的要求をいだいている者**だけだ**。シュトラウスやウォーリンの見方では、何らかの根源が存在するに**ちがいない**が、それは自然や神や超歴史的理性でなければ（彼らの主張によると）人間の**意志**でなければならない。根拠は魔術から解放された世界では失われているが、意志する主体によって与えられるというわけだ。しかしハイデガーは決意性が価値の源泉だとは考えていない。むしろ魔術から解放された世界での、判断や行為の**重荷**に対する一つの反応として提示しているのだ。既成の基準（あるいはアレントの言う「尺度」）がないため、道徳的判断や政治的判断の**困難**や、政治参加の責任に注意が向けられている[118]。

「決断主義」という非難が誤りである第二の理由は、第一の理由の当然の結果だ。シュトラウスやウォーリンの解釈では、決意性としての本来性には、社会に見られるすべての規範や価値を「非本来的なもの」として徹底的に軽視するところがあり、本来的な個人は日常性から離脱して、ニーチェの超人（*Übermensch*）のように独自の価値を無から創造しなければならない。そういう解釈では、ハイデガーが「本来的開示性」で意味しているものが完全に曲解されている。「本来的な」在り方での現存在の開示性には、「独自のものを作る」という特徴があるが、これは無からの創造（*creatio ex nihilo*）では**ない**。ハイデガーが第四四節で言っていることを繰り返せば、「新しいものの露呈は、何かが完全に隠されていることにもとづくのではない。仮象という形での露呈から始まる[119]」。言い換えると、ハイデガーの意味での本来性とは、与えられているがまだ「漠然とした」ものを取り上げる一種のやり方であり、生活世界の**内部に**現れるがコード化され物象化され隠語化されて、意味することを止めてしまっているものの内容や可能性を、創造的に活用することなのだ。ハイデガーが現存在は「用語や習慣が思考力のない習慣のレベルに低下しないように、すでに露呈しているものを明確に活用し、……その露呈性を繰り返し確実なものにする」必要があると言うのはこのためだ。したがって、与えられているものを**無視する**という問題ではなく、生命を吹き込んで独自のものにしたいものとして、それを真剣に受け止めるという問題なのだ[120]。要するに、本来的実存は「頽落状況にある日常性の上に漂うものではない。実存論的に言えば、日常性が襲われる別の形にすぎない[121]」。

*

アレントが本来的開示性と非本来的開示性というハイデガーの区別をいかに活用したかを考えるに当たって、両者に共通の大体の傾向を強調しておきたい。第一に、ハイデガーによる人間的自由の（先に彼の「パラダイム変換」とよんだ）存在論的把握によって、二重の意味で、アレント自身の現象学的説明の舞台が設定されているのは明らかだ。つまり意志の優位を問い直すとともに、有限性、偶然性、世界性を人間的自由の**構造的**側面として主張するという二重の意味においてである。第二に、開示性というハイデガーの実存概念によって、アレントにポスト形而上学的な枠組が与えられている[122]。その枠組では、活動的生活を考察する場合に、人間の本性や目的を元にした目的論的な捉え方は捨てられ、状況や能力とともに、意味創造または意味開示の力が重視される。第三に、ハイデガーの〈現〉の非主権的自由に関する記述には、アレントによる政治的行為独特の超越の説明、あるいは（「開示の空間」である）複数性の公的領域における自由についての説明を先取りしたところがある。

こういう共通性が認められる以上、アレントとハイデガーでは強調点や究極的関心事が（一方は「〈存在〉の意味」、他方は政治や公的領域というように）根本的に異なるにもかかわらず、一つの共通問題のようなものがあると考えられる。アレントの企てにとって基礎存在論がいかに重要かが痛感されるのは、ハイデガーによる本来的な開かれた活動、あるいは決意性にもとづく活動と、日常の雑事に没頭した行動との関係についての説明である。二点を言っておきたい。その一つは、アレントによる（一方の）仕事の世界や工作人の活動と（他方の）公的領域での政治的行為との区別は、ハイデガーの区別を考えて初めて十分に理解できるものだと思われる。アレントが提示する関係には、――コンテクストはまったく別だが――ハイデガーの実存論的分析で示された超越と日常性のダイナミックスが再生されている。もう一点はその結果、本来性／非本来性の序列が、アレントの――（アリストテレスの）目的の秩序という観点でなく、開示ないし意味創造の力という観点での――人間活動の序列のモデルになっている。

この二つを合わせて考えると、アレントの政治行為論や人間活動の序列は、ハイデガーの企て全体を「規定」している区別を、「空間化」し外面化する試みとみなすべきだと思われる。[123] しかしこの見方には即座に次のような反論が現れる。ハイデガーの区別を実存的文脈から政治的文脈に移し替えても、政治の現象にさほど破壊的な影響はないと言うのは本当だろうか（三〇年代のハイデガー自身の言い方を考えると、この反論には理があるように思われる。）本来的開示性と非本来的開示性の区別を「空間化」するというのは、はたして論理的なことだろうか。要するに、「本来的開示性」は「日常性が襲われる別の形にすぎない」――つまり「本来的開示性」と日常性という「頽落した」世界との間に大きな隔たりはない――とすると、ハイデガーの区別が、アレントによる仕事の世界と公的領域との関係の説明のヒントになっているとどうして言えるか。

工作人が作り上げる世界（アレントの言う「人間的構築物」）は、政治的行為者としての人間が住んでいる世界と別の世界であるわけでは**ない**。[124]これをまず思い出す必要がある。アレントは仕事と行為は世界の**内部の**別の場所で行われると言うが、仕事によって作り出される世界と、行為によって「照らし出される」世界は**同じ**世界なのだ。アレントにとって——労働する動物（*animal laborans*）としての人間は明らかに世界を失った人間だが——人間存在の世界性がまず明らかになるのは、仕事という活動においてである。[125]確かに労働も「世界のなかで」行われる。ところが自然、必然性、生命の圧力が大きくなるにつれ、世界は「世界ならぬ世界」となる。アレントの考えでは、労働は生命の必要によって駆り立てられる活動形態であるため、道具の地平より低い次元のものだ。労働する動物としては、人間はいわば仕事以前の存在であり、世界に心を向けるのではなく、完全な肉体的存在としての自分自身に心を奪われている。[126]したがって、労働には明らかに特定の「見方」が前提されているが、アレントの分析では、その見方では本当の開示は起こらない。その見方で見えるのは世界ではなく**環境**なのだ。したがって労働によって、人間は動物から区別されるのでなく、動物と結びつく。アレントによると、「労働する動物は地球に住む動物の種に属する一つの種であり、よく言っても最高の種にすぎない」。[127]

この意味で労働は開示に達しないが、仕事については同じようには言えない。アレントによると、生産と消費の自然的な破壊的循環の直接性から引き離して、永続的な人工の「家」である世界を与えるのは、仕事という活動だけだ。[128]工作人の世界であるその世界は、多少とも安定した構造の世界であり、その本質は物化という特質にあり、手段の観点で意味が限定されている。[129]工作人の世界は本質的に一つの物化である。仕事が作り上げるのは、消耗品や個人の寿命より永続する物の世界だからだ。物の世界も世界に**ほかならない**が、目的・手段のカテゴリーの観点で形成されている以上、それは単なる無関係な物の堆積ではない。[130]言い換えると、効用によって工作人には展望や理解の地平が広がり、工作人は自分の世界を、有用性を基準に作られた「のために」の関係の総体とみなしている。

アレントの分析はこの点では、ハイデガーに実によく似ている。どちらも「仕事の世界」を世界性の日常的形態と考えている。アレントは世界の客観的特質ないし物化した特質を強調するが、世界を道具連関の総体とするハイデガーの説明を幾分受け入れている。彼女がハイデガーの「のため（*das Um-zu*）」とか「のゆえに（*das Worumwillen*）」という用語を使って、工作人の生産的活動の特徴を示そうとするところに、それが明らかに認められる。アレントはハイデガーに従って、工作人の生産的な世界把握は必然的に、効用を基準にして構造化された「のため」の一連の関係として、世界を開示すると言う。さらに、その特定の「存在論的前了解」[131]が――網羅的または全体的に――普及しているため、意味そのものが効用の観点から捉えられるとも言う。工作人は「〈のため〉という観点からすべてを判断し行い」、「のゆえに」という場所は効用に占拠されているからだ。つまりアレントによると、「〈のため〉が〈のゆえに〉の実質になってしまっている」[132]からである。

工作人の生産的態度の特質が普遍化した結果、世界は開示されると同時に「曖昧になる」。存在者に対する現存在の日常的態度によって、現象は隠され覆われているというハイデガーの主張は、工作人には「効用と意味の区別を理解する能力が生まれつき欠如している」とか、「工作人は生産者にほかならず、仕事という活動から直接に生まれる目的・手段の観点からしか考えない限り、労働する動物が道具を理解できないように、［工作人は］意味を理解できない」というアレントの主張のうちにその反響が認められる。[133]

その無能力が先に述べた意味と効用の混同の根元だが、それが実践に影響を与えて、公的世界から特有の価値が奪い去られ、出現の領域が「究極的」目的——すなわち人間——のための手段の堆積に格下げされる。[134] アレントによると、その格下げは工作人特有のものだが、「本来は限界があるはずの製作の道具的性格」が生命過程そのものに浸透して徹底する。その結果、客体化という意味での物象化でなく、ハイデガーの存在論的な一次元化という意味での物象化が起こる。「すべての存在者の果てしない道具化」[135]が、世界を日常の利用という身近な状況に引き下ろしてしまう。そこには開示の力がまったく欠けている。

そこで、装置または使用品である道具（*Zeug*）としての世界を超越する可能性が問題になる。ハイデガーにとって、この「曖昧な」世界の「内在的」超越は、関心への没頭を打ち破ってそれ自身のために企てられる、高次の見方や活動を取り戻すことによって支えられている。アレントでは超越の可能性は、本来的開示である行為や発言に場を提供する「出現の空間」である公的領域に登場することによって展開される。そこでの行為や発言の意味は、効用や成功とは無関係である。実は、行為の照らし出す啓示的力はそういう基準を乗り越える力から生まれるのだ。したがって、「本来的開示性」が日常性の一種の「剝奪」ないし吸収によって世界を照らし出すように、アレント的な意味の政治的行為は世界の意外な新しい側面を顕わにする。その結果、正確には「日常の変容」ではないが、何かそれに似たことが起こる。アレントによると、政治的行為の役割は、身近な大衆的日常の世界のなかにある意外な意味を露呈し開示することだからだ。政治的行為によって、その世界に独自の意味が与えられる。アレントは「日常の関係の意味は日常生活では開示されていないが、まれに起こる行為のうちに開示される。それは歴史上のある時期の意味が、その意味を照らし出す少数の出来事のうちに示されるのと同じことだ[136]」と言っている。つまり重要なものは、本来的開示が起こる**出来事**、つまりアレントでもハイデガーでも、日常性からの解放と新しいものの意外な露呈による啓示である出来事なのだ。このような自ずから起こる開示によって、世界の世界としての特質が明らかになり、(労働者または製作者としては日常性において匿名の状態にあった)行為者ないし現存在がその独自の在り方を顕わにする。[137]

日常性と開示性との関係、仕事の世界と政治的行為の世界との関係という観点で、アレントとハイデガーを同列に並べると、本来性／非本来性の区別がアレントにとっていかに重要かを浮き彫りにできる。また、アレントによって理論化された闘争的な公的領域に関する新しい観点も得られる。発言と行為という本来的開示の活動の場である「出現の空間」は、潜在的には、世界のなかでも生命の機能や仕事の効用を超える場であり、ハイデガーによると、「日常性において現象を覆っている仮象や偽装が最終的に見破られる[138]」場なのだ。アレントは政治的行為にはこの「見破る」力があると力説する。労働者としては生命の必要に心を奪われ、生命のリズムに従い、製作者としては有用性の命令下にある目的・手段の問題に熱中している。**そういう**雑事から身をもぎ離して、——真の「開示の空間」である——公的領域に入って初めて、開示の能力が発揮され、世界への自由が獲得されるのだ。

ハイデガーの区別によって、もう一つ別の点でアレントの政治行為論が明らかになる。先に述べたように、必然性によって規定されているのは、厳密に言えば、労働という活動だけだが、自由の領域と必然性の領域に関するアレントの言葉から、行為の「世界」と仕事の「世界」はまったく異なるような印象を受けるかもしれない。行為の自己完結性や自律的な公的領域の必要に関するアレントの主張を聞くと、その印象はさらに深まる。「自律的な」政治を求めるアレントの要求を、超越の領域を世界の他の部分から隔離しようとする試みだと考えると、ハイデガーの区別はアレントの理論と結びつかないように思われるかもしれない。しかし、これまでの解釈から明らかなように、アレントの言う仕事の世界(「人間の構築物」）と公的領域の関係はもっと複雑で相互補完的であり、「ハイデガー的」である。アレントの中心的問題は、工作人によって作り上げられる世界に、本来的に開示的（啓示的）である行為のための舞台があるかどうか、そこには生産活動の場しか残されていないのではないかという問題である。行為は仕事を通じて根源的に開示された世界に関わっており、発言と行為の「主体的な間の領域」は、世界に決別するのでなく世界を「包んでいる[139]」。第1章では、行為と仕事との関係、あるいは政治的なものと社会的なものとの関係と言うべき関係は、最初に思われるよりも相互浸透的な関係だと述べたが、その意見がこのことで確かめられる。政治的なものの実質を高度にイデア化した、独断的でアプリオリな限界設定と見えるものは、公的領域に行きわたっている理解や相互行為や精神に関する、もっと重要な基準と並べると色褪せてしまう。アレントが理論化したように、公的領域は何よりも開示の領域であって、行為を周囲の世界から引き離すものではない。それは、（アレントによると）「異常なものが日常生活の通常の出来事になる[140]」空間を提供するものなのだ。

以上は、ハイデガーの本来性／非本来性の区別が、アレントの政治理論、特にアリストテレスによるプラクシスとポイエーシスの区別の再活用に与えた影響の一部にすぎない。ハイデガーの区別にはアリストテレスの区別が引き継がれているが、アリストテレスの目的論は、相対的な開示性を基準にして括弧に入れられている。アレントがアリストテレスの行為と製作の区別を取り上げて実際にやっているのは、プラクシスを本来的な**在り方**として規定し直すことである。次に、アレントによる人間活動の序列には、雑事に没頭した日常的開示性と開かれた「決意した」在り方とを対比する際に、ハイデガーが認めた秩序、つまり偶然性の肯定にもとづく秩序が再生されている。アレントによると、労働する動物としては開示すると言えない以上、その世界は「世界ならぬ世界」とか環境という性格のものだ[141]。製作者ないし生産者としての開示能力は、事物に関する物化という形をとるが、それは芸術作品を別とすると、「のため」という薄暗い光で限定されている活動である。[142] 感知できる永続的な形でわれわれが自分や世界を**本当に**開示するのは、——住まう場所、「死すべき人間のための家」である——公的領域における行為者だけに限られている。

アレントの政治理論は、重要な点でハイデガーの区別を元にして構成されているが、彼女がその区別を活用する際にそれを変形させているのを見逃してはならない。すぐれて開示的な能力である**行為**の特徴を、公的領域を開示の空間とする叙述と結びつけると、『存在と時間』の個人主義的な疑似キルケゴール的文脈から、ハイデガーの「統制的」区別を引き離すことができる。ハイデガーに残っている主観主義や人事の領域に対する哲学者らしい嫌悪を回避して、アレントは空間化ないし外面化によってハイデガーの区別を変形させている。本来的開示性は——政治的行為という——世界内部での特定の活動と同一視され、その活動は「世界内の固有の場」である公的領域で行われる。[143] どの人間活動にも「固有の場」があるというアレントの確信には、彼女による人間活動の序列が、活動的生活の現象学的トポグラフィーという形になっていることが示されている。その結果、きわめて非ハイデガー的で皮肉なことだが、本来的開示性は「局所化」され、意見や話し合いの領域に限定される。先に述べたように、ハイデガーはそういう領域を救いがたく〈頽落〉したものとみなすから、自己（*Selbst*）へ回帰することになった。アレントにはそういう退却の動機となる人事の領域への哲学的偏見はなく、ハイデガーの戦略を不毛で自己欺瞞的なものと見ている。彼女はすべてのロマン主義に反対し、とりわけルソーの発明した「本来性の政治」に反対するが、[144] それに劣ることなく、ハイデガーの戦略に対しても激しく反抗している。アレントは近代の「世界から自己への逃亡」と戦い、個体化は、複数性の状況の「演劇的な」公共空間における行為の遂行によって起こると主張する。これほど、個体化を「死に至る存在」と同一視するハイデガーの考えと縁遠いものはない。したがって、ハイデガーの本来性／非本来性の区別を政治化する際に、アレントはそれを逆転させていると言うことができる。ハイデガーが内面性と公共性のそれぞれに割り当てている、「固有」「固有でない」という区別は逆転される。[145]

アレントによる公的領域における開示的な政治的行為の賞賛と、ハイデガーによる「世界の大衆的解釈」の排斥との間には、大きな隔たりがある。しかし両者に本来的開示性の「場」に関する大きな違いがあっても、――そう考える人もあるが――ハイデガーの「公共性」とアレントの「公的領域」が同一のものをさしていると考えてはならない。[146]後で示すように、確かにハイデガーによる大衆性批判にはアレントが支持するものが多い。それだけでなく、アレントが本来性／非本来性の区別を活用する際には、『存在と時間』第二篇のもっと周知のテーマは省かれていると考えてはならない。一般的に言うと、アレントは本来性と死すべき運命の肯定を同一視するハイデガーの考えを斥けている。しかし先に述べたように、アレントは本来的開示性の「無根拠」ないし「負い目」という特質を強調するハイデガーの考え方は保持している。ハイデガーが「負い目」を――投げ出された死すべき現存在が直面する根拠喪失として――本質的に**個人的**現象として提示するのに対して、アレントはその実存論的概念を改めて「外面化」し、現存在の被投性の相互主観的側面を強調する。有限性や非主権性が現象学的に最も明らかなのは、公的世界での行為の「むなしさ、無根拠性、予見不可能性」においてだ。被投性や偶然性が目立つのは、行為によって思いがけない仕方で状況が変化する場合である。無根拠性が具体的な形で顕わになるのは、自己でなく複数性の領域においてだ。アレントが（創始者としての行為者の存在論的条件である）生誕と不滅を、「形而上学的思考に対立する政治的思考の中心的カテゴリー」[147]とみなすのはこのためである。

〈被投性〉の要素として複数性を改めて強調し、「根拠抜きの」自由を公的領域に位置づけることによって、アレントは〈決意性〉の役割や特質を変形させている。確かにアレントは〈決意性〉というカテゴリーはどこでも使っていない。『精神の生活』のハイデガー批判でも、意志の代用としてそれを疑いの目で見ている。それにもかかわらず、自由を免れようと——私的領域の暗闇に後退したり、道具的／戦略的な行為によって偶然性を回避したり——する誘惑が大きいだけに、公的領域の非主権的自由に〈決意性〉に似たものが必要なことは明らかだ。政治的行為の自由には、まず複数性と偶然性を承認することが必要であり、次に政治的な仕方での世界内での在り方が必要である。公的領域に登場するには勇気がいる、とアレントが言うのは十分に理由のあることだ。(148) ギリシア人の「激しい闘争心」、ブルジョア革命の「革命精神」、創設期のソビエト、ハンガリー動乱には、どういう創始にも必須である積極的参加が見いだされる。〈決意性〉を「盲目的決断」とか参加のための参加（アレントが断固批判したサルトル的アンガージュマン）(149) と同一視しないように注意すると、非主権的な政治的行為者のヒロイズムは、決意性と完全に似たものとは言わないが、決意性の具体的、現実的な形態と見ることができる。

アレントの政治行為論のこういう解釈に対しては、二つの顕著な反論がある。その一つは、ハイデガーによる本来的開示性と非本来的開示性の区別を「空間化する」のは、まったく筋が通らないという反論だ。つまり活動や場所という観点から「場を特定する」のでは、その区別がめちゃくちゃになってしまうというわけだ。もう一つの反論はもっと完全な否定である。完全に個人的現存在という見地で考えられたハイデガーの区別は、政治的には活用できない。ハイデガーの区別を政治的に活用すると、決意した自己を民族の現存在に入れ替えるほかはない。しかしそれでは、明らかに全体主義的な方向で、「本来性」を政治化してしまうことになる。(150)

最初の反論に答えるには、ハイデガーの初期・中期の仕事はそういう空間化のまだ準備だが、そこには〈現〉ないし明るみを歴史化することによって、自由を開示の開けた空間と見るアレントの先取りが見られることを言っておかねばならない。ハイデガーの『形而上学入門』(一九三五年)および『芸術作品の起源』(一九三六年)では、現存在の〈現〉が歴史的な開かれた空間として明確に述べられている。これらの著作では、ポリスが開示の根源的場所または最も原初的な場所、世界が自らを「世界化する」場所と見られるようになっている。(151) きわめて思弁的で非民主主義的な形で、すなわち「創造者」の「世界を開く仕事」によって開始される「争い」ないし「闘争」という形で、アゴーンも現れている。その結果、ハイデガー独特の存在論的自由概念と形而上学的国家概念との嘆くべき混合が起こっている。プラトンとヘーゲルにならって、ハイデガーは国家に本質的に思弁的な役割を割り振って、国家を〈存在〉が現前する場所にしてしまったのだ。(152)

もう一つの反論から生じる問題はもっと複雑だが、問題の核心は『存在と時間』のいわゆる主観主義である。本来性／非本来性の対立を、現存在の個人的な(「各自の」)実存によって限定されていると見ると、それを**政治的に**活用できるとか、まして複数性という本質的次元を保持するために活用できると言うのは奇妙なことになる。タミニオーが言うように、ハイデガーの区別それ自体がアリストテレスのプラクシスとポイエーシスの区別の再活用(そして変形)だと見ると、(153) アレントによる行為と仕事との区別がそういう活用だという、私の主張はそれほど突飛には見えないだろう。『存在と時間』を「統制」している区別をこのように見ると、「雑事に没頭した」現存在特有の見方や態度と本来的**実存**(154)の(自己目的的である)高次の特徴との間に、ハイデガーが認めている序列は明らかになる。したがって、ハイデガーの仕事での「プラクシスの忘却」は顕著だが、「本来的開示性」には、プラクシスを超越として回復しようとする初期ハイデガーの試みが見られると言うことができる。このことは、一九二八年のマールブルクでのハイデガーの講義に由来する『論理学の形而上学的基礎』の一節で確かめることができる。超越をテオリアと同一視するギリシア哲学の傾向を述べたあとで、ハイデガーは「それにもかかわらず、現存在は古代には本来的な行為つまりプラクシスとしても知られていた」と述べている[155]。

タミニオーが書いているように、「ギリシア人のプラクシスの特徴を示すのに、本来的という言葉を使っていること自体が実に重要である[156]」。現在の話の脈絡で言うと、その言葉を使っていることはハイデガーの企てを解明する重要な手がかりだが、それだけでなくアレントが、構造との関連で言うと、ハイデガーの区別を——アリストテレスによる行為と製作の区別を、目的論に反する形で解釈するという——自分の目的に活用できた事情も、それで理解できる。アレントは、真に開示的で決然たる個性的「態度」という、世界内存在固有の超越を強調するハイデガーの考えを積極的に活用している。ハイデガーによるアリストテレスの変形の趣旨を生かしながらも、アレントはハイデガー**とは逆に**、アリストテレス本来の複数の人々のドクサからなる公的な次元を改めて力説している。タミニオーとちがって、それをアリストテレスへの「回帰」と見ることができるとは思えない。上に述べた理由のほかにも、根拠や「目的」がないという行為の自由の特質を主張する点で、アレントがハイデガーの先例に従っているのは明らかだからだ。アレントはハイデガーの自己への回帰を拒否して、「在り方」としての自由の位置づけについては烈しく反対するだろうが、それでも、ハイデガーによる超越や日常性の解明は、目的論や意志を乗り越える道、ポスト形而上学的な政治理論にとって最も重要な道だと考えている。

第5章　根拠抜きの行為・根拠抜きの判断力——ポスト形而上学の政治

神の腐臭がまだしないのか。神々も腐るのだ。神は死んだ。神は死んだままだ。われわれが神を殺したのだ。あらゆる殺害者中の殺害者であるわれわれは、どうやって自分を慰めたらいいのだろう。

——ニーチェ『悦ばしい知』一二五

「神は死んだ」という告知は、超感覚的世界が失効したことを意味する。超感覚的世界が生命を与えることはない。形而上学、すなわちニーチェがプラトン主義として理解したヨーロッパ哲学は終わったのだ。

——ハイデガー「ニーチェの言葉」(1)

終わったのは感覚的なものと超感覚的なものとの基本的区別であり、それとともに——神とか〈存在〉とか第一原理とか根源とかイデアといった——感覚に与えられないもののほうが、現象するものの以上に現実的で真実で意味に満ちており、それは感覚知覚を**超えている**だけでなく、感覚の世界より**上位にある**という、少なくともパルメニデスに遡る観念も終わった。「死んだ」ものはそういう「永遠的真理」の位置づけだけではなく、そういう区別そのものも「死んだ」のだ。

——アレント『精神の生活』(2)

I 活用の第二段階——超越／日常性の弁証法とアレントの公的世界の存在論

ハンナ・ピトキンやシェルドン・ウォーリンを含む多くの批判者が、アレントをエリート主義だと非難している。アレントの「ギリシア的な」行為論の排除的と思われるところが、大衆的な（現代の）参加民主主義の感情に逆らうわけだ(3)。アレントの闘争という捉え方が、ニーチェの能動的行為者と反動的行為者の（「主人的」と「奴隷的」の）区別を引き継いでいることが、そういう批判の根拠になっているのかもしれない(4)。ニーチェと同様、アレントは、（一方の）ヒロイックな価値を創造する肯定的で強固な人物と、（もう一方の）世界に背を向けた反動的な否定的人物を明確に分けているように思われる。一種の貴族主義という印象が生まれるのはそのためだ。闘争である行為を擁護する以上、アレントは本来的開示を**典型的人物**の特権と考えているように見える。

ハイデガー的な視点を私が提唱しているため、アレントの一見民主主義的な政治理論の核に実は反民主主義的な偏見があるのではないか、と疑う人もあるかもしれない。本来性／非本来性の区別は、ニーチェの階層秩序の再生であるかのように誤解されやすい。本来的に開示的あるいは創造的である人は、畜群に似た〈ひと〉より高い「階層」のように思われる。[5] 実際ハイデガー自身は、自分の区別を通俗的ニーチェの線で言い直しただけだ。[6] しかしそう解釈すると、ハイデガーの区別の特質を誤解するだけではない。アレントの活動の序列と人間類型の序列とを混同して、彼女の政治理論について根本的に誤ったイメージを作り上げることになる。

本来性／非本来性の区別に見られる序列は、行為者の分類では**なく**、「行動の仕方」や理解に関わるものだ。その区別に見られるのは超越と日常性との関係だが、その関係はニーチェ的な「階層」とは異なる。特に重要なのは、〈頽落〉が現存在の本来の傾向のように思われていることだ。〈頽落〉を実存の構造的特徴だと考えると、それは捨てたり「克服」したりできるものではなくなってしまう（しかし、ハイデガーは三〇年代にプラトニズム／ニヒリズムの克服（*Überwindung*）を試みていた）。[7]〈頽落〉という概念では、行動の仕方は開かれているとともに閉じており、啓示ないし開示は同時に隠蔽でもあるという、ハイデガーの基本的確信が強調されている。それを忘れなければ、〈頽落〉とは、日常的関心が「安心できる」理解に従って、物象化を進め、開示という人間の根源的特徴（ハイデガーの言う「〈存在〉の真理」）を見失う傾向のことであるのは明らかだ。

つまり〈頽落〉という考えでは、本来的開示性と非本来的開示性という区別を使って、超越と日常性が結びつけられている。〈頽落〉は単に活気のない背景ではない。拡大し植民地化する力であり、本来性／超越の前提であるとともに、その前提そのものを脅かすものだ。本来的開示性には一方では、根源的（原初的）隠蔽が含まれ、「曖昧」である「世界」や明るみが含まれている。[8] もう一方では、超越と日常性の弁証法も含まれている。そこには、安全と日常の雑事のため物象化が起こり、〈現〉の開けが、絶えず単なる仮象や偽装に変わる危険がある。

アレントによる——公と私、仕事と行為、自由と必然、社会的なものと政治的なものという——主要な区別には、隠蔽／露呈《アレーテイア》という形式的構造や、〈頽落〉の概念に示されている危険な力が反映していると考えられる。ハイデガーと同じようにアレントも、開示の空間（公的領域）には隠蔽ないし暗闇の領域（私的領域）が、前提となっていることを強調する。またハイデガーと同様、「平均的日常性」や仕事や労働に特徴的な見方による物象化の力を懸念している。その力で公的領域全体が仮象の領域（「社会的なもの」）になるかもしれない。アレントには、工作人の〈頽落〉によって工作人自身が築き上げた活躍の舞台《アリーナ》が絶えず脅かされているように思われる。工作人の——すべてを目的・手段の地平内に収める（アレントによると近代を構成する現象である）——道具化を推進する態度が一般化すると、生命の切実な要求が公的領域に入り込む状況が生まれる。社会的関心によって公的領域が植民地化され、その結果、開示の空間が根本的に「曖昧になってしまう」。この過程の行き着く先《テロス》は、「決然たる」創始的開示に対する〈頽落〉の勝利であって、日常茶飯の行動が闘争である行為に取って代わり、個性的な政治が「家計の管理」になってしまう。

ここで、第4章で言ったアレントのハイデガー活用の第二段階に達する。これはアレントの区別の構造や、現代における公的領域の運命についての話が問題になる段階だ。ここでは、ハイデガー的な超越と日常性の弁証法が政治的領域で解決される。その企てにアレントを駆り立てているものは、出現の空間の「衰退」が、現代ではもはや最悪の局面を越えているというハイデガー的感覚である。生命の要求や「社会的形態の」幸福追求（消費社会）によって、公的領域の自由のみならず公的世界や自己の存在論的次元が追い払われてしまったのだ。近代革命の運命という観点からこの展開を見ると、現代では――革命によって作り出された公的自由という――「宝」は失われた、というペーソスを覚えずにおれない。[9]

＊

『真理の本質について』でハイデガーは、『存在と時間』第四四節で始めた真理の存在論的理解を敷衍している。真理を一致と見る説を斥けて、周知のように、ハイデガーは真理をギリシア人のやり方でアレーテイアとして捉え直す。その場合には、真理は事柄と認識、対象と知性との「一致」ではない。むしろ開示という**出来事**であり、隠蔽と開示の弁証法から生じる出来事である。[10] ハイデガーの捉え方にはプラトンやカントへの激しい攻撃が認められる。しかし「隠蔽」でハイデガーは何を言おうとしているのだろうか、どうしてそれが真理の現象にとって重要なことなのだろうか。

ハイデガーにとって「隠蔽」は、あらゆる〈明るみ〉が、つまりあらゆる真理の歴史的‐存在論的な出来事が、そこから起こってくる隠匿ないし暗闇という根源的領域をさす言葉だ。存在論的に考えると、真理の可能性は「存在者の隠蔽」または**非真理**にもとづいている。[11] 隠蔽なき開示はありえず、根源的な「古い」非真理なき真理もありえない。しかし、「容易に利用可能で制御可能な」ものに没頭している人間は、(ハイデガーが「神秘」とよぶ)この隠蔽を忘れている。[12] ハイデガーによると、このことが、非真理のうちにある(〈頽落〉した)日常を構成している。その在り方は非真理とされるが、持続的な隠蔽ではなく、ハイデガーが「逸脱」とよぶ日常的形態である。ハイデガーによると、「神秘から容易に利用可能なものへと流行を追い、神秘を見過ごしてしまう人間の逃走――これは逸脱である」。[13]

ハイデガーは存在者に対する積極的態度を、開けであるとともに逸脱であると考える。この見方によって、『存在と時間』での分析が拡張されるとともに単純化される。本来的開示はプラクシスに似ているという考え方を捨てて、ハイデガーは明らかに、忘却を克服する唯一可能な道、泡立つ事物（*l'écume des choses*）を見透かす唯一可能な道である思索へ向かっている。[14] すぐ想像できるように、アレントはそういう後退を批判し、現象しないもの（厳密に言うと「忘却された」ままか、「偽装し」隠蔽する仕方で部分的に開示される〈存在〉）を好むハイデガーの偏見に批判的だ。しかし彼女は、ハイデガーによる隠蔽／露呈にもとづく開示の枠組から、大きな影響を受けている。アレントは、行為を「開示として捉える」自分の理論にこの対立を活用する。彼女はその対立を世界内部のものに作り変えて、隠蔽と開示の領域を私的領域と公的領域とみなすのだ。したがって、アレントの政治理論の主要な区別の根元は、ハイデガーによる真理の存在論的な捉え方にある。

公と私を峻別するため、アレントは攻撃された。フェミニズムや批判的理論や脱構築の支持者たちがこぞって、その区別を物象化する危険を強調した。アレントがその区別を「自然的」で自明のものと考えているとすれば、それは攻撃すべきことだ。公的領域の「輝かしい光」のなかに「現れるにふさわしい」と思われるものが歴史的であることは、何より明らかだからだ。しかし、アレントがある種の「家庭的」な事柄（あるいは――女性や労働者といった――行為者）を排除したいという反動的な気持ちから、それを区別しようとしたと批判者たちが考えるのは誤りである。アレントにとって基本的に重要なことは、「公的なもの」や「私的なもの」の内容よりも、その異なる領域それぞれの有用性とか完全性だからだ。政治的行為を最も本来的な開示の活動と見る政治理論には、開示の公的領域と**ともに**、それを取り巻く暗闇も、つまり公的領域の輝かしい光を逃れた場所も必要である。アレントによると「全部が他者に見られ公開される生活は浅薄なものになると言っていい。見ることはできるが、暗い領域から立ち現れるという特質が失われている。非 - 主観的な意味でまさにリアルな深みをなくすまいとすると、そういう領域は隠されていなければならない[15]」。

したがって、ある種の誤解とは正反対に、行為を開示と見るアレントの理論では私的領域は低く評価されているわけではない。むしろ根本的に重要視されているのだ。彼女が賞賛するギリシア人やローマ人と同じように、アレントはこの隠匿の領域を「聖なるもの」と見ている。

この私生活（privacy）の神聖さは、すべての生物と同様、地下世界の暗闇から生まれそこに帰りゆく人間の生誕と死、始まりと終わりという、秘められたものの神聖さに似ていた。欠如していると は考えられていなかった（non-privative）家庭領域の特徴はもともと、それが人間の目から隠され人知の及ばぬ生誕と死の領域である事実にもとづいていた。それが秘められているのは、生まれるとき自分がどこからくるのか、死ぬときどこへゆくのか、人間にはわからないからだ[16]。

「公的領域の秘められた暗闇の側面」である私生活がなければ、行為も自由もありえない。アレーテイアと同じように（「人間存在最高の可能性」である）開示である行為には隠匿が前提され、――そこから生まれそこへ消えゆく場所という――「神秘」を隠しておくことが前提となっている[17]。

アレントが「社会的なものの台頭」を嘆くとき、公的領域本来の状態が失われたことだけを嘆いているのではない。本来的に私的である領域の喪失も、同じように嘆きの対象になっている。マルクスを悩ました公と私の「矛盾」は、現代では「公的領域と私的領域の区別そのものが完全に消滅し」、社会的なものが台頭したため、公も私ももろともに、隠蔽と「偽装」が入り交じった領域に「水没」し、消滅してしまった。「社会的なもの」によって、公的なものも私的なものもない世界が作り出され、開示の空間は生命の要求によって「衰退」し、行為は順応主義的行動の傾向に呑み込まれ、内面性が個性に取って代わっている。

この最後の点に、公的領域の「衰退」の進行・累積という特質がはっきり現れている。この過程は「社会的なもの」の台頭と勝利によって加速されるが、その根元は、すべてを目的・手段の観点からしか見ない工作人の〈頽落〉した傾向にある。アレントには手段の価値そのものを問い直す気はない。[18] 彼女によると、問題は、そういう態度を一般化しようとする本来の傾向、つまり政治を家計管理なみに手段化し、生命の必要によって公的領域を吸収してしまおうとする傾向にある。[19]「家庭や家計の活動を公的領域に入れること」には、「増大して古来の政治的領域と私的領域を呑み込もうとする圧倒的な傾向」が伴っている。[20] その漸進的傾向――「自然的なものの不自然な増大」――により、行為や自発性が犠牲にされ、自動運動の力が増幅される。その結果、「大衆行動」を特徴とする「大衆人間」や、ハイデガーの「大衆的なものの光がすべてを暗くする」という「逆に聞こえる言葉」が、「核心を衝いた」と言える状況が現れる。[21] ハイデガーの場合と同じように、〈頽落〉の重力が強まって、日常性と超越の対立も偏ったものになっていく。アレントにとって大衆社会の到来とは、「希有の行為」が行動と同列に並ぶだけでなく、ますます行動に吸収されるようになるということだ。たとえばアレントはこう書いている。

行動主義が不幸にも真実であり、その「法則」が妥当することは、人口が増えるにつれて人々がますます行動へ傾き、行動でない行為をしなくなるところに示されている。統計的にそれを示しているのが変動の平坦化である。実際、行動へ向かう傾向が行為によって抑えられる見込みはなく、出来事は重要でなくなり、歴史的時間を照らし出す出来事の力は失われるばかりだ[22]。

〈頽落〉と超越、自動運動と自発性の否定的弁証法から生まれる一つの結果は、順応主義の普及であって、「人類は一つ」が、人間の条件である複数性を圧倒してしまう。アレントは、社会的なものの台頭とともに生じた〈ひと〉のヘゲモニーによって、開示する力が発揮される場も機会もなくなってしまうのではないかと考える。大衆社会の最後の自由の空間が、全体主義によって消去されたことに予示されたように——開示する力が消滅することになると、一つのパラドックスが生じる。すなわち一方では、社会的なものの台頭と大衆社会の出現によって、人類という動物種の生存が「世界的規模で」保証される。他方では、その発展そのものによって、人間——開示する行為者とみなされる人間——が消滅の危機に瀕するわけだ[23]。

超越が〈頽落〉に圧倒されるというハイデガーと同様な変動が、アレントの『革命について』を一貫している話である。『人間の条件』から時々受ける印象とは異なり、(明らかに近代的な現象である) 革命に関するアレントの解釈には、自由がまさに近代の決定的側面であることを疑わせるところはない。革命は「不可避的に創始の問題にぶつかる唯一の政治的出来事」である[24]。言い換えると、近代の革命とともに初めて、自由のパトス——根本的な新しい始まり、新しい世界秩序 (*novus ordo saeclorum*) の意識——が完全に現れたのだ。しかし『革命について』でアレントが語る物語は、実は悲劇であり、「失われた宝」の物語である。フランス革命やアメリカ革命の根本的に新たな始まりは悲しい結末を迎えた。フランスの場合は、革命によって開かれた新しい自由の空間は、ほとんどたちどころに「社会問題」によって壊滅した。

無数の人々の絶望的貧困が主権的権力の遺産やジャコバン派の激情と結びついて、新たに出現した民主主義的公的領域は、最終的には何の実りもなかった自由を求める長期間の闘争という、暴力のなかに消滅してしまった[25]。それに対して、アメリカ革命の場合は、旧世界の圧倒的貧困という重荷がなかったため、新しい自由の空間の創設は成功した[26]。しかしアメリカ憲法に規定されている独創的な「新しい権力システム」は、それを定着させ守るはずの自由の解釈が分かれ、曖昧にされていたため、実現されないままになる。もともとは「公的幸福の追求」に——全員が公的領域に入ってジェファーソンの言う「政府への参加者」となる権利に——焦点を当てていたものが、私的な幸福と物質的繁栄に道を譲ってしまう[27]。アレントにとって、公的自由に対するアメリカ人の紛らわしい態度は、彼女が独立宣言でのジェファーソンの言い落としと言うものに現れている。そこでは「**公的**幸福の追求」が省かれて「幸福の追求」になってしまっている。この省略は（権力システムとしての）「憲法の実質」から、権利の宣言への歴史的転換の前兆である。それは公的自由《フリーダム》から市民的自由《リバティ》への転換である。憲法で約束された「政治問題への参加」が「私的幸福の追求が公的権力によって守られ維持される」ことの保証と交換されてしまう[28]。

フランス革命の場合には、自由の空間の創設は必然性の圧倒的力によって決定的に破壊されるが、アメリカの場合には、「公的幸福」を忘れ、その維持に必要な制度の設立に失敗したため、成功した創設が取り消されてしまう[29]。どちらの場合にも見られるのは、革命精神の「決意性」が、革命の奔流（*torrent révolutionnaire*）への屈服という形の自己実現とか、便利な生活への願望に道を譲っていることだ[30]。そういう自己欺瞞によって、「行為への要求」は一時的なもののように思われ、自由のための空間の創造と保持は革命の動機としては色褪せ、公共福祉の問題とか経済過程の管理や操作といったものがそれに取って代わる[31]。この過程が生活や政治的領域を支配するにつれて、（公的自由、公的幸福という）革命の「宝」

がすっかり失われてしまう。アレントは、近代の革命の歴史に、つまり自動過程の海に自由の「島」が出現しては圧倒されて消えてしまう歴史に、近代における政治的なものの運命を読みとることができる。

フィラデルフィアの一七七六年の夏とパリの一七八九年の夏からブダペストの一九五六年の秋に至る——革命の歴史には、近代の内奥の物語が歴史的に示されているが、たとえば、多種多様な状況に突然思いがけず現れては、別の奇怪な状況では蜃気楼のように消え失せる古い宝物の話としてそれを語ることもできるだろう。その宝物は現実ではなくて幻想だったのだ、対象としているのは現実のものではなく幻影なのだと考える理由はいくらでもある、……一角獣とか妖精の女王といったものでも、革命という失われた宝より現実味がありそうに思われる。[32]

近代では、超越と〈頽落〉との弁証法は、社会的なものによる政治的なものの植民地化にもとづいて展開してきた。「自動過程」の増殖により公的領域は変質し、自由の空間は減少した。[33] **こういう**現実の状況では、政治的なものは本質的に**はかないもの**であり、自由の擁護者は失われた失敗した運動の代表者だ。確かに、政治的自由は世界から消滅したわけではない。しかし、生命過程の優先——社会的・経済的なものの優先——のため、挿話的存在でしかなかった現象は著しく縮小されてしまった。[34]

II　現象としての〈存在〉――ニーチェ以後の存在論と政治的なもののはかなさ

アレントが近代から選び出す少数の「自由の島」のはかなさを見ると、観想の伝統において人事の領域が軽視されてきたのも当然のように思われる。政治的領域は流転か生成の領域であって、形而上学的伝統にとって価値の尺度だった永続性が欠けている。政治哲学は政治的領域に対する観想的生活（*vita contemplativa*）の軽蔑を克服しているとはいえ、その伝統の内部で始まっただけに、同じような存在論的偏見に染まっている。人事の領域を実在の構造に合わせて作り上げようとするプラトンの試みは、とっくに説得力を失ったのに、彼の二世界論が政治思想の基本構造であり続けてきたのだ。自然法とか神律、あるいは正しい理性、最大多数の最大幸福、歪みのないコミュニケーションといったものは、流転に対して確固たる土台を与える原理であり、政治の外部から安定性や永続性を与える規範的土台である。西洋の優れた政治理論家のうちで、そういうものを求める誘惑に陥ることなく、プラトン主義とキリスト教に由来する偏見に反抗するために、独自の「政治的形而上学」を作ったのはマキアヴェリだけだ。[35]

先に述べたように、アレントは西洋政治思想の伝統の「プラトン的」傾向に対してきわめて批判的だ。[36]しかしアレントはその視点のために、（ポストモダン派のある種の人々とちがって）流転そのものを称えることはない。[37]アレントは「政治的領域での〈存在〉と現象との一致」を確信していても、公的領域には一種の構造的ないし制度的な永続性があることを認めないわけではない。彼女の考えでは、公的領域によって世界性が強化され、死すべき人間に「家」が与えられて、行為の意味や記憶が保持されるものとなるが、それは公的領域が個人の寿命以上に永続きする限りにおいてだ[38]。安定した永続的構造が必要だという主張には、アレントの反プラトン主義が、ニーチェの反プラトン主義とは異なることが示されている[39]。〈存在〉を独立に存在する根拠とする伝統的な物象化に対して、ニーチェが流転と生成を肯定している限りでは、彼は形而上学的な序列を逆転させているにすぎない[40]。観想に認められる永遠への思慕に対して、アレントが対置する不滅をめざす努力には、〈存在〉を単に現象に対立させたり、単なる誤謬ないし幻想として捨て去ったりしない、別種の存在論が含まれている。

それではアレントはどのようにして、ニーチェのように陥穽に陥らずに、現象の現実性を主張できるのか。(有限な)永続性への願望と、政治的なもののはかなさ(「束の間の現前」[41])を悲劇として受け止める歴史感覚を、どうやって調停できるのか。最初の問いに対する一つの答え方は(アレントが採用するカント的な芸術化するやり方だが)、公共性の存在論的次元を強調することである。もう一つの答え方は、政治的なものへの伝統的な軽視を支えている存在論的な偏見を徹底的に究明することである。このやり方が、ギリシア人の哲学以前の政治的経験をアレントが「反復」する際のやり方だが、それは政治に敵対する伝統に引き継がれている歪曲を逃れるためだけではない。それは——もっと根本的に——〈存在〉を現象として経験する経験、あのはるか昔に失われた経験を「捉え直す」ためである。前に述べたように、ニーチェ以後のこの反プラトン的転回には、『存在と時間』の方法論的戦略がこだましている。しかしアレントによる「反復」がそれ以上に強く共鳴している——そして事態を複雑にもしている——のは、ハイデガーの一九三五年の『形而上学入門』である。この講義にはプラトン主義とニヒリズムを克服し、客観主義/主観主義の弁証法を逃れようとする、ハイデガー自身の試みが示されている。アレントを予示するかのように、ハイデガーはギリシア人に接近して、〈存在〉を現象として考え直そうとしている。しかし、ハイデガーが紛れもなく国家社会主義運動の「内的真理と偉大さ」と述べているのも、このテクストにおいてである。[42]

プラトン主義を克服しようとするアレントの試みには、**こういう**テクストと明らかに共通するところがある。その事実を見ると、実体論的形而上学やそれを「逆転させた人々」に逆らって、〈存在〉（または「実在」）を現象として考え直す**政治**とはどういうものかと問わずにおれない。

アレントと同じように、『形而上学入門』では、〈存在〉を現象として経験したギリシア人の経験を再生させることが、きわめて**政治的な**企てとして考えられている。ハイデガーは形而上学の奥底にある〈存在忘却〉（*Seinsvergessenheit*）を主題化することから始めている。彼は〈存在忘却〉こそ（「形而上学的に言えば同一」であるロシアとアメリカの）両側からヨーロッパ、特にドイツを脅かしているテクノニヒリズムの源泉だと見ている。[43] 西洋の**精神的**危機——「世界の暗黒化、神々の退去、地球の破壊、大衆への人間の変化、すべての自由で創造的なものに対する憎悪」に示されている危機——は、〈存在〉は「単なる幻想であり誤謬だ」[44]というニーチェの記述に示されているような）無力な主観主義の〈存在忘却〉から流れ出たものだ。この危機を逃れる唯一の希望は、ハイデガーによると、「われわれの歴史的‐精神的な存在の始まりを反復して、それを新たな始まりに変える」可能性のうちにある。[45]〈存在への問い〉（*Seinsfrage*）にこそ、ほかならぬ「西洋の精神的運命」がかかっている。したがって「真の始まりに伴う異様さ、不明瞭さ、不安定に怯むことなく、始まりをもっと徹底的に再び始めなければならない[46]」。

ハイデガーにとっては、この実に重大な反復の核心は、伝統によって〈存在〉が永遠の現在へ物象化される以前の現前である〈存在〉についての、根源的経験を再生させることだ。ギリシア人による現前の経験を取り戻そうとするハイデガーの試みは、形而上学の基礎となっている〈存在〉と〈生成〉、〈存在〉と

〈現象〉、〈存在〉と〈思考〉、〈存在〉と〈当為〉という四つの基本的区別を細かく分析する形で進められる。[47]〈存在〉を永遠の現在あるいは根拠として限定する際に、本質的な役割を果たしたのがこれらの区別である。[48]しかしその区別のすべてに、〈存在〉に関するもっと原初的な別の経験の痕跡が残っている。ハイデガーは、見えてきた「ベールに包まれた深淵」から西洋を救う力が、そこに宿っていると考える。

『形而上学入門』の第四章でのハイデガーの存在と現象の区別についての議論は、二つの点で注目に値する。第一に、現象の存在論的な意味を徹底的に再評価しようとしている。第二に、ハイデガーの主張によると、存在と現象との差異関係には原初的な結合ないし統一が前提されている。ハイデガーの次の言葉ではこの二点が強調されている。「現象のもつ歴史的な力を、〈主観的〉であることを理由に非常に疑わしいと断定して片づくと思うのは、疲れ果てた傲慢な才ばしった新参者だけだ。ギリシア人は現象の力を別の形で経験していた。彼らは絶えず現象から存在を切り離し、現象に対抗して、存在を維持しなければならなかった」[49]。

例の語源に訴えるやり方で議論を展開しながら、ハイデガーは、日常のドイツ語に見られる現象(*Schein*)の意味には、秘められた原初的な「〈存在〉と現象の統一」がかすかにこだましていると主張する。「煌めきないし輝き」、登場または出現、単なる現れかみせかけという、*Schein* の三つの原初的な様態があげられている。[50]ハイデガーによると、他の二つの根底にあるのは二番目の *Scheinen* の様態(現れるという意味での出現)である。したがって「現象(*Schein*)の本質は出現(*Erscheinen*)にある」[51]。出現は「自己提示、自己表現、現出、現前」であり、「現前する」、現れるとか(星が輝くように)輝くというのは、「存在するというのとまったく同じ意味である」[52]。

日常語によって立証される存在と現象との「内的連関」は、ギリシア人がピュシスとよんだ現前におけることの統一の経験を指し示している。ハイデガーによると、ピュシスとは「(バラの開花のように)ひとりでに花開くような出現、開始、展開、そういう展開のうちに現れ、そこで持続するもの、要するに出現し持続する事物の領域」のことである[53]。「出現」としてのピュシスは「至る所で認められる」が、ギリシア人はピュシスの本質を自然現象から学んだのではなくて、逆に、自然現象をピュシスの本質から学び取ったのだ。彼らの存在論的な世界理解は、この「出現する力とその力に支配される持続的領域[54]」という言葉で完全に言い尽くされる。したがって、事物の現前と結びつけられる「持続」は、ギリシア人にとっては、「現にあること、照らし出されていること」、「輝かしい出現」にほかならない[55]。出現としてのピュシスの経験、照らし出されることとしてピュシスを経験したことには、ギリシア人の精神にとって「出現とは時折存在するような従属的なもの」を意味したのではなく、むしろ「出現が存在の本質である」、「存在とは現象を意味する」ことが示されている[56]。

ハイデガーの解釈は、アレントが『人間の条件』や『革命について』で提示している、現象の存在論的優位に非常に似ている。アレントは『精神の生活』では、その優位を政治的領域を超えて一般化している。「われわれがどこからともなく現れ、登場し、どこへともなく消え失せるこの世界では、**存在することと現れることは一致する**[57]」。これは、現象または「幻想」が〈存在〉という「誤謬」と対置される、形而上学的序列を逆転しようとしているのではない。アレントが示唆しているのは、現象または「表層」を最高の在り方と見る見方なのだ[58]。言うまでもなくこれは、「すべての人々に現れること」が最も完全な実在と一致していた、ギリシア人の政治経験から学び取られた事柄である。ハイデガーの出発点はこれとは異なるが、彼も自発的出現としてのピュシスの経験と、ギリシア人による出現の空間としての政治的領域の理解とのつながりを強調している。存在の本質ないし「真理」が少なくとも一部は出現のうちにあることは、政治的行為によって達成される栄光ないし賛美という、「人間最高の可能性」についてのギリシア人の理解に示されている。ハイデガーによると、「栄光はギリシア語ではドクサである。ドケオーとは〈自分を現し、現れ、照らし出される〉ことを意味する」[59]。すでに述べたように、アレントによる政治的領域の反プラトン的理論化を支配しているのは、まさにこうした「見事な行為の輝かしい栄光」の理解であり、出現の空間における行為の輝かしい力の理解なのだ。アレントを予示するかのように、ハイデガーは「輝かしい行為」が最高の在り方である領域の、遠近法的な構造を強調している。個人が受ける視線こそポリスの雄大な雰囲気を醸し出すのだが、ポリスの現実を構成するものが、ドクサであり意見であることをハイデガーは指摘している。「事物の外見」が現れては変化するのは、公的領域に見られる「多様な観点」によるのだ[60]。

したがってギリシア人による現象としての存在の理解によって、ドクサのもつ存在論的な構成力が示されている。アレントによる「反復」とハイデガーによる「反復」は、この点で完全に一致している。アレントにとって、公的領域の優れた現実は、プラトンが〈実在〉と〈真理〉の光から切り離された洞窟の壁に映った影に似たものとして斥けた、あのドクサの次元においてこそ見いだされる。ハイデガーはプラトンによる現象軽視の歴史性を強調して、その軽視こそギリシア人の「精神的」生活と西洋の「運命」における転回点だと考える。

現象が単なる外見だとされ軽視されたのは、ソフィストやプラトンにおいてだった。それと同時に存在はイデアとして超感覚の領域に高められた。下にある単に現れるだけのものと、上にある実在するものとの間に、深い裂け目《コーリスモス》が作り出されたのだ。その裂け目にキリスト教は身を落ち着けると同時に、下のものを被造物、上にあるものを創造者と解釈した。キリスト教は作り直されたそうした武器を（異教世界である）古代に向けて、それを変形してしまった。キリスト教は大衆向きのプラトン主義だとニーチェが言うのはもっともである。[61]

この箇所には、ハイデガーの「存在論の歴史の破壊」と政治との関わりが明らかにされている。そこにはまた、アレントの世界性と現象の再評価が、一九三〇年代のハイデガーによるプラトン主義の克服とつながり、それに負うところがあることも示されている。しかし、彼らそれぞれの「克服」の間には明らかに重要な相違がある。ニーチェ以後におけるこの二通りの存在論の試みの間に、深淵が生まれるのもそのためだ。その相違は、ハイデガーの『形而上学入門』のドクサについての議論に、前兆のように十分明らかに現れている。ハイデガーは現象の実在性にとってのドクサの重要性を論じて、ソポクレスの『オイディプス王』に向かう。重要なことだが、ハイデガーがその悲劇から引き出すのは、現象は本性的に自分を誤って伝えるということだ。つまり現象は開示するものだが、その開示は常に同時に隠蔽または欺瞞なのだ。[62]ソポクレスは「欺瞞は現象そのもののうちにある」というギリシア人の認識をはっきりと示している。「現象そのものが偽るものだからこそ、現象は人をだまし幻想へ導くのだ」[63]。構造的に偽るという現象の本性には、ギリシア人にとって最も重要な情念は、アレントが考えているように、行為や自己顕示を求める闘争的情熱ではないことが示されている。むしろオイディプスの物語は「存在の開示を求める情念」の証拠なのだ。オイディプスの物語は、詩人フリードリヒ・ヘルダリーンの言葉を借りると、「現象の悲劇」を提示している。その悲劇は、ハイデガーによると「存在と現象との絶えざる争い」、つまり露呈を求める衝動が、現象の隠蔽力と絶えず戦っている争いを再現する悲劇なのだ。[64]

ここには、ハイデガーの隠蔽と開示の弁証法と、アレントによるその活用との間の裂け目が認められる。ハイデガーは開示ないし露呈を真理（アレーテイア）と見るから、ギリシア人の照らし出す活動をドクサにもとづく政治的行為と見るのではなく、むしろ公的領域の「薄暗い」現象によって隠蔽される〈存在〉の真理を「引き出す」詩的な活動、あるいは創造的な活動と見ることになる。『存在と時間』における本来的開示と日常性との対立にしつこく立ち返りながら、ハイデガーは現象の構造的な曖昧さを強調するとともに、その曖昧さから存在をもぎ取るという課題を強調している。「人間が自らの現存在を存在の輝きのなかで引き受けようとすると、存在を静止させ、現象のなかで現象に対して存在を保持し、非在の深淵から現象と存在を同時にもぎ取らねばならない(65)」。

隠蔽／開示《アレーテイア》の弁証法を「存在と現象の絶えざる争い」と言うとき、ハイデガーは人事の領域に対する自分の哲学的偏見を顕わにしている。その叙述にはプラトンの形而上学的序列を再生しているところはほどんどないが、存在をもぎ取り「露呈させようとする」本来的なものと、日常的な意見や開示に見られる曖昧にする非本来的な特徴との間に、それによって明確な序列が作り出されているのは**間違いない**。詩人、思想家、政治家のような――本来的創造者が、その仕事の世界を開示する詩人的な力で、〈存在〉のために新しい明るみをもたらして、日常的な意見や開示をまったく新しいものに作り直さない限り、曖昧な現象には価値がない(66)。要するに、ハイデガーは〈存在〉を出現として経験したギリシア人の経験を「反復」することによって、世界を開示する詩的活動を多数者のプラクシスより優れたものとして特権化するのだ。ハイデガーの現象の存在論は、開示能力をもつ闘争《アゴーン》を、相互主観的状況（公的領域）から存在と現象との永続的な争いへ移している限りで、確かに政治的だが、その争い――〈存在〉の真理のための争い――は、あくまで「指導者」や「創造者」**だけ**が職分とする争いなのだ(67)。

存在を現象として考えるハイデガーの思索は、現前の「秘められた根底」を重視する哲学的偏見によって徹底的に規定されている。その偏見があるため、ハイデガーは現象の構造的に曖昧な性格を強調し、西洋存在論の忘れられた根源を「反復」しようとする。アレントによる「反復」は、ハイデガーのものより射程が長く――深部に達している。政治哲学の西洋的伝統に対するアレントの「破壊」によって、われわれは形而上学によって永遠の現在に物象化された、現前の最初の（観想的）根源に立ち返るのではなく、複数からなり意見にもとづく公的なプラクシスの領域で得られる、現象の在り方についての経験へ立ち返ることになる。『形而上学入門』の議論に見られるように、ハイデガーはこのようなもう一つの感知できる根源を十分知っていたが、ギリシア存在論を特権化したため、複数性や政治から生まれる現象の経験を派生的なものとしか見ることができなかった[68]。（アレントが「権威とは何か」という論文で指摘しているように）ハイデガーには、プラトンが現象を軽視するとともに真理を物象化し始めた、**政治的な**状況の理解が欠けている[69]。その結果、現象についての政治的存在論の重心はどこまでも（アレーテイアとされる）真理のための争いとなり、プラトンの場合と同じように、争いは少数者と大衆との間の裂け目で展開されることになった。したがって、現象の存在の開示が、〈存在〉の真理を現象から取り込もうとする詩的な闘争と、徹底的に民主主義的な政治の特徴である闘争的な「共同の討議と行動」という、二つの根本的に対立する形をとったのは驚くべきことではない。

III　根拠抜きの行為と判断力の問題

アレントにはハイデガーへの「借り」があるため、敵意さえ時には感じられる激しいアレント批判が生まれた。左翼右翼を問わず合理主義者は、政治的行為の自由は自発的または無根拠なものだというアレントの記述を理論的なパンドラの箱と見て、激しく異議を申し立てている。アレントに関するある論文のなかで、マーティン・ジェイは、アレントの「純粋な創始能力」の強調を、行為の実存主義的賞賛と見て、アレントの政治行為論はそのため**暴力**に傾きかねないと言っている。(70)リチャード・ウォーリンもそれと似ているが少し異なる反論を出して、アレントの行為の「演劇」モデルと、〈明るみ〉を露呈の場とするハイデガーの考え方との類似を重視している。ウォーリンによると、政治を開示とするアレントの捉え方は、実存を開示とするハイデガーの捉え方と同様、「正当な自己開示と正当でない自己開示」を区別する基準を提示できない。(71)アレントの政治哲学にとって、ハイデガーの『存在と時間』につきまとっているのと同じ「基準の欠如」が悩みの種だ。(72)「規範の根拠」の欠如のため、アレントは**決断主義**と同じ理論的立場に立っている（これはジェイの結論と同じだ）。この批判はシュトラウスによるハイデガー批判をそのままアレントに適用したものであって、自由を行為の「深淵じみた根拠」として捉えるため、アレントは相対主義と非合理主義に陥っているという非難も驚くことではない。

「合理的な」政治哲学の課題は規範的根拠を確立することだと考える人々には、アレントの政治理論は「非合理主義的なもの」に思えるだろう。そういう規範的根拠は、厳密に言うと議論を超えているが、(73)政治の彼方から既成の合意に正統性の基準を与えるためには、そういう根拠が必要だというわけだ。その観点から見ると、正しいものは〈真なるもの〉に内在的に結びついている以上、真実の陳述の伝達に必要な条件がわかれば、政治的領域での正当な議論の展開に必要なモデルも得られる[74]。先に述べたように、アレントはこういう類似は偽りだと考える。つまり理論的議論を持ち出すと、実践的議論には誤ったモデルが与えられる。理論的議論には（確実な合意と不確かな合意、正義と権力を明確に識別する基準のような）長所はあるが、（手続き上の合理性という特定モデルへの執着とか、一致こそ行為や議論のテロスだとする一致の過大評価といった）短所があって、このほうが大きな問題である。ジェイは、アレントが哲学以前の経験に訴えるところに「ハイデガー的なロゴス軽視[75]」が認められると言うが、実はアレントの見方には合理性そのものへの敵意は見られない。アレントが理性的論議を非常に重視することは、ルソーやロベスピエール風の意志や感情によるロマン主義的政治への敵意からも明らかである[76]。アレントが**意見**や**判断力**を一流の合理的な政治的能力として強調しているのは、ほかならぬその種の政治に対抗するためだ[77]。アレントの視点から見ると、政治思想の西洋的伝統の無様なところは、意見や判断力独特の合理性を無視して、真理をめざす議論だけを「合理的」としてきたやり方にある。

マーティン・ジェイによる——アレントの創始的行為の賞賛は必ず暴力に至るという——最も重要な非難はもっと疑わしい。ジェイによると、アレントが行為と暴力をはっきりと（繰り返し）区別するのは、「創始と暴力との（内的な）親近性[78]」を考えると疑問の余地がある。ジェイは（自分の主張はアレントのテクストに認められるアポリアで裏づけられると考えているが）そう主張する際に、西洋の最も古く最も有害な偏見の一つである「初めに犯罪ありき」、「いかなる始まりも暴力抜きで、暴行なしには始められなかった」という偏見を持ち出している[79]。その偏見は、カインとアベルの伝説やロムルスとレムスの伝説では神秘的な形になっているが、それがもっともらしく思われるのは、製作を比喩に使っているためだ。製作というプリズムを使うと、政治的創始は本質的に暴力に見え、「卵を割らずにオムレツは作れない」という言葉の正しさは疑いないように見える。しかし、アレントがプラクシスとポイエーシスの区別を根本から見直すときのポイントは、製作という比喩を人事の領域に適用する安易さの問い直しにある。アレントはロックと同じように、暴力は暴政に対する正当な抵抗手段であり、解放のための闘争の本質的部分だと考えるが、その闘争は前政治的なものである。そこには、ジョルジュ・ソレルやジャン＝ポール・サルトルやフランツ・ファノンが暴力に与えた実存的な輝き（および存在論的な意味）はない。[80]啓蒙思想の社会契約論者たちと同様、アレントは前政治的領域（「自然状態」）と創始的活動によって作り上げられる政治的行為の領域との間の裂け目を強調している。アメリカの場合に明らかなように、政治的行為の討議的特質を見過ごしてはならない。[81]アメリカ革命が残した「独特の教訓」は、造形芸術や自然過程の比喩を使うと創始的活動はたちまち消え失せてしまうということだ。

アレントの政治理論にはハイデガーに見られるのと同じ「基準の欠如」がつきまとっている、というリチャード・ウォーリンの非難については、わかりきったことを言うだけで十分だ。アレントは明らかに、真実の政治的な行為や関係を、非政治的なものから区別する厳密な基準を提示している。大半は「自己充足的」政治という概念に由来する――その基準は、露骨なテクノクラシーの横暴だけでなく暴力や強制や欺瞞を許さない。アレントは、公的領域が可能となるのは、複数の平等な人々が説得的な発言をして交流する場合に限られると強く主張する。[82]アレントの基準は簡略で手軽なものなので、隠微なイデオロギー操作に対しては十分な防御手段にならぬという反論が出るかもしれない。妥当性要求を回復する際の支配的基準が欠けているというわけだ。[83]そういう批判に対してアレントは、その問題は政治的判断の領域に**属するもの**であって外部からは解決できない、言い換えると、政治的判断力に代わりうる、あるいは政治的判断力の欠陥を補いうる理論的近道は存在しないと主張する。この主張は、市民は自主的に行為し判断できる成人として扱われねばならないという、彼女の強固な基本的確信と一致し、古典的合理主義やイデオロギー批判の継承者たちへの憎悪とも一致している。

したがって、こういう非難は見当違いだ。その非難の激しさには、アレントは「正しい」合意決定に十分な基準を提示していないということと無関係な不安が感じられる。非合理主義とか「基準の欠如」とか暴力という言いがかりからは、アレントの企ての重要性に関する（歪んだ）理解が伝わってくる。アレントの政治理論は、伝統の崩壊と形而上学の終焉（「神の死」）にもとづいて、行為や判断力を考え直そうとしている。行為や思考や判断力を道具または「技術」と見る解釈が、「死せる神」の影のもとにあることを示すところに、その企ての否定的・「破壊的」側面が見られる。アレントの肯定的な課題は、行為や判断力を形而上学的合理性によって基礎づけるやり方から引き離して、（形而上学的意味の）根拠抜きで行為や判断力の活動を自律と自由において考え直すことである。こういう前例のない思考こそ、伝統の崩壊とその結果起こった、権威と判断力の危機に対する唯一の「本来的」応答なのだ。

*

アレントに関するありふれた作り話は、彼女はなぜか権威に対して郷愁をいだいているというものだ。(84) こういう誤解が起こるのは、「権威とは何か」という論文における現代の「権威の危機」についての議論のせいである。そこでアレントは「権威の喪失」や「世界からの権威の消滅」を「世界の永続と信頼の喪失」と同一視している。(85) その同一視は、根拠にもとづく政治的結合を求める共同体論者の根の深い憧れとあまりにもうまく共鳴する。それと同時に自由主義者にも、伝統と宗教と権威の共同によって政治に安定した基礎が与えられていた前近代的社会体制への郷愁を、アレントがいだいていると非難するのに必要な材料が提供されている。[86]

第6章で示すように、アレントには現代のエネルギーと矛盾するような、根拠や「故郷」を求める気持ちがあると言われるのも、ある程度無理はない。しかし、アレントが権威への郷愁をいだいている（あるいは賞賛している）と非難するのは見当はずれも甚だしい。アレントによると、現代の「危機」の顕著な特徴は、「権威が何かを知りえない」こと、権威の経験が生活世界から消え失せたことだ。[87]その結果、権威が権力や暴力と混同されがちである。しかしアレントによると、「権威は強制という権威と無縁の手段を使うことを認めない。力が用いられる場合には権威そのものが失われていたのだ」。[88]同様にまた権威は「平等を前提とし、論議の過程で行われる説得と相容れない」。[89]説得が「平等の秩序」を象徴するのに対して、権威が力を発揮する前提は序列なのだ。権威の「本質」は「命令する者と服従する者」との間の階層的な関係であって、その関係は「共通の理性や命令する者の権力に」もとづいているわけではない。[90]権威を可能とするものは、支配者と被支配者が互いに「自分たちが正しいと認める序列」を受け入れることである。[91]

したがって、政治的原理としては権威は、本来の政治であるもの（すなわち「平等な説得の秩序」でしか起こらないもの）についてのアレントの基本的確信と矛盾する。[92]では、彼女が権威の喪失を嘆いているような印象はどう説明したらいいのか。そういう印象が生まれるのは、一部は、アレントが全体主義による権力獲得を可能にした状況の一要素として、権威の衰退を引き合いに出しているからだ。[93]しかし——アレントを賞賛する共同体論者も、彼女に批判的な自由主義者も見逃しているが——権威の衰退によって明らかに（彼女によると「世界の土台の喪失と同等の」）危険が生じるが、その危機とともに前例のないチャンスが訪れる。(94) アレントによると、権威が失われても「われわれよりも永続し、われわれの後に現れる人々が生きる場となる世界を作り上げ、維持し、保護する」人間的能力が消滅することはなく、少なくとも必ず消滅するわけではない。(95) 実を言うと、権威の喪失とともに、新しい強力な形態の「世界への配慮」が実現するかもしれないのだ。

権威という原理によって、西洋政治体制には一種の土台が提供されて安定が作り出された。アレントが「権威とは何か」で企てたのは、その土台の特質を明確にするとともに、そういう土台がありえなくなった理由を示すことだ。したがって、その論文の本当の問題は「権威とは何で**あった**か」である。(96) アレントの政治思想全体を背景にしてみると、この論文では権威の消滅による救済が力強く論証されているのがわかる。全体を一貫している主張は、権威はローマから啓蒙時代に至るまでの理論と実践に根拠を与えてきたが、権威の衰退とともに初めて「人間の共存の基本問題」が再び現れるということにほかならない。(97) 権威という概念が西洋政治思想において重要な役割を果たしたため、政治的な行為や権力や判断力や自由などの概念が大きく歪んでしまったのだ。アレントは「権威の時代」ともよべるものの開始と終末を跡づけることによって、権威主義以後の政治的なものの概念を指し示そうとする。

では、権威とは何だったのか。この問いに答えるにあたって、アレントは（本来のハイデガー的な歴史主義的やり方で）、無歴史的な一般化に訴えるのは避けねばならないと主張する。問題になっているのは「権威一般」ではなく、「われわれの歴史において支配的だったきわめて独特の権威の概念」だからだ。(98) その「独特の概念」の特質は何であり、どこから現れたものなのか。

アレントによると、われわれの伝統に影響を与えてきた権威概念は、何らかの超越的、超政治的な力に訴えて政治体制を正統化するものである。その特質は、自由主義では曖昧にされがちな権威主義的支配と専制的支配との違いを明確にすれば明らかになる。

専制的支配と権威主義的支配との違いは常に、専制君主が自らの意志や関心のままに支配するのに対して、いかに厳格なものであっても、権威主義的支配は法にもとづく支配だということであった。権威主義の支配活動の規範は、自然法、神の戒律、あるいはプラトンのイデアの場合のように、人間によって作られたのではなく、少なくとも現に権力の座にある者によって作られたものではなかった。権威主義的支配における権威の根源は常に、その権力の外部にあり権力を優越した力である。政治的領域を超越したこの根源、この外部の力こそ常に、権力の「権威」つまり正統性の根源であり、権力をチェックするものだ。(99)

要するに権威という原理では、人事が「人事の領域の外部にあるものによる支配を受ける」ことが求められる。(100)(厳密な意味の)権威主義的支配体制は、そういう超越的な支配力を想定して初めて可能なのだ。つまり簡単に言えば、われわれの権威概念は根本的に形而上学的な概念である。権威は形而上学の二世界論を前提しており、権威の衰退は、ニーチェやハイデガーが跡づけたように形而上学的合理性の終焉と切り離せない。したがって、権威とは何であったかという問いに対しては、それは**形而上学**だったのだと言えば端的な答えになる。

ハイデガーの言う「形而上学の時代」と「権威の時代」とがほぼ同時代であることは、アレントの探究の系譜学的次元によって裏づけられる。権威という観念によって作り出される「公的・政治的な世界」がいつも存在するわけではない。アレントが言っているように、権威という言葉も概念もローマに起源がある。[101]それ以上に重要なことは、「ギリシア語にもギリシア史の種々の政治的経験にも、権威が知られていた形跡はなく、権威が意味するような支配も見あたらない」という事実である。[102]ギリシア人は支配関係を政治的関係とは認めていなかった。支配関係には（前政治的な相互行為である）腕力や暴力が含まれているからだ。腕力や暴力にもとづかず、支配者にも被支配者にも、正しいとか拘束力があると認められる序列がありうるという観念は、まさしくポリスの経験に**逆らって**ギリシア人の政治的議論に導入されねばならなかったのだ。アレントによると、そういう観念を導入した（その後ローマ人とキリスト教がそれを足場にした）のはプラトンとアリストテレスの仕事であった。[103]

アレントによると、プラトンとアリストテレスによる「権威に似たものをギリシアのポリスという公的生活に導入する」試みはパラドックスに満ちていた。権威は「人々が自分の自由を保有する服従を意味する」。[104]しかし公的領域でも私的領域でも、プラトンやアリストテレスが利用できる支配の実例はすべて、自由の否定にもとづく関係であった。暴君も将軍も家長も奴隷の主人も、個人だけを考えると、みな疑問の余地のない権威のモデルになるものばかりだが、そのどれも公的領域を維持するとか市民の自由を維持すると言えるものではなかった。[105]したがって支配の概念が、自由になされる服従という外観だけでも維持できるような別の手段で導入されねばならなかった。もちろんその「別の手段」は理性による支配であったが、「ソクラテス学派」はその新機軸を使って、真理の強制力を理論的洞察や論証の領域から人事の領域に移入した。理性によって非暴力的な（それゆえ「正当な」）強制の原理が提供され、それによってギリシア人は（ソクラテス裁判に示された明らかに不十分な手段である）説得を専制的政治に陥らずに乗り越えることができる、とその学派では考えられた。しかし理性が支配するためには、人間行動の基準は人事の領域を超えていること、そして思弁的な「観想」の能力を有する哲学者たちにしか到達しえないものであることが証明されなければならなかった。そういう証明が、プラトンによって『国家』において企てられている。アレントによると「ギリシア人が権威の概念にこれほど近づいたことはない[106]」。

　支配の観念を政治的領域に導入する、一つの方法を理性に求めたプラトン‐アリストテレスの転換が、伝統にさまざまな影響を与えることになった。そのことをアレントはこう述べている。「理性が強制の手段となることを期待した結果以上に、西洋哲学の伝統にとっても西洋の政治の伝統にとっても決定的だったものはない[107]」。政治的には、理性に訴えた結果、思考は行為から切り離され、思考と行為との間に序列が出来上がった。合理性は、複数性の状況で行為者が発揮する意見にもとづく力ではなくなった。合理性は「思索者階級」（プラトンの場合には、本性的に観想的生活に適した者たち）の専有物になってしまった。『国家』が西洋的な権威概念にとって模範的なものであるのは、一つには、プラトンのユートピアでは、この階級が厳密に言えば支配階級ではないという事情にもとづいている。国家を支配するものは、集団でも個人でもなく一連の超越的基準なのだ。そういう——真の権威主義的支配の必要条件である——基準に到達しうるのは、大衆《ホイ・ポロイ》はもちえない精神的視力という視力だけだ。「哲人王」とは実際には、実在が開示される者であり、その開示の一瞬を人事の領域の基準に移し換える無私無欲の媒介者である[108]。理性が「本質的に正しいもの」を開示するのは知的エリートだけなのか、それとも（啓蒙思想で考えられたように）すべての人間なのかということより、もっと根本的なことは、理性に訴えて第一哲学と実践哲学との間に独特の関係が打ち立てられたことだ。プラトンによる理性の政治化から、「一般」形而上学と「特殊」形而上学、存在論と実践（倫理ないし政治）哲学との間に、起源‐派生の関係が出来上がったのだ[109]。

　つまりプラトンによる形而上学的合理性への「権威主義的」な訴えには、二つの重要な結果が伴っている。第一に、それによって思考が行為から解き放たれ、理性は普遍的なものという不可視の領域にしっかりと結びつけられる。第二に、それによって行為を「支配する」規範的な力が思考に与えられる。[110] プラトンが成し遂げた思考の行為からの分離は、理論／実践の区別の起源ではないとしても、明らかにその区別を規定したものである。思考と行為の「技術的」解釈とハイデガーが称するもの[111]にもとづいている限り、その区別はどうしても形而上学的なものだ。プラトン以後、行為はまず目的のための手段とみなされ、結果を生み出すものと考えられている。他方、思考は純粋に観想的（無用な）在り方から引き離されて機能化されている。理論としての思考の基本的役割は、合理的に第一原理を確保し、その原理に合わせて目的を設定して行為を導くことである。（シュールマンが言っているように）形而上学的合理性にとっては、行為は本質的に目的主導型のものであり、思考は本質的に根拠主義的なものなのだ。[112] 思考の仕事は行為が合致すべき真理を確保することである。プラトンが超越的基準――つまり「強制の正当な原理」としての理性の「権威」――に訴えたために、理性によって開示され行為の根拠となる超政治的[113]「起源」から行為が始められ、それによって行為が正統化されるという、周知の形式が確立されたのだ。

したがって、形而上学的合理性の分野では、行為は「哲学的なものを実践的・政治的に達成すること」だと説明されている。[114] しかし、プラトンが思考と行為の新しい序列を明確にするのに成功したにもかかわらず、「権威に類するもの」を政治的領域に導入する彼の試みには重大な弱点がある。プラトンの難点をアレントは次のように説明している。

理性による強制をめぐる困難は、少数の者しかそれに従わないことであり、そのため多数者、つまり多数者だからこそ国家を構成している人々が、同じ真理に服従することがいかにして保証されるかという問題が生じる。確かにここでは何か別の強制手段が見いだされねばならず、ギリシア人が理解してきたような政治的生活が破壊されてはならないとすると、暴力による強制はここでも避けられねばならない。これがプラトンの政治哲学の主要な難点であり、理性の専制を確立しようとするすべての試みの難点だった[115]。

プラトンはこの難点を(『国家』の末尾で)、来世での賞罰の神話を導入して解決している[116]。キリスト教がプラトンの「不可視の精神的基準」と来世の賞罰の神話を活用したのは有名である。この二つを結びつけることは、一八世紀の啓蒙の行き届いた世俗的革命家たちさえ、社会体制を維持するための不可欠な基礎として、地獄の恐怖を引き合いに出さざるをえないと思ったほど強力なものだった[117]。結局、超越的基準を人事のために権威主義的に設定することが第一級の政治的事実となり、それ以前には政治的関係の否定とみなされていたもの(権威あるいは序列)を政治的関係の本質として確立するのに成功したのは、宗教や来世への信仰によることであった。

アレントの考えでは、権威や宗教は伝統と結合して、近代以前のヨーロッパ文明にとって恐ろしく強固な「土台」を作り上げていた[118]。アレントによると、西洋が比較的安定しているのはこうした状況の相乗効果のある要素のおかげであって、その「結合」が初めて完成されたのは、(ギリシア哲学によって異論の余地のない権威が提供された)ローマ人においてであった[119]。問題はその要素のいずれも、別の要素が衰えると土台を与える役割を果たしえないことだ。つまり、世俗化の過程が、「確固たる土台を有する」社会体制を最終的には不可能にしてしまうわけだ。その結果、次には――権威ばかりでなく(後で示すように)判断力においても――全面的危機が生じてしまう。アレントの分析が重要なのは以下の点においてである。すなわち、形而上学的合理性の終焉——行為の究極的根拠の消滅、「神の死」——は、もしキリスト教が（ニーチェが言ったように）プラトン主義を大衆向きのものにしたという事実がなかったら、間違いなく（哲学や神学という）一部だけにしか意味のない出来事だっただろう。しかしその結果は、現代の知的生活を苦しめている多種多様の「近代に起こった死」（「神、形而上学、哲学、それに実証主義も含むさまざまなもの」の死）が「重要な歴史的影響を与える出来事になった」ことだ。「今世紀初頭」以降、「そうした死が知的エリートだけの関心事ではなく、**ほとんどの人にとって**関心事というより、**共通の暗黙の了解事項**になってしまっている」[120]。来世の賞罰を信じなければ、超越的基準は——求められ敬意を払われても効力はない——抜け殻になってしまう。「近代的なものの死」を無傷で生き延びているのは唯一、そういう基準に訴えて行為を正統化する**習癖**だけである。これが全面的な「権威の危機」を語るときアレントが考えている状況だが、それはニーチェやハイデガーが**ニヒリズム**として描いた状況にほかならない[121]。

アレントはこの状況の政治的影響について幻想をいだいているわけではない。一方では、彼女はこの危機によって開かれた破滅の可能性を率直に認めている。究極的根拠の究明を再生させようという哲学者ハンス・ヨーナスの呼びかけに対して、アレントはトロントでこう答えている。「もし人々が今なお神を、いやむしろ地獄を、信じていたら——すなわち、もし今なお究極的なものがあったら、全体主義による全面的破局が起こるはずはなかったという完璧な確信をいだいています[122]」。他方では、「訴えるべき究極的なものが存在していなかった」一般人のために、犯罪的体制の共犯者となるくらいなら死を選ばせるような、揺るぎない妥当性や有効性を有する超政治的原理が存在していなかった、というのが単純明快な衝撃的事実であることを認めている[123]。われわれの不安はそれだけではない。アレントはこう続けている。

そしてこういう［全体主義のような］状況を通り抜けてまずわかるのは、誰がどういう行為をするかは**決してわからない**ということである。自分の生き方にも驚く有様だ。その状態が人々の間の多様な違いを超えてあらゆる階層に広がっている。一般化して言うと、いわゆる古い価値を堅く信じていた人々がまずその古い価値を、既成のものであれば真っ先に新しい価値と取り替えたと言っていい。こう思われるのは、誰かに一連の新しい価値を――周知の「手摺」を――与えさえすれば、たちまち古いものと入れ替えて、どういう価値でも「手摺」になればそれに慣れてしまうと考えられるからだ。一七世紀以来のこういう状況を、最終的に安定させることができるとは思えない。……形而上学や価値に関わる仕事全体が崩壊していなかったら、こういう仕事全体に煩わされることはなかっただろう。われわれが問わずにおれなくなったのはこういう出来事のせいなのだ。(124)

この言葉の意味は明らかである。アレントは伝統への回帰がニヒリズムへの「現実レベル」での抵抗だとは考えない。伝統への回帰は、改めて「価値」を主張する立場か――もっと悪質だが――（別の箇所で彼女がファシストは「善良な家庭人」だと書いている）「伝統的価値」のための運動にすぎない。(125)それこそまさしく、思考と行為を切り離したうえで、「基準」から行為を（導き出す形で）両者をあまりにも単純に結びつけるに至った伝統という「手摺」を頼りの綱とすることだ。そういう（過去にこだわる）展開に呼応して起こっているのが、道徳的判断や政治的判断の能力の急激な低下である。プラトンが超政治的な超越的基準が存在すると主張したことによって、判断力を「包摂する能力」と同一視することになってしまったが、それは過度に単純化した考え方であって、それはカントの道徳哲学の独白的な特徴に実によく現れている。(126)こうした客観主義の支配下にあっては、反省的判断力も相互主観的判断力も衰えてしまう。

その結果、そういう「基準」が消失した後には、再生された一連の価値という麻薬を提供し、機械的に判断する習癖を引き延ばして、自主独立に思考し判断する複雑な活動――および努力――を逃れるための「道徳的」手段を提供する者たちを受け入れる、危険な事態になってしまうのだ。[127]

したがってアレントにとっては、蔓延する「権威の危機」から生じる命令は、（カール・ヤスパースが間違って考えるように）権威の残片をすべて保存するということではない。「人間的共同生活の基本問題」にドグマも偏見も捨てて正直に立ち向かうために、ニーチェやハイデガーの「破壊的」企てに加わることなのだ。[128]『精神の生活』[129]での自分の努力についてのアレントの説明は、シュールマンの言う形而上学の「普遍的・根源的」図式の専制から、行為、自由、判断力、意見にもとづく合理性を引き離そうとする彼女の試みにも当てはまる。

疑いもなく私は、ギリシアでの開始以来、今日まで伝わってきた諸カテゴリーも含めて、形而上学と哲学の解体を試みてきた人々の戦列に加わっている。伝統の糸は切れ、もはや回復不能と見える場合こそ、その解体を実現できるからだ。[130]

第一原理による正統化と判断の実体論的手続きの残滓の「解体」が不可避のものとなっているのは、全体主義の「恐るべき独創性」によるが、全体主義の影響によって「一切の伝統からの断絶が実現し、政治思想のカテゴリーも道徳的判断の基準も明らかに破壊されてしまった」からだ。[131]全体主義によって在来の知恵の残滓は粉砕されて、「めちゃくちゃな」世界が残っているだけで、伝わってきた観念はまったく無価値である。[132]しかし全体主義がもたらした断絶は、早くから準備されていたのであって、その「壊滅的な」効果が西洋の伝統そのものに秘められたもっと深刻な危機、つまり最高価値の価値を否定する動きにほかならない。(133)アレントの観点からすると、超越的価値への訴えには（ニーチェが真理への意志のアイロニーだと考えた）自ら土台を掘り崩すという特徴が認められるが、その特徴によって西洋の「土台」の重要な要素が破壊される。（モンテスキューが予見したように）政治的構造が慣習や伝統によって保たれるという状況が生まれるのはそのためだ。(134)政治社会の土台がうつろになるにつれて、「西洋文化の道徳的、精神的崩壊」が起こり、その崩壊の程度は、全体主義がやすやすと最も「神聖な」道徳律を転覆させたことからも明らかだ。アレントが「理解と政治」という一九五三年の論文で述べているように、「全体主義の恐るべきところは、その根本的な新しさより、思想のカテゴリーや判断基準の崩壊を明るみに出した」という事実である。(135)われわれの「土台」の破綻が決定的に明らかになっている。権威主義やニヒリズムは超越的基準や究極的根拠を持ち出したが、それによって生じた政治的結果は自分に跳ね返るのだ。

したがって、権威の危機は判断力の危機と切り離せない。しかし形而上学的合理性の終焉によって行為を手段以上のものとして、自由と自律において考える可能性が開かれるのと同じように、「慣習的規則」の消滅によって判断の能力を評価し直す道が開かれる。われわれは「大破局の影におびえながら」生きているかもしれないが、伝統の崩壊は解放でもあるのだ。

特殊な事柄を包摂する規則や判定基準を失ったとはいえ、創始を本質とする存在は、既成のカテゴリー抜きで理解し、道徳という一連の慣習的法則抜きで判断する源泉を自分のうちに十分にもっている。すべての行為、とりわけ政治的な行為が新しい始まりを創ることである限り、理解すること「判断すること」は行為の裏面である。(136)

希望がもてるのは、行為の能力が究極的根拠の有効性に支えられているわけではないように、判断の能力は一般的な規則や「基準」の有効性を凌いでいるという事実があるからだ。「規則抜きに考える」能力の特徴である独立と自発性によって、二〇世紀の前代未聞の（そして普通の人には身の毛がよだつような）政治的現象を評価できることになる。たとえば全体主義体制によって実行された組織的殺戮という政策によって、「既成の」カテゴリーの不十分さは明らかになった。「民族絶滅」とかある地域全体の自国民の「浄化」に示される全体主義暴力は、単に暴政を拡張したものではなく、その犯罪行為の特質は「戦争犯罪」とか「組織的大虐殺」という伝統的な説明ではわからない[137]。そういうカテゴリーでは、ナチスの死の収容所での（工場のような）工業的な死体生産にその恐るべき新しさがうかがわれる、国家による（官僚機構を動員し技術を駆使した）犯罪の前代未聞の特質は隠されてしまう。この新しい犯罪事実を扱う伝統的な法概念が不十分であることは、ニュルンベルク裁判では、――「人道に反する罪」あるいはフランスのフランソア・ド・マントン検事が言った「人間としての威信に対する罪」という――犯罪の新しいカテゴリーを導入したとき暗に認められていたが、二〇世紀の国家犯罪を歴史的あるいは法的に判断する場合には、そういうカテゴリーが最適だとされている[138]。

全体主義の場合、判断力の活動を妨げるものは、「既成の」カテゴリーへの偏愛ばかりではない。悪い動機が被告の罪の核だと主張する法律論でもある。国家政策としての殺戮には、法律論に組み込まれている悪の本性についての神学的仮説が認められるが、それはアレントにはアドルフ・アイヒマンの裁判過程でわかった重要なことである。アレントには、アイヒマン裁判では大規模な犯罪行為が、明白に平凡なおとなしい行為者と逆説的に並んで現れたが[139]、――彼の衝撃的な特徴は「極端な浅薄さ」と「奇妙だが紛れもない思考力の欠如」だった。アレントに「悪の陳腐さ」という概念を「否応なく」考えつかせたのは、まさしく行為の奇怪さと「その男のばかばかしさ」とのギャップだった。[140] この――アイヒマンという男の特異な現象から生まれたものであって、ホロコーストの犯人全体を表す概念とはほとんど考えられていなかった――「悪の陳腐さ」という概念が、特定のものから始まって、普遍的なものへ「上昇する」反省的判断の能力のすばらしい実例である。「悪の陳腐さ」という概念に達して初めて、悪意もなく精神異常でもなく思想的信条もない**思考力を欠如した**個人が、殺戮のための新しい官僚機構の一員に進んでなるという、二〇世紀の国家暴力の重要な次元に注目できるのだ。

こうした現代の危機に応えて、アレントは行為と判断力の**自律性**を強調する。それは行為と判断力の自由や自発性を強調し、脱魔術化した時代に、行為と判断力が連関して実現する可能性を強調するためである。創始の能力として考えると、行為には根拠づける（超越的な）原理による指導は必要がない。実を言うと、プラトン・アリストテレスが実体／属性、根拠／行為といった図式を押しつけたため、行為が変質させられていた。同様に、判断力を支えているのも「慣習的規則」が使えるということではない。規則に支えられる判断力という、過度に単純化した包摂モデルのために、判断力は衰弱したというのが実態なのだ。権威の失墜や伝統の崩壊に関するアレントの見方が、郷愁を断ち切るような性格のものであることは、行為と判断の「能力」が本来の力を発揮するのは、まさに頼るべき「手摺」がなくなったときだ、という彼女の確信に明らかに示されている。[141]

ここでアレントの政治思想の重要なアイロニーの一つに達したわけだ。しかし合理主義的な批判者たちはそれを完全に見逃している。[142] アレントの考え方では、第一哲学から実践哲学を導き出すという関係が終わっても決断主義とか相対主義に向かうことにはならない。行為と判断力を自律的なものとしてその複雑な在り方のままに捉える現象学を再生させるべきだ。それを再生させて初めて、プラトン以来の行為を手段化する弁証法によって短縮されてしまった倫理的・政治的次元を新生させる舞台が開かれる。アレントによる政治的行為の捉え方の「アイロニー」は、教条的な合理主義的（そして究極的にはニヒリズムである）伝統のために陥っていた忘却から、反省的判断（「基準抜きの」判断）の現象を救出するということだ。アレントは道徳的・政治的判断の適切なモデルとして、カント風に趣味判断に訴える。それは何よりも公的・政治的世界という「現象を救おう」とする願望から生まれたことだが、それによって共通の判断にもとづく「道徳的地平の再建」（ベイナー）を始めるために必要な新しい方向づけが与えられる。(143) そしてこれが、形而上学以後の時代に**正義**の問題を新生させる第一歩である。――アレントがアイヒマンに関する書物の終わりに書いているように、それは認識や真理の問題ではなく**判断力**の問題なのだ。(144)

IV　物象化としての伝統――製作中心主義的形而上学と政治的なものの後退

アレントには、政治思想の西洋的伝統は人事の「はかなさ」や政治的行為の不確かさや複数性の領域の相対性から逃れようとする、実に根深い持続的な努力だったように思われる。複数性の領域には不確かさや偶然性が浸透しているため、行為に確固たる（超政治的）根拠を提示して、政治が克服され行為も不必要である社会体制を示そうと、一連の理論的試みが続けられてきたように見えるのだ。先にも述べたように、そういう努力には、行為を製作に入れ替えて、プラクシスをポイエーシスの支配下に置こうとする傾向が一貫して認められる。そういう代替によって主権的な政治的自由という理念が説得力をまし、支配ないし統制の理念を追求する見当違いのレンズで人事の領域を見ることになってしまう。行為を製作と考えるそういう「技術的」解釈の基礎が、結局、（イデアとか自然とか理性的意志とか歴史といった）形而上学的なものであるか、それとも（ニーチェの「生命」やリチャード・ローティの「欲望」のような）プラグマティックなものであるかはほとんど問題ではない。行為と政治のいずれも変質してしまって、それらの本質的特徴が、何世紀も忘れられたままになっていることが問題なのだ。

アレントによると、政治を逃れようとする意志（正確に言うと、政治的行為を手段化して統制下に置こうとする意志）によって伝統は動かされてきた。アレントのこの叙述によって、工作人の製作中心主義的思考法の「非本来的な在り方」が歴史の深部から説明されている。現代ではそういう思考法がいちだんと優勢になっているが、それは伝統による行為の抑圧とも共鳴する。その結果、「政治的なものの後退」が現代の顕著な特徴の一つとなっているのだ。[145] 伝統は現代における政治的なものの「忘却」に大きな責任があると言うとき、アレントは明らかに、ハイデガーによる非本来性という主題の歴史的追跡を踏襲している。一九三〇年に刊行された著作とともに始まったその追跡によって、ハイデガーは形而上学の伝統を、「存在者の〈存在〉」を実体化する平板な説明を好むあまり、現前の「神秘」と〈存在〉の露呈という原初的な現象を体系的に隠蔽してきた「根拠の学」と見ることになった。ハイデガーによると、そういう平板な説明によって西洋人は、〈存在〉を表象可能で（原理的に）支配可能なものと決め込むことができるようになった。存在者をモデルにして〈存在〉を考え――ハイデガーの言う、現前としての〈存在〉と存在者との「存在論的差異」を消し去って――、形而上学は〈明るみ〉または〈存在〉の開示という根源的現象を忘却の彼方に追いやってしまったのだ。その忘却によって、存在者全体を最終的に「管理し確保する」ための基礎、惑星的支配の基礎が築かれた。[146] つまり、根拠づけようとする形而上学の意志は、最初から同時に、確保しようとする意志、権力意志だったと考えられるのだ。

ハイデガーが一九三〇年以後に展開する叙述——つまり形而上学の歴史が、秘められた〈存在史〉(*Seinsgeschichte*)を隠蔽するとされる、〈存在〉の撤退とその結果としての〈存在忘却〉についての話[147]——は、『存在と時間』の「基礎存在論」とは明らかに異なる。その違いは、『ニーチェ』(一九三〇―四〇年)のなかで起こる〈転回〉(*Kehre*)とともに明白になるが、その〈転回〉とともに、科学技術への批判に拍車がかかり、形而上学/科学技術による〈ゲシュテル〉に代わりうるものとして〈放下〉(*Gelassenheit*)という観念が展開されるようになる。[148]だが、ハイデガーの初期、中期、後期を一貫している基本的主題を捉えることが大事である。そうしないと、〈存在史〉へのハイデガーの〈転回〉を誤解するだけでなく、ハイデガーの形而上学の歴史が、アレントの「観想の伝統」による政治からの逃亡という見方に決定的に影響していることも誤解することになる。

＊

『存在と時間』でハイデガーは、主体や実体というカテゴリーで自己も世界も事物的存在として理解したがる傾向のため、われわれに〈存在〉が開示される関係が隠蔽されていると主張した。そういう傾向は日常性に根づいているが、ギリシアやキリスト教の遺産にはさらに深く根を張っている。それゆえそういう傾向には、われわれに決意が根本的に欠如していることも、有限性が浸透していることも、われわれに根拠が欠けているという事実も、認めたがらないことが示されている。安全や平穏を求める願望のため、一方では、日常性に埋没しがちであり、他方では、既成基準が正しい(あるいは妥当する)と前提しがちだ。こうした非本来的な在り方(*Dasein*)の傾向のため、たまたま使われている語彙が半ば自然に存在するもののように物象化され、世界から地平的（歴史的）な在り方が奪い去られて、不安をもたらす開示の自由が隠蔽されている。

ハイデガーは西洋形而上学の伝統の起源に注意を向けて、このような忘却の状態に陥らせる存在論的偏見の系譜学を示そうとした。ハイデガーによると、形而上学によって早くから、われわれの文化の根元に存在者の〈存在〉に関する独特の運命的な解釈が据えつけられている。その解釈によって西洋の存在論的地平が凍結された結果、〈存在〉は時間性という意味合いをすべて失って、永続的な自己同一のもの、ある構えで（結局は）処理できるものだと理解されている。現在するものの現前を物象化し、それを〈存在〉のモデルとすることによって、形而上学は人間を〈存在〉からもぎ離して、開示という人間の使命を忘れさせてしまうのだ。[149] 形而上学が助長する忘却状態は日常性の「麻痺」効果に似ているが、はるかに根が深く歴史的にも広範囲に起こっている。〈存在〉や存在者の「在り方」を物象化する形而上学的な捉え方によって、現前の時間性が思考から封鎖されている限り、形而上学的捉え方が西洋の「歴史的運命（*Geschick*）」であり、その運命の絶頂が「資源」のヘゲモニーである。[150]

この話の始まりは（『形而上学入門』での）ハイデガーによる、ソクラテス以前にあったピュシスとしての〈存在〉の把握、つまり自己生成または出現としての〈存在〉の把握についての解釈に立ち返ってみるとよくわかる。[151] ハイデガーが西洋の「最初の始まり」への回帰を企てるのは、彼が人間の開示的性格についての本来的理解とみなすものを示すためである。彼の主張によると、そういう理解は、〈存在〉が圧倒的な出来事ないし活動（存在者が現前する過程）として経験されたことと切り離せない。ソクラテス以前の人々（特にパルメニデス）では、〈存在〉が現前として決定的に確認されたが、そのとき現前は時間的に一つの出来事として理解されていた。しかしプラトンになると、この——現象または出現である——

過程が実体化されて、純粋な形相または無時間的な形相とされた**結果**、出現としての〈存在〉の出来事という特徴は失われてしまう。本質ないしイデアの領域が真実在《オントス・オン》として原型《パラデイグマ》あるいはモデルを与え、特定の時間的なものの存在はそれに由来する。実在する恒常的な原型と単なる現象的な（束の間の）模像《コピー》との間に分離《コーリスモズ》が生じたのだ。

イデアの観点から、出現には新しい意味が加わった。現れるもの――現象――はもはや出現する力であるピュシスではなく、現象の自己提示でもない。出現は模像《コピー》の出現になっている。模像は決して原型どおりではないから、現れるものは単なる現象であり、実は幻想であり不完全なものなのだ。……存在の現実の宝庫はイデアであり、それが原型なのだから、存在者の開示はすべてモデルとの一致、イデアとの合致をめざさなければならない。ピュシスの真理、つまり出現する力の本質である露呈としてのアレーテイアが同化《ホモイオーシス》と模倣《ミメーシス》……観想の正しさ、表象としての把握の正しさとなる。[152]

「ピュシスからイデアへの〈存在〉の変形」によって、開示かつ隠蔽であるもの（神秘）が合致という関係によって覆いつくされる限り、「西洋の歴史における本質的運動の一つ」が起こるわけだ。[153] 知性と「もの」との間に表象という関係を設定すること（あるいは本質と事物との間に再現という関係を設定すること）は、〈存在〉を永続的な永遠の現在として解釈し直すことにもとづいている。エイドス（形相またはイデア）あるいはウーシア（実体）として考えると、〈存在〉は永続性、自己同一性、既定性などで規定されることになる。[154] そういう物象化によって、〈存在〉と存在者（現前と現前したもの）との間の存在論的差異は容易に、「何であるか」と「何ものかであること」つまり本質と現実存在との区別として捉え直されることになる。[155]ハイデガーはその捉え直しを「〈存在史〉における一つの出来事」とよんでいる。それはその捉え直しとともに、〈存在〉が存在者の根拠という形而上学的な地位を獲得するからだ。オットー・ペゲラーが言っているように、形而上学では「〈存在〉と存在者との差異は、現にあるもの（存在者）から永続的に現前しているもの（〈存在〉）への飛躍と考えられる。それによって〈存在〉が存在者の根拠となる」。[156]『形而上学とは何か』でのハイデガーの発言に、決定的にその後を思わせる転回が起こるのはこのためだ。そこではハイデガーは形而上学を「存在者を超えて、存在者そのものを全体として把握するために確保しようとする探究」とよんでいる。[157]永遠の現在とか根拠としての〈存在〉の解釈によって、いわば存在者全体を包括的に把握する可能性が保証される。そういう約束とともに、全面的客体化と〈存在〉の確保をめざす形而上学の企図が公然と姿を現すのだ。[158]

したがってハイデガーにとっては、形而上学の――獲得と権力への意志、「復讐の精神」（ニーチェ）といった――非本来性の根元は、〈存在への問い〉、つまり「〈存在〉とは何か」という問いの捉え方のうちに見いだされる。ソクラテス以前の人々にとっては、この問いはどこまでも差し控えられるもの、果てしないもの、さまざまな問いのうちで最も神秘的な問いであった。ところが（プラトンとアリストテレスが始めた「根拠の学」である）形而上学にとっては、この問いは容易に答えられる問いだ。つまり〈存在〉は真実在であり、「存在者自体が生成も消滅も存続も認識可能で加工し操作しうるものとして存在する」[159]根拠なのだ。現前と不在の秩序が生まれてくる深淵が隠され、その支配できない出来事での人間の役割は忘れられてしまう。

形而上学が〈存在〉を根拠に変えるやり方は少し詳しく見ておく必要がある。『存在と時間』以来の考え方を展開しながら、ハイデガーは存在者の〈存在〉を永遠の現在や現前とする理解は――製作者としての現存在の日頃の行動である——製作の経験に由来することを強調している。[160] ギリシアの存在論によって、〈事物としての在り方〉が〈道具としての在り方〉を曖昧にするのと似た形の実体化が行われたと考えられる。歴史で起こった場合も現象学で認められる場合も、製作過程で見られる存在者の（たとえば外観か単独の在り方や独立した在り方［*Ansichsein*］のような）側面が根本的に連関を無視して取り出される。[161] そういう取り出し方をすると、それぞれの側面を存在者の〈存在〉の本質的特徴とみなすことができる。（『存在と時間』の直後に書かれた）『現象学の根本問題』の頃すでに、ハイデガーは〈事物としての在り方〉の歴史的系譜はギリシア人の「製作者の」先入観に遡ると考えていた。[162] 形而上学の歴史に関するその後の著作では、西洋存在論の製作という特徴が絶えず主題化されるようになる。

ハイデガーの観点からすると、ギリシア人が〈存在〉の「確実な」理解を求めて製作の経験に訴えたため、製作という比喩によって支配される形而上学の伝統が生まれたということになる。[163] ギリシア人が〈製作に関する〉領域存在論を一般〈存在論〉化したことは、プラトンのイデアないし原型と同じく永遠の現在という考え方にも、アリストテレスの「具体的形相」ないし作品（エルゴン）という観点での現実性（エネルゲイア）の理解にも、その痕跡が残っている。ハイデガーによると、実際には、製作中心主義的先入観を鮮明にしている点で、アリストテレスは「プラトン以上にギリシア人」だった。[164] 存在者の〈存在〉を「被造物（*ens creatum*）」とするキリスト教的な理解で、最高の職人という役割が神に割り振られるとともに、ギリシア人の製作中心主義的世界観が深められるとともに拡大される。[165] デカルトになると、神の叡智の創造的な表象力が人間的主体に移され、人間的主体が「思考することを思考するもの」として最もリアルな存在であり、自らの表象の明晰さと判明さにもとづいてリアリティを規定する特権を有するとされる。[166] 形而上学の伝統におけるポイエーシスの支配は、ニーチェの「芸術的形而上学」で絶頂に達するが、そこでは存在者の〈存在〉とあらゆる形態の真理が、単に力の増大・強化を求める創造的な力への意志の所産だと考えられる[167]。ニーチェによるプラトン主義／形而上学の「逆転」では、存在者を把握し支配する意志が（表象というパラダイムに昇華されて）前面に出て、形而上学を最初から突き動かしてきた惑星規模の支配への意志が顕わになっている[168]。「良心の呵責」も失ったこの意志が完成に達したのが、科学技術を駆使する〈ゲシュテル〉にほかならない[169]。

『存在と時間』以後のハイデガーの道は、無論決してストレートではない。しかし彼が基礎存在論の超越論的衝動（主観主義や「ヒューマニズム」の残滓）と絶縁しようとするときには、開示という形での〈存在〉との関係の回復に寄せる関心が絶えず働いている。一九三〇年以後の本当の大きな変化は、日常性よりも伝統を非本来性の重要な場所と考えるようになったことだ。〈頽落〉は（いわば）派生的現象と見られるようになる。決意の真の欠如が浮上するのは、ギリシア人が〈存在〉を永遠の現在ないし根拠とする「確保の仕方」においてだ。そういう「確保の仕方」が、存在者に対する製作的態度をひそかに連関から引き離し普遍化することによって遂行されるのだ。

ハイデガーの批判的な「製作中心主義的形而上学の歴史」と、アレントの政治からの「逃亡」の試みの連鎖という伝統の見方との交点は明らかである。ハイデガーが言うように、形而上学の伝統の根源的目標は、人間の「負い目」や有限性を否認して、（何らかの「〈存在〉の秩序」への）一致を獲得して、開示に伴う不安から人間を解放し、根拠を確保して、現実を思うままに処理できるのを保証することだったとすれば、**そういう**伝統が、政治や政治的行為の現象学的領域との対決に取りかかったとき起こったことに驚きはしないはずだ。アレントが言うように、政治的行為は最も根拠のない活動であり、開示が起こる活動である以上、それを「偽装」または隠蔽しようとする独特の執拗な試みが起こるのは予想できる。少なくともアレントの解釈によると、まさにそういうことが、――プラトンやアリストテレスからマルクスやニーチェに至る――伝統において、行為を製作として、政治を芸術とか技術（テクネー）として、自由を主権性とか支配として捉え直す仕事が、一貫して続けられるときに起こっていることなのだ。「製作中心主義的」政治観の反政治的意味はすでに述べたとおりだが、ここで強調しておきたいのは、ハイデガーの形而上学の脱構築によって、そういう傾向の根深さがわかってくることだ。ポイエーシスの優位が、存在論の最も基本的なカテゴリーに組み込まれているために、ポイエーシスによってプラクシスを包摂することはほとんど既定の結論なのだ。政治を製作や造形芸術に喩えて歪めてしまうメタファーから、行為を救出しようとするアレントの試みは、ハイデガーが形而上学の「根拠」に遡って発見したものの政治的な意味を理解したことから生まれている。驚くほどのことではないが、ハイデガーは自分自身の洞察を理解することができなかったのだ。(170)

第6章　近代批判

近代における根本的な出来事は世界を像として征服したことである。

——ハイデガー「世界像の時代」

マルクスが考えた自己疎外ではなく、世界疎外こそ近代の特質であった。

——アレント『人間の条件』(1)

現代では、世界に対するわれわれの態度ほど疑わしいものはない。

——アレント「暗い時代の人間性について」

I　序論——近代批判者としてのアレントとハイデガー

『人間の条件』には、アレントの人間的活動の現象学が示されている。その分析は、近代における行為と公的領域の衰退に関する話と絡み合っている。アレントによると、「歴史的分析の目的は……近代における世界疎外や、地球から宇宙への逃亡と世界から自己への逃亡という、近代における二重の逃亡を跡づけることである」[2]。アレントが展開する物語は決して明るい話ではない。近代における「社会的なものの台頭」とともに、家への関心が公的領域を吸収し始め、工作人特有の功利主義によって「すべての存在者の果てしない道具化」が起こる[3]。そういう展開に加えて、近代科学から生じた（アレントが「人間的条件の真髄」とよぶ）地球を単なる対象と見る傾向が現れ、科学技術による自動運動を介して、仕事が一種の労働に変質した結果が、広範で徹底的な**世界喪失**である。世界喪失は政治的には出現の空間の「衰退」、共通感覚の「衰弱」、世界に対する感覚の喪失という形で現れる[4]。世界喪失は実存的には、現代では「人間的構築物」の永続性が破壊されたため生じた場所の喪失、つまり一種の故郷喪失として経験される。

『ヒューマニズムについて』のハイデガーと同じ気持ちで、アレントが言っているところでは、——「常に野蛮の一形態」である——世界喪失が故郷喪失である限り、故郷喪失が時代の運命となりつつある[5]。アレントによると、この事態を招いた直接の責任は、近代に解き放たれた——資本家による収奪と富の蓄積や（「アルキメデスの支点」を前提とする）近代科学や科学技術などの——諸力にある。それぞれの力が「人間的構築物」を掘り崩して、比較的安定した構造を流動的な過程に変形するのに大きく影響した。その結果、初期キリスト教徒による世界疎外以上に極端な世界疎外が起こっている。彼らと同じように、われわれも世界の持続性を信じていない。世界が持続するという感覚もないが、彼らとちがってわれわれには、世界を革新するに足る強力な結びつきが欠けている。(6)

アレントにとって、科学技術による支配という近代の企図には、本質的にアイロニカルな結果が伴っている。支配の拡大や必然性の克服によって自由が強化されるどころか、世界のなかで自由の場が失われるとともに自由が排除されてしまっているのだ。こういう態度を取る点で、アレントはフランクフルト学派と活躍の場を同じくしているように見える。しかし彼女の批判目標は、テオドール・アドルノやマックス・ホルクハイマーのものとは決定的に異なる。この二人が自然の支配を強調し、自然支配が、自然である主体にブーメランのように不可避的に返ってくることを力説するのに対して、アレントが力説するのは、科学技術によって人間存在が「自然的なもの」に同化させられることだ。(7) 問題は他性を抹殺して、自然を支配下に置こうとする近代的意志（支配増大をめざす企図）ではない、あるいは単にそれだけではない。アレントが問題にするのは自己の自然的基礎ではなく、人類と自然との間にある世界の保全と維持なのだ。

この重要な違いはもう一つの違いと結びついている。アレントの観点からすると、科学技術による支配という企図の底にあるのは、他性に対する**恐怖**ではない。アレントは、近代特有の企図へ駆り立てているのは根の深い実存的ルサンチマン、有限性や限界そのものについてのルサンチマンだと考える。(8) 近代は「あるがままの人間の在り方に」反逆しているが、近代を突き動かしているのは、与えられた人間の条件を「自作のもの」に取り替えたいという欲望である。(9) 現代の観点からすると、世界は牢獄のように見える。その牢獄の境界を取り去る手段として登場しているのが科学技術なのだ。しかし科学技術は手段以上のものであることが明らかになっている。科学技術は世界を破壊する独特の力であり、過程を重視することによって目的・手段というカテゴリーそのものを無意味なものにしてしまう。科学技術が作り出す「偽りの世界」では、「装置全体」さえ「曖昧になってしまう」。

アレントが（「〈存在〉への感謝」とは正反対の）実存的ルサンチマンに注目するのを見ると、近代の「意志への意志」に対するハイデガーの批判がすぐ思い起こされる。それは、工作人の道具主義が労働する動物に道を譲る過程についての彼女の記述を見ると、ハイデガーの科学技術批判が思い出されるのとまったく同じ事情である。アレントと同様に、ハイデガーは近代を、（アレントの言う）「どこからともない無償の贈り物」であるものへの「反逆」の一つだと理解している。[10]「意志への意志」とは、有限性や偶然性を克服し、世界を作り変えて「支配者かつ主人」である立場に人間を立たせようとする意志だ。しかしその企てには、実在について根本的に別の理解が必要であり、人間が主体として「存在者そのものの関係の中心」になるような存在論が求められる。[11]ハイデガーの——『ニーチェ』（一九三六—四〇年）や「世界像の時代」（一九三八年）から『技術への問い』（一九五四年）に至る——諸著作では、近代における世界の主観化、表象と意志の主体が設定する次元に実在が還元されていく過程が跡づけられている。ハイデガーにとってその過程は、『形而上学入門』では「世界の暗黒化」と言ったものと一致している。その過程の絶頂は科学技術による〈ゲシュテル〉(*Gestell*)という「管理としての開示」においてであり、それは現前の一つの在り方だが、それによって人類は「墜落の瀬戸際」に立たされている。[12]

アレントと共通するハイデガーの関心は、人間が自分を「大地の支配者」にしながら、自分の開示の能力を発揮するのに必要な条件そのものを破壊していることに向けられている。ハイデガーが科学技術について恐れているのは、一つの「開示の在り方」によって「その他のあらゆる開示の可能性が駆逐される」という、科学技術独特の閉鎖的あるいは破壊的な特質である。[13]アレントの『人間の条件』には、近代における世界の主観化についてのもっと具体的な説明が見られる。そこでは、近代のファウスト的エネルギーによって促進される「共通世界の破壊」が注目されている[14]。彼女を動かしている不安はハイデガーのものと似ている。行為のための永続的な舞台が存在しない「世界」、「規範化された」行動が自発的な開示能力を包括する世界が、出来上がっているように思われるのだ。近代における真の公的現実の衰退によって、われわれを人間たらしめる開示の能力[15]——行為の能力——の消滅という犠牲を払って、「人類の存続」が確保されるという可能性が生まれてきた。近代の実存的ルサンチマンは、「人間的活動の将来に期待をもたせる前代未聞の爆発とともに始まった」時代が、実際には「史上空前の致命的な貧弱極まりない受動性」に行きついてしまいかねない、という逆説的な筋道を辿る[16]。

本章ではそういう不安を手がかりにして、アレントとハイデガーの反近代の構えを検討する。世界と行為への関心によって、世界の主観化や「世界の非世界化」、科学技術による開示能力の骨抜きを含めて、ハイデガーによる近代批判の主要なテーマを、アレントが活用するに至ることをごく大まかに示したい。第4章や第5章と同じように、本章でやろうとするのは、アレントをハイデガーに近づけることではない。むしろ文化的保守主義に陥った批判から、彼女が新しい意外な**政治的な**意味を引き出すやり方を明らかにすることだ。アレントの反近代の構えはその種の保守主義を完全に免れていると言おうとするのではない。ハイデガーからアレントに移ったときに、そういうテーマに起こった「激変」に注目するのだ。アレントの場合はいつもそうだが、彼女が取り上げるものは変形されて、見分けがつかなくなってしまうことが多い。近代とその病理の場合が特にそうだ。その結果、アレントによる政治の理解、民主主義によって動機づけられた「世界への関心」のために、ハイデガーの存在論的関心が、彼自身は認めなかった連関のなかに置かれることになる。

これは重要なポイントだが、アレントによる近代批判を「拒絶反応」とか「全面否定的批判」として斥けてしまう人々は、それをよく見落としている。アレントが内在的批判というやり方をしていないのは間違いないが、彼女の目的は、自由主義的なブルジョア社会に調子を合わせることではない。この点では彼女を「不本意なモダニスト」と言うわけにもいかない[17]。もっと的を射ているのは、ジョージ・ケイテブが彼女に与えた「偉大なるアンチモダニスト」という特徴づけだと思われる[18]。しかしこの言葉も、非難の意味を込めて使われている。ケイテブはアレントを、近代を破滅の時代と見る一種の文化批評家と思わせたいのだ。問題をそういう具合に捉えるのは、フーコーが「啓蒙の強要」とよぶもの——ある人の行う批判の特性を明らかにしないうちから、ブルジョア民主主義つまり啓蒙的合理性に対する「賛否」を明確にせよという主張——の自由主義版だとしか考えようがない。広い意味でアレントは疑いなくアンチモダンだが、近代以前に戻りたいという文化保守主義的な気持ちはほとんどない。アレントはその種の郷愁をいだいて議論することを拒否する。これは彼女の理論的な仕事を一貫している明白な事実だ。その仕事は何よりも、近代以前の世界を規定している重要な構造や道徳や政治がもはや不可能である理由に関する、長期にわたって続けられた多面的な説明である。

ではアレントの近代批判は、なぜ拒否反応じみた批判の模範的な実例のように**思える**のだろうか。一部は（ケイテブが書いているように）アレントが近代の芳しくない面に頑固に注目しているからだ。つまり彼女が、近代のおぞましい面や病理を詳細に描き出すくせに、近代の優れた点については何一つ語ろうとしないからだ[19]。もっと目立たないが同じように重要な別の説明では、アレントの批判が明らかに存在論的領域でなされているからだと言われる。行為や自由についての彼女の再検討の中心は本来的な政治的経験に含まれる在り方や現実だが、彼女の近代批判の焦点は「出現の空間」の破壊や真の公的な現実の衰退である。彼女の批判が、ウェーバー的な合理化の概念を分析の中心的カテゴリーとするものと大きく異なるのはそのためだ[20]。

『人間の条件』が「ギリシアへの郷愁」の所産だという印象が生まれるのは、アレントが存在論的な関心を寄せているものを、人間的活動のスタティックな現象学とみなす場合である。そう見ると活動的生活の古い序列が、新しい序列を軽蔑する手段――「近代を打ち据える鞭」――であるように思われる。しかしその現象学は、最初思われるほどスタティックな考え方のものではなく、実際には暗に歴史的な存在論と密接に結びついている。彼女に対する多くの批判者とちがって、アレントは人間の能力や条件を実体化して超歴史的「本性」にしようとはしない[21]。エリック・フェーゲリンへの回答に見られるように、アレントには、個人の能力とそれを発揮するための条件との内的な関係についての強烈な意識がある[22]。そのため彼女には、行為に必要な（複数性や世界性のような）ある種の条件が消滅した結果、行為の能力そのものが衰えだすに至った状況を容易に想像できた。言い換えると、それは活動的生活の序列のなかで、一つの活動がどういう位置にあるかという問題にとどまるものではなく、その活動が行われる独特の歴史的現実の問題でもある。そのため、序列の変化（近代の開始を決定する一助ともなった、活動的生活内部に起こった「逆転」）の可能性が問題であるだけでなく、諸能力そのものが本質を失い変質した可能性も問題なのだ。アレントの近代批判が実に強力なものになると同時に、まったく期待はずれに**終わる**のも、こういう事情で、存在論的なものと政治的なものが一体となっているからだ。

II　ハイデガー──近代形而上学と世界の主観化

崩壊や荒廃が起こる十分な理由は、理性的動物である形而上学的な人間が労働する動物と化してしまったという事実のうちに見いだされる。

──ハイデガー「形而上学の克服[23]」

自己基礎づけとしての自己主張──近代の「非本来性」

ハイデガーは、近代は自律的主体の時代であり、「意志への意志」の時代、無制約的な自己主張（*Selbstbehauptung*）の時代だと考えている。しかし彼はまた、近代を西洋形而上学の伝統の特徴である非本来性の高度の表現とも見ている。ハイデガーにとっては「意志への意志」（力の増大を求める意志）は本質的に安全を求める意志だが、それがわかると、自己主張がどういうわけか「決意を欠いている」ことがありうるという見方に認められる──明らかな逆説は解消する[24]。世界を作り変え（カントの言い方をすると）世界を**完成しよう**と絶えず努める近代のダイナミズムは、本質的に反動的なものだ。それを突き動かしているのは、〈存在〉の全体を捉え獲得して、〈存在〉を永遠の現在にしようとする典型的な形而上学的欲望なのだ。人間の自己主張は不断に「安定させ」、世界を「資源（*Bestand*）」として現前させる科学技術において絶頂に達する、存在者全体の支配という形で現れる。

惑星規模の支配という近代の目標と、そこに含まれている有限性の克服は、製作中心主義的な伝統的偏見の徹底化という形で進められる。ハイデガーによると、ギリシア哲学でもキリスト教でも「存在すること」は「作られたこと」と同一視された。近代では、その理解の仕方が明らかに人間中心的なものに歪められる。〈存在〉はもはやキリスト教の創造神によって付与される属性ではなく、むしろ自己意識を有する能動的主体によって処理される客体の領域とみなされる。存在者の基準も根拠も、表象する主体、つまり「自分の前に立てる」主体の「計画や予測」のうちにある。[25] ハイデガーの有名な言い方では、人間が近代初頭に「根本的な唯一実在する主体（*subiectum*）」となったとき、「世界は像になった[26]」のだ。

「近代における主体による支配」が告げられるのは、デカルトの著作においてである。ハイデガーはデカルトの著作を近代形而上学の発端として選び出している。[27] ハイデガーにとって、デカルトによる（コギトを介しての）主体への転換に、近代における自己主張と、獲得をめざす意志との密接不可分な関係が示されている。一方では、コギトは中世的秩序《オルドー》や伝統的な啓示としての真理の概念からの解放を意味する。それは新たに発見された自律の象徴であり、ハイデガーはそれを「キリスト教の啓示の真理や教会の教義への強制から、自主独立の自律への人間の解放」と言っている。[28] その自律の可能性は、新しい確実性という新しい基礎にもとづく。自然の光（*lumen naturale*）が衰退し、神によって保証されていた「もの」と真理との一致（*adequatio*）が取り消されたため、根拠は危機に陥って、古い根拠を新しい根拠に取り替える以外に解決する道はなかった。したがって、ハイデガーによると「啓示にもとづく救済の確実性**からの**解放は、本質的に、人間が自分の認識作用のなかに認識されたものとして、真なるものを独力で確保することの確実性への解放とならざるをえなかった[29]」。デカルト的懐疑によって遂行された解放のもう一つの側面が、真理の揺るぎなき絶対的根拠（*fundamentum absolutum inconcussum veritatis*）を人間自身の内部に見いだしたという主張だ[30]。

コギトの意義はそれだけではない。認識論的動機は革命的であるとともに、そこにはデカルトによる現前の原型的実例である自己意識への訴えから生じた変化、つまり存在論の根本的変化が示されている[31]。主体の自己意識を、疑いえない重要な事柄である「確固として揺るぎなきもの」と言うことによって、デカルトはこの真理の根拠を暗に存在者の根拠としているのだ。ハイデガーは『ニーチェ』でのコギトの説明でそれを指摘している。〔以下の引用文はドイツ語原文によって修正した――訳者〕

> コギト・スムは、私は考えているとか私は存在するということでないだけでなく、私が考えているという事実から私の存在が帰結するということでもない。この命題に述べられているのはコギトとスムとの関係である。すなわち、私は表象するものとして存在し、私の存在は本質的に表象作用で規定されるばかりか、私の表象は決定的な再現（*re-presentatio*）として、すべての表象される（*represent-ed*）ものの現前、つまり表象において考えられるものの現前性、言い換えれば存在者として表象されるものの存在について決定すると言われているのだ。この命題は、本質的に自分自身を表象するものたる表象作用が、〈存在〉を表象されるものとして、真理を確実性として確定することを意味している。すべてが帰属する揺るぎなき根拠は**まさに表象そのものの最高の本質**なのだ[32]。

「考えるもの」は自我意識のうちに自らの最も明晰にして判明な観念、つまり最も真実の観念を見いだす。このことによって、考えるものが表象という観点から、自分の周りに存在論的地平を開く土台が与えられる。「表象し、表象することのうちに自己を確保するものの〈存在〉が、表象されるものそのものの〈存在〉の尺度である」[33]。主体が（自分自身を）表象することによって基礎づけを行う能力は、客観性がそれにもとづいてのみ現れうる能力なのだ。したがって、表象によって開かれた空間の内部に、コギトによって〈存在〉の真理が確立され確保されるという点で、近代初頭デカルトによって遂行された認識論的転回は、形而上学にとって一種のトロイの木馬の役を果たす[34]。コギトは、人間が「存在者全体の在り方や本質に関する根拠である存在者[35]」という、近代独特の役割を暗黙のうちに引き受ける手段なのだ。そこには、「人間が存在者そのものの関係の中心となる」契機が示されている。その点で存在論は人間学となり、〈存在〉が表象へ還元されることによって〈存在〉は主観化される[36]。

ハイデガーによると、デカルトの議論からスコラ的時代錯誤を取り去って、その議論に含まれている存在論的意味を十分に引き出すことは、カントやドイツ観念論に残された仕事だった。超越論的論理（カテゴリー）と構想力（概念の図式）のアプリオリな働きに注目して、認識論におけるカントの「コペルニクス的転回」によって、客観が客観である根拠は明確に主観の主観性のうちに見いだされた。現実が超越論的主観によって構成された対象、あるいは「措定された」（フィヒテ）対象の在り方（*Gegenständigkeit*）に暗に還元されて、存在者の〈存在〉に関する古来の形而上学の問題は、**人間学**の問題になってしまった[37]。基本的にデカルト的である戦略を徹底させることによって、第一批判では、（形而上学的には存在者の全体として考えられた）〈存在〉が、主観に「対して存在する」ものである根拠が示されている[38]。このハイデガーの解釈によって、超越論的哲学が実際に「存在論の近代的形態[39]」であることが明らかになる。純粋理性の批判によって提示されるものは、人間学による存在論的地平の縮小であり物象化であり、「人間理性による存在者の〈存在〉規定に対する限界設定、つまり事物の本質規定に限界を設定することであって、事物を規定する基礎である純粋理性の基本原理を事物であることの尺度として投影すること」[40]にほかならない。

周知のとおり、ハイデガーはニーチェを人間中心で還元主義的な近代的存在論的思考の絶頂とみなしている。ハイデガーはニーチェの力への意志という説を形而上学だと解釈するが、そこでは「存在しているもの」はすべて、力の増大を求める意志によって意志自らの前に立てられたものとされる。[41]デカルトによる（エゴ・コギトが自らの前に立てるものとしての）現実の限界設定を、論理的に極限まで推し進めた点において、ニーチェが「近代的主観性の形而上学」を完成したのだ。デカルト的な確実性によって自我は安定性が保証され、根拠として働くことが保証される。ニーチェは力への意志という形でその確実性を「活動的なものに変化させる」わけだが、力への意志が自らを確保するには、「確実に捉えうるものが周りに存在すること」が必要だ。[42]周りに存在するものによって「現前するものに一定の制限」が加えられ、現実は「定常的なもの」、「意志が自由に処理しうるもの」に変えられてしまう。[43]近代人の「本来性喪失」は、世界の根拠かつ尺度としての主観へのデカルト的転回にまず示されたが、ニーチェになると、〈存在〉が「確保され」うるものに還元され、力の保存と増大を求める意志に必要な素材を供給するものへ還元される新しい段階に達する。そこでは、デカルトの確実性の追求が深部の実存的ルサンチマンに駆り立てられていることが明らかになる。

ハイデガーのこの解釈には、議論の余地がある。彼は巧みにニーチェを「復讐心」に燃えているように見せかけている。[44]この点についての議論はさて措くとして、ハイデガーの近代論でニーチェが演じている役割に焦点を当てたい。ニーチェをデカルトの後継者、近代的な主観主義と自己主張の最も極端な形とする解釈において、ハイデガーの分析の本当の意味が明らかになるからだ。（これは重大な仮定だが）「存在者についての独特の解釈と独特の真理の捉え方によって、形而上学が本質的に時代形成の基礎をその時代に与える点において、時代は形而上学によって基礎づけられる」というハイデガーの主張を受け入れると、近代哲学による世界の主観化の進展を人間の「〈存在〉了解」における根本的変化を示すもの、（したがって）〈存在〉への関わり方の同様な根本的変化を示すものと見ることができるようになる。[45]「存在者の全体そのものが……人間によって呑み込まれ」、人間が「自らの本質である主観性に到達して」、「エゴ・コギトという自我の在り方」に達すると、

人間が反乱を起こす。世界は客体となってしまう。そういう存在者全体の革命的な客体化においては、地球は何よりも表象と客体化によって処理されるものとなって、人間による処理や分析を受けるものの代表になる。地球そのものが攻撃対象であり、人間の意志しだいで無条件に客体化される客体という形以外ではありえない。至る所で自然は……科学技術の対象として現れる。[46]

デカルト、カント、ニーチェの――存在者を表象や意志に還元する――主観主義に、近代の運命が予示されている。ハイデガーの観点からすると、世界を改造して伝統的な製作中心主義的存在論を**現実化する**のが近代の運命である。ハイデガーにとっては、プラトンが製作の経験を（設計図としてのエイドスという）実在の持続的イメージとして提示したことから、近代哲学における表象と客体化によって製作する主体に至るまで一直線につながっている。[47] その「単なる」理論的客体化から近代科学と科学技術による「無制限の客体化」までも、同様に完全に連続している。その最終結果は、土台になっているイメージが（「解読されるべき」テクストというより、時計やメカニズムと見られる世界に）変化しただけではない。

むしろ完全に人間中心の道具化された世界が作り出され、そこでは存在者は原料という姿になっているのだ[48]。後で示すように、ハイデガーにとっては、技術時代の恐怖は、人類も原料という姿で「現前する」ことである。

意志への意志と像としての世界の征服

ハイデガーの一九三八年の論文「世界像の時代（*Die Zeit des Weltbildes*）」では、近代における世界の主観化が別の角度から捉えられている。同じ時期の『ニーチェ』とは対照的に、これは哲学の書物の注釈ではなくてカント的な意味で超越論的な議論である。ハイデガーは近代に本質的だと考えられる――科学、機械技術、美学における芸術の主観化、「文化」としての人間活動の捉え方、「神々の消滅」といった――さまざまな現象から始めて[49]、そういう現象を可能にするものについて独特の歴史的なやり方での理解を示そうと試みている。ハイデガーは「存在者についての近代的解釈」を列挙すれば、「近代の本質的特徴」を示すことができると考える[50]。

この論文が私の目的にとって重要である理由は二つある。第一に、そこには主観化というテーゼの具体的説明が見られること。その説明では、『人間の条件』でのアレント自身の分析を先取りするような仕方で近代科学の典型的特徴が注目されている。第二に、主観化（「像への世界の還元」）について近代の人間中心主義と製作中心主義的思想との結びつきを明らかにする、印象的な説明がこの論文に含まれていることだ。

ハイデガーは近代科学という現象に限定して、近代の根底にある存在者についての理解の探究を始めている。彼の考えでは、近代科学の「本質」を取り出せば、近代科学の基礎を提供している形而上学的根拠を示すことができる。「その根拠から、近代の全本質が理解されるはずだ」。[51]

したがって根底を掘り下げようとするハイデガーの一連の問いの一つは、「近代科学の本質はどこにあるか」である。[52] その答えを簡単に言うと、近代科学の本質は**研究**にある。[53] ギリシア人のエピステーメーや中世のドクトリーナやスキエンティアとは明らかにちがって、**近代の**科学は研究という形で行われる。認識の一つの形として、研究の特徴は「特定図式」の投影、対象領域、厳密な手続き（方法論）、継続的な組織的活動などに認められる。ハイデガーは近代科学の「本質」についてそういう記述を行うとともに、「科学が研究に変化した事実の底に、存在者についてのどのような理解、どのような真理概念があるか」を問おうとする。[54]

科学的であれ歴史的であれ、研究がめざすのは未来の予測とか過去の検証である。そういう予測や検証には、「自然も歴史も、説明する表象作用の対象になる［ことができる］」、そしてその表象作用によって自然は予測され、歴史は説明される」ことが当然のように想定されている。[55] 科学が研究になった前提は、「あらゆる存在者の〈存在〉は客観性のうちに求められる」ということだ。[56] そこにはさらに、「真理は表象の確実性となった」という前提がある。[57]「どういう存在者でも計算する人間が確定できる仕方で、特定の存在者を自分の前に立てる客体化としての表象作用」での「存在者の客体化」が、研究としての科学の形而上学的基礎となっている。[58]

表象による存在者の客体化において、研究としての科学が可能になるだけではない。ハイデガーによると、表象による存在者の客体化が、近代の本質を「最初にあらかじめ」全面的に規定している。そのやり方はどのようなものか。

この問いに答えるために、ハイデガーは改めて自己基礎づけとしての自己主張という主題に取り組む。存在者全体の客体化は、人間が「自分から解放し」、目的論的秩序《オルドー》に組み立てられた拘束の網の目から解放されたしるしである。[59] しかしこの「解放」——近代の自己主張——は近代の説明としては「正しい」が、「決定的」[60] なものではない。それどころか「近代の本質的基礎の理解を妨げ、誤解を与える」とハイデガーは言う。「決定的」なことは、客体化によって中世の包括的な目的論的段階構造が解消されることではなく、客体化とともに「人間の本質そのものが変化して人間が主体となる」ことだ。[61] すなわち人間が、「根拠として一切をそれ自身に集め」「一切に先立つ」基体《スブエクトゥム》（ヒュポケイメノンの訳語）になることだ。[62] 人間が「存在者の関係の中心そのもの」になるが、ハイデガーによると、この出来事は「存在者全体の理解が変化してしまって初めて起こることだ[63]」。

ここでハイデガーの超越論的議論は、堂々巡りに陥っているように見える。研究である科学にとっては、存在者が客体化され、真理が表象の確実性に変わることが前提である。ところがその変化は、（神やピュシスではなく）人間が、一切の存在者を「〈存在〉の仕方に関して支える」基体＝主体になったことにほかならない。しかし主体への変化の底には、「存在者全体の理解」の変化が先に起こっていると言われる。

実を言うと、ここには確かに循環があるが、それは解釈学的な循環である。主体たる人間を可能にするのは、（「存在者全体」を表す名称である）「世界」が、表象される客体になるということではない。彼が言っているのは、世界という地平が変化するということなのだ。すなわち世界が「像になる」という地平の変化によって、存在者の〈存在〉は「表象されること」になり、その変化とともに主体としての人間の出現と存在者の客体化が可能になるのだ。[65]

したがって「世界が像になること」に、近代の最も根本的な変化が現れているのであって、それは世界によって開示ないし露呈の空間が開かれる仕方の変化なのだ。近代では、世界は像としての「世界となって現れる」。この空間では、存在者は表象され客体化されたものとしてのみ現れる。

……本質的に理解すると、世界像とは世界のイメージという意味ではなくて、像として捉えられ把握された世界を意味する。存在者全体がいまや、表象し客体化する人間によって処理される限りで存在し、その限りでしか存在しないものと考えられる。世界像がある場合にはいつも、存在者全体に関して重要な決定がなされている。つまり存在者全体の〈存在〉は、存在者が表象されているということのうちに求められ、そこに見いだされるのだ(66)。

近代では、事物は像という別の仕方で現前する。これが近代の本質の特徴である「世界全体が像になるという事実」にほかならない(67)。近代をほかの時代から区別するのは、世界像の特徴ではなく、近代には世界像が**存在する**という事実なのだ。中世にとって、存在者は神による被造物(*ens creatum*)として現れる。ギリシア人にとっては、存在者は「生成し自らを顕わにするもの」——ピュシス——である。そのいずれの時代にも、存在者の存在は、何よりも人間によって表象されうるものだとは理解されていなかった。

つまり表象こそ、近代独特の世界理解の仕方を構成しているものだ。近代人にとって、表象するということは、「自分の前にあるものを自分に対して存在するものとし、表象する自分自身に結びつけ、規範の設定者である自分との関係に強制的に引き入れること」を意味する(68)。近代人が、「像を獲得する」、しかも支配という独特の仕方で獲得するのは、まさにこの種の表象作用によってなのだ。「人間は存在者がそこに現前し、像とならざるをえない舞台装置としてセットされる」[69]。このような普遍的客体化によって、世界が**人間にとっての**像として、つまり人間的要求に合わせて作られた緊密な組織の全体として、人間が思うままに処理可能なものとして現れる[70]。人間は、像としての世界が客体として現前する舞台装置である以上、独特の地位を獲得する。人間がハイデガーの言う「存在者の代表（*der Repräsentant*）」になるのだ[71]。

存在者の近代的理解についてのハイデガーの記述は、世界に対する人間の相対的立場の変化を意味するものにすぎないと解釈したくなるところがある。中世やギリシアの〈存在〉理解に関するハイデガーの叙述が正しいとすると、近代を特徴づけているのは、もっと客観的な超然たる観点だと言えるかもしれない。われわれはもはや〈存在〉を（ギリシア人のように）「静観」していないし、（中世キリスト教世界のように）〈存在〉の段階構造のなかに呑み込まれているわけでもない。われわれは表象という関係の観点から、世界を主観に対する客観として把握している。そういう把握については、あらゆる時代の世界との関係における人間の「立場」だと決め込んでいるだけでなく、存在者の把握は常に基本的に表象の問題だったと考えているところに問題があるのだという単純な見方がある。しかし、ハイデガーはそういう見方に強く反対する。問題は近代的世界像を中世や古代の世界像と区別することだという考えに、彼は異議を申し立てるのだ[72]。世界像は近代だけにあるのであって、近代にしか人間の「立場」というようなものはありえないからだ。

この出来事の新しさは、存在者のなかでの人間の位置が古代や中世の人間の立場と対照的にまったく異なるという事実にあるのでは決してない。決定的なことは、人類そのものが明らかに自分が作り上げたものであるこの立場に立っていること、人間が意図的に自ら採用したものであるその立場に立ち続けていること、そしてその立場を人類発展のための強固な足場として確保していることだ。人間の「立場」というものが存在するのは初めてのことなのだ。[73]

ハイデガーにとっては、近代の根本的な新しさは、他のすべての時代とは対照的に、その存在論的地平を明確に自覚的に引き直すことによって時代が規定されている事実にある。存在者の把握はどういう時代にもある。ところが存在者の把握が主題化され、「存在者全体に対して支配を獲得する」という一つの**企図**のために活用されているのは、近代だけなのだ。[74] この引用文のなかでハイデガーが、人間が「明らかに自分が作り上げたものであるこの立場に立って」、「それを確保する」という「決定的な」事実を強調しているのはこのためだ。表象されうるものへ〈存在〉を自覚的に目的をもって還元すること——方法論的に厳密な「基本構想」を立てて成し遂げられる還元——によって、人類は自分が「用意した」ものにしか出会わないことが保証されている。[75] 形而上学がかつては「理論において」のみ試みていたことを、近代は現実に成し遂げる。つまり近代では、至る所に作者としての「確固たる基礎」を指し示す一つの存在論的地平が設定されるのだ。「存在者全体がいまや、表象し客体化する人間によって設立される限りで存在し、その限りにおいてのみ存在するような仕方で捉えられている」。[76]

したがって像への世界の変化は、世界の人間学化にひとしい。基体としての人間の生命がすべてのものにとっての基準点と想定される。その行きつく果てはカントの「コペルニクス的転回」の全面的拡大である。ハイデガーは論文の冒頭でその拡大の規模を描いている。美学の管轄のもとに芸術は主観的経験の対象ないし人間生活の「表現」とみなされ、神聖なものとの関係も「宗教的経験」に変えられる。[77] したがって、ハイデガーの解釈によると、世界秩序が人間中心の目的論的秩序になって形而上学による慰めが消滅したが、その消滅は——世界を「経験」へ還元してしまう——近代の容赦ない人間学主義によって補えるものではない。

像への世界の変容は、世界の**征服**とも切り離せない。主体の帝国主義を見て、ハイデガーは「近代の基本的な出来事は、世界を像として征服したことだ」と述べている[78]。世界像は「表象し客体化する人間の製作活動によって生み出されたもの」だ。人間の製作活動はすべてを計算し、計画し、形作って、「確保し組織する」のであって、それが世界像として「表現される[79]」。プラトンのエイドスによって据えつけられた製作中心主義的〈存在〉解釈が、世界像というエイドスの形で元に戻って、生命の生産活動の所産とされるわけだ。「存在する」とは「製作された」ということだが、それは動物の一つの種である人類によって、世界像に組織化された欲求や欲望の順位に応じて生み出されたということだ。世界が完全に道具化され、科学技術による世界改造において形而上学は絶頂に達する。

一種の開示としての科学技術——「墜落の瀬戸際」

「世界像の時代」という論文では、図式を描くカント的な段階を超えて、いわば図式を働かせるに至る過程が辿られている。その結果が、ハイデガーの『存在と時間』に描かれた「道具連関の全体」に近づいた道具的世界である[80]。この道具という形での開示において、人間による設置や「客体化」から、支配という幻想が生まれる。その開示の在り方は、科学技術の〈ゲシュテル〉というもっと包括的な処理体制に速やかに呑み込まれてしまう。ハイデガーにとっては、技術的世界の到来は存在者全体を把握し確保しようとする形而上学的企図の絶頂だが、それにとどまらず、人間中心の道具主義が、人類そのものを攻撃あるいは「挑発」する一つの「枠組」になっている以上、技術的世界の到来には「主体の死」が認められる。技術的世界体制の到来とともに、近代的プロジェクトの創始者である「自己主張的人間」が「科学技術の一機能」となり、「管理としての開示」の所産になってしまうからだ。[81]

『技術への問い』（一九五四年）の基本テーマとなっているのは、——自己主張によって人類が自らを「管理し確保する」ように駆り立てられるという——近代的プロジェクトのアイロニーにほかならない。[82]この論文でのハイデガーの明確な目的は二つある。一つは、（科学技術を道具的で人間中心的だと見る）流布している「標準的な」科学技術の捉え方の間違いを正すことである。論文の前半で彼が言っているのは、科学技術は手段や道具とはまったく異なるということだ。もう一つの目的は、果てしない道具主義によって、目的・手段というカテゴリーが意味を失う世界が作り上げられるのを示すことである。その新しい世界は、正確に言うと、「資源」という「包括的な言葉」で特徴づけられる。[83]ハイデガーによると、世界の技術的構成においては、存在者全体が本質的に原料として現前する。人類もこの構成を免れず、「技術への問い」では、科学技術による開示のために人間の開示能力そのものが失われるか、本質が失われてしまう、その瀬戸際にさしかかっていることが示される。ハイデガーによると、存在者のなかに人類の場所を整え確保しようとする試み（形而上学の企図）のため、科学技術によって——人間は労働する動物に「解消され」——「墜落の瀬戸際」にさしかかっている。[84]

ハイデガーにとって、科学技術という形の開示を人類の開示的特質への「脅威」としているのは、このように「解消される」可能性である。[85]技術への問いは結局、人間の尊厳への問いにほかならない。問題は〈存在〉に対する人間の開示という（目的論的ではない）関係の意味を保持することだ。その関係が、一致とか自己基礎づけといった形而上学の言葉で隠されてきたのである。ハイデガーは、その関係が科学技術の〈ゲシュテル〉によって、ほとんど破壊されていると主張する。〈ゲシュテル〉によって、人間は**なぜ**存在するかという形而上学的な問いに対して、真に決定的な（最終的な）解答を与えるはずの現前が隠されてしまっているのだ[86]。

「人間の尊厳」という言葉を持ち出すのは、ヒューマニズムを批判するハイデガーにしては、奇妙なことのように思えるかもしれない。そういう混乱が起こるのは、浅薄な読み方をするからだ。『ヒューマニズムについて』でハイデガーが（悪評を買ったとも言われるが）周知のように、ヒューマニズムの終焉を宣告したのは、ヒューマニズムが形而上学的偏向のため「人間の尊厳を十分に高く評価していない」からだった[87]。形而上学的ヒューマニズムは、人間存在の「大きな可能性」を物象化し、それを「本質」にすることで、「人間が存在することはなぜ必要か」という問いに答えようとする。この問い——**尊厳を傷つける**とケイテブが言う問い[88]——は、「自分自身の影を飛び越え」、神の観点に立って人間を限界づけようとする、すべての形而上学の試みの根元にある問いである。形而上学的ヒューマニズムでは、存在は本質によって救済されると考えられ、本質との結びつきがある限り世界には価値があり、人間の本質を認めないことはニヒリズムにひとしいと考えられる[89]。こうしてヒューマニズムによって、ハイデガーの言う〈存在忘却〉は深まってゆく。「世界像の時代」でのハイデガーの重要な論点は、形而上学的ヒューマニズムを人間学化した近代版によって、さらに徹底的な忘却の舞台が、つまり人間を主体ではなく「最も重要な原料」に「解消する」ための舞台が整えられているということだ[90]。ハイデガーが「技術への問い」その他で、人間の「自由な本質」への「脅威」という誤解されがちな言葉で言っているのは、この徹底した忘却のことである[91]。

「技術への問い（*QCT*）」でハイデガーが明言している目的は、科学技術の「本質」との「自由な関係」

の準備を整えることである（*QCT*, 4）。本質を問うことは、伝統的には**何**であるかを問うことだ。科学技術とは何かという問いに対する答えは、ふつうは、科学技術は一つの手段であるという答えか、人間的活動であるという答えかだ（*QCT*, 4）。ハイデガーによると、この雑な捉え方は一体をなしている。「目的を設定し、手段を入手し、活用するのは一つの人間的活動だ」（*QCT*, 4）からだ。これが、科学技術は人間的目的を達成するための「複雑な装置」だというふつうの考え方である。科学技術は「装置や道具や機械の製造と利用、製造され使用される事物そのもの、事物を役立てる欲望と目的」である（*QCT*, 4）。科学技術の「本質」という言い方を、ハイデガーは「科学技術の道具的、人間学的な定義」とよぶ。その定義が近代技術にも近代以前の作業技術にもひとしく当てはまる限り、そこには「不気味な」正しさが含まれている（*QCT*, 5）。「タービンや発電機を備えた発電所は、人間が立てた目的のための人工の手段である」とか、「ジェット機や高周波装置は目的のための手段である」という言い方の正しさを誰が疑うだろう（*QCT*, 5）。原始的なものも進歩したものも、技術は一つの道具であり手段（*instrumentum*）なのだ。

現代技術の「問題」が制御の問題として考えられるようになったのは、（目的のための手段という）技術の「標準的な」定義の観点からだ。産業革命以来、人間の道具はそれ自身で命あるものになったように思われる。手段それ自体が目的と化し、人間は手段の召使いになった。これはマルクスが物象化とよんだ現象であり、ウェーバーが合理化という言葉で分析した現象である[92]。手段が目的化する場合、それは人間による制御の問題――マルクスの言い方だと疎外された主体性の回復の問題――である。「人間を技術との正しい関係にもたらそうとするどういう試み」も、技術を手段として捉える捉え方に支配されている。すべては技術を適切に手段として扱うことにかかっているように見える（*QCT*, 5）。だとすると、課題は「技術を〈精神的に掌握する〉」ことであり、「われわれが技術を支配する」ということになる（*QCT*, 5）。

科学技術が制御できなくなるにつれて、技術を支配しようとする意志がますます必要になるのだ。

しかし、ハイデガーが立てる問題は、「技術が単なる手段でないとすると、技術と技術を支配しようとする意志とはどういう関係にあるか」という驚くべき問いである（*QCT*, 5）。この問いには、「標準的な」定義によって、開示と隠蔽が同時に起こっていることが示唆されている。ハイデガーによると、実は「技術を手段とする標準的な定義では、まだ技術の本質は示されていない」（*QCT*, 6）。しかし技術の本質——「真なるもの」——は、「標準的なもの」を介してしか追求できない。このため、技術への問いは、まず**手段的なもの**そのものの特質の検討から始めなければならない。「目的や手段というものは何に属するものか」（*QCT*, 6）。何かを「もたらす」あるいは「達成する」手段は一つの**原因**だというのが、この問いの答えである。手段の選択を決定する目的も一つの原因と見られる。「目的が追求され、手段が使われ、役立つということが支配するところでは、どういう場合も因果性が支配的である」（*QCT*, 6）。

ハイデガーは議論のこの段階で、奇妙に思われる脇道に入って、因果性についてのギリシア人の理解を調べ始める。ハイデガーによると、ギリシア人の理解の仕方は、アリストテレスの四原因説の伝統的な物象化によって曖昧になっている。結果や目標のための手段という因果性の理解、つまり目的論的な理解の底には、因果性に関する古い「詩的な」観念があるのだ。「四つの原因は密接に結びついて他の何かを**招来する**さまざまな形である」（*QCT*, 7）。ギリシア人にとっては、供物の銀杯を作ったのは、材料に形をつけて目的に役立つ物を作り上げた職人ではない。「質料」である銀も「形相」である「杯の形」も、初めから「寄進や奉献」という領域に含まれている（*QCT*, 8）。「境界を定めるもの」が、物が何になるかを決定し、その場所で供物の銀杯が供物の銀杯になるのだ。この境界を定めるものが銀や杯の「形」とともに、杯の現前を「一緒に招来する」のである。銀細工師はこの招来する三つの形を「まとめ」て、杯の「産出」に加わるわけで、彼が銀細工師となるのはそれらのおかげなのだ（*QCT*, 9）。

　最初見たときには、聖杯の現前に働く「四原因の共同による産出」についてのハイデガーの説明は、いかにもハイデガーらしいキッチュの模範的実例のように思われる。牧歌的で宗教的なものの原初的な力が持ち出されて、因果性が何か神秘的なもののようになってしまっているからだ。しかしその説明には一つの重要なポイントがある。すなわち「産出」として経験された因果性が、一種のポイエーシスないし現前であることが示されているのだ（*QCT*, 10）。原初的な形を考えると、ピュシスとまったく同じように、ポイエーシスとは現すことである。両者のどちらにも、隠れた状態から顕わな状態へ「引き出す」ということが含まれている。両者はそれぞれに、開示ないし露呈《アレーテイア》の形なのだ（*QCT*, 12）。

　このことは、結果を生み出す因果性や手段とどういう関係にあるのか。科学技術の本質が開示とどう関係するのだろうか（*QCT*, 12）。無論、この答えは非常に重要だ。あらゆる産出が開示であるだけでなく、すべての因果性、すべての手段、すべての科学技術が、この産出という「領域」から生まれているからだ。「標準的に」手段として考えられた技術が指し示しているのは因果性であり、因果性の本質は産出つまり開示にある。「手段と考えられた技術が本当は何であるかを、一歩一歩問いつめていけば、最後には開示に辿りつく」（*QCT*, 12）。つまり科学技術は単なる手段ではない。科学技術は開示の一つの形なのだ（*QCT*, 12）。

　科学技術の本質は開示のうちにあり、現前へもたらすことのうちにあるかもしれない。しかし、科学技術において支配する露呈の仕方が、「ポイエーシスの意味での招来すること」とは根本的に異なるのは明らかだ（*QCT*, 14）。後者はピュシスと調和している。実際ハイデガーはピュシスを「最も高度な意味におけるポイエーシス」として説明している（*QCT*, 12）。それに対して、「現代科学において支配している開示は、一つの挑発である。取り出して貯蔵することのできるエネルギーを与えよという、理不尽な要求を自然に対して突きつけている」（*QCT*, 14）。挑発であることを強調するため、ハイデガーは一組の対比をやってみせる。風車が「気流を開発してエネルギーを貯える」ということはないが、「広大な地帯は石炭や鉱石の鉱山に変えられてしまう」（*QCT*, 14）。同様に、農夫の仕事は「畑の土を痛める」ことはないが、「機械化された食品工業」は自然を整然と区画し、生産・消費の果てしない循環を持続させるために必要な資源を提供させようとする（*QCT*, 15）。

ハイデガーが牧歌的な完全無欠さが失われることを嘆き悲しんでいるだけなら、彼の分析をアドルノ式に軽蔑して斥けるのは容易なことだ。しかしドイツの——ヘルダリーンが讃えたライン川が「水力源」になってしまったと、ハイデガーの不快感が絶頂に達する——ロマンティックな実例は、実はもっと重大な目的のために持ち出されているのだ。現代世界を支配している開示の在り方を説明するためなのだ。

> 現代技術において支配的な開示には、挑発という意味で襲いかかるという特徴がある。自然エネルギーの開発、開発されたものの改造、改造されたものの貯蔵、貯蔵されたものの配分、配分されたものの相継ぐ交換といった形で挑発が行われる。開発、改造、貯蔵、配分、交換は開示の在り方である。しかし開示は容易に終わらないが、不確定なままに流れ去ることもない。その過程を制御することによって、開示が多様な開発の方法を明らかにする。そうした開示そのものがそのまま至る所で確保されている。制御と確保が挑発的開示の主要な特徴にさえなる（*QCT*, 16）。

技術による開示が作り出す世界は、包括的な手段の網を繰り広げ、その網のなかで開発、改造、配分、交換といった活動が行われる。この世界が『存在と時間』の身近な道具連関と異なるところは、道具連関の**目的**はシステム全体にはめ込まれていることである。その結果、連続的な（厳密に言うと無限な）「制御と確保」が、目的を達成しようとする活動そのものを包括している。道具連関が、別の形の制御と確保を構成する絶え間ない自動運動のなかで自動化されている。これには——ハイデガーの観点から見ると決定的な——独特の結果が伴っている。唯一の「目標」は「至る所すべてが待機を命じられ、すぐ使えるようになっており、さらにいつでも命令に応じられる状態であって」、すべてが「資源」として現前する——開示される——ことである（*QCT*, 17）。こういう「包括的な言葉」でハイデガーが説明しているのは、「挑発的開示によって作り出されるあらゆるものの現前の仕方にほかならない」（*QCT*, 17）。

　つまりハイデガーの主張は、科学技術の開示によって、すべてが資源に限定されてしまう存在論的地平が開かれるということだ。包括的な存在論的な言葉を使うと、資源は根本的変化が起こったことを指し示しているのである。事物はもはやわれわれに対して存在するのではなく、われわれによって存在するものとなっている（*QCT*, 17）。「配置可能なものを配置して」組み立てられている以上、道具や手段からはその「在り方」の僅かな自律性さえ消え失せている。滑走路上の旅客機のような機械は対象だと言えないわけではない。しかしそういう見方では、現代機械の本質や実態は隠されてしまう。旅客機は交通の便宜を提供すべく待機しているのであって、もはや道具ではない。運輸産業の「資材《ストック》」の一部なのだ。

　事物が本質的に事物や道具としては現前しないという主張には、主体や作者がなぜかいなくなったということが含まれている。そのため、「〈リアル〉と言われるものを資源として開示するように挑発するのは何者か」という問いが生まれる。その答えは明らかに人間である。「把握し形成し遂行する」ことによって、この開示を「成就する」するのは人間である（*QCT*, 18）。しかし——これがハイデガーにとって重要なのだが――、人間は「ある特定のときに世界が現れたり隠れたりする露呈そのものを制御できない」(*QCT*, 18)。では、**制御**できないが開示を**成就する**とはどういう意味か。ハイデガーはここで、あらゆる形態の形而上学的ヒューマニズムと明らかに異なる、歴史的な存在論の基本思想の一つを披瀝している。特定の時代における現前の在り方は、決して人間によって意識的に左右されるものではない。それはむしろ、人間がそれによって方向を定め、実践や企投を決定する最終的地平である。近代人のデカルト的想定とは反対に、「世界」という地平の背後にある想定や実践の網の目は、透明にすることも操作対象にすることもできない。言い換えると、〈存在〉が顕わになる「光」は、主体による企投には還元できないのだ。ハイデガーが存在者に関する了解はわれわれに「送られ」、開示に至る道へわれわれを「送り届ける」と言うとき、そこで比喩的に言い表されているのがこういう考え方である(*QCT*, 24)。

つまり開示の一つの在り方である現代技術は、「単なる人間の事業」ではない(*QCT*, 19)。科学技術によって人間が、世界を特定の仕方で資源として開示するように「挑発されている」のだ。ポイエーシスの「産出」が、人間に世界をピュシスとして開示するように呼びかけ、人間を「集めた」ように、科学技術の「挑発的要求」によって人間は、「世界を資源として制御する」形で制御することに「集中させられる」(*QCT*, 19)。この挑発的要求にハイデガーが与えた名称が〈ゲシュテル〉である。「〈ゲシュテル〉とは、現代技術の本質を支配しているが、それ自身は技術的ではない開示の在り方にほかならない」(*QCT*, 20)。つまり世界を資源として開示するように人間に「挑みかかる挑発的要求」である限り、〈ゲシュテル〉はポイエーシスの生産とは最大限に対立している。しかしハイデガーは、そのいずれもそれぞれに開示の在り方であり、「本質においては相互に連関している」と念を押している(*QCT*, 21)。

〈ゲシュテル〉とは「技術的なものではなく、機械という部類のものではない」(*QCT*, 23)。〈ゲシュテル〉は人間に「挑みかかり」、「世界を資源として開示する立場に人間を立たせる」（*QCT*, 24）。現代人の自己理解では、科学によって人間は、アルキメデスの支点にほかならぬそういう立場に立つことができるようになり、その立場では、世界は表象可能で「処理」可能なものに還元され、一つの幻想として顕わになる。確かにわれわれは「重要な位置を占めている」が、世界を主観化する近代が想定した支配的な在り方をしているわけではない。人間は「〈ゲシュテル〉の本質的領域の内部にいる。人間は後でようやくその領域と関係ができたというのではない」（*QCT*, 24）。言い換えると、そういう開示の仕方に送り込む運命的な力によって、常にすでに「囲まれ求められ、挑発されている」。「開示という運命的な力が、常に人間を完全に支配している」のだ（*QCT*, 25）。しかしハイデガーは格言ふうに「運命的な力は決して強制的宿命ではない」と付け加えている（*QCT*, 25）。

ハイデガーが存在論的視点で捉えた自由の本質を思い出すと、この言葉の逆説的な感じはなくなる。**その意味での**開示の自由は、「明るみ」の開かれた空間を支配している自由である（*QCT*, 25）。その本質は「束縛のない恣意性とか単なる法則による強制にあるのではなく」、「いかなる時でも自分の流儀で開示を開始する運命的な力」のうちにある（*QCT*, 25）。その運命的な力が働く空間の内部に初めて、一連の可能性が現れ、実践や抗争も現れる。その意味で、どういう開示も、どういう明るみも、人間を特定の世界に定め、開示に活動分野を提供する限り「運命的な力」なのだ。しかし「開示する運命的力」は原初的（存在論的）自由の場であるだけでなく、**危険**でもある（*QCT*, 26）。「開示する運命的力」によって、人間が特定の実践／可能性を物象化し、そのため開示という自分の特質を見逃す――「忘れる」――可能性が生まれるからだ。こういう（構造的とも言える）本質的な危険を越えて、さらにハイデガーが「最高の危険」とよぶものが存在する。

……運命的力が〈ゲシュテル〉の在り方を支配するとき、そこに最高の危険がある。その危険は二通りの仕方で登場する。露呈されたものが人間にとってもはや対象でなく、資源にすぎないものになり、対象が失われた状態のなかで人間が資源の開発者でしかなくなれば、人間はすぐさま**墜落の瀬戸際に立たされる**。すなわち、人間自身が資源として扱われる地点に達するのだ。ところが、まさにそういう危険が迫っているのに、人間は大地の主人を気取っていい気になっている。そのため、人間が出会うものはすべて、人工の産物である限りでのみ存在しているような印象が広まっている。そういう幻想は、次には、人間がいつどこでも自分自身にしか出会えないという最終的な誇大妄想になってしまう。**しかし実際には、人間はもうどこにおいても自分自身に、すなわち人間の本質に出会うことはない**（*QCT*, 27）。（強調は引用者）

〈ゲシュテル〉は「最高の危険」であるが、それはその他の形態の開示以上に、〈ゲシュテル〉が開示という現象を忘れさせてしまうからだ。〈ゲシュテル〉によって人間も世界も資源として制御や確保の対象とされることによって〈頽落〉（*Verfallenheit*）が徹底される。その確保とともに、形而上学的ヒューマニズムの夢想が実現する。現存在の「開かれた可能性」に代わって「確定した現実性」が登場し、自然や世界に目を向けても自分にしか出会わない人間が登場する。こうして科学技術が精神（*Geist*）の自己還帰の手段になる。しかしマルクスやヘーゲルの立場では和解の契機と思われるものが現実には、極端な疎外ないし「故郷喪失」であり、開示の本質的な偶然性からの断絶なのだ。「大地の主人」である主体が「創造性を欠いた設定」や、表象可能なものに世界を還元することによって道具化の地平を拡大する。開示がもはや容赦ない客体化という形さえ取らなくなったとき、「墜落の瀬戸際」に達するのだ。近代的自己主張を一歩越えたところに、支配体制そのものへの現代西洋人の屈服がある。「資源の支配者」が「一切の消費の主体」であり「最も重要な資材」であるという「運命」を受け入れると、その体制の偶然性が見えなくなってしまう。

世界の主観化のアイロニーは明らかだ。世界を像として捉えることは〈ゲシュテル〉の普遍化の序幕、つまり「その他のすべての開示の可能性を追放する」技術的態度の序幕にすぎないことが明らかになる(*QCT*, 27)。命令的な開示へ「追放されて」、人間は自分自身にしか出会わないように見える。実際に、科学技術という「運命」を引き受け、命令的開示における自分の役割を引き受けたため、西洋人は科学技術の枠内では自分自身にも自分の開示的本質にも決して出会わなくなった。そこでは、「負い目」(有限性)からの解放が起こり、安定した基盤が確保され、存在者全体は常に(資源として)現前する。根拠や力や安全性を求める形而上学の意志は、科学技術によって人間を資源として形作って、本質を剝奪することにおいて絶頂に達する。「完全に人間化された世界」とは、現実には、テクノニヒリズムの世界であり、——力や支配の拡大をめざす要求によって駆り立てられている世界であり、生産と消費のグローバルな循環によって、人間が労働する動物に「解消」されている世界なのだ。

III　アレントと近代——世界疎外と政治的なものの後退

近代の世界疎外と世界の主観化

最初見たときには、アレントによる近代批判にはハイデガーの近代批判と共通するところはほとんどなさそうに見える。アレントの分析は大半は、工作人の道具化の態度から行為の自律性を保護しようとする願いで規定されている。言うまでもなく、これはハイデガーが心を砕く問題ではない。実を言うと、〈ゲシュテル〉という観点では、すべての人間活動の形態は——行為も製作も——「意志への意志」の表現として見られる。ハイデガーにとっては、近代の「意志への意志」に対する唯一の「救済法」は、(アレントが「意志しようとしない意志」と言う)〈放下〉(*Gelassenheit*)である。プラクシスは近代の病理現象に対する解答にはならず、むしろ、プラクシスそのものが問題の一部なのだ。ハイデガーが「形而上学の克服」で「単なる行為では世界は変わらない」と言うのはこのためであって、『シュピーゲル』のインタビューでもこれと同じ意見を述べている[93]。

近代における世界の主観化についてのハイデガーの話がすべて〈存在史〉(*Seinsgeschichte*)の観点で、つまり〈存在〉の自己撤退に関するメタ物語の観点で語られることに注目すると、アレントとハイデガーとの相違が大きくなるように思われる。(形而上学の歴史が〈存在〉の秘められた「すべてを決定する」歴史の痕跡を伝えているという)そのメタ物語の**観念論**は、特定の現象や出来事に焦点を合わせるアレントのやり方とは正反対である[94]。それどころか、ヘーゲル方式の物語形式へのアレントの反感を考えると、彼女の物語をハイデガーのものと簡単に同類とはみなせない。

しかし、そういう違いがあるからといって、連続性があるのを見逃してはならない。アレントの『人間の条件』は、行為の現象学とも読めるし、公的領域の理論に貢献するものとも読める。しかし、アレントが行為や公的領域について言っていることを、近代における公的世界の「喪失」や「破壊」や「消滅」についての話から引き離すと、そういう読み方は誤解の元になる[95]。アレントが行為や公的領域について言っていることは**すべて**、近代における公的世界の非世界化の分析にもとづいて組み立てられている。彼女が最初に取り上げる事実は、この独特の世界の喪失であり、それを彼女は「共通の公的世界の消滅」とよんでいる[96]。アレントは現代人に公的世界が**ある**ことを否定しているわけではない。彼女の論点は、公的領域には、われわれを結集させ、世界らしくわれわれを「関連づけたり分離したりする」だけの「力が失われている」ということだ[97]。**われわれの**公的世界では、存在と現象が一致することはほとんどない。そういう開示の空間に必要な視点の複数性が断片化され、大衆社会の均一な視線に平板化されている[98]。この事態に立ち至った理由は複雑だが、それが『人間の条件』の核心部をなしている。その結果は歴然としている。アレントによると、現代における人間の状況の特徴は、真の公的世界の**喪失**である。「照らし出す明るい光」が「ものが見えなくなるぎらぎらとした光」になったのだ[99]。

「近代の秘められた歴史」は、公的な現実である共通世界の破壊に関わるとともに、それに対応する政治的なもののはかなさに関わりがある[100]。『人間の条件』でのアレントによる分析の存在論的趣旨は、近代の出来事やエネルギーが、公的世界の「永続性」や「具体性」を掘り崩し、最終的には破壊する働きをしたということだ。新しい世界の在り方――「根拠抜きの」政治への新しい機会（『革命について』参照）――へ進むように見える時代が、現実には、世界からの**疎外**を極限まで推し進めることになった。労働する動物を「世界を失ったもの」と説明する際に、アレントは、その動物には「真に人間的な生活」に必要な、独特の世界が欠けていることを指摘している(101)。

近代の世界疎外とは何であり、それが世界の主観化に関するハイデガーのテーゼと関係があるとすれば、どういう関係があるのだろうか。

アレントは『人間の条件』の最終章に、「近代初頭に起こり、近代の特質を決定した三つの重要な出来事」として、アメリカの発見、宗教改革、(最も奇妙なことに)望遠鏡の発明を挙げている(102)。世界文明の授業でも受けるような印象があるが、これらの出来事に象徴的な意味を与えているものについてのアレントの説明を聞けば、そういう印象は消えてしまう。アメリカの発見が重要なのは、それによって新世界が開かれるからではない。「人間の条件の核心」である地球が「人間の探査能力」の対象とされる時がそこに示されているからだ。その発見によって、人間の地球環境が対象として捉えられうるものとなる。宗教改革が重要なのは、世俗化や信仰の衰退に関わりがあるからではなくて、宗教改革によって無数の人々が「世界内部の場」である自分の財産を決定的に失い、社会化された形での富の無限の蓄積に身を委ねることになったからだ。最後に、ガリレオによる望遠鏡の発明が重大に思われるのは、それによってコペルニクスの理論が「確証され」、人間が確かに感覚によってだまされていたことが証明されたからだ。その証明とともに、伝統的真理概念は破壊されてしまった(103)。

アレントの観点からは、これらの出来事はいずれも近代の世界疎外の起源だと見られる。その一群の出来事に、西洋人の環境との関係の根本的変化、すなわち「世界内存在」の根本的変化が示されている。アメリカ発見とともに、広大な地球が客体化可能な次元に格下げされる収縮の過程が始まり――その過程は最近ようやく完成した。「いまようやく人間は住む場所を完全に獲得し、無限な地平を球形にまとめ上げ、その輪郭も表面もくまなく詳細にわが掌のように心得るに至った[104]」。言い換えると、アメリカ発見とともに地球は表象可能な対象となった。それ以来、人間は「目の前にある地球環境」から身をもぎ離して、世界像を描くことができるようになった。世界像を描くことが世界征服の必要条件なのだ。「地球を周航し、人間の住処を数日で一周できるようになる以前に、地球は居間に引き込んで両手で触ったり、目の前でぐるぐる回せるものになっていたのだ[105]」。

宗教改革に示されているのは、世界の収縮とは「まったく異なる出来事」だが、そのため「結局は似たような疎外の現象に出会うことになった[106]」。アレントは、ウェーバーが分析した世俗的な疎外が、教会からの土地収用の「意外な結果」として起こった農民からの農地収用にもひとしく存在していたと見ている。土地収用によって「住民のある階層」が、「私有財産による共通世界への参加」を否定されたが、土地収用はその後の収奪の前段階であって、社会的かつ無限なものとなった富の蓄積過程の前段階をなすものであった。

土地収用によってある種の集団が世界内部の場を奪われ、生活上の必要に直接さらされることになったが、それだけでなく富の原始蓄積とともに労働による富の資本への転換が起こった。この二つが資本主義経済の台頭の前提であった。近代初頭におけるこの発展と過去における類似の出来事の違いは、収用と富の蓄積が単に新しい財産をもたらすとか、富の新たな再配分に終わるのでなく、さらなる収用、より高度の生産性、さらに大規模な収用を生み出す過程へフィード・バックされたことである[107]。

資本主義における「交換価値の自己増殖」が続くのは、蓄積過程に限界がない限りにおいてである。「世界の永続性や安定性」が蓄積過程の循環・拡張という特質を妨害してはならない[108]。アレントの言葉をかりると、「われわれが知る限り富の蓄積過程が起こりうるのは……世界と人間の世界性が犠牲にされる場合だけである」[109]。「私有財産による共通世界への参加」という意味での財産のほとんどは根絶されねばならない。物や用具は消耗品となり、多くの人々が最終的にはノマド的な労働力にならざるをえなかった。土地収用は世界の永続性と具体性を掘り崩す第一歩だったのだ[110]。

望遠鏡の発明には、近代の世界疎外の三大起源のもう一つである近代科学の「宇宙的＝普遍的」な立場が示されている。ガリレオの発明で明らかになったのは、感覚に欺かれまいとすれば、世界**の外部にある**立場に立たねばならないことであった。コペルニクスは想像力で、そういうアルキメデスの支点に到達していた。ガリレオが実証してみせたことによって、その理論的立場に立つことは不可避であった。科学認識が宇宙の立場に立って、地球を宇宙という枠内にある単なる一物体とみなすようになったのはこのためだ。アレントは、この宇宙への離脱の両義的特質を次のように説明している。

その同じ出来事に絶望と勝利感の両方が伴っている。……ガリレオの発見によって、人間の思弁に秘められた傲慢な願いは、最悪の恐れが現実のものとなるときにかなえられることが実証されたかのようだ。すなわち、地球外に世界を支える支点を求めるアルキメデス的願望がかなえられるのは、現実を受け止める器官である感覚が欺きはせぬかという、古来の恐れが現実のものとなるときであり、人間に願いが許されるのは世界を失ったときでしかなく、世界を超える力を獲得するには、恐怖が極限に達するという代償を払わねばならない[111]。

宇宙的な立場が当然視されるようになるとともに、こういう離脱に見られる「絶望と勝利感」は色褪せる。アレントが言っているように、「今日では物理学で何をやる場合も……常に地球外の宇宙の一点から自然を取り扱う」[112]。確かに現実のアルキメデスの支点は見いだされてはいない。しかし明らかに、「地球の外部から処理するかのように、地球上で地上の自然のなかで行動する方法が見いだされた」のだ[113]。近代科学のプロジェクトは本質的に「アルキメデス的」であり、自然過程の認識者であり操作する者としては、われわれは世界的というより「宇宙的」な存在である。われわれの認識も力も、ガリレオとともに必要と有用性が初めて明らかになった世界疎外が、厳密に継続されたところに生まれたものなのだ。

地球征服の場合と同じように、近代科学でも勝利という形の世界疎外が見られる。しかしこの二つの間には重大な違いがある。近代科学の世界像では、表象する主体は地球から無限の彼方と想定されるところに立っている。アレントによると、単なる世界疎外ではなく「地球疎外」が「近代科学の特徴」なのだ[114]。実を言うと、「近代における自然科学の底にある地球疎外と比べると、地球が球体であることの発見に含まれている地上的な近さからの離脱や、土地収用と富の蓄積という二重過程で生み出された世界疎外は、それほど重要ではない」[115]。近代科学による宇宙への離脱によって初めて、地球の客体化が完成し、地球が「完成」(カント)や「改造」や「破壊」の適切な候補のように思われることになった。ケイテブが言っているように、――地球を外部から処理しようという願望の――アルキメデス的な企図の所産が核兵器なのだ[116]。

アレントの言う「三大事件」によって、近代における世界からの離脱という次元が照らし出されている。しかしその離脱や疎外は「世界の主観化」とどこが関係しているのだろうか。繰り返しになるが、全部というのがその答えである。それらの出来事で示された入り口には、「〈存在〉の把握」と現実への関わり方のまさに根本的な変化が見られる。「地球から宇宙への逃亡と世界から自己への逃亡という二重の逃亡」は反動的な動きだが、それは「世界が世界像になること」(つまりアレントの「アルキメデスの支点」のテーマで納得できる事実)の前提でもある。そして、ハイデガーの場合と同様、この「世界が世界像になること」が、『人間の条件』全体を通じて「支配者にして主人」とアレントがよんでいる工作人による世界征服の序曲である。ハイデガーと同様、アレントはそうした反動の動きの底にある根拠への意志は、力への意志と切り離せないと考えている。近代における世界の容赦ない主観化——現象の世界の(一方での)主観的経験への還元と、(他方での)近代科学の「客観的」構成への還元——は、人間が常に「自分としか出会わない」世界や自然や宇宙に至りつく。[117] ハイデガーと同様、アレントは世界のこの全体的人間化を疎外の最も極端な形態とみなしている。

もちろん違いはある。ハイデガーは近代の「基本的に形而上学的な立場」に目を向けて、主体という形になったものが、世界の地平全体を呑み込むやり方に注目する。アレントが関心を寄せるのも同じような一般的現象だが、彼女の視点は活動的生活にとっての意味を考える視点である。アレントは、近代における自由の意志への格下げ、あるいは労働する主体への財産の還元、そして現象的世界の認識主体による所産への格下げに注目する。[118] 全体を通じてアレントは、近代の理論や自己理解が、そういう現象の永続性や具体性——**世界性**——を掘り崩す力を発揮することを強調している。近代精神にとっては、「自由は人間存在の客観的状態として理解されることはなく」、財産の根拠も労働者個人以外にあることが理解されない。そして世界の「客観性」、世界の共通である特徴が、人間精神そのものの形式以外に根拠があることも理解されない。[119] 科学も哲学も経済学も政治理論もすべて、世界という現象や、現象が世界に依存することを覆い隠そうとしている。

全面的主観化の影響は、自己理解を変えることでは打ち消せない。アレントにとって、それは「世界に依存する」在り方を理論化するという問題ではない。近代における自由や財産や原料の領域の主観的な構造や能力への**理論**による還元は、問題というより症状にすぎない。ハイデガーやアレントにとっては、現代人を世界外へ駆り立て、世界を処理できる立場に人間を立たせようとする実存的ルサンチマンこそ、本当の問題なのだ。近代の「根本的な新しさ」は「いま初めて人間の〈立場〉というものが存在するに至った」事実にある。いま「初めて」距離が生じ、疎外が生まれ、それによって人間の条件を完全に作り変えようとするアルキメデス的な企てが助長され、正当化されているのだ[120]。

工作人から労働する動物へ——有用性・科学技術・「共通世界の破壊」

アレントは、近代における世界からの二重の「逃亡」は、緊密に結びついていると考えている。近代科学の宇宙的な立場では、地球に縛りつけられた経験や感覚による証拠で決められた限界を、乗り越えることが求められる。アレントによると、科学および世界の数学化と実験を活用してその超越が達成される[121]。数学化によって地球上の感覚データや運動は数学的記号に還元され、実験ではカントの言う「偶発的観察」は避けられ、人間精神の課す条件に自然が従属させられる[122]。近代における「数学への科学の還元（*reductio scientiae ad mathematicam*）」の結果が、「人間以外のもの全体を人間の精神構造と同じ形式に置き換えることである[123]。「世界像の時代」でのハイデガーの洞察に共鳴するように、アレントは、自然の数学的「基本構想」が、「人間が敢然と宇宙に飛び出すことができ、出会うものは自分自身だけで、人間のうちに存在する形式に還元できないものはないという確信」の保証になっていることを力説している[124]。

アルキメデスの支点に必要な「遠隔という条件」を実現するのは、純粋に精神的な手段なのだ。しかし、策略と言ってよければその策略には、特有の危険が伴っている。その策略によって人間は、一方では、「有限性という束縛」や地球に縛りつけられた経験から解放されるが、他方では、あらゆる確実性を奪われ、世界における認識や行為の確固たる基礎を奪われてしまう。数学や実験という手段で現象を徹底的に還元すれば、至る所にあると同時にどこにもない立場、自由で恣意的とも見える立場に到達する。近代における宇宙的立場への「飛翔」に組み込まれている相対性は、コペルニクス革命とアルキメデスの支点の発見の一面だが、そのことがようやく最近広く意識されてきた。[125] その結果、われわれは自分の企ての恣意性が気になり、元素の明らかに偶発的な配列にも数学的秩序が「見つかる」のではないか、という疑念も生まれてきた。そういう疑念や、それに伴う「激怒や絶望」はガリレオの発見の不可避の結果なのだが、その発見によって、コペルニクスの仮説が「実証」されると、〈存在〉と〈現象〉は永久に引き裂かれることになった。[126] アレントの見方では、われわれが生きている世界はこの出来事——自らを開示する真理の消滅、その結果生じた「精神の根本的変化」——によって決定されている。「宇宙的立場」には根拠がないのではないかという——今日では「政治的に証明できる現実」になった——疑念は、デカルトにとっては実存的な意味をもっていたのだ。[127]

デカルトの哲学は「ある意味では、近代全体の悪夢となった二つの悪夢に苦しめられている」。まず「すべては夢であり、現実は存在しないのではないか」という不安、もう一つは「世界を支配しているのは神ではなく悪魔であり」、悪魔は真理という観念を与えながら、真理に達するのに必要な能力は与えず、「人間を嘲笑しているのではないか」という疑念である。[128] アレントによると、世界喪失と自分の能力への永続的不信という一対の悪夢から逃れるには、自己への撤退とともにアルキメデス的な離脱を**完成させる**

こと以外に、道がないことはデカルトにはわかっていた。デカルトの天才たる所以は、近代科学の底にある「たとえ真理は存在しなくても人間は誠実でありうるし、たとえ信頼できる確実性がなくても人間を信じることはできる」という認識論的仮定を明確に述べたことにある。[129] 救いがあるとすれば、それはすべて「人間のうちにしかありえず、懐疑に解決があるとすれば、それは疑うことから得られるにちがいない」。[130] コギトによって、感覚に適した世界の確実性の喪失を補いうるものは、自己の確固たる基礎、内省の確実な基礎だけだという、逃れられそうもない結論が得られる。

コギトによって世界が救済されるのは、内面の奥底に立ち返って主観の表象を世界の基準とすることにもとづく。「人間は……自分の確実性、自分の存在の確実性を自分自身の内部に有している。意識の働きだけでは、感覚や理性に与えられる世界内部の世界を確実にはできない。しかし、感覚が存在し思考が存在すること、すなわち精神に起こる過程が実在することは、疑いなく証明される」。[131]

デカルト的内省の巧妙さは、「存在しないという悪夢」[132]を「世界内部にあるすべての対象を意識の流れや意識過程に」沈め込む手段に使うやり方に見られる。世界を表象に還元すること（ハイデガー）によって世界が救われるだけでなく、真理と正しい認識の可能性が表象の「客観的」構造として再び開かれる。（カントの有名な哲学における「コペルニクス的転回」の基礎となる）この手段に訴えて、デカルトが明確に述べているのは、アレントの言う「与えられるか啓示されるものとして真理を知ることはできないが、少なくとも自分のしている事柄を知ることはできるという、新しい自然科学から引き出される最も明白な結論」、すなわち数学的科学の明晰で判明な構想にほかならない。[133]

アレントはデカルトによる世界の主観化を、「共通感覚の衰退」の兆候と見ている。「人々が共有するものは世界ではなく精神の構造である」。[134] われわれを世界に適合させる力が感覚に認められない場合には、つまり感覚によって提示される世界が十分正しいと思われない場合には、形式的／数学的思考という「共通の」能力によってしか、共通世界に似たものは提供されない。カントからハーバーマスに至るこういう超越論的な補足には、（アレントには承服しがたい）長い歴史がある。[135]アレントの言う「アルキメデスの支点の発見に伴う難問」をデカルトが「解決」できたのは、彼が共通感覚の衰退、世界に対する感覚の衰退をまともに引き受けたからだ。世界内部の拠点から認識の足場を切り離された「地球に縛りつけられた動物」が、方向喪失に耐えられるようになったのは、「アルキメデスの支点を人間の精神の内部に移すこと」によってである。[136]デカルトの自己への撤退によって、「人間精神の形式」が「究極的な拠点」となったのだ。近代科学による輝かしい地球疎外（世界の客体化）に示されている力への意志の基礎は、近代哲学がアルキメデスの支点を内面化したことにある。ハイデガーが言ったように、近代にとって自己主張と自己基礎づけは密接につながっている。[137]

*

デカルトがアルキメデスの支点を「人間精神」の内部へ「移転」させたことによって、ガリレオの発見による「人間の確信に対する壊滅的打撃」は避けられた。しかしその移転は人間を「既成の現実から完全に」解放するのには役立ったが、結局、「移転の最初にあり、移転によって解消されるはずだった普遍的懐疑」以上に説得力のないものであった。[138]デカルトの懐疑は近代全体に引き継がれて、――確信の欠如という形ではなく、近代科学や近代哲学が世界を救うために行った数学化によって、現実には、「夢が続いている間しか」現実性のない「夢の世界」が作り出されただけではないかという深い疑念となっている。[139]

普遍学（*mathesis universalis*）によるデカルト的な世界の図式化の成功そのものが、「自分でないものを探し求めながら、出会うのは自分自身の精神の形式でしかない」という犠牲を払って得られたものだ(140)。これが、ハイデガーの言い方だと、われわれが準備を整えているものにしか出会わないという、確保の代償である。

ところが多くの人の場合、感覚を断念した近代科学の実験的／数学的世界認識によって、操作能力が恐ろしく増大したのを見ると、残っていたデカルト的懐疑も消し飛んでしまう。そういう人々は、この力の増大によって、「近代科学の極度の抽象的概念」の本質的な真理ないし正しさが証明されると思ってしまう。近代科学の大きな技術的成果が達成されたのは、実験科学によって「自然の真実の秩序」が解明されたからだと思われるのだ(141)。しかしアレントによると、そういう考えは希望的観測であって正当性がない。その考えは、実験で自然を現前させるために設定した条件に伴う「悪循環」から抜け出したいという無理な願いから生まれるのだ。

実験の世界は常に人工的世界になることができるように見える。それによって近代以前に想像されていた以上に、人間の製作能力や行動力が向上し、世界を作り出す力さえ増大するかもしれないが、……不幸なことに、そのため人間は再び――いまではさらに強制的に――自分自身の精神という牢獄のなかに、つまり人間が作った形式の限界内に押し戻されている(142)。

無論、この自己閉塞は、自己を開示する真理が衰退したため絶対的になった「構成主義的」な知識観から生まれた結果である。アレントが書いているように、「存在と現象が切り離された後……欺瞞的な現象の背後に真理を探し求める必要が生じたのは確かで、——知るためには探し求めねばならなくなった」。つまりガリレオの発見から生じた「精神的結果」の最大のものは、観想と行為との間の伝統的な序列の逆転である。確実な認識は人間自身がやったことにしか関わりがなく、その認識は行動によってしか検証されえないからだ。

厳密に言うと、「観想と行為の逆転」は少しも逆転ではない。構成主義的／実験的な認識観の台頭とともに、真理の「注視」にほかならぬ**観想**は「まったく無意味」になったからだ。実を言うと、逆転を起こす近代の特徴は、思考と行動の関係に関わっており、ガリレオ以後は行動が疑いもなく優越する。表象主体である人間が「生産し配置する」ものしか、人間は知りえず確信をもてないとすると、**製作**が真理獲得の新しいパラダイムを提供することになる。したがって、「活動的生活の諸活動のうちで、以前は観想が占めていた地位に最初についたのは、製作や生産という——工作人の特権である——活動であった」。製作者の特権が上昇したことは、実験科学が道具のために道具職人に依存するところに明らかであるだけでなく、——もっと深刻なことに——実験そのものでは、創造主による製作と実験室で「再生される」自然過程との間には、相応関係があると暗に想定されているところに明らかだ。

人間自身が自然の事物を作ろうとしているかのように、実験では自然過程が繰り返される。近代の初期には、責任ある科学者には、人間が現実にどの程度自然を「作る」ことができるか思いもつかないことだったが、科学者は最初から自然を製作者の立場から捉えていたのだ。

近代初頭に科学や哲学において製作という比喩が優位に立ったこと（アレントの言う「製作と認識との

近代的混同」）は、デカルトが強調したように、ガリレオの発見による「衝撃」から直接生まれた結果である。自分が作ったものしか本当に知ることはできないという――ヴィーコの原則が議論の余地のないものになったのだ。

近代科学や近代哲学の認識論における構成主義的態度では、世界を別の仕方で捉える（「逆転」）だけでなく、世界について別の概念が想定されている。近代認識論が別の形の存在論であり、近代における「工作人の勝利」が、最終的には、人間的認識の諸形態の根底にあるものの理解における変化にもとづいていることを強調する点で、アレントはハイデガーに従っている。

人間の創意すなわち工作人の創意工夫が実験で繰り返したり、作り変えたりできる過程でしか、自然は認識されえない以上、自然やすべての自然物が重要になり意味を獲得するのは、その過程全体で役割を果たす限りにおいてである。〈存在〉という概念の代わりに見いだされるのはいまでは〈過程〉**という概念だ**。現れ自己を開示するのが〈存在〉の特質であるのに対して、不可視のままであり、それが存在することはある種の現象の存在から推論されるだけというのが〈過程〉の特質なのだ。**そういう過程はもともと**は、「製品のなかに消え去る」**製作の過程であって**、製作過程があらゆる事物の現実の存在に必ず先行していることを知っていた工作人の経験にもとづいていた[148]。

世界認識でのこういう根本的変化――最深部に製作の比喩を暗に組み込んだために生じた変化――によって、近代科学や近代哲学では、製作中心主義的な伝統的偏見に新しい生命が吹き込まれることになった。ガリレオの発見によって、目的論的世界秩序という人間中心的な慰めは破壊されたかもしれないが、徹底的に道具主義的な人間中心主義の発端も作り出された。(「自然」も「社会」も含めて)世界の全地平が、過程という概念で描き出されることになったのだ。アレントによると、世界についての(近代の科学、哲学、経済学、政治理論にしみ込んでいる)近代的理解では、製作過程の面が存在論の包括的原理の地位を占めている。その結果が「存在者全体の果てしない道具化」だ。製作の経験の近代的物象化が古代のものとちがうところは、近代では重点が、テロスや目的や作品から、「手段」である自然や人間による生産過程そのものに移されていることだ。アレントによると、「工作人の観点では、手段や製作過程や発展が目的とか最終作品よりも重要であるかのようだ[149]」。

逆説的なことだが、「工作人の勝利」とともにその究極的敗北が生じた。それは、近代における製作という比喩の活用のいかにも目的論以後らしい特徴にもとづくことだった。「勝利」は一七世紀の機械論的な政治哲学に見られる。その種の政治哲学では、(ホッブズの言う)「共和国《コモンウェルス》とか国家《ステイト》といった人工動物を製作する」手段を見いだす試みがなされていた[150]。観想と製作との逆転から生まれた一般的な態度が広がり支配的となったところに、工作人の勝利が認められる。

近代初頭から現代までの顕著な特徴として、工作人特有の態度が認められる。すなわち世界の道具化、道具への信頼、人工物を作る製作能力への信頼だけでなく、目的・手段というカテゴリーが全面的に通用するという信念、どういう問題も解決可能で、人間を動かす動機は有用性の原理に尽きるという確信、すべては素材として与えられているとみなし、「織り直すために好きなように切り取れる限りない織物」だと自然全体を考える工作人の支配者意識、さらには知性は器用さと同じだという考え方、……最後に、製作と行為を当然のように同一視する態度がそれである[151]。

製作中心主義的伝統的偏見から観想という特徴が消えて、完全に道具化された現実という具体的な姿になったことは、政治にとって、つまり「世界に対する態度」にとって、どういう意味があるのだろうか。そして近代において「〈人間が万物の尺度である〉という――工作人の古来の確信が、普遍的に受け入れられ常識になった」事実の影響はどういうものか。[152]

すでに述べたように、アレントは政治が目的・手段以外の観点から考えられることはなくなったと考えている。そうなった原因の一部は、伝統的に引き継がれてきた行為や自由や行為者の反政治的な捉え方である。しかし、もっと強力で直接的な原因は、近代における「工作人の勝利」だ。近代では、工作人の考え方は（プラトンと同じように）単に信頼できそうな反民主主義的比喩の源ではなくなって、――右の引用文に見られるように――事物が現前する包括的地平になって、この（「工作人の勝利」という）出来事に二つの大きな影響を与えている。一つは倫理と政治との関係についてである。アレントは目的・手段のカテゴリーが支配的になったため、「目的が手段を正当化する」という信条が政治の第一原理として、永遠に正しいとされる状況が作り出されると考えている。[153]政治が道具とみなされると、政治を構成する道徳は結果主義的なものに矮小化され、悲惨な結果に終わるのは予想のつくことだ。

この「勝利」のもう一つの影響は、道具化の本質的な仕組から生じるもので、世界に対する人間の態度に関わっている。アレントによると、道具主義的「世界観」の到来とともに、目的・手段の無限の連鎖が作り出され、そこでは「どういう目的も決してどこまでも目的ではなく、必ず別の目的のための手段になる」。[154]すでに述べたように、このため効用が重要性と混同されるようになる。アレントにとっては近代哲学**そのもの**である――功利主義では、「の手段として」が「を目的として」の**実質**とされる。しかし効用を意味として確立すると、意味が失われてしまう。[155]それだけでなく、勝利を得た工作人の功利主義は、目的・手段のカテゴリーも効用の原理も、信頼できる正当化を提供できないという「難問」に苦しめられることになる。この難問は「目的・手段のカテゴリーの内部では……目的・手段の連鎖を終わらせ、すべての目的が再び手段と見られることを防ぐ手だては、何かを〈目的自体〉と宣言する以外にない」という事実のためさらに難しくなる。[156]

拡大してゆく道具主義に秘められているニヒリズムの論理によって、人間が「手段」の指示に縛られないためには、使用者——つまり人間——が「目的自体」の地位に立つほかはないことになる。しかしアレントによると、まさに（カントの業績が最も有名な実例である）人間をこのように高めることこそ、世界が衰退した一因なのだ。

完全に功利主義的な哲学はすべてこの意味喪失のジレンマに陥るが、それを逃れる唯一の道は、客観的な道具の世界から目を向け変えて、使用する主観性そのものに立ち返ることだ。効用そのものが意味という威厳を獲得できるのは、使用者たる人間自身が究極目的となって目的・手段の無限の連鎖に終止符を打つ完全に人間中心的な世界に限られる。しかし悲劇的なことに、工作人が自分自身の活動によって意味を実現したかに見えると、たちまち事物の世界とともに、自分の頭と手の目的と最終作品が衰退し始める。使用者たる人間が最高目的であり、「万物の尺度」であれば、自然のみならず……「有用な」事物そのものも単なる手段となり、それ自体には固有の「価値」はないことになる。[157]

「工作人の勝利」についてのアレントの記述には、根本的に見方はちがうが、ハイデガーの主観化というテーゼの政治的結果が述べられている。右の引用で「悲劇」と言われているのは、〈存在忘却〉ではなく、徹底的な人間中心的世界観に伴う「間の領域」である世界の衰退である。[158] アレントが近代を批判する理由は、近代で存在忘却が深まったことではない。近代の行動力や世界観のために人間が世界に依存する存在ではなくなったことだ。近代の「世界像」と道具主義には人間を世界から離脱させる力がある。世界疎外という点では、近代は観想の伝統やキリスト教の手には負えなくなっている。近代の世界喪失がそれほど深刻なのは、近代の実存的ルサンチマンが能動的で変革的で強力だからだ。

もちろん、世界を衰退させた根源は有用性それ自体ではない。アレントが慎重に注意しているように、「世界や地球が全体的に道具化していること、存在者全体の果てしない価値喪失」は「製作過程から直接生じる」ものではない。[159] むしろ問題は、「有用性や効用が生命や人間世界の究極的基準となっている製作の経験を一般化すること」にある。[160] そういう一般化を進めるには、目的・手段のカテゴリー特有の限界を乗り越えねばならない。理論的に言うと、その限界《テロス》が取り払われる前提は、概念的なレベルで過程という概念を製作活動に導入することである。現実行動でそれが達成されるのは生産過程そのものの変形による。「工作人の場合の有限な道具の在り方」から、「存在者全体の果てしない道具化」への移行が起こるのは、――それゆえ人間が労働する動物に「解消されてしまう」のは――ハイデガーが言うように、科学技術を介してのことである。

*

アレントは『人間の条件』の第二〇節で、「近代社会における目的と手段の逆転、人間が人間自身の発明した機械の召使いになっていることについてよく聞く不満」に触れながら、マルクス/ウェーバー的な物象化というテーマを批判的に取り上げている。そういう不満で重要なことは、それが間違っているというより浅薄であることだ。制御という問題を集中的に取り上げることで、そういう不満では、「目的と手段を明確に区別する」能力が失われつつあるという、もっと深刻でさらに厄介な現象が曖昧になっている。[161]そういう能力の喪失は、近代では仕事が労働と同じものとして扱われ、すべての仕事が労働という形で行われるようになった一つの結果である。労働と同じように「製作が何より消費に対する準備を本質とする場合には、目的と手段という区別そのものが……まったく意味をなさない」からだ。[162]

仕事はいかにして労働に「呑み込まれ」、その際、手段という在り方がいかにして「生命過程」によって変えられてしまうのか。アレントの見方によると、労働過程によって、人間の「自然との新陳代謝」の自然のリズムが増幅され、製作活動が生産・消費の反復循環に引き込まれ、道具から（素材ないしインプットよりも道具ないし手段としての）技術的性格が奪い去られる限り、労働のメカニズムが重要な役割を演じている。実を言うと、アレントによると、「労働過程ほど容易かつ人為的に機械化されるものはない。労働過程は、ひとしく自動的な生命過程や自然との新陳代謝の反復的リズムに対応している」。[163]自然の自動運動が、機械によって強化されるのだ。

アレントは科学技術を機械による道具の「代替」とみなして、その代替の本当の意味が明らかになるのは、科学技術の発達の「最終段階」であるオートメーションの到来においてだと言う。[164]アレントにとって、この「出来事」は、科学の数学化によって促進される言葉の衰退に「劣らぬ脅威」だ。[165]近代科学には、言葉を不必要なものとし、労働者としての人間を不要にする傾向がある。しかしその傾向は、科学技術による自動運動のもたらす唯一の危険でも、主要な危険でさえない。さらに言えば、完全に機械化された／技術化された世界の出現も、そういう危険ではない。

自然な生活が機械化され人工的なものになるとよく嘆かれるが、未来のオートメーションの危険はそういうことより、人間の生産力が、人為的に恐ろしく強化された生命過程に呑み込まれ、努力もせず苦もなく自動的に自然の永久循環に従うようになることだ。機械のリズムによって生命の自然のリズムは拡大され強化される。しかし世界の耐久性を低下させる生命の主要特質が、そのおかげで変わることはない。むしろそれがいっそう極端なものになるだけだ。[166]

現代の科学技術によって「宇宙の普遍的な力を地球の自然へ導入すること」が可能になる以前でも、アレントの言う「世界には目的があること」は、科学技術によって揺るがされ、「人間的構築物の世界性そのもの」が根本的に掘り崩されていた。[167]科学技術による自動運動が生産段階になだれ込み、「操作と製品の区別も、操作に対する製品の優位も……、もはや意味をなさず時代遅れになってしまっている」。[168]言い換えると、自動運動によって目的と手段の区別が**取り去られ**、世界の「道具化」が進んでいる。現代の科学技術のもたらした現実の特徴は、まさに「工作人というカテゴリー」の意味喪失なのだ。無論これは、そういうカテゴリーは**使われ**なくなったという意味ではない。ハイデガーと同様、アレントは現代人の意識は徹底的に道具主義的になったと考えているが、ハイデガーと同じように、科学技術によって「現前する」世界では、道具というカテゴリーはやや時代錯誤的なものになっていると考えている。

つまりアレントにとっては、「技術への問い」は結局、周知の目的と手段の「逆転」に関するものではない。また「魔法使いの弟子」のように生命を獲得した道具をどう制御するかという問題でもない。ハイデガーとともにアレントは、問題を道具の問題として捉える人間中心的な枠組では、実態は明らかになるどころか見えなくなってしまうと考えている。

科学技術の問題全体についての議論、すなわち機械の導入によって起こった生命と世界の変化についての議論は、おかしなことに、人間に対する機械の影響の有無だけに集中しすぎて訳のわからないものになっている。……問題は……われわれが機械の主人であるか奴隷であるかということではなくて、機械が世界および世界の事物のためにまだ役立っているかどうかということであり、あるいは逆に、機械と機械的過程の自動運動が、世界および世界の事物を支配し、破壊さえし始めたかどうかということなのだ。(169)

この一節で、ハイデガーとアレントとの近い関係がわかるとともに、両者の隔たりもわかる。一方では、科学技術を機械化やオートメーションと同一視するところは、明らかに、技術の**本質**を「技術的なもの」と見る、ハイデガーにとってはカテゴリーの誤りである誤りを犯している。他方、アレントは明らかに科学技術を道具以上のもの――広義のハイデガー的意味で開示的なもの――と考えている。科学技術によって世界が開かれ、あるいは「明らかにされる」が、それは科学技術によって「人間的構築物」の装置的性格ないし物化された性格が曖昧にされ、実際に**破壊されてしまう**からだ。アレントによると、われわれに残されているのは**環境**に類したものだ。科学技術は資本主義的収奪によって始められたものを完成させ、「人間的構築物」を過程の世界に沈め、全面的に生産と消費の循環のリズムに合わせて、人間存在を変質させてしまう。工作人の「敗北」と労働する動物の勝利を保証するものは、(物になるという意味での)科学技術による物化という破壊にほかならない。(170)

結局、アレントによる科学技術批判の動機となっているのは、科学技術によって「人間的構築物」が不可能になり、行為の能力を発揮する「適切な空間」が人間から奪われてしまうという事実なのだ。アレントによると、「人間と自然との間の世界がなければ、外面的な運動はあっても客観性というものはない[171]」。技術化される過程のリアリティが物化されず曖昧である特徴と、ハイデガーが資源の「対象性喪失」と言うものとの類似は明らかである。同様に、アレントも、すべての人間的活動が労働という形で行われるようになるという点で、人間は労働する動物に「解消される」と考えている。ここでのアレントとハイデガーの違いは、ハイデガーにとってはわれわれは「墜落の瀬戸際」に立っているのに対して、アレントにとっては、われわれは明らかに**墜落してしまっている**点にある。

いまでさえ、労働するという言葉は、われわれが今日の世界で行っている事柄、あるいは行っていると思っている事柄を表すには高尚すぎるし大げさだ。労働の社会の最終段階である賃金労働者の社会が人々に求めるものは、個人の生命が現実に種の生命過程にすっぽり呑み込まれて、唯一能動的な決断は個人に個性を捨て、まだ個人として感じられる生きてゆく苦しみや困難をいわば放棄し、目がくらんで「黙々と」役割を果たすだけの完全に自動的な機能である[172]。

世界が破壊され人間存在が「自然化」されて、「世界を失った」労働する動物の集団行動は科学技術の自動運動によって助長される。ここで、ハイデガーの〈頽落〉というテーマに徹底化された形で戻ることになる。アレントにとっては、科学技術の自動運動と「社会的なものの台頭」は結びついて、開示を行う者である人間にとって実に悪い前兆である一連の実存的状況が作り出される[173]。科学技術の「国家規模の家計」という枠組では、自発的行為の能力は縮小して、人間は「最重要な素材」というところまで格下げされる。近代の大きなアイロニーは、「世界規模での……種の存続」の保証に役立つ「手段」そのものが、

「同時に人類を消滅させ」かねないということだ。(174)

Ⅳ 「全面否定的批判」か――アレント的視点から見た現代

アレントは主観化というハイデガーのテーゼを使って、近代における公的世界の衰退と行為能力の枯渇を明らかにしている。確かに彼女は結論を修正している。たとえば『人間の条件』では、「行為を手段化して政治を別の何かの手段としても、無論、行為をなくしたり、行為が決定的に人間的な経験の一つであることを妨げたり、人事の領域を完全に破壊したりすることは決してできない」と言っている。(175)それどころか、『革命について』での近代の政治的行為の解釈に見られるように、アレントは革命的な動乱や抵抗運動という選ばれた時に、明らかに真の政治的行為が見られたと考えていた。しかしそういう留保をつけても、彼女の現代の捉え方の特徴である理解の仕方やペシミズムが和らぐわけではない。『全体主義の起源』でアレントは（「すべてが可能である」という近代的信条の具体化である）全体主義支配が人間性そのものを脅かす人間改造を試みたことを強調した。(176)意外で衝撃的でもあるが、近代全体についての彼女の考え方にはその悪夢がつきまとっている。共通世界の破壊や科学技術による自動運動の登場、労働する動物の「勝利」などについてのアレントの分析には、実存的ルサンチマンが何らかの形で勝利を収めるだろうという含みがある。現代は世界のみならず人間をも改造するという目標を達成するだろうというわけだ。

その考え方には、ハイデガーでは曖昧で不透明な危険にとどまっていたものが具体的な形で表現されている。そのためケイテブその他は、アレントの分析の正当性を疑問視する。ケイテブの見方によると、アレントの近代批判は非常に包括的で、人類は世界を家として存在するものだという本質的に**宗教的な**確信にもとづいて、近代の活動を全面的に否定している[177]。ケイテブは、アレントが真の政治的行為には救済する力があると力説するのは、疎外に陥っていない生活が可能だ（そして望ましい）と考えるからだと見ている。つまり「忘れられぬ偉業という枠組、政治的行為の枠組がまず確保され、強化されて初めて人々は世界を家とすることができる」と考えるからだ[178]。しかし近代では、世界疎外や地球疎外をもたらす人間能力が発達して、政治的行為の枠組に安んじておれなくなった。アレントが近代を非難するのは、政治的行為という人間的業績が実現する条件が、近代で破壊されたからだ。「願いは人間が安んじておれることだが、その願いを近代は打ち砕いたのだ[179]」。

アレントにとって政治的行為が果たす救済という役割を、ケイテブが強調するのは正しい。アレントの和解への願いは、ギリシア人と共通の悲劇的感覚から生まれているが、その願いが彼女の近代の捉え方全体の特徴になっているからだ。しかし、ケイテブがもっぱら政治的行為という「人間的業績」に焦点を当てているため、アレントの近代批判に対する見方が歪んでいると言わざるえない。ヘーゲルと同様に、アレントもギリシア人を世界に安住した比類なき人々として理想化するが、彼女には逆戻りは不可能というヘーゲルに通じる確信があるからだ。断ち切られたものは取り返せない（これがルネ・シャールの「われわれに残された遺産には遺書はなかった」という言葉や、「過去が未来に光を投げかけることがなくなってからは、人間の心は闇をさまよっている」というトクヴィルの言葉をアレントが好む理由だと思われる）[180]。さらに付け加えると、アレントには「概念の虹の橋」が原状回復に役立たないことは十分わかっている。

和解が望みようもなければ、近代は深まる疎外のスパイラルのように見える。そうであれば、かなり前にジュディス・シュクラールが指摘したように、[181] アレントの政治理論は、ユートピアの夢が消えた後の「不幸な意識」の別の表現でしかないだろう。それどころか、ケイテブのように、アレントは疎外を克服しようという願い（陰鬱な理論を作って和解の不可能なことを示すだけに終わる願い）に駆り立てられているという見方に固執している限り、そういう結論をくださないのは難しい。しかし、アレントが世界性に認めている「異教的」価値の重さを、和解への「宗教的」希望と釣り合わせようとすると、ケイテブの話は一筋縄ではいかなくなる。アレントにとって、近代の実存的ルサンチマンが悪いのは和解を妨げるからではない。それによって世界性が掘り崩されるからだ。確かに「家に住むこと」は、アレントが（ケイテブの言い方では「疎外されていない」）「世界を住まいとする」生き方に認める特徴の一つである。しかしアレントに批判的な自由主義者も彼女を賞賛する共同体論者も、ほかならぬ「家」の**人工性**、つまり**物化されたもの**という性質を無視しているにちがいない。完全な人間性に必要なのは疎外の**欠如**、つまり集団への帰属感が一種の形而上学的な慰めを与える仲睦まじい共同体《ゲマインシャフト》の実現可能性ではない。前にも強調したように、ケイテブの言う「枠組」は本質的に一つの段階であり、アレントが支持する世界を住まいとする生き方では**演劇的パフォーマンス**が特に高く評価される。ケイテブは演劇性と共同体の区別を無視して、アレントの反モダニズムを身近なカテゴリーで表現したほうがいいと考えている。しかし、プラトンからルソー以後に至る（この点ではハイデガーも含めていい）政治理論の歴史を考えると、そう簡単に片づけられなくなる。最初から、演劇的パフォーマンスは共同体にとっては敵とみなされ、特に疎外の源となる行動として扱われてきたのだ。

　したがって、アレントの近代批判をどう評価するにしても、彼女の言う政治的行為のパフォーマンス・モデルの意味をまず考えなければならない。世界に住まうことの重要な次元としては、演劇的パフォーマンスは共同体への憧れや、疎外されていない生き方への憧れ以上のものである、――それどころか、そういう憧れに対立していることが多い。それを見ると、アレントの近代に対する非難の独自性が思い出される。アレントが非難しているのは疎外そのものではなく、**世界からの**疎外だ。そればかりかもう一歩進めて、アレントの意味で**世界に**住まうとは、人間の生き方の奥底に一種の疎外を刻み込み、その疎外に対してきわめて積極的な価値を与えることだと言ってもいい。抗争《アゴニズム》やパフォーマンス、卓越した技量とか役柄、さらには「疎外状況における」代理的思考をアレントが強調するのを見ると、ケイテブが世界に住むことを疎外の欠如と同一視するのは、控えめに言っても問題だと言わざるをえない。アレントの意味で世界に住まうというのは、行為をパフォーマンスと見る見方や「利害関心抜きの」判断という考え方にも見られるように、疎外とともに生きるということにほかならない。つまりアレント独特の形だが、彼女は「適度の疎外」の擁護者であるとともに、リベラルなモダニストなのだ。(182)

以上のことから、「共通世界の破壊」や共通感覚の喪失について、別の見方が生まれる。近代における世界の主観化や政治の手段化によって起こったのは、ある種の隔たり、ある種の疎外がきわめて問題化したことだ。工作人の道具主義的な考え方や、生命の欲求が支配的なところでは、真剣な政治活動が管理とか強制とか暴力というものになる。そして自発的行為の能力や判断力が、最後には、(世界**からの**疎外とは決して同じではない)世界内部での疎外状態、つまり近代の「極度の活動」によって徹底的に掘り崩された状態に属するものになってしまう。その点では、世界についての感覚の喪失だけでなく世界**という**感覚そのものの喪失と言ってもいい。近代の意志への意志が、真の行為を「形作る」構築物の次元を圧倒し、〔人間と自然を〕仲介するものを破壊して、人間の「自然化」の進行を助けるからだ。

したがってアレントの反モダニズムは、少なくとも(ごく単純化したむかつくようなハイデガーや教皇ヨハネス・パウロ二世のように）近代生活の疎外を嫌って、近代以前の大地に根づいた生き方に憧れる文化保守主義者の意味での全面否定的批判ではない。しかし、アレントの近代批判がこの意味で「全面否定」ではないとすると、いったいどういう点でそれは内在的批判なのか。自分自身の政治的問題を考えて、アレントの思想のある側面をできるだけ生かそうとする多くのアレント崇拝者は、そういうふうに考える。しかし、アレントの近代批判の存在論的な意味という角度から見た場合、ハーバーマス系の人々や共同体論者や参加民主主義者の主張をどう評価すべきだろうか。

大まかに言って、この三つの派に属する人々はみな、確固たる包括的な統一ある公的領域を再生させる企てにアレントを引き込もうと思っている。公的領域が変質し、断片化し、失われたことについての説明はさまざまである。ハーバーマスにとっては、公的領域の特権的役割の大半が、複雑な経済の「支配的要求」を代弁するテクノクラートの主張によって奪い取られている。共同体論者にとっては、公的世界が「統一する」力を失った事実は、（公的領域を一つの手続きの構造と見る自由主義者の見方の元になっている）連帯感の衰退や、原動力たる公的目的の欠如を見れば明らかである。参加民主主義論者にとっては、晩期資本主義や国家的安全保障体制の台頭と結びついた自由主義的立憲制によって、民主主義は弱体化し市民というタイトルは無意味なものになっている。見方の違いはあっても、共同体（*res publica*）が悲惨な状態にあるという点でも、アレントを自分の特定のプログラムの支持者と見る点でも一致しているのは、隠しようのない事実である。ハーバーマスがアレントの政治的行為の「相互主観的」捉え方に頼るのも、共同体論者がアレントの世界に「根づいた」連帯という考え方に訴えるのも、参加民主主義論者がアレントのテクストにある市民共和制の痕跡を頼りにするのも、アレントを自分の支持者だと思い込んでいるからだ。どの派もこういう「アレントの」道のどれかを辿れば、――もっと民主的な正しい有意義な――真の公的領域に大いに近づくことができると考えている。

　最近、フーコーの共鳴者やフェミニストやネオ・グラムシ派に属する研究者たちによって、どういう共同体も雑然としており、その構造には排除のメカニズムが必ずあることが注目されて、単一の包括的な公的領域という考え方は大きな批判を受けている。[183] 公的領域に関するアレントのギリシア的なきわめて男性的な捉え方を見ると、その種の問題についての公的領域論一般の無感覚さの極端な実例と言えそうに思われる。彼女の著作からハーバーマスや共同体論者や参加民主主義論者が示唆を得たのは事実だから、「まともな」(すなわち従順な）市民を作り上げる訓育技法や、討議的合理性の明確に相互主観的な説明のなかにも働いている、権力関係を暴こうとする差異の擁護者たちはアレントを重視しなかった。

　面白いことに、アレントに対する今日の批判者と崇拝者を結びつけているのは、彼女は一つの制度化された公的領域の再生のために戦っているという思い込みである。アレントの――ポリスという公的領域を理想化し、革命の伝統という「失われた宝」に訴える――著作が、この形で解釈されるのは当然だ。崇拝者も批判者も、アレントのテクストに見られる公的領域の「モデル」に執着するあまり、そのモデルを文脈から切り離して（賛美すべき、あるいは息苦しい）規範的理想として扱っているように思われる。その執着の結果、『人間の条件』の重要な主張は一般に無視されている。先に述べたように、その主張は近代の容赦ない世界の主観化に伴う公的世界の脱世界化に関わっている。その主張の結論は、現代では〈存在〉は現象とひとしいものではありえないということだ。現代の世界疎外のために共通感覚が崩壊した結果、「すべての人に見聞きされる」ものとして残っているのは、大衆文化という単一な形で提供される（ハイデガーが「仮象」と言う）偽りの現象だけである。[184] ハーバーマス系の人々や共同体論者や参加民主主義論者の誤りは、こういう世界についての感覚に代わりうるものが今日でもあると考えていることである。アレントには、そういう幻想はない。

言い換えると、「共通世界の終焉」に関するアレントのさまざまな発言を真剣に受け止めねばならないのだ。アレントにとって近代の決定的事件である——この「共通世界の終焉」という出来事のあとでは、真実の包括的で比較的永続する公的領域が開かれる望みはほとんどなくなってしまった。これは、アレントが行為や政治やカント的意味の「公共性」に見切りをつけたということではない。むしろアレントは、最初は根拠抜きの政治が実現する可能性を開いた近代の力によって、革命的創設や自発的な政治的行為に含まれている逆説、すなわち自由の空間が現れる「明るみ」の時が、自由の空間が消え始める時でもあるという逆説が拡大することを見抜いている。[185] 近代の世界疎外が現代における生命の自動運動の増大と結びついたため、「自由の島」はいっそう「奇跡的」な出来事になったのだ。[186] 現代では「自由の島」の消滅は深刻化して、自由の空間は（シェルドン・ウォーリンの言い方をすると）「逃亡者」じみた存在と化している。[187]

したがって、討議や相互主観性や「共同行為」に訴えれば、アゴラやそれに類するものを復活できるなどと言ってすまされる問題ではない。重要なことは、「有益な行動」を求める要求に抵抗して、創始的・闘争的な行為や自発的な独自の判断の能力をできるだけ保持することだ。アレントがいつも言うように、行為や判断を支える根拠が徹底的に掘り崩されてしまった「世界」だからこそ、それらの能力を保持しようとする企てが必要なのである。

この点こそアレントも、ある種の「ポストモダン」の理論家たちも、同じように強い関心を寄せているものだ。共通世界の崩壊に関するハイデガー的な考えを背景にして、アレントによる抗争《アゴニズム》や複数性やパフォーマンスの強調を見ると、思いがけない状況が見えてくる。そういう見方をすると、フーコーの日常生活の政治とは明らかに対立するアレントの政治理論が、フーコーの抵抗の概念と結びつく。（アレントもフーコーも主張するように）行為の空間が奪われたところでは、厳密な意味での行為はもはや不可能だからだ。**抵抗**が自発性や闘争的主体の重要な手段として、行為という概念の一種の跡継ぎになる[188]。それと同様に、公的領域が断片化し、共通感覚（*sensus communis*）は過去のものとなったところでは、判断力の自律性を維持するものは、判断力を理論的な討議によって基礎づけようとする誘惑に抗して、「概念や習慣の外部にある」判断力の現象学を提示しようとするアレントやリオタールのような努力である[189]。最後に、政治的なものが衰退し、政治的なものが社会全体に拡散するのが見られた時代に、政治的なものの特質を考えようとしたアレントの粘り強い努力はアナクロニズムどころではない。そのことは、ラクー＝ラバルトやナンシーが認めている通りだ[190]。すべてが政治的であるところに、政治的なものは存在しない。

アレントの近代批判は、彼女の政治行為論と同じように、簡単に分類できるものではない。「全面否定」と言うにしては懐古趣味がなく、「内在的」と言うにしては過激すぎる。そこには、時代への大局的見方を現代生活の現象学と結びつける、アレントの非凡な能力が示されている。最近の理論家のなかで、当然視される時代の想定に距離を置くニーチェ的な彼女の能力に、肩を並べうるのはフーコーだけだ。その能力こそ、マイケル・ウォルツァーとともに社会や政治を批判する者の第一の義務は、共同体の望みや恐れや基本的価値と一体化することだと信じている理論家たちが当惑するとともに幻滅も味わう原因だ[191]。それはまた皮肉にも、フーコーによって不動のものになった、あくまで戦略的観点から判断し活用すべき一種の「道具箱」として理論を考えようとする現代の偏見とも衝突する。

もちろんアレントをそういう仕方で活用して、彼女による伝統的行為概念の脱構築や「共通世界の破壊」の分析を的はずれで、政治的と言うには不足だと見れないわけではない。しかしそういう見方は、アレントやハイデガーが全力を尽くして問い直そうとした、行為や思考の「技術的」処理を再生産するという皮肉な結果に終わる。それだけでなく、そういう見方は実に近視眼的だ。アレントの重要な理論的著作が貴重なのは、イデオロギーの時代にあって人間的行為の肯定を奨励したとか、従順を激しく拒絶したからではない[192]。アレントが全体主義の経験から学んだものは、すべての人間的能力は——特に行為と判断の能力は——決定的に状況に依存し、われわれの「本性」の一部とも思われる能力を根絶することが確かにありうるということであった。『人間の条件』における「われわれの行っていることを考える」という彼女の試みが切実なものとなったのは、こういう洞察があったからだ。すなわちアレントが示唆している事柄は、現代において全体主義的イデオロギーだけが一時的にでも勝利を獲得すると、近代の大半のプロジェクトの根底にある実存的ルサンチマンが成功を収めかねないということだからである。「平和的」手段による人間的な行為能力の根絶こそ、「アウシュヴィッツ以後」不気味に迫っている危険なのだ。公的なものの光を消すのはテロルだけではない。

第3部　ハイデガー政治論の批判

第7章　アレント・ハイデガー・プラクシスの忘却

……思索は一つの行為なのだ。しかもすべてのプラクシスを超えた行為である。思索は行為や製作を超えている。

——ハイデガー『ヒューマニズムについて』

哲学者は必ず人事の日常生活から遠ざかるが、それにもかかわらず真の政治哲学に達することがあれば、その場合には、人事の全領域が生まれる場である人々の複数の生き方を——その素晴らしさと悲惨に関して——驚《タウマゼイン》きの対象にしなければならない。

——アレント「哲学と政治」

I　序　論

アレントの企てとそれに対するハイデガーの影響についての私の記述は逆転しているとは言わなくても、

議論の余地があると思う人があるだろう。私が提起した観点からすると、ハイデガーの著作がアレントによるプラクシスの新生への一種の序説のように見えるからだ。こういう反論もあるかもしれない。すなわち、ハイデガーの哲学そのものが少なからず現代におけるプラクシスの忘却を助長したではないか。ハイデガーは（プラクシスの舞台である）公的領域を最初は非本来性の領域と見、後には「主観性の優位」の表れと見て、公的領域をいつも低く評価していたではないか、というような反論である。

アレントの著作をハイデガーの著作と突き合わせると、必ずそういう問いが生まれてくる。そういう問題を激しく提起したのは、アレントから示唆を受けたハーバーマスやリチャード・バーンスタインのようなハイデガー批判者である。アレントの側では、政治的行為の再検討にとってのハイデガーの重要性をほとんど強調したことがないのは確かだ。実際、晩年に書かれ、『精神の生活』に収められたハイデガー批判では、アレントはハイデガーがどの著作でも行為の問題を回避していると力説している(1)。

本章と次章では、政治理論にとってどういう意味があるかという観点から、ハイデガーによる行為の回避の特質を取り上げる。アレントの観点では、その回避は非常に異なる二つの衝動の徴候として解釈された。アレント自身は、それはハイデガー思想の根本的に非政治的な特質の反映だと見ている。彼女が提示するハイデガー思想は極端に精神的なもの（unworldly）だ。それに対して、ハーバーマスやリチャード・バーンスタインは、プラクシスの抑圧をもっと危険なものの兆候、つまりきわめて反政治的な衝動の副産物とみなしている。その解釈によると、ハイデガーの哲学は複数性を克服し、人間的自由を否定し、普遍的根拠にもとづく権威を確保しようとする疑似プラトン的な願望の十分な証拠である。ハイデガーは、実存主義のために意志の政治に至りついた非合理主義的な主意主義者と、人間的行為の効用を認めようとしない一種の禁欲的神官という、二通りに見られるわけだ。

非政治的なのだろうか、それとも反政治的なのだろうか。このいずれも一面の真実を捉えており、そこに示される批判は、(一方では)政治理論にとってのハイデガーの意味を考える場合も、(もう一方では)彼の哲学と彼の政治活動との関係を判断する場合も、十分考慮しなければならない。問題が生じるのは、最初の問いの答えを二番目の問いの答えから引き出そうとする場合だ。この二つの問いを少なくとも分析的に明確にしていないために、ハイデガーを固定的に捉えて、彼の思想を人事の領域から決定的に懸け離れたものとしたり、あまりにも予想通りの(権威主義的な)意味で政治的なものだとする傾向が生まれるように思われる。第8章で示すように、そういう解釈は解釈としても、原典に即して考えても、疑わしいばかりでなく、ハイデガー思想が政治的なものを考え直す強力な手段になりうることがほとんどわからなくなる。本章では、ハイデガーに関する反政治的だという解釈と非政治的とする解釈の双方を検討して、アレントの政治理論とハイデガーの哲学の関連をもっと徹底的に解明する。重要な問題はハイデガー思想が政治に役立つかどうかであり、この問いによって、哲学と政治の争いというアレントの基本的テーマの一つに目を向けることになる。

II　ハイデガーの政治的なものの概念

『存在と時間』のコミュニケーション行為と公的領域の軽視

第4章で『存在と時間』の主題について述べたとき、本来的開示というハイデガーの概念は、現存在を世界から孤立させるものではないことを強調した。キルケゴール風の世界からの撤退を支持するどころか、ハイデガーは「**本来的**実存は頽落した日常性の上に漂うものではない」ことを力説している。[2] 本来性は世界内存在の一つの在り方であり、したがって行為の在り方であるとともに他者との共存の一つの在り方なのだ。頽落した日常性からの「超越」は、世界との絆を抜け出した個人をめざしているのではなく、もっと本来的な形態の共同生活の達成を意味しているかもしれない。**本来的な共同存在**（*Mitsein*）の可能性があれば、『存在と時間』について政治的に解釈する道が開ける。その可能性こそ、ハイデガー批判者たちが問題にするだけでなく、主観中心の政治哲学から逃れようとする人々も問題にしているものである。[3]

政治的視点から見ると、ハイデガーの本来性という概念には、「闘争的活動」にとって大いに役立つとともに、本来的開示の出来事の機会も増えるような共同生活への好みが認められる。タミニオーの示唆に従えば、本来性と非本来性の区別を、（本来的行為としての）プラクシスと（収益に関わる活動としての）ポイエーシスとの区別の別の形として解釈することも確かにできる。[4] そう解釈すれば、政治的生活（*bios politikos*）を本来的開示という効果を発揮する真の政治的行為として捉える、アレントの闘争的活動の主な舞台である闘争的な公的領域の捉え方への橋渡しができる。

そういう関連があるとしても、問題は『存在と時間』のハイデガーにも、アレントが異常なものが「日常生活の通常の出来事」となる空間と言う公的領域への強烈な関心があると言えるかどうかだ。『存在と時間』を読めば誰でも証明できるように、この答えは明らかに決定的に否定であるように見える。第二七節と第三八節の反政治的な言葉は圧倒的で、ハイデガーが *Öffentlichkeit*（公共性＝大衆性）を〈頽落〉や〈非本来性〉や〈ひと〉と同一視しているのは否定できない。

ハイデガーによると、公共性は〈ひと〉の特徴である理解の仕方だが、——被投的な世界内存在である

――現存在は常にすでにその手近な解釈に身を任せている。ハイデガーによると、〈ひと〉の在り方である「無関心、凡庸さ、水平化」という形で、大衆性は「世界や現存在についてのあらゆる解釈の仕方をほぼ支配している。……大衆性によってすべてが曖昧になるが、どういう人にもその曖昧になったものが親しめ近づけるものとなっている」(5)。〈ひと〉の大衆性に埋もれて、現存在は〈ひと〉と同じように理解し、同じような態度をとる(6)。「大衆的な世界解釈」が顕わになり具体的な姿をとるのは、頽落した現存在の「雑談」においてである(7)。現存在が大衆的な雑談の網の目に捉えられている限り、現存在が考えもなく大衆的な解釈の仕方を受け入れている限り、現存在は頽落状態に「しっかり根をおろしている」わけだ(8)。

『近代の哲学的ディスクルス』でハーバーマスは、彼がハイデガーの「日常生活のコミュニケーション行為」の軽視とよぶものから生まれる結果について考えている(9)。ハイデガーが現存在と他者との共同存在の世界性を強調することを考えると、「言葉による相互主観性」の構造を軽蔑するのはいくらか驚くべきことだ。結局、ハーバーマスが言うように、『存在と時間』の主要目標の一つは、「カント以来支配的な超越論的主観性という概念を解体して」、主観性の哲学を克服することである(10)。「世界」という概念が、この目的を達成するのに大いに役立つ。存在者が現れる基礎であり、存在者に関わるすべて――あらゆる主観／客観の関係――の基礎である「意味開示の地平」が主題化されるとともに、主体が脱中心化されるからだ。

世界内存在は常に共同存在であるというハイデガーの主張によって、主体の脱中心化はさらに促進される。つまり実存論的分析によって、見方が根本的に変わるのだ。社会的交流によって確立している理論以前の生活世界が、西洋哲学では初めて注目される。その結果、ハーバーマスが『存在と時間』の「約束」とよぶ、「相互主観的に共有される生活世界の背景として世界を現前させる――相互理解の過程そのものを解明する」という約束が生まれる[11]。しかしその約束は果たされず、そこに含まれている（主観性の哲学から「相互理解」ないしコミュニケーション行為のパラダイムへの）パラダイム変換は起こらない。その代わりハイデガーは、現存在の「個人性」を強調するだけでなく、現存在による世界を企投する構成的な仕事を強調する。そして結局、基礎存在論はハーバーマスの言う「主観性の哲学の袋小路」に戻ってしまう[12]。

「主観性の哲学の魔力圏から身をもぎ離そう」とするハイデガーの試みは、なぜ挫折するか。（ミヒャエル・トイニッセンに従って）ハーバーマスが言っているように、それは一部は、基礎存在論が「まだフッサール現象学の独我論に染まっていて」、そのため相互主観的生活世界を十分に優先させることができないからだ[13]。しかし本当の理由は、そういう理論的痕跡よりも単純な偏見に関わるものだ。ハーバーマスによると、ハイデガーは最初から「孤立した現存在の手の届かない背景にある生活世界の構造を軽視して」、それを「平均的日常存在すなわち非本来的現存在の構造」として投げ捨てている[14]。「日常生活のコミュニケーション行為」に対する偏見を踏まえて考えると、ハイデガーが生活世界の相互主観性の優先性を見失い、その代わりに、「暗黙のうちに超越論的主観性に取って代わった現存在の実存的企て」に注目したのは驚くべきことではない[15]。「大衆性」や〈ひと〉の記述に明らかなコミュニケーション行為の軽視によって、『存在と時間』の根本的な理論的選択範囲が決まっているばかりか、そのためプラクシスが無視されて、自らの有限性を雄々しく肯定して歴史的企投を行う現存在に焦点が当てられる[16]。主観主義が強力に残っているため、『存在と時間』によって開かれる政治的可能性は皆無か、驚くほど僅かだ（一九三三年にハイデガーは「〈各個人の〉現存在を、運命的に存在している〈各国民の〉集団的現存在に置き換えている」とハーバーマスは主張している[17]）。これはすべてアレントと明らかに対立する。（ハーバーマスが別の箇所に書いているところでは）アレントは、「コミュニケーション行為の形式的性質［から］完全な相互主観性の一般的構造を読み取」ろうとしているとされている[18]。

コミュニケーション行為の軽視によって、リチャード・ウォーリンの言う「根本的に分裂した社会存在論」、つまり社会的世界を本来的現存在と〈ひと〉とに引き裂く存在論も生まれる[19]。「日常性という芳しくない領域」と対比して定義すると、本来性は本質的に関係を超えたものとしてしか現れようがない。ハーバーマスが言うように、「死を考えて徹底的に孤立したキルケゴール的実存が……現存在の〈実質〉として確認される場合、〈ひと〉が引き立て役になる[20]」。この二極に分けると、本来的なものと非本来的なものとの間に「越えられぬ深淵」が出来るように見える。その裂け目は、「公共的世界とその企図の全面拒否」か、それとも非本来的なもの（「人間的、あまりにも人間的なもの」）が強固な（本来的な）ものに従属する段階構造を是認する「反人道的な哲学的人間学」かの二者択一とも言える[21]。

ハーバーマスの解釈をどう考えたらいいか。初期ハイデガーの「主観主義」が一貫して維持されているため、プラクシスが無視されるだけでなく、政治的生活の全領域が閉ざされるか固定的階級制か集産主義的構造になるほかないのだろうか。

第4章で『存在と時間』を解釈したとき示したように、私はそういう見方はしない。総長就任演説（*Rektoratsrede*）や『形而上学入門』のような中期のテクストを考慮して、ハイデガーの『存在と時間』を解釈するのは気をそそることではある。実際にテーマが一貫していることは否定できない[22]。ところがハーバーマスの解釈は、ハイデガーの考える政治の**本質**はあらかじめ絶対的に決定されていると言うところまで至っている。（カール・レーヴィットが言い出したことだが）ハーバーマスが使う「代替」という言葉は、国家社会主義はとにかく基礎存在論の裏面であり、「徹底的に孤立した」現存在を民族（*Volk*）に差し替えただけだと言わんばかりである。『存在と時間』によって開かれた問題から、そういう進展が起こる可能性があるのは確かだ。そのことは、以下において示すように、『存在と時間』第二篇第五章にある程度予示されている。しかし『存在と時間』の政治——『存在と時間』が開く政治的空間——は、決してハーバーマスが言う二者択一で片づけられるようなものではない。

ハーバーマスの分析に関するもう一つの問題は、公的領域の問題についてアレントとハイデガーを単純に対立させていることだ。大衆性（＝公共性）に関する見下したような記述を見ると、アレントとハイデガーを根本的に異なるパラダイムだとする、ハーバーマスの捉え方が確かに正しそうに見える。アレントに「従って」、ハーバーマスは公的領域をコミュニケーション行為と同一視して、ハイデガーの大衆性も同じものを指しているとひそかに考えている。しかしもしそうであれば——すなわち、ハイデガーの大衆性への軽蔑が「公的領域」の拒否にひとしいのであれば——、『存在と時間』の政治というものは存在しないか、**そうでなければ**複数性と公的領域の抹殺にもとづく政治、つまり隠れた全体主義という反政治であることになってしまう。（後で述べるような理由で）ハイデガーをアレントの意味での複数性の擁護者とはよべないが、ハーバーマスの結論が正しいとは言えない。「公共性」と「公的領域」との関係は複雑であって、アレントは**本当の**（世界を輝かせる闘争的な）公的領域を構成するものについてきわめて厳密である。そればかりかアレントは、近代の世界疎外のために、公的領域から「元々まさに本性の一部だった照明力」が奪われてしまったと考えている。[23] そういう歴史的状況では、「公的領域から否応なく生まれてくる〈雑談〉の圧倒的力に悩まされる」実存というハイデガーの記述は、確かに、公的生活がショーやスペクタクルに格下げされてしまった「世界」の正確な現象学的記述である。[24] 公共性（＝大衆性）についてのハイデガーの記述に「公的世界の全面拒否」を感じ取ったり、アレントのうちにあらゆる形の公共性への無差別の賞賛を見いだす人はすべて、公共的な話し合いが操作や偽善に満ちているところでは、「公共性の光が一切を暗くする（*Das Licht der Öffentlichkeit verdunkelt alles*）という逆に聞こえる皮肉な言い方」が「核心をついている」という、アレントの言葉と真剣に取り組む必要がある。[25]

基礎存在論がいわばアプリオリに公的領域の拒否に至りつくかどうかの結論は保留して、ハイデガーによるコミュニケーション行為の軽視から、政治的な発言や行為についてどういう結果が生まれるかに注目しよう。ハイデガーがあらゆる共同存在を単純に「非本来的な関係の領域」にしているという印象を棚上げした場合、初期ハイデガーが政治に与えている役割はどういうものだろうか。「より本来的形態の」共同生活の実現に、政治がどのように貢献できるのだろうか。どういう発言がそういう目的に役立つものだろうか。

ごく一般的に言って、『存在と時間』では、政治に二通りの役割が与えられていると言える。その一つは、日常的現存在の平穏を揺るがして、個人のために不安が果たす役割を、共同体のために政治が果たす役割である。[26]現存在は不安によって有限性に直面し、世界内に投げ出された在り方に出会って、日常的関心の世界への没頭から引き戻される。[27]共同存在が現存在を構成する構造であること、そして現存在の歴史的行動が常に共同の歴史的行動であることが認められるなら、現存在が属している共同体にとっても、**共同体の**根本的な歴史性や有限性や、深淵じみた根拠の特質を明確に思い起こさせるものが必要だ。[28]共同体が日常的活動や政略への没頭から呼び戻されて、共同体創設のとき開かれた後久しく隠されていた「自己本来の固有の可能性」に立ち返るには、——おそらく本来的な政治的発言や指導力で——そういう記憶を呼び覚ますものが必要だ。[29]

もう一つの役割は最初の役割から生まれる。共同体を「忘却状態」から有限性の感覚へ、それゆえ決意性へ呼び戻すだけでは十分ではない。本来的政治にはそれ以上のものが必要だ。カーステン・ハリエスが書いているように、既成の行為基準がすべて根拠のないものになると、ハイデガーにおける「決意」の断定的な構造は恣意性に一変しかねない。しかし何らかの具体的な可能性を逃せない場合には、決然たる現存在は一つの選択に――まさに本当の意味で基準のない決断に――直面する。[30] 現存在の実存的自由は、自発性と区別できないように見える。現存在に**方向**と**内容**を与える何らかの権威が存在しなければ、現存在はハーバーマスの言う「空虚な決意性による決断主義」に陥るからだ。[31] 本来的な政治や政治的発言に残されているもう一つの役割は、現存在の選択を導くために必要な、決意の要求と調停でき、形而上学的でも伝統的でもない**権威**を提供することだ。

したがって、『存在と時間』によって開かれた空間では、政治や政治的発言に明確な役割がある。『存在と時間』には本来的な公的空間の観念が含まれているとさえ言えるかもしれない。しかし、アレントが提唱する闘争的だが討議的な政治が、ハイデガーにとって「本来的政治」の二つの主要な課題であるものを達成できるというのは疑わしい。アレントの言う発言や行為は「日常生活のコミュニケーション行為」には還元できないが、ハイデガーの観点から見ると、そういう発言や行為は日常生活にはまり込みすぎて、本来性が求める一種の「揺さぶり」を与えられないように見える。〈頽落〉は現存在に構造的に組み込まれている傾向だから、多様な平等な人々による「激しい闘争的な」討議でもそういう役割は果たせない。[32]（この意味で、ハイデガーは「コミュニケーション行為」を非本来性の領域に追いやっているという非難は急所をついている）。求められる成果をあげうるのは、どういう**種類**の政治的発言だろうか。日常生活の疎外状況を突き破って、共同体の**本質**の変革を可能にするのはどういう発言だろうか。

こういう問いに答えるためには、決意性に戻る必要がある。どういう発言が決意を促進するのに役立つのだろうか。意見《ドクサ》は明らかに除外されている。意見に示される観点の複数性によっては「本質的なもの」は何一つ表現されず、意見は〈ひと〉の「雑談」の一部として生まれるからだ。タミニオーが指摘しているように、ここにはプラトンと明らかに共鳴するものがある。(33) しかしハイデガーは意見を軽視しても、平穏を揺るがすのに必要な力を(学問的ないし理論的な知識である)エピステーメーに求めようとはしない。意見の軽視は真理に関わる議論の特権化にほかならないと思っては、(34) 記述ないし認知に関わる議論から規範に関する陳述を導き出す、最も伝統的な哲学的考え方に戻ってしまう。ウェーバーと同様ハイデガーにとっては、理論的な世界理解から行為の基準を作り出せるという考えは、自己欺瞞の最たるものだ。(35) 意見《ドクサ》としての政治的発言は大衆的な解釈の仕方への埋没だとすると、知《エピステーメー》としての政治的発言には、本来的現存在にはありえないことがわかっている有限性を超えた根拠への憧れが示されているからだ。

したがってドクサもエピステーメーも、共同体における決意性を培うには役立たない。伝統や現状に訴えても、それで本来的な世界内存在が促進されるわけでもない。(36) 日常生活の麻痺したような平穏を揺るがそうとする発言の最後のよりどころは、生活そのものか生活の歴史的起源かである。そういうものに頼ると、多くの批判者が指摘しているように、決意や本来性というハイデガーの概念に含まれている「純粋な」選択という契機が見えなくなる。現存在は決意を他者との特定の共同行為に具体化するか、頽落状態に陥ったままであるほか**はない**。何らかの働きによって必要な方向を指示する権威が提供されなければ、そうした選択に「基準がないこと」に現存在は圧倒されてしまう。

このため先に述べたパラドックスが生まれる。共同体が本質に復するためには、根拠とは異なる独特の権威が支配しなければならないが、それで現存在の参加が容易になるわけではなく、また内容を提供する権威とはいえ、現状をそのまま永続させるものではなく、〈神〉や〈理性〉や〈自然〉や〈歴史〉といった高次の超越的な権威という慰めを与える幻影を永続させるものでもない。ハイデガーにおける「本来的政治」の問題は、結局、権威の妥当性の問題になる。権威はどういう形をとるのか。どういう種類の政治的発言が権威を伝えることができるか。**何者の**言葉が**決意**を**権威**と和解させうるか。

これらの問いに対するハイデガーの答え、あるいは少なくとも答えの糸口は、『存在と時間』の第二篇第五章（「時間性と歴史性」）と悪名高い一九三三年の総長就任演説（「ドイツ大学の自己主張」）に見いだされる。[37]『存在と時間』では、必要な権威は具体的な歴史的現存在の過去、すなわち特定の歴史的共同体の**遺産**のうちに求められる。[38]被投的現存在が「大衆的に解釈する在り方」から「自己自身に立ち返って」、「現実に実現されうる本来的実存の在り方」を示すことができるとするると、それは「被投的決意性として**引き継ぐ**遺産にもとづいて」なしうることである。[39]決意と両立する唯一の権威（ハイデガーの言う「自由な実存がもちうる唯一可能な権威」）は、[40]多くの場合忘れられた遺産のうちに埋もれている「反復しうる実存可能性」に由来する。こういう理解では、――決意にもとづくが恣意的でない――本来的行為は一種の**反復**、すなわち「過ぎ去ったものに身を委ねるのでなく」、現存在の本質的に未来を指し示す光に照らして遺産を意図的に活用する反復にほかならない。[41]

したがって、反復（*Wiederholung*）として理解される本来的行為を可能にする権威は、共同体の〈**歴史的運命**〉（*Geschick*）についての一つの**解釈**である。[42]その解釈によって、（総長就任演説では「精神的統制」とよばれているものを実行しうる）本来的な政治指導者が、共通の運命を認めて自らの被投性を「引き継ぐ」ことが可能になる。[43]「指導者」の解釈そのものが、共同体の世界が「存在し始めた」〈瞬間〉（*moment of vision*）の反復なのだ。[44]反復であるこの解釈によって、共同体の起源に伴っていた偉大さや不思議さの感覚が現在にもたらされる。過去によっていまや、共同体はその〈頽落〉から引き戻されて、共

同体の「自己本来の固有の可能性」、その歴史的本質への再参加が可能になる。(45)

暴力的でさえある創造的解釈によって、歴史から運命をもぎ取って、真の政治的発言により「空虚な決意性の決断主義」を抜け出す道が開かれる。決意した現存在は自分の運命を共同体の運命に結びついたものと見、その「本質」を共同体の観点で理解するようになる。(46)ハイデガーによると、有限性や曖昧さの不可避さの感覚に満ちた解釈によって、非形而上学的、非伝統的な仕方で、権威の必要が痛感される。そういう形で動員される解釈学的権威が限定されているのは明らかだ。「決意」とか「本来性」というカテゴリーでは、(ハイデガーの「本来的服従」という考えには問題があるが)盲目的ないし無条件の服従のようなものは認められない。(47)指導者の解釈には、いわばより完全な存在論的根拠があるため、それが市民の討議的判断を超えているのは事実だ。ハイデガーは政治そのものでなく(平等な者の間での共同の討議と行動である)政治的生活に疑問をいだいて、プラトンの方式で、多数者の討議の彼方の〈瞬間〉のうちに、本来的な政治的行為の権威の根拠を求める。

ハイデガーの「日常生活のコミュニケーション行為」の軽視が、ここで再び問題になる。主観性の哲学にハイデガーが囚われていると考えても、それは、『存在と時間』からどういう政治が推定されるかという問題の本当の答えにはならない。しかしハーバーマスが相互主観性や「大衆性」に対するハイデガーの偏見に注目するのも、討議する平等者がくだす判断(あるいは「コミュニケーション的合理性」)を打ち負かすような権威を好む、ハイデガーの好みの解明には役立たない。ここでの問題は、大衆を動かしさえすればどういう解釈でもいいということでも、すべての解釈は同じようなものだということでもない(ハイデガーは本来的「歴史解釈」と非本来的「歴史解釈」の違いについては非常に明確だ)。問題になるのは、特定の解釈の本来性ないし「根元性」を判断する基準である。真の政治的発言が暗黙のうちにも多数者の討議での発言と対置される場合には、思慮《プロネーシス》と解釈学的判断力が切り離され、決意という考えの悩みの種である基準の欠如が再び現れる。ハイデガーが予想している権威は解釈を作り出すが、真理を生み出すものではない。しかし、「真の指導者と偽りの指導者の識別を可能にするものは何か」という、ハリエスの執拗な問いかけにハイデガーが答えない限り、そういう権威は、知《エピステーメー》の資格を要求しているも同然だ。(48)

無論この欠陥が重大なことは、一九三三年のハイデガー自身の経験で痛感される。ハイデガーは解釈学的権威を公的領域で働く判断力に従わせようとせず、従わせられるわけでもないが、判断力の保持に必要な最低限の条件にも気づかないで、国家社会主義をドイツ民族という「精神的世界」の開示とみなす一種の直観主義の餌食になってしまう。(49)怪しげな基礎にもとづく権威によって複数性が完全に抹殺されないまでも去勢されるような、本来的な開示が起こる政治という構想は、本来的発言と日常的発言に分けるところに認められる、討議に反対する態度から生まれたのだ。

三〇年代の著作における開示の詩的モデル

カーステン・ハリエスが(アレクサンダー・シュヴァンに従って)述べているように、政治的なものに関する三〇年代のハイデガーの思考を理解しようとすると、どういう試みも「彼の芸術家や詩人の作品の分析から始めなければならない」。(50)これはその時期の著作(『形而上学入門』、『芸術作品の起源』、『ヘルダリーンと詩の本質』、『ニーチェ』第一巻)で、ハイデガーは創造的指導者の政治的役割について考えを述べているだけでなく、政治的なものの空間および政治に関する彼の思考の特徴となる、開示の明らかに詩的なモデルを提示しているからだ。三〇年代の仕事はポイエーシスの概念を徹底的に考え直す試みだが、その再検討から生まれた最初の結実が、『芸術作品の起源』に登場する世界を開示する「作品」という概念だ。この概念が開示の新しい詩的モデルを具体化したものである。それはハイデガーの芸術に関する思索のなかで現れるが、すぐ一般化されて、詩人、思想家、政治家、狭い意味での芸術家を含む、すべての「真の創造者」の作品を包括する概念になる。[51] ハイデガーによると、創造者の作品によってのみ、共同体の歴史性が確立され、「歴史的運命」が定まり、〈存在〉との本来的関係の可能性が開かれる。[52]

この時期のハイデガーの政治に関する思考は、本来的な芸術（テクネー）ないし詩（ポイエーシス）という形而上学以後の新しい概念で、プラクシスを包括する試みだと考えられる。カント以来の美学の特徴だった主観主義を克服すべく、ハイデガーは絶えず芸術作品や芸術作品における真理の開示や、世界を開示する能力について、それぞれの存在論的役割の検討に立ち返っている。実体や因果性という観点でのアリストテレス的規定から解放された――「根源的ポイエーシス」というハイデガーの概念の政治的影響を理解するには、二つの大きな問題に答えねばならない。[53] まずハイデガーによると芸術の特質は何か、芸術特有の存在論的な資格はどう説明されるか。次に作品が「作品であること」の本質はどこにあるか、作品の「存在論的使命」は何か、それはいかにして果たされるか。[54]

『芸術作品の起源』にハイデガーは「あらゆる芸術は……本質的に詩である」と書いている。[55] そこでハイデガーの言っている意味は、すべての真の芸術の特徴は、すでに存在しているものに潜在的にも含まれていなかった、**根本的に**新しい何かを生み出す詩的な能力にある。根源的（非アリストテレス的）ポイエーシスという意味で詩的な芸術は、「存在者を初めて言葉に表して現象させ」、「存在者を**本来の**存在たらしめる」一種の「照らし出す投影」である。[56] 本質的に詩的な芸術は「真理の生成と発現」として、つまり開示独特の特権的な出来事として説明できる[57]。

したがって、真の芸術作品は描写や表現ではない。芸術作品は何よりもまず、**世界**を「開く」あるいは「創設する」。作品によって、「[一つの]歴史的民族の世界」が出現する原初的真理の空間が確立される、あるいは明確にされる。作品の作品たる所以は、ハイデガーによると、世界を開示する力ないし世界を開く力にある。「作品であることは世界を創設することを意味する[58]」。ハイデガーは周知のとおり、芸術作品によって成し遂げられる存在論的な「開け」を、ギリシア神殿を例にとって説明している。神殿は「何ものをも写していない」。それにもかかわらず、

そこには生誕と死、災禍と祝福、勝利と敗北、持続と衰退が人間に運命の形で現れる、多種多様な道や関係がまとめられ統一されている。すべてを支配する広大な関係の総体が、この歴史的民族の世界なのだ。まさにその広大な空間から、その広大な空間において初めて、この民族は自分に立ち返って使命を達成する[59]。

神殿の内部に「一つの**世界**が高々と開かれ、確固として存在し続ける[60]」。しかし、世界とは何で**ある**か、とハイデガーは問う。さらに、神殿という作品によって世界が「打ち立てられる」ばかりか、その開けが開いたままに保たれ、リチャード・ウォーリンの言う「〈存在〉と存在者との画期的な出会い」が促進されるのはいかにしてか[61]。

ハイデガー思想における「世界」とか「明るみ」という概念が、どういう役割を演じているかについてはすでに述べた（第4章参照）。『芸術作品の起源』で、ハイデガーは「開かれた関係の総体」に関連して

次のような説明を行っている。「世界は、現に存在している数えられるものや数えられないもの、親しみのあるものや親しみのないものの単なる集合ではない。表象を使って既知の事物の総体に付け加えられた単に想像上の構造でもない。**世界は世界を支配する**（*The world worlds*）のであり、世界はわれわれが住まっていると思っている、感知できる領域以上に、完全に存在しているものである。……世界は、われわれが生誕と死、祝福と呪詛に導かれて〈存在〉のなかに移される限り、われわれがそれに従属しているもの、どこまでも対象とならぬものである」[62]。世界の支配（*wording*）を成就して「世界の開けを開いたままに保つこと」、そして世界が不完全性や有限性から切り離されて自明の存在になるのを防ぐことこそ、芸術作品の「使命」なのだ。

この存在論的課題を達成するのが作品の在り方だが、これは世界の開けと、ハイデガーの言う「大地」との間の**闘争**の場であるということにほかならない。「大地」とは、すべての存在者の「開け」にとっての前提である、原初的な暗黒ないし隠蔽のことだ。**作品**である限り芸術は、世界を開くと同時に大地を「現れさせる」、すなわち潜み隠れているものを〔大地として〕保護する[63]。しかし作品の重要な存在論的機能は、世界と大地を媒介し和解させることではない。むしろ作品の作品という在り方の本質は「世界を設立すること」と「大地を現れさせること」を、争いないし戦いという関係で成し遂げることにある。ハイデガーの言い方をすると、作品はその闘争を「促す」とともに「成就する」が、その戦いは「継続される」[64]。作品によって世界と大地が結びつけられるが、その関係のなかで世界は絶えず大地を凌駕しようとする。作品が、開示を求める――つまり〈存在〉の専有を求める――根源的闘争の場となるわけだ。ハイデガーの思想は絶えずそこへ立ち返る。そこにこそ作品の作品たる在り方の本質的特徴が見られるからだ。「作品が作品たる在り方は、世界と大地との間の戦いにある」[65]。

世界を「設立すること」も大地を「現れさせること」も、まして世界と大地の闘争を実現することも、作品がなければ起こりようがない。〈〈存在〉の開示というハイデガーの意味での〉「真理」は作品なしには起こらない。「真理は**作品において**確立され、世界と大地が対立するなかでの〈顕わにすること〉と〈隠すこと〉との葛藤としてしか真理は現前しない」からだ。[66] 作品の（「世界と大地の闘争の場」という）作品たる在り方は、〈存在〉の開示の媒体、つまり真理が歴史的出来事として生起する手段という在り方である。それどころかハイデガーに言わせると、真理の**本性**は「作品のような物において生起するほかはない[67]」のだ。真理の本性には、**作られたものである**ことが本質であるものにおいて、真理として生起しようとする衝動、つまり「作品になろうとする衝動」が存在する。[68] 真理の「望み」は、作品の作品たる在り方において確立されることだが、それは作品の「産出」によって「真理が現れる開けたものの開け」が実現するからだ。[69] つまり歴史的・存在論的な出来事である真理の生起は、ハイデガーにとっては、真理の「作品化」にほかならない。

世界を開く作品をこのように捉える場合、問わずにおれないのは、それが政治的なものとどう関連すると考えられるかということだ。『芸術作品の起源』でハイデガーはこう述べている。「真理によって開かれた存在者のうちに真理が確立される一つの本質的な形は、真理が作品化することである。真理が生起するもう一つの形は、政治的国家を創設する活動である[70]」。作品も国家も真理の歴史的生起の場所だと言うのは、矛盾しているように見えるが、その疑問は『形而上学入門』の一節を読めば氷解する。ハイデガーによると、「露呈が起こるのは作品において成就される場合だけである。その作品とは、言葉の作品である詩や石の作品である神殿や彫像や言葉の作品である思想、そしてこのすべてを支え保持する歴史的場所としてのポリスという作品である[71]」。ポリスは真理の「作品化」の一例として他の芸術作品と並べられているだけでなく、明らかに歴史的・存在論的に**優位にあるもの**とされている。「創作者、詩人、思想家、政治家」の作品は、まさに真理が生起し、世界が「開かれ」あるいは「支えられる」作品なのだ。「世界が存在することになる」際の媒体である葛藤または闘争を具体化することが、こういう作品の本性である。[72] ハイデガーはヘラクレイトスの断片――「争いは万物にとっては、出現させる創作者であるが、支配的な保護者で［も］ある。争いによって、あるものは神々として、あるものは人間として現れ、あるものは奴隷として、あるものは自由人として作り出される［示される］からだ」――に注釈を加えながら、そういう作品に認められる不可欠な闘争《アゴーン》についてこう述べている。

> ここで言われている争いは根源的な争いである。争う者が争う者として登場するのは争いによるのだから。つまりこの争いは単にすでにあるものに対する攻撃ではない。これまで聞かれたこともなく語られたこともなく、考えられたこともないものを、最初に企て展開するのがこの争いなのだ。したがってこの争いを支えるのは、創作者、詩人、思想家、政治家である。圧倒的な混沌に対して、彼らは自分の作品をバリアとして築き、開かれた世界を作品のなかに封じ込む。こういう作品によってこそ、根元的な力であるピュシスが初めて立ち現れる。そのとき初めて存在者が存在者となる。こういう世界形成こそ本来の意味での歴史である。……争いがやむとき、存在者は消滅しないが、世界は背を向けてしまう。[73]

世界と大地との間の不可欠の闘争は、「創作者、詩人、思想家、政治家」の根源的闘争によって代行されるか成就される。「圧倒的な混沌」に対する「バリア」の働きをする彼らの作品によって、歴史的民族の世界が創設され、その民族に歴史が**与えられる**。これが「こういう世界形成こそ本来の意味での歴史である」とハイデガーが言う意味なのだ。さまざまな根源的ポイエーシスを含む芸術によって歴史は**基礎づけられる**のであり、芸術こそ「民族の歴史的存在」の根源なのだ[74]。芸術作品が世界を創設し、あるいは世界を開始する。この作品の創作者や保護者の根源は、芸術作品によって開かれる闘争にある[75]。

真理が作品化する過程についてのハイデガーの見方から、二つの重要なテーマが生まれる。その一つは、ハイデガー自身が認めているように、この作品化には**暴力が伴う**ということだ。作品によって行われる歴史への「推進」、作品によって成し遂げられる開始ないし創設は、一つの「暴力行為(*Gewalttat*)」であり、新しい「道」が作られ、古い道は捨て去られる根源的暴力行為である[76]。言葉であれ思想であれ国家であれ、世界を築く作品が世界の開けを形成する[77]。その形成は、根源的かつ原初的な本性にもかかわらず、すべての製作に伴う不可避的暴力のために、世界内部でのポイエーシスの諸形態とつながっている[78]。ハイデガーはその存在論的暴力が、人間の攻撃性や意志から生まれる暴力のような存在者の暴力と混同されるのを防ごうとするが、そのときでも、このアレント/アリストテレスによる区別の正しさを認めている。「詩人の言葉、思想家の構想、建設計画、国家創設の事業などに潜む暴力は、人間が有する能力の働きではない。それは、人間がその暴力に参与して、存在者が存在者として開かれる際に働く力を制御し管理する働きである[79]」。

もう一つのテーマは、歴史を生み出し、世界を開示するすべての作品のなかでの、政治家の作品の優越性ないし根源性に関わる。政治家が遂行する根源的ポイエーシスの活動、つまり根源的暴力の働きによって、その後のすべての開示の基礎が作り上げられる。ハイデガーによると、ポリスは「歴史的現存在がまさに歴史的現存在として存在する〈現〉なのだ。ポリスは歴史の場所、つまり歴史が**そこで**、**そこから**、

そのために生起する〈現〉である」[80]。『形而上学入門』でソポクレスについて注釈しながら、ハイデガーは政治的空間の存在論的な根源性を詳述して、その空間がギリシア人の生活の本質的側面を「集める」仕方を強調している。その過程でハイデガーは、その空間を作り上げる「青銅の顔をした芸術家」（ニーチェ）の実に注目すべきイメージを描き出している。

歴史のこの場所とこの場面には、神々や神殿、神官や祭式や競技、詩人や思想家や支配者、長老会議や民衆の議会、軍隊や艦船などがすべて含まれる。このすべては、政治家や将軍や国事に関わって初めて、ポリスに属し政治的になるというわけではない。むしろ（たとえば）詩人が本当に詩人であり、思想家が本当に思想家であり、神官が本当に神官であり、支配者が本当に支配者でありさえすれば、**それだけで**みな政治的なのだ、すなわち歴史の場所にいるのだ。しかしここで、そういうものでありさえすればと言う場合の「ある」は、暴力的な者として力を行使し、創作者とか行為者として歴史的存在のうちで卓越した者になるということだ。歴史の場所で卓越した者になると、彼らは同時にポリスなき《アポリス》ものになる。つまりポリスも場所も失い、孤独でよそよそしい異質なものになり、存在者全体のなかにあって逃げ道もなく、また同時に規則も限界もなければ構造も秩序もない者になってしまう。なぜなら、彼ら自身が創造する者**として**まずこのすべてを作り上げねばならないからだ[81]。

ここでは国家、正確に言えばポリスは、ハリエスの言う「真理の暴力的作品化」として登場している[82]。そしてこの一節から「国家統制主義的政治観」を推定するのは簡単なことで、ハイデガーが政治的なものと詩的なものとを同一視するため、真実を歪めてしまっていることはまず否定できない[83]。三〇年代の著作全体には、芸術作品としての国家のイメージが威勢良く現れ、アレントの言う「芸術と政治の闘争」が強調されていたが、ここではハイデガーはその闘争を忘れているように見える。

開示の詩的モデルを採用したために、ハイデガーの政治的なものの捉え方がどのように歪み、プラクシスの忘却が促進されているかと言うと、まず、国家を調和的な、あるいは本来的な芸術作品とすることから共同体を有機体として捉える見方が生まれている。そういう共同体／作品は根源的な存在論的闘争の場であるにもかかわらず、それに伴う真の複数性や抗争《アゴニズム》がそこには欠けている。次に、詩的モデルによって本来の政治的行為が、作品／国家の**創設**と**保持**に制限されている。

ハイデガーが創設を強調するのは、芸術を詩として定義することから直接生まれた結果である。もし「芸術の本質は詩である」、あるいは企投を語る言葉であれば、「詩の本質は真理の創設である」ということになる(84)。創作者は根源的暴力によって、「未知の異常なものを押し上げると同時に、正常なものや正常と思われているものを押し殺してしまう」やり方で、真理を作品化する(85)。その創設は「授与」「基礎づけ」「創始」にほかならない(86)。圧倒的な混沌に対して作品というバリアを設立すると同時に、国家の「奇妙かつ異様である孤高の」創設者は、世界を確立して闘争を促し、世界を創設する作品によって国民に場所と運命とエートスを与える(87)。

世界を開く作品あるいは「闘争の場」である国家に創設者が要るのは言うまでもないが、保持する者も必要だ。実を言うと、これはハイデガーが「作品が作られたことには、創作者に劣らず必要である作品の保持者が含まれている。……創作者をその本質において可能にするのは作品だが、保持する者を本質的に必要とするのも作品にほかならない(88)」と主張するのと同じことだ。国家という――作品の作品としての在り方には、「開始する」とともに「授与する」者が必要である。さらに、闘争が闘争であり続けることを保証する者、創造的活動によって「開けの空間」を保持し、その空間が「存在者の活動が型通りに展開される幕が上がったまま硬直した舞台」にならないようにする者も必要だ。[89] 演劇的な比喩を選んで存在論的／歴史的な硬直状態の感覚を伝えながら、ハイデガーは保持者の重要さを力説し、保持者たちの使命の詩的な本質を強調する。そこで言おうとしているのは、**こういう**——国家という——作品の作品たる在り方を実現し保持するものは、創設者ないし指導者の詩的な言葉であり、企投を語る言葉だということだ。国家が国家であるのは、『存在と時間』が指し示した種類の指導者がいる場合、つまり構想や言葉によって公的領域の頽落状態を粉砕し、世界と大地の根源的闘争を再び活性化する指導者がいる場合だけなのだ。

政治的なものを創設者や保持者を必要とする作品だと見るハイデガーの見方では、政治的領域での闘争は、討議する平等な者たちの政治的発言を寄せつけない存在論的次元へ移されてしまっている。（アレントが理解した意味での公的領域である）政治的領域で行われる闘争は必要がない。**不可欠な**闘争は世界と大地との間の闘争であり、共同体の政治的生活と、はるかな過去に起こった完全に神秘的な創設との間の闘争なのだ。[90] その闘争を言葉に表すものは、創設者かつ保持者として作品によって存在を獲得している者の詩的な言葉以外にはない。

三〇年代のハイデガーの著作では、政治的行為の開示性を詩的なものとしているやり方——つまり、「創設者兼保持者」の世界を開示する言葉と、存在者に関わる多数者の公的な言葉との間に一線を画すやり方——が目立つ。コミュニケーション行為の軽視が新たに極端な形になり、本来的なプラクシスは、「存在者を**本来の**存在たらしめる」ことだけが関心事であり仕事でもある詩的な言葉と同一視されている。[91]『芸術作品の起源』でハイデガーは、コミュニケーションの言葉と世界を開示する言葉を対立するものと見ることを力説している。一方では、言葉は「言葉による交流や合意、一般的な言い方では、コミュニケーションに役立っている」が、もう一方には、「存在者を存在するものとして初めて開示する」言葉が存在するというわけだ[92]。

世界を開示する詩的な言葉の物象化は、公的な話し合いに対するハイデガーの軽蔑と密接につながっている。『形而上学入門』でハイデガーが言っているところでは、公的な話し合いは「使い古されてしまって」いるため、世界を照らし出す力を完全に失っている。それは「不可欠だが頼りないコミュニケーションの手段であり、公的交流の手段としては、誰でも乗れる路面電車と同じくらい取るに足らないもの」なのだ[93]。本来性／非本来性という区別が、存在者に関わる言葉と存在論的な言葉という硬直した分け方になっている。皮肉なことに、ハイデガーの――明らかに反プラトン的な趣旨の――「真理の生起」という考え方が、結果的にはプラトンのドクサとエピステーメーという序列と似た序列になっている。プラトンと同じように、ハイデガーはドクサは「〈存在〉の真理」から排除されると確信している。歴史性の概念のため、現象と対立させて「真実の世界」を復活させるわけにはいかないが、彼はポイエーシスの観点からプラクシスを考えている。つまりプラクシスの開示の次元を「共同の討議と行動」によって腐敗させずに保持しようと考えて、ハイデガーはプラクシスを一種の根源的ポイエーシスとして捉え直すのだ[94]。

ハイデガー後期著作に見られる「プラクシスの忘却」

ハーバーマスによる批判では、本来的開示性のアレントのモデルとハイデガーのモデルの違いが強調されている。アレントにとっては、「共同の討議と行動」という真の政治的行為はコミュニケーション的であると同時に開示的であり、相互主観的であると同時にハイデガーの意味で「詩的」である。それに対して〈〈存在〉に関わる〉本来的発言と〈存在者に関わる〉非本来的発言、「詩作」とコミュニケーションを分けるハイデガーの区別では、アレント的な討議による闘争的な政治の開示する力——存在論的次元——は曖昧になっている。[95]

ハーバーマスの観点からすると、ハイデガーの初期・中期の著作に見られるコミュニケーション行為の軽視は、〈転回〉後に改めてひどくなる。最初の違いは、〈転回〉以前の著作では政治的なもののために少なくともスペースはあったが、後期著作ではそれもなくなっているところにある。〈存在史〉(*Seinsgeschichte*)という観点のために、人事の領域への関心が打ち消されてしまったのだ。後で示すように、この見方が最初に重視されたのはアレント自身のハイデガー批判においてであり、そこではハイデガーの行為一般に対する無関心が強調されている。

ハイデガーの〈転回〉の大体の趣旨はよく知られている。「惑星規模の支配」や人間特有の欲望の全面的組織化という科学技術的目標には、ギリシア人の形而上学的企図の完成が見られることを確信して、ハイデガーは「力への意志」が西洋を最初から動かしてきた根底的な推進力だと考えるようになる。近代とともに——すなわちデカルトからニーチェまで——、この推進力が世界の主観化や、神の死後における意味の源泉である「意志への意志」の賞賛という形で現れる。[96]「〈存在〉の真理」——特定の歴史的世界が「開かれ」「照らし出される」現前の過程——は、存在者を操作する力が無限大になるにつれて忘れ去られてゆく。技術時代には、人間を有限性に呼び戻すものが圧倒的に欠如し、その欠如が確定的になるため、〈頽落〉がひどくなる。「形而上学の克服」という表題の文書(一九三六年)でのハイデガーの調子が、黙示録風になっているのはそのためだ。

存在者の真理の衰退は必然的に起こる。それが形而上学の完成にほかならない。その衰退が起こるのは、形而上学という特徴を有する世界の崩壊によるが、それと同時に、形而上学に由来する大地の荒廃にももとづいている。

崩壊と荒廃が起こっていることは、形而上学的人間である理性的動物が労働する動物になり果てた事実のうちに十分に見届けられる。

その硬直状態には、〈存在忘却〉に関する完全な盲目状態が認められる。しかし人間**自身は**意志への意志を担う者たろうとしている有様だ。……

〈存在〉がその根源的真理において生起するには、それ以前に意志としての〈存在〉が壊され、世界が崩壊し大地が荒廃し、人間が単なる労働に駆り立てられることが必要なのだ。[97]

ハイデガーがこの一節の黙示録風の調子をやや修正しようとするところに、彼の後期思想の方向が明らかに認められる。この一節に示されているように、無時間的な不変不動の根拠への〈存在〉の物象化が、主体による〈存在〉の吸収——他性も有限性もハイデガーの意味での歴史性もほぼ削除した人間中心主義——で完成するのであれば、**そのときには**、未来技術がもたらす世界の暗黒を逃れるためには、風潮や見方が根本的に変わらねばならない。[98]〈転回〉後のハイデガーの観点からすると、「意志への意志」は〈存在忘却〉の絶頂であり、『存在と時間』の（人間存在の構造を通じて〈存在〉の意味を解釈する）現存在中心の視点は、耐え難いほど人間中心的に見える。『存在と時間』ではハイデガーは「現存在が存在する限りにおいてのみ（すなわち、〈存在〉理解が存在者に即して可能である限りにおいてのみ）、〈存在〉は〈ある〉」と書いていた。[99]〈転回〉後ハイデガーは、（ハーバーマスもアレントも、〈存在史〉にはそういう意味が含まれていると見ているが）〈存在〉が現存在を超えた一種の「世界根拠」として存在していると は言わない。ハイデガーが願っているのは、〈存在〉が人間の「所産」であるような印象を与えないことだ。[100]しかし「意志への意志」や、「地球支配のための闘争」とか「存在者全体の無限の主観化」という特徴のある世界では、「闘争」や「暴力的な共同創造」は、――作者になれない現前の過程の「運命」に投げ込まれた――現存在の本質的有限性を表すにしては誤解されやすいメタファーだ。[101]

つまり〈転回〉は、『存在と時間』で始めた主体の脱中心化を完成させようとするハイデガーの試みなのだ。破壊的主観性という形での人間の「反逆」に対してハイデガーが勧めるのは、人間は不必要だという感覚を養い、「〈存在〉への感謝」をいだくことである。力への意志における主観性の無制約的な支配は、本質的な**疎外**、「世界の運命となりつつある故郷喪失」に至りついた。[102]『ヒューマニズムについて』のハイデガーによると、「故郷喪失の本質は存在者による〈存在〉の放棄であり、〈存在忘却〉の症状である」。[103]故郷喪失が克服されるのは、人間が「無制約的な自己主張」の態度を捨てて、「名もなきもののうちに存在することを学ぶ」以外にない。[104]ハイデガーにとっては、「人間は存在者の主人ではない。人間は〈存在〉の牧人である」。[105]人間は、〈存在〉に関する前了解がどこからともなく「送られてくる」時間的な現前の過程の牧人なのだ。後期ハイデガーの〈存在の歴史的運命〉（*Seinsgeschick*）は、「存在者の**現れ**方を決定するのは人間ではなく、神や神々や歴史や自然が〈存在〉の光を浴びて現前するか否かを決定するのは人間ではない」という事実を強調するための比喩的表現である。[106]人間がその「摂理」を制御できないのは、生産様式の歴史を制御できず（マルクス）、主体となる実践の歴史を制御できない（ニーチェ）のと同じことであって、ハイデガーの目には、それは決して人間の尊厳を汚すことではない。「存在者の到来は〈存在〉の歴史的運命のうちにある」が、現存在だけが言葉を「所有」する以上、「〈存在〉の光」は現存在によってのみ現れるからだ。[107]

周知のようにハイデガーは『ヒューマニズムについて』で、言葉は「〈存在〉の家であるとともに人間の家である」と言っている。[108]〈存在〉である光が現れ、存在者が初めて現前して**存在し**、現存在の〈**現**〉が初めて開かれるのは言葉による。「現代人の故郷喪失」は、言葉の本質が失われた結果であり、一切を支配する主観性が使うコミュニケーション手段へ言葉が格下げされた結果なのだ。その格下げのため、「言葉が根源的に〈存在〉に属するものであること」が見えなくなっている。「歴史上の人類や人間が言葉のなかに住まうことができず、言葉が単なる雑多な偏見の容器になるのは、言葉が人間の本質の家であるからにほかならない[109]」。

ここで再び、言葉の世界を開示する（詩的な）本質に対して、コミュニケーションの言葉が与える変質効果という、おなじみのハイデガーのテーマが現れる。ハイデガーにとっては、――言葉において〈存在〉が現前するという――「〈存在〉に対する言葉の根源的関係」が公的領域では見えない。（ウィトゲンシュタインをアナロジーに使えば）、公的領域では、容認できる処置や有意義な発言とされるものに関する、多少の変化はあるが厳格な規則に従って、身近な確定的な言語ゲームが行われるからだ。ある文化の言語ゲームの総体が、――ハイデガーなら〈存在〉理解または「明るみ」と言うところだが――特定の歴史的生活形態を構成する。特定の歴史的生活形態が自明のもののように見えることもあり、ゲームに夢中になっていると、その形態が偶然的なものであるのがわからなくなってしまう。[110]そう考えると、公的領域には「広範に急速に拡大する言葉の荒廃」が集約されているわけだ。公的領域では「存在者に対する支配の道具として言葉がわれわれの望みや扱いに従う」ところに、「主観性の支配」が感じられる。[111]「公的領域の特定の専制」下では、「理解可能なものと、理解不可能として拒絶せねばならぬものとを、あらかじめ決定する」やり方で、言葉がコード化されている。[112] ウィトゲンシュタインやニーチェを思わせる言い方で、ハイデガーが述べているところでは、その種の言葉の物象化を治療できるのは、当然視され硬化したものを解体し、**われわれの**世界を作り上げている語彙の歴史性や偶然性に目を開かせる、ある特定の療法に限られる。

ハイデガーがその療法につけた名前が「思索」である。思索によって、管理し確保しようとする意図的な試みは括弧に入れられて、一切の執着を捨てて存在者に応える態度がとられる。「存在者をあるがままにする」ことによってその態度――〈放下〉(*Gelassenheit*)――は、〈存在〉に対する詩的な態度の極致である。真理への意志に内在する力への形而上学的闘争は止められ、思索も含む〈存在〉理解の偶然性や不完全性を**受け入れて**、思索によって人間に対する〈存在〉の関係が「成就される」。「公的領域独特の専制」から撤退し、すべての意欲や交渉を控えて、思索は言葉に耳を傾け、言葉をその本来的活動《エレメント》(〈存在〉)に立ち返らせる。思索する者は「名もなきもののうちに存在すること」を学び、言葉を開いて、――行動や行為の観点である――日常的観点では文字通り疑問の余地のない言葉や活動を取り巻いている沈黙の空間を開く。[113] 〈放下〉の態度を取ることによって、思索は生活形態に一貫性や自明性を与えている〈存在〉理解を超えた言葉を響かせる。語る場合に思索がやることは、把握とか操作とか促進というようなことではない。思索は「〈存在〉の語られざる言葉を言葉にもたらすだけである」。[114]

表面的に見ると、これは蠅取り壷から蠅を逃がしてやるような異常なやり方だと見えるかもしれない。形而上学の完成後における現代の異変や言葉の物象化へのハイデガーの対応は、いかにも最も伝統的なタイプの哲学的観想への後退のように見える。しかしハイデガーが「思索」という言葉で意味しているのは、そういうことではない。『ヒューマニズムについて』で強調されているように、――行為を結果の実現とか目的達成だと考える——行為の技術的解釈は、思索を本質的に計算的思考とする解釈と密接につながっている。ハイデガーは、プラトンやアリストテレスが考えたテオリアこそ計算的思考の典型だと考える。プラトンやアリストテレスは「思索そのものを一つのテクネーであり、行動や仕事に役立つ反省過程だと考えているが、……そこでは反省が、すでにプラクシスやポイエーシスの観点から捉えられている」というわけだ(115)。それだけでなく、「思索の特徴をテオリアとか〈テオリア的〉行動としての認識意欲だと考えることは、すでに思索の〈技術的〉解釈の範囲内で起こっている。その特徴の捉え方は思索を救済して、行為や行動を超えた思索の自律性を保持しようとする反動的試みである(116)」。アレントはそういう見方に反対して、プラクシスを考え直そうとするが、ハイデガーがめざしているのは真の思索のもっと深い「もっと根源的な」経験である。ハイデガーの意味での「思索」は、形而上学では考えられないままになっている〈存在〉や「開け」そのものを考えることだ。ハイデガーが「〈存在〉の思索は理論や実践とどういう関係にあるか」と問うとき、思索が関心を寄せているものが明らかになる。彼の答えは、省略せずに引用するだけのことはある。

> 思索はあらゆる観想を凌駕している。なぜなら思索は、見るということ《テオリア》がそのなかで初めて起こる光に関心を寄せているからだ。思索は〈存在〉の言葉を存在の家としての言葉にもたらすに当たって〈存在〉の開けに注意を注いでいる。つまり思索は一つの行為なのだ。しかしすべてのプラクシスを超えた行為である。思索は行為や製作を超えているが(117)、それは業績の素晴らしさによることでも影響の結果でもない。業績とは無縁の謙虚さのゆえである。

この点こそ、リチャード・バーンスタインのような共感をいだく読者でもためらうところである。ハイデガーの説明では、テオリアもプラクシスも広い意味で形而上学的・技術的な〈存在〉解釈に属することが強調され、プラクシスとポイエーシス、プロネーシスとテクネーの区別が皮相なものとされているのは明らかである。[118]（ハンス＝ゲオルク・ガーダマーやアレントも出席した）マールブルクでのプラトンの『ソピステース』についての有名なゼミナールで明らかなように、ハイデガーはそれらの区別には十分精通していた。[119]それにもかかわらず、彼は後期著作では、「それらの区別を黙殺しよう」としている。バーンスタインによると、その理由は後期のハイデガーが〈存在〉の問題や、――形而上学では考えられなかった、あるいは十分掘り下げて考えられることのなかった――存在者と〈存在〉との存在論的差異の問題だけに焦点を当てた結果、「形而上学の歴史に秘められた技術的目的を容赦なく顕わにしようと頑なになった」ためだ。[120]哲学／形而上学／ヒューマニズムは、〈ゲシュテル〉というテクノニヒリズムにおいて絶頂に達していると考え、「行為や計算的思考についての技術的感覚の種子は、すでにプラトンやアリストテレスのうちにある」と考えると、「すべての人間活動は……〈ゲシュテル〉、操作、制御、〈意志への意志〉、ニヒリズムに還元され――平均化されてしまう」という結論は避けようがなさそうだ。[121]一切を包括する技術的地平を免れうる**唯一の**人間活動は、ハイデガーの言う**思索**だけだ。――それは人間への〈存在〉の関係を「開く」ことによって「成就する」思索である。（〈存在〉を言葉へもたらすという）「結果と無縁のことをやり遂げる」からには、「最も単純」だが「最高」の**行為**、唯一真実の行為というのが思索の特徴なのだ。[122]

バーンスタインによると、「プラクシスの忘却」への後期ハイデガーの重要な影響は、プラクシスはテオリアと同様、すでに常に〈ゲシュテル〉への途上にあった以上、プラクシスを技術的活動と見る現代の考え方をことさら反省するまでもないという視点を採用したことだ。すなわちハイデガーは**思索**と真の行為を同一視し、〈存在の思索〉を唯一真実の行為だと考えて、事柄を訳のわからぬものにしてしまっている。[123] ハーバーマスはバーンスタインより少しましな言い方で、〈存在史〉は西洋政治思想の最も基本的なカテゴリーに対する攻撃にほかならず、そこでは理性、意志、自由という人間的能力が「主観的」だとされ、〈存在忘却〉に属すると酷評されていると言う。

ハーバーマスによると、〈転回〉は徹底的な主意主義から徹底的な**運命論**への転換を示している。つまり後期ハイデガーの哲学には［〈存在の歴史的運命〉という形の］運命への忍従を求める意味合いが含まれている。その実践哲学的側面は、崇高だが漠然とした権威［〈存在〉］への自発的従属を促す力にある[124]。後期ハイデガーの哲学は、バーンスタインが言うように、単にプラクシスというカテゴリーを覆い隠すだけでなく、〈存在史〉や〈存在の歴史的運命〉という観点は、理性的に正しく行為する責任を否定するにひとしい。ハイデガーは人間の意志や理性を徹底的に批判して、何よりもプラクシスを実現可能にする伝統、つまり実践哲学と民主政治を新生させうる概念的資源の伝統の破壊を助長している。ハーバーマスの批判のこの面を推し進めたのがリチャード・ウォーリンだ。彼は後期ハイデガーは「他律の哲学」を触れ回ったと言っている。「他律の哲学」とは、人間的な行為能力を軽視して神秘的な運命の力を賛美する哲学であり、実際は「受け継がれてきた西洋伝統の倫理・政治的基礎」に逆行するものだ。[125]「圧倒的な恐るべき運命を無批判に賛美して」、ハイデガーは「西洋政治思想の中心的カテゴリー」――自由――をおそらく否定しているのだ。[126]

『存在と時間』での相互主観性の軽視の場合と同様、ハーバーマスと彼の弟子たちの初めは納得できる有益な批判だったものがたちまち変質して、ハイデガーの思想を西洋の伝統の境界外に放り出そうとする、お粗末な運動になってしまった。(初期のように) 意図的な場合も (後期のように) 非意図的な場合も、ハイデガー思想は、権威崇拝と服従の賛美へ不可避的に導いてゆくものだと考えられている。主意主義か運命論かという二分法だけにもとづいて考えながら、そのいずれも現代の弊害だと考えているわけだが、この解釈で問題なのは、対立する目的の選択を決定する理性の力、あるいは自律的に行為する主体の力が疑問視されていることだ[127]。コミュニケーション的合理性の代表者たちは、アレントを使ってハイデガー思想の本当の盲点を暴こうとするが、そのとき彼らが行為や自由や行為者のポスト形而上学的な捉え方をめぐる対話から、ハイデガーをはずしたいと考えているため、一つの戯画が出来上がってしまう。そこには二つのファクターが働いていると思われる。一つは、存在論的差異についての物象化的、形而上学的な解釈だ。そういう解釈をすると〈存在〉は「万能のメタ主体」のように見える。もう一つは、製作中心主義的形而上学や「行為の技術的解釈」に対するハイデガーの批判が、プラクシスの新生を助けるためにどれほど活用できるかを、彼の思想に踏み込んで理解するのに失敗していることだ。これらのテーマは後で取り上げることにして、アレント自身によるハイデガー批判の問題に戻ることにしよう。

III　アレントのハイデガー批判——哲学者の精神性

アレントに想を得たハーバーマスのハイデガー批判が提起している問題はともかく、それがめざしているものは明らかだ。ハーバーマスはハイデガーによる相互主観性の無視と (単なる) コミュニケーションの言葉の軽視に注目して、ハイデガーに見られる強い反政治的な傾向を暴き出す。そして、ハイデガーによる近代批判や近代合理性を一方的に批判する傾向を検討し直す必要を示そうとする。ハーバーマスはアドルノの言うように、ハイデガーの思想が「すみずみまでファシスト」であることは示せていないが、ハイデガーが政治を理論的に考える手がかりとしては頼りにならぬことは確かにうまく説明している。

アレントはそれと似たテーマを解明しているが、彼女のハイデガー批判はそれとはまったく別物だ。アレントの目標は**反**政治的なハイデガーを暴き出すことではない。プラクシスの忘却へのハイデガーの影響をその思想のきわめて反政治的な本質の結果と考えようとする。[128] したがって、早い時期の彼女のハイデガー解釈では、何の憚りもなく彼の思想の政治的な悪影響が考えられていたが、『精神の生活』に見られるハイデガー批判は、そういう「直接の」結びつきには驚くほど無関心だ。アレントは、ハイデガーの政治的なものの捉え方がコミュニケーションの言葉の軽視によって規定されていることは無視している。アレントはもっとはるかに困難なことをやろうとする。それは本当はメタ批判と言うべきものだが、厳密に言うと、初期・後期を通じてハイデガーの思想には、政治的なものに余地が残されていないという主張だ。プラクシスの忘却は、ハイデガーが**思索**を唯一真実の行為として物象化した結果なのだ。

ハイデガー思想の非政治性は〔世界を超越する〕精神性（unworldliness）という特徴の一つの形だが、アレントが明確にしたように、精神性は真実の思考の特徴である。[129] 活動的生活を構成する活動と異なるだけでなく、観想や認識や判断とも異なる——思考は、世界からの撤退にもとづく活動である。[130] 思考は休みない孤独な活動であって、アレントによると、現象という常識の世界を立ち去って初めて始まる。意味を問い求める思考では、特定のものは無視される。本質的に、思考では、特定のものによって見えなくなっているものが尊重される、つまり「不在であるものが尊重される」。遠く隔たったものを「孤立した静かな思考」に引き入れる場合に初めて、思考が本当に始まるのだ。[131] 一つの活動として考えると、思考は、ハイデガーが言うように「常軌を逸した」ものであり、結果が伴うこともなければ、「行為する力をすぐ与えることもない」[132]。本質的な精神性のために、思考は、人事の領域を考察するには無論不向きで、思考が人事の領域を懸け離れていることを克服しようとするのは、滑稽な勘違いにすぎない。(永遠の相のもとに[*sub specie aeternitatis*]人事の領域を考察するプラトン的誘惑に屈するなかれ、というアリストテレスが仲間の哲学者たちに与えた警告をアレントは引用している)[133]。

この解釈では、奇妙にも政治理論にとってのハイデガーの重要性は否定され、アレントが示そうとするイメージの特徴である「世界への帰属」という側面がすべて無視されるが、そういう解釈になるのはどういう気まぐれのせいなのだろうか。アレントがハイデガーに捧げた「八十歳のマルティン・ハイデガー」を見ると、問題は明らかになる。そこには、ハイデガーの「情熱的思索」が説得的に描かれるだけでなく、ハイデガーの人事の領域への悪評高い短期間の参加が、思索者本来の(世界の彼方にある)住まいを捨てた結果であることが示されている。「安住の地」を離れて、ハイデガーは世界に飛び込み、あるいは世界のなかに転落して、哲学者が洞窟に戻るとき必ず起こる盲目状態と方向喪失の犠牲になったのだ[134]。その結果が途方もない政治判断の誤りである。アレントの主張は論争をよんだが、彼女の要点は、ハイデガーの誤りそれ自体は弁解できるものではないが、それはハイデガー思想と国家社会主義がどこか通じ合うものがあるためというよりも、彼の哲学的気質の純粋さによるというものだ(アレントによると、「圧制者に魅力を感じること」は、「偉大な思想家の多くについて理論的に証明できる」哲学者の一種の職業病[*déformation professionnelle*]である)[135]。アレントの極端に寛大な解釈では、「一九三三年の衝突のショック」は思想家を「彼の住処」へ押し戻すに十分で、彼はそこで「自分が経験したことを考えることにした」わけである[136]。その結果、「意志への意志」という「力への意志」としての意志が発見されたのだ[137]。

その発見が起こったのは、一九三六年から一九四〇年までのニーチェとのハイデガーの「対決」においてだが、それを発見したためハイデガーは意志を斥け、アレントによると、人事の領域を拒否することになった。人事の領域は「意志への意志」の表れであり、後期のハイデガーでは、〈存在〉の撤退と隠蔽にもとづくものと考えられている[138]。その撤退を打ち消して〈存在〉に近づこうというハイデガーの願いこそ、〈転回〉へ導き、〈転回〉後の〈放下〉という（アレントがハイデガーの「意志しようとしない意志」とよぶ）態度に導くことになったものだ。〈転回〉後のムードの変化は、ハイデガーが思索を唯一真実の（意志抜きの）行為とみなすところに見られる。バーンスタインと同様アレントにとっても、ハイデガーが思索によって行為を包括したのは、政治や人類史は「錯誤」の領域であり、運命と化した〈存在忘却〉のために起こる領域だという見方と堅く結びついている。

『精神の生活』でのアレントの徹底的なハイデガー批判の背景になっているのがこの解釈だ。そこではアレントは〈転回〉についてのハイデガー自身の再解釈を重視して、ハイデガー思想には、意志と思索との対立という観点からのみ明らかになる根本的な連続性があることを指摘している。アレントによると、ハイデガーは意志と思索との対立を徹底させているが、その徹底を捉えれば、自己発見の唯一の道という場合（『存在と時間』）も、〈存在〉回復の唯一の道という場合も、思索という「内的な行為」の強調がハイデガー思想の二つの段階を（表面的な違いは別として）結びつけているのがわかる[139]。アレントはハイデガーの初期著作での意志や世界の重視を単なる時代の特徴として軽く扱い、〈良心の声〉と〈存在の思索〉を結ぶ思索という核心に注目する。アレントはハイデガー思想の根元にあって媒介の役割を果たしている統一を引き出し、ハイデガーの「誤り」はタレスが井戸に落ちたのに似た過失だとした、かつての自分の解釈の正しさがそれによって証明されると考えている[140]。そういうやり方で、彼女はハイデガー哲学の評判を政治参加のために生まれた疑問から救い出すとともに、ハイデガーが（意志と人事の領域を非難し、思索と〈存在〉を神格化して）プラクシス忘却を助長したことを批判することができる。

アレントはハイデガーにおける一種の「世界喪失」にいつも注目しているが、ハイデガーの著作をもっと直接に政治的に解釈することを必ずしも控えているわけではない。ハイデガーに対するアレントの円熟した批判に向かうまえに、彼女の初期の政治的な解釈から後期のメタ批判的視点への展開を辿ってみたほうがいいだろう。

「実存哲学とは何か」（一九四六年）に発表された最初のハイデガー論では、アレントは初期ハイデガーとカール・ヤスパースについて好意的でない比較を行っている。ハーバーマスの非難の大半を先取りして、アレントはハイデガーの『存在と時間』の主観的傾向に焦点を当てている。アレントによると、ハイデガーは実存の特徴を世界内存在だとするが、そのために、社会的関係からの**撤退**が本来性の基準になっている「自己」という理想を奨励するのを控えることはなかった。「［ハイデガー的な］自己の本質的特徴は絶対的なエゴイズム、仲間との徹底的分離である」と彼女は書いている。[141] アレントによると、神の座を奪った「人間」の姿が、ハイデガーの「自己」のなかに吸収されている。「自己」は死を先取りして徹底的な孤立状態に陥るが、「負い目のある虚無」の経験に執着する。そのため、人間の人間性は打ち消され、最終的には否定されてしまう。[142] アレントによると、「ハイデガーの〈自己〉は、ロマン主義以後のドイツの哲学や文学に悪影響を与えてきた一つの理想である」。[143] ロマン主義的な主観主義は、ヤスパースの実存哲学（*Existenz-Philosophie*）とは正反対のものだ。ヤスパースは「既成の共通世界での人間の共同」を強調し、まだ萌芽の段階とはいえ「人間性の新しい概念」を含んでいるコミュニケーションという概念を主張するからだ。[144]

顕著な敵意がこもっているのはともかく、アレントのハイデガーに関する初期の評価で目立つ特徴は、ハイデガーの「ロマン主義的主観主義」の政治的意味と直接に対決しようとしていることだ。アレントの解釈では、いわゆる「現実世界に根ざす哲学」によって、〈自己〉が本来性を求めて努力する（頽落した）世界が提示されるだけで、世界からあらゆる意味が奪い去られている。この観点からすると、初期ハイデガーはデカルトに始まる世界の主観化の二〇世紀における絶頂であり、ルソーが奨励した本来性の政治の後継者のように見える。ハイデガーの実存主義は、近代の世界喪失の明らかな現れなのだ。ハイデガーの〈自己〉がロマン主義的／ルソー的な理想の一つの現れである限り、後にアレントが世界を維持する政治の必要条件と考える公的世界や自己という観念は、それによって破壊される[145]。

次にアレントがハイデガーについての考察を発表したのは、一九五四年のアメリカ政治学会（APSA）での講演だが、これが公表されたのはごく最近のことだ[146]。そこでのアレントの態度は批判的だが、ハイデガーに期待される政治理論への寄与については実に楽観的である。彼女によると、ハイデガーの捉え方は特に政治的現象を対象にしているわけではないが、西洋哲学で使われてきた政治現象にそぐわない語り方を脱する道がそれによって開かれる。

アレントは〈歴史性〉（*Geschichtlichkeit*）という概念に注目する。政治の観点から見ると、この概念は諸刃の剣である。一方でこの概念はハイデガーが〈存在史〉を展開する際の基礎になる。〈存在史〉では、ヘーゲルの精神（*Geist*）の発展の前提と似た形で人類史の背後に働いている論理が明らかにされる。しかしハイデガーの歴史性という概念が、ヘーゲル的な図式に収まるものになるにつれて、行為の自由も意味も否定され、結果的には反政治的なものになってしまう。もう一方では、歴史性という概念では、〈存在〉のあらゆる現前や理解に必ずつきまとう不完全さが強調される。そのためハイデガーは、テオリアは全体を把握しうる視点、つまり歴史的行為者には拒まれている洞察をテオリアを行う者に提供する視点に立っているという、ヘーゲル的／プラトン的な想定を拒否する。歴史性という概念で示されているのは、ヘーゲルとは逆に、逃れようのない理解の有限性や「徹底的に」歴史的な真理という観念にほかならない。この理由でハイデガーは――アレントの見方では完全に正しいことだが――「絶対的なものという傲慢さはすべて捨て去った」と主張できる。[147]

アレントの観点から見ると、ハイデガーの歴史性という概念の意味はまさに革命的なものだ。この概念を使うことで、哲学者が「絶対者の近くに住む」と考えられていた間は有力だった主張、つまり「哲学者は〈賢明〉で人間世界の無常な事柄の永遠的な基準を知っているという主張を、この哲学者は捨ててしまった」。[148] 歴史性という概念の到来とともに、テオリアとか〈歴史〉に訴えて政治の偶然性や偶発性を消すことは不可能になる。人事の領域はもはや哲学的に把握可能な支配対象とは見えない。もっと重要でアレントにとって実に感動的なことは、ハイデガーの「賢明だという主張の拒否」とともに、「政治の全領域をこの領域内部での人間の基本経験に照らして再検討し、まったく別種の人間経験にもとづく概念や判断をひそかに要求する」道が開かれることだ。[149]

人事の領域についての哲学的思考によって生じた歪みを示している点で、アレントはハイデガーの仕事の決定的な重要さを認めていると言ってもいい。前に述べたように、製作中心主義的形而上学に対するハイデガーの批判によって、西洋の伝統では製作という比喩が支配的だったことが明らかになった。その洞察のおかげで、アレントが『人間の条件』で展開する分析全体の基礎が得られる。その分析では、長期にわたって行為を製作の観点から考えてきた結果、政治的なものの理解が歪んでしまったことが明らかにされる。[150] ハイデガーは歴史性の概念による新しい発端を利用するのに失敗したという彼女の判断を聞くと、アメリカ政治学会での講演に含まれている示唆にさらに興味が湧く。ハイデガーの失敗に、西洋の製作中心主義的存在論の偏見は、「政治の全領域をこの領域内部での……経験に照らして再検討する」には本質的に不十分だったことが示されている。必要だったのは、行為そのものに焦点を当てる理論家だった。明らかにハイデガーはそうしなかった。ハイデガーは賢者という哲学者の主張は捨てたが、観想に伴う哲学的偏見を捨てきれなかったからだ。その偏見が歴史性の概念でも物を言って、そのため政治的領域に明らかに近づきながら、「行為者としての人間という——その中心に達することはなかった」[151]。

行為と判断力との連関ではなく「思考と出来事との一致」に合うように作られているため、歴史性という概念で「政治より歴史に、行為よりも出来事に、新しい光を当てる」ことができる[152]。「世界の技術化とか、惑星規模の一つの世界の出現とか、個人に対する社会の圧力の増大、それに付随する社会の原子化」といった世界史的傾向を説明するハイデガーの能力は、行為よりも歴史性に合った思考の働きである[153]。皮肉なことに、プラトン的自負を捨てて生まれたこの歴史的洞察こそ、アレントが「政治学の永遠の問い」と言う「政治とは何か。政治的存在としての人間とは誰か。自由とは何か」という問いを忘れさせたものにほかならない[154]。

『精神の生活』でのアレントのハイデガー批判は、アメリカ政治学会講演や「実存哲学とは何か」の批判的テーマの展開である。しかしそれが展開されるコンテクストはまったく別物だ。目標はもはやハイデガーの政治理論への貢献の可能性を探ることではない。思考と行為の分裂、存在論と政治の分裂を彼の思想の核心まで辿ってみることである。

アレントはハイデガーが後に示した再解釈とは独立に、〈転回〉を考察することから始めている。連続性があるという主張はひとまず括弧に入れて、アレントは意志と思索の対立という観点で〈転回〉を提示するが、その意志と思索の対立というテーマは、意志は本質的に破壊的であって創造的ではないというハイデガーの（ニーチェと対立する）主張で絶頂に達する。[155] アレントによると、ハイデガーの〈転回〉は、「全世界を支配下に置こう」とする科学技術の野望の形で現れた破壊性に対抗しようとするものだ。[156]（「意志への意志」の特徴である）支配に代わるハイデガーの道は、言うまでもなく、意志のなかで支配的な「目的追求という在り方」と正反対の一種存在論的な態度である〈放下〉ないし解放である。つまり『ニーチェ』によって、「思索と意志は単に二つの異なる能力ではない」、それどころか「正反対」であって「和解なき闘争状態」にあるという洞察が生まれる。〈転回〉はハイデガーが思索によって実現される存在者への一種の態度のほうを選んで、意志を拒絶したことを意味する。しかし――アレントにとってはこれが決定的なことだが――「人間が〈存在〉に対して意志にもとづいて応えるか、それとも思索にもとづいて応えるかを決定する」のは――人間の精神ではなく――〈存在史〉である、とハイデガーは明言している。[157]

人間から独立して決定する〈存在史〉という主題が現れるとともに、ハイデガーの〈存在〉そのものが「**永遠に変化しながら**、行為者の思索のうちに出現して、行為と思索が一致する」という、アレントにとって最も根本的な主張に近づくことになる。[158] この「出現」という考え方を見ると、行為する人間が〈精神〉の無意識の手段であるヘーゲルの哲学史のような哲学の歴史と、ハイデガーが異なるのは明らかだ。それどころか、その考え方には〈転回〉の最も「驚くべき結果」がはっきり現れている。それはハイデガーによる意志の拒否から直接生まれる結果だが、内的連続性があるというハイデガーが後にやる主張ではそれが曖昧にされている。アレントにとってその結果は、「第一に、孤独な思索そのものが、史実に残る唯一重要な行為を構成すること、第二に、思索は感謝と同じであること」だ。[159]

この結果を見ると、ハイデガーは本質的に世界を超越した哲学者であり、〈存在〉の開示と**政治**の関係はすべてアプリオリに否定する哲学者だという、アレントのテーゼが支持できるのは確かだ。またこの結果は、ハイデガーの『存在と時間』とも、『ニーチェ』までの著作に示された立場とも完全に異なる。こういう著作では、本来的開示性は世界内部の能動的、意欲的で詩的なものとして現れていたからだ。後にハイデガーは深い内的連続性があると言ったが、この明らかな違いを見ると、その主張は疑わしくなり、——思索という経験がハイデガー哲学の**全体**にとって決定的なものだ——というアレントの主張も、間違いなく問題になってくるように思われる。

アレントは、思索が行為の唯一真実の形態だとする後期ハイデガーの見方と、初期の本来的開示性の考え方との違いを意識している。彼女は『存在と時間』における関心の未来志向的構造と、(人間の「未来のための器官」である) 意志との類似を否定しない。[160] それだけでなくアレントはハイデガーには、本来的個人を〈ひと〉の社会的、言語的な絆から自己を解放する自発的決意で定義する傾向があることも認めている。アレントが注目するのは、初期ハイデガーの自発的に開示する自己という見方と、思考に対する「芸術家の意志」の優位を強調するニーチェの考え方との類似である。ハイデガーは『ニーチェ』第一巻に「決意するとは、自分自身を自分の自己にもたらすことにほかならない。……決意することによって、われわれは本来的な在り方の自分に出会う」と書いているが、それがこの証拠であるように見える。[161]

しかしそういう類似が認められるにもかかわらず、アレントは、ハイデガーは本来性や非本来性という概念を、芸術的あるいは詩的な創造性、まして**政治的な**在り方という観点から解釈されることを決して望んでいないと主張する。(アレントは「『存在と時間』[162] のどこにも……芸術的創造性について述べた箇所はない」として、芸術的に解釈する可能性を斥けている)。アレントによると、本来的個人と頽落した個人との違いは自発性でも創造性でもなく、「〈ひと〉という日常的在り方への埋没から呼び戻す」良心の声への応答である。[163] アレントは、現存在自身の負い目を顕わにする際の良心の役割を強調して、思索に引きこもった本来的現存在と大衆的存在の世界にとどまる生き方（や疎外）とを対立させている。良心によって自己は負い目や被投性の引き受けという、「真の現実の泡にすぎない――公的生活での〈声高〉で目に見える行動の正反対だと考えられるある種の〈行為〉(*Handeln*)」に呼び戻される。[164] 本来的現存在が日常的な在り方に潜んでいる可能性を利用することはほとんどない。アレントの解釈では、ハイデガーの言う「引き受け」は、実際には思索による存在者との和解なのだ。良心の声から生まれる和解の運動は、「人間が被投性という本来的現実に自分自身を開く完全に内的な〈行為〉」を通じて達成される。そういう行為は「思索という活動のなかにしか存在しない」[165]。

思索によって初めて、現存在は自分の有限性と和解する。本来性は本当は〈世界内存在〉という在り方のものでは決してない。「良心の声が現実に達成するものは、人間の日常的活動とともに記録された歴史の進路を決定する出来事――泡のごとき事柄 (*L'écume des choses*) ――への埋没状態からの個人的自己の回復にほかならない」からだ。[166] 言い換えると、本来的自己は本質的に他者と共存するものではなく、他者とは離れている。本来的自己は本来的形態の共同生活をめざして努力するのではなく、偶然そのものである個人の生き方に感謝するのだ。アレントによると、ハイデガーの本来的自己は大衆的、日常的なもののすべてに背を向けて、「〈ありのままの現実〉が存在することへの感謝を表す思索」へ向かう。[167]

アレントによる『存在と時間』の解釈では、こういう自己の「内的活動」と、〈存在〉の呼び声に注意深く耳を傾ける思索者という、後期ハイデガーの考え方はあまり差がない。ハイデガーの〈存在史〉は、基本的な思弁的目標を拡大した点を除けば、ドイツ観念論と異なるところはない。アレントに言わせると、ハイデガーでは「〈存在〉の秘められた意味を**行動に表し**、［人類史の］出来事の悲惨な進路とは反対の健全な進路を提示する〈大人物〉がいる」[168]。この〈大人物〉（「決意を捨てて〈放下〉に身を委ねた」思索者）は、アレントによると、「実際は『存在と時間』の〈本来的自己〉であって、それが今では良心の声ではなくて〈存在〉の呼び声に耳傾けているのだ」[169]。

アレントの見方では、後期ハイデガーが初期と異なるのは、世界内部での活動を断念したからではない（アレントの説明によると、これは何も新しいことではない）。開示の「詩的」な特質を考え直しているからでもない（この着想そのものが少しも芸術的なものではない）。〈転回〉後のハイデガーの特徴は、本来的開示（〈存在〉の開示）の核心をなす思索に関する新しい自覚である。後期ハイデガーにとっては、思索者の「内的活動」は決意にもとづくものではない。『存在と時間』の本来的自己とちがって、思索者は始めるのでなく、応答するのだ。思索者は「自分自身によって〈自己〉へ呼び戻される」のではなく、〈存在〉によって〈存在〉**へ**と召し出されるのだ[170]。**感謝**としての思索、つまり〈存在〉の「寛大さ」がなかったら存在できなかったという、〈存在〉への感謝の表現としての思索という、ハイデガーの有名な説明はここから生まれている。こう見ると、思索という活動は徹底的に主体を離れたものになっている。アレントによると、「〈自己〉は自分のなかで活動するのではない。その活動は——力への意志によって動かされる流れのなかの現象にすぎぬ——「泡」のごとき存在者の底にある〈存在〉の逆流を〈存在〉に従って思索することにつきる」[171]。必然的に公的世界や日常性から撤退して、不在のものを捉え、〈存在〉の沈黙の言葉を語らせるということになると、〈自己〉からも撤退するほかはない。世界と〈自己〉の**両方**とのつながりを断ち切らない限り、思索は〈存在〉の呼び声に応答できないからだ[172]。

ハイデガーの仕事全体を貫く思索の糸と思われるものに注目して、アレントはハイデガー哲学の驚くほど新しいイメージを描き出した。アレントによると、大ざっぱに言って、『存在と時間』では実存的モチーフで曖昧になったハイデガーの存在論的関心が、〈転回〉後は、思索による〈存在〉との合一という、存在者／現象の領域全体と根本的に対立する思索という形をとる。(173) ハイデガーは自分はニーチェ以上に本当の反プラトン主義者だと主張したが、〈存在〉と存在者の存在論的差異は（善のイデア、神、精神、弁証法などに訴えて）克服できるものとは考えられず、むしろ思索の必要条件と考えねばならない以上、ハイデガーがプラトン以上のプラトン主義者であるのは明らかだ。そこでこそ、後期ハイデガーの「哲学的」後退が完全に完成されたのだ。〈転回〉によって、プラトンの転回（ペリアゴーゲー）の場合のように、思索者が洞窟に戻ることにはならない。まったく正反対に、ハイデガーが（たぶんソクラテスほどではなくても）プラトン以上に「哲学者中の哲学者」となるのは、現象の世界からの撤退が**完全なもの**であるという特質による。哲学者のなかで最も有名な者でさえ、一時的に滞在しただけの住まいに、彼は「定住する」からだ。その全面撤退のために、彼の「誤り」は、並の暴君を哲人王にしようとしたプラトンの間違った試み以上に、グロテスクで悲劇的なものになる。(174) さらにアレントはこうも言うだろうが、ハイデガーの行動が許すべきもの、許すに値するものとなるのもそのためだ。

アレントは、ハイデガー哲学に関する自分の（思索の経験に重心を置く）解釈に対して起こる反論を、疑いもなく意識していた。彼女は、〈転回〉を思索の本質的な精神性の徹底と捉えて、（決定的原因でなくても）一九三三年の政治参加の一因となった初期ハイデガー思想の次元を消し去っている、と非難されることになった。アレントのハイデガー批判の結論も、思索活動に忠実なあまり行為の領域に敵対する（あるいはそれを忘却した）哲学という、きわめて非政治的な哲学という彼女の捉え方に異議を唱える人々の反論を未然に防ぐ試みだと見ることができる。

アレントは批判の最後の数頁で、ハイデガーの生涯と思想において〈転回〉以上に徹底的だった「中断」——すなわちドイツの敗北という「ゼロ地点」（ユンガー）——を考察している。[175] アレントによると、その中断とともに、ハイデガー思想のムードに短いが劇的な変化が起こった。それは「アナクシマンドロス断片（*Der Spruch des Anaximander*）」（一九四六年）のやや曖昧な存在論的思弁に示されている見方の変化である。そのムードは、以前の〈決意性〉や〈放下〉とちがって、〈存在史〉における「地球が経験したことのない恐ろしい変化」後の、「転換の危機」の画期的変化を予想して生まれた絶望的ムードである。[176] アレントによると、そのムードの変化によって「〈存在〉の問題設定全体に関するまったく新しい意外な見方」が生まれたのだ。〈存在への問い〉の見方における根本的変化には、ハイデガーの存在論的構想の核心が鮮やかに示されている。[177]

「アナクシマンドロス断片」でハイデガーが注解を加えるのは次のテクストである。「しかしそこから事物が生成するものは、必然に従って、事物を消滅させるものでもある。というのは、事物は時の定めに従って、互いに不正を糾し不正に対する処罰を受けるからだ[178]」。アレントによると、この断片は「すべての存在者の生成と消滅」に関わっている。[179] ハイデガーはアナクシマンドロスから推論して、存在者の存在を「二重の不在」の間での「束の間の現前」とみなしている。すべての存在者が根源的な潜伏状態を出て「束の間」だけ現象の世界に現れ、最後に別れを告げて再び潜伏状態へ戻る。[180]

アレントの観点から見ると、ハイデガーのアナクシマンドロス注解は、アレーテイア（〈存在〉の開示）や存在論的差異に関する通常の説明と著しく異なり、注目に値する。ふつうハイデガーは、開示ないし露呈を「〈存在〉の側」で起こるものとして、たとえば思想家による注意深い応答を、現象の世界における

〈存在〉の啓示と同一視している。[181] ところがアレントが書いているように、「アナクシマンドロス断片」では「露呈が真理なのではない。真理は、隠れた〈存在〉から現れそこへ戻る存在者のものである」。[182] 以前は〈存在〉と存在者の存在論的差異に見られた開示の関係が、逆転してしまっている。存在者の現前を存在者に属するものと見ると、「存在者が露呈し、存在者に輝きが許されると、その輝きが〈存在〉の光を遮る」ということになる。[183] そこから生まれたのが、「存在者のうちに姿を現すとき、〈存在〉は身を隠す」[184]というハイデガーの重要なテーゼである。

この新しい開示の考え方では、真理は本質的に存在者の露呈によって覆われて隠されたままだ。この考え方のために、(アレントによると) ハイデガーは〈存在〉と〈生成〉の関係を修正している。「アナクシマンドロス断片」以前とそれ以後では、〈生成〉の領域は人間の詩作的／思索的な活動による〈存在〉の開示が起こる舞台とされている。ところがこの論文では、〈生成〉の領域は「〈存在〉の正反対」だと考えられている。[185] 現前の光のなかに出現する過程としての――〈生成〉は「事物を支配する法則」であって、その法則が事物の消滅を左右する。つまり、〈生成〉の領域全体が「保護し包み込む根源としての闇である〈存在〉へ戻ること」をも左右する。[186] 存在者の現前を介して〈存在〉が現れる開示に代わって、アレントの言う「常住不変という意味の」〈存在〉と、〈存在〉を開示せずに隠蔽する〈生成〉との対立が現れるのだ。

アレントによると、アナクシマンドロス論文でハイデガーが〈生成〉とよんでいるのは、現前と不在の永遠回帰の秩序である。存在者の露呈が、〈存在〉の自己隠蔽ないし撤退に左右される。開示に関して逆転しているだけではなく、〈存在への問い〉が新しい問い方になっているのだ。ハイデガーがアナクシマンドロス論文でとっている立場では、「人間に〈存在〉を〈忘却〉させるのはもはや真の非本来性でも人間存在の特定の在り方でもなく、……人間が〈存在〉を忘却するのも人間が単なる存在者の過剰に混乱しているからではない[187]」からだ。むしろハイデガーの新しい立場は、「〈存在忘却〉は〈存在〉の自己を隠蔽する本質の一部であり、……〈存在〉は……自分に閉じこもるから、〈存在〉の歴史は〈存在忘却〉とともに始まる」というものだ[188]。

アレントによると、この逆転の一つの重要な結果は、〈存在史〉と、（唯一現実的な活動とされる〈思索〉のような）人間活動による人間の歴史との間にはつながりがないことだ。〈存在〉の初めの引きこもりによって二重の運動が起こる。その運動のなかで〈存在〉と存在者が排除し合いながら時間的に交替して、「〈存在〉と存在者の絶対的分離」が徹底化する。アレントによると、存在論的差異が「始まりと終わりのある一種の歴史」を獲得するのだ。〈存在〉は存在者のうちに自己を開示すると同時に自分自身に閉じこもり、存在者は「迷走して」、ハイデガーが「誤謬の領域」と言う普通の人間歴史の領域を構成する[189]。〈現〉が〈存在〉に接近するのは唯一、〈現〉が存在を止めるときなのだ。

（〈存在〉は「自分自身に引きこもる」とされている）「アナクシマンドロス断片」で描かれた〈存在〉の歴史と、元々の〈存在史〉には違いがある。前者では、〈存在〉の言葉を語る哲学者たちが「行為する人間の背後で」「隠れた」存在論的歴史を描くことは許されない[190]。思想家も他の人々に劣らず、誤謬の領域に投げ込まれて漂っているのだ。〈存在〉が「隠蔽状態で保護されている」限り、厳密に言えば、そこには歴史はなく、思索は人間歴史のなかで〈存在〉に応答し、〈存在〉を現実化する資格があるとは主張できない[191]。思索者は迷走する各時代の間の「移行期」に応えたいと思うのが関の山だ。その時期には「〈真理〉としての〈存在〉が誤謬の連続のなかに現れるが、自己を開示せず再び閉じこもる[192]」。思索者はその時期に顕わになる引きこもりの痕跡に満足するほかはない。

アレントによるアナクシマンドロス論文の解釈によって、〈転回〉に見いだされた思索と意志の対立の徹底化以上のものが明らかになる。ハイデガーの〈転回〉に示されたムードの変化には、思索から意図や自己中心性の要素を取り去ろうという願いが示されているとすると、アナクシマンドロス論文には、生命活動や生き方そのものが逃れられない意図の断念が含まれている。思考をいかに「純化」しても、思索による開示という活動では〈存在〉の引きこもりをなくすことはできない。すべての活動が――思索も含めて――誤謬だからだ。思索がそういう引きこもりに打ち勝って、存在者の領域において〈存在〉を顕わにしようとする限り、思索は存続や自己保持の願いにつながれたままだ。そういう観点から見ると、〈放下〉では迷妄を逃れる道はない。存在者に関わるどういう態度も――つまり「束の間の現前」はすべて――「存続への渇望」に汚染されているからだ。存在論的差異は――別の時期にはハイデガーは思索者の開示の活動によって架橋できると思ったものだが――ここでは架橋できない深淵となっている。思索者は誤謬の領域にはまり込んだ生き方をし、「行為することは過つこと、迷うことにほかならぬ」ことを十分に心得ている。このため、思索者は自分の活動を「唯一真実の行為の形態」と考えるのをやめて、それは束の間でも生命活動の彼方にあるもの――永続的に引きこもり状態にある不在であるものに触れさせてくれる活動だと考える[193]。

「アナクシマンドロス断片」に示されているのは、実に徹底した精神性なのだ。それは西洋伝統の基準から見ても度はずれている。ここではハイデガーは、存在していることへの感謝を示さず、思索は感謝ではない。しかし彼もアレントも、西洋の伝統と近代の自己主張の根元に認めている人間の条件へのルサンチマンをぶちまけているわけでもない。あるとしてもそのトーンは、アレントやニーチェも（一時）受け入れていた、あのきわめて悲劇的な人生観であるシレノスの知恵に非常に近い。無論ハイデガーとちがうところは、ニーチェにとっては芸術が、そしてアレントにとっては政治的行為が、人間を救済できることだ。アナクシマンドロス論文のハイデガーにとっては、そういう救済力は存在しない。あるものと言えば、「誤謬」、疎外、故郷喪失だけだ。

それでは、アナクシマンドロス論文には、ハイデガー思想について何が示されているのだろうか。アレントの観点から見ると、この論文を読めば、ハイデガー全集全体に明らかに認められる意志や行為から離れていく道筋が確認できて、深い印象を受ける。あらゆる哲学の背後にある（観想的とも言える）精神性への衝動を、誇張とも見える純粋な形で表現しているアナクシマンドロス論文を読めば、死に深い関心を寄せている『パイドン』のプラトンそっくりの哲学者が見えてくる。(194) そしてそれがわかると、ハイデガーは「哲学者中の哲学者」だというアレントの主張に、新たに深さとアイロニーが付け加わる。

生への意志を克服し、現世と縁を切って、〈存在〉に迫ろうとする哲学的衝動が、ハイデガーとプラトンを結びつけている、とアレントは見ている。しかし、そこには重要な違いがある。それはアレントがハイデガー批判の最後に引用しているゲーテの詩で明らかにされている。

永遠なるもの万物に働いてやまず
限りなき存在を欲するや
みな無と化すは必定なれば(195)

すぐれて観想的な形而上学者であるプラトンにとっては、「永遠なるもの」（〈存在〉）は形相という「姿」をとった永遠の現在であった。二千年後、プラトンの存在解釈によって「恐るべき変化」が起こってしまった後でも、哲学者（ハイデガー）は「永遠なるもの」との関係を超然としてとり続けている。しかし、形而上学が終焉を遂げたとき、「永遠なるもの」が意味しうるものはただ一つ、永遠の「虚無」だけだ。

第8章　ハイデガー・ポイエーシス・政治

作品となることは一つの世界を築くことを意味する。……作品は作品である限り、作品そのものを現前させるという点で、作り出すこと、つまり製作である。

——ハイデガー『芸術作品の起源』

ゲシュテルによって、現前するものをポイエーシスの意味で現れさせる開示が隠される。……ゲシュテルは……ポイエーシスを妨害する。

——ハイデガー『技術への問い』

すべての行為には卓越した技量の要素が含まれ、卓越した技量は舞台芸術に認められる長所である。このため政治は芸術として規定されることが多かった。無論、これは定義ではなく比喩だが、国家や政府を芸術作品、集団が作った一種の傑作と見るよくある誤りを犯すと、この比喩は完全な誤りになる。感知できるものを作り出し、人間の思考を物化して、作品を独自の形で存在させる創造的芸術という意味では、政治は芸術の正反対である。

——アレント「自由とは何か」

I　プラクシス忘却に対するハイデガーの影響の両義性

アレントやハーバーマスがハイデガーに向けた批判によって、われわれはニーチェ以後の技術時代におけるプラクシス忘却へのハイデガーの影響という問題に直面する。大まかに言うと、彼らの批判は納得できるもので、ハイデガーが行為概念を展開しなかった根本的理由も明らかにされている。プラクシス概念が基礎存在論の展開に重要な役割を果たしていると言う人々さえ、ハーバーマスの結論を認めているくらいだ[1]。ハーバーマスの結論は、ハイデガーはコミュニケーション行為を軽視したため、アレントが強調する「本来的」行為のドクサや複数性の次元を完全に無視した、根本的に短絡的な理解に至りついたというものである。これまでの分析で明らかにしたように、コミュニケーション行為の軽視がハイデガーの（ほとんど解明されていない）政治的なものの概念の特徴であることは、疑う余地がない。アレントはこの問題を少し別の角度から捉えて、ハイデガーの行為の「回避」が、重要な点で行為の「正反対」である思索の経験に没頭した結果であることを明らかにしている。世界から撤退して〈存在への問い〉にとりつかれたハイデガーが、ドミニク・ジャニコーの言う広義の「政治に無関心な」思想家であるのは明らかだ[2]。

アレントの批判もハーバーマスの批判も、ハイデガーの同じ傾向を指摘しているが、両者の批判には大きな違いがある。その違いが生まれるのは、ハイデガーにおける哲学と政治活動の関係について、ふたりの見方が根本的に対立しているためだ。ハーバーマスにとって両者は完全に結びついている。コミュニケーション行為の軽視、世界を開示する偉大な言葉の物象化、決断主義から運命論への転換——これはすべて、権威主義が潜在している証拠である。逆にアレントは、一九三三年の体制支持の決断は、ハイデガーの哲学の実質とはほとんど直接の関係はないと見ている。アレントにとっては、ハイデガーの政治活動が哲学から生まれたと言えるとすると、それはハイデガーが〈存在の意味〉を探究するあまり、人事の領域での判断が不十分なものになったという意味でしかない（この点では、彼女のハイデガー「弁護論」は、思考が道徳的な力であること、つまり二〇世紀の根元悪との共犯関係に陥らぬための有効な抵抗力の一つであることを示そうとする、彼女の努力と矛盾している）[3]。アレントの観点からすると、行為を軽視し、複数性や日常性の評価を誤ったことはハイデガー思想だけの特徴というより、——専制支配に魅力を感じるのと同様に——哲学に特有の属性なのだ[4]。

アレントの批判やハーバーマスの批判では、「ハイデガーの相互作用や相互主観性の理解の理論的欠陥」[5]が並べ立てられるだけではない。それだけであれば、両者の批判はこれ以上考察するまでもない。ハイデガーの行為や政治的なものの位置を問題にする場合、彼らにとっては、その答えを決定しているのは一九三三年であり、哲学と政治の関係という容易に解決できそうもない問題である。アレントとハーバーマスそれぞれの解釈の背後には、許したいという思いと非難せずにおれない気持ちがある。アレントはハイデガーの哲学を政治活動から切り離して、思想史に正当に位置づけようと試みる。それに対してハーバーマスは、逆に政治活動を哲学のなかに読み込み、（それを証拠に）形而上学や西洋的理性《ラティオ》への批判を問題にする。そこから論理的に、ハイデガーの特徴を本質的に非政治的または反政治的なものとして絶対化する傾向が生まれる。その解釈の結果が歪んだものになるのは予想できる。しかしそれだけでなく、ハイデガーはプラクシスの「新生」のための手段を提供しているが、ハーバーマスの解釈ではその手段の解明が阻まれてしまう。

それぞれに本質を示そうとするアレントとハーバーマスの解釈には、巧妙な戦略が使われている。アレントはハイデガーを人事の領域を超えた（カントが「思考の領域」と言った）領域に高めて、ハイデガー哲学の政治的解釈に特殊な効果を与えている。同様にハーバーマスも、哲学と政治活動が反政治的、権威主義的なものに一体化していることを示して、技術的理性の普遍化からの抜け道であるコミュニケーション的合理性へのハイデガー的懐疑から、現代理論を守ろうとしている。どちらの批判でも、根本核心をついた明確で決定的な表現がめざされている。その種の表現には思考と行為、哲学と政治、世界を開示する言葉とコミュニケーションの言葉のような重要な対立が使われやすい。しかしそういう対立を使うと、行為の再検討に大きな示唆を与えるハイデガーの側面が消えてしまう。アレントの場合、そのアイロニーが顕著だ。彼女の政治理論には、ハイデガーが政治の「相互作用的」次元を明らかに無視しているに**もかかわらず**、――目的論や第一原理や自律的主体などの支配から解放された行為を考えるためには、ハイデガーが重要であることが示されているからだ[6]。

ハイデガーが「プラクシスの忘却」に影響したことを明らかにするため、アレントとハーバーマスは開示性、世界内存在、共同存在（*Mitsein*）、自由のような概念をハイデガー思想の欄外に追いやっている。解釈上の暴力が最も明らかなのは、それぞれ批判の基礎にしている存在論的差異を物象化した解釈だ。アレントとハーバーマスは存在論的差異を「形而上学化」して、〈存在〉と現象、本質と現実存在、普遍と特殊のような区別が特徴である伝統的哲学の枠組に入れている。これは偶然の一致ではない[7]。存在論的差異をそう解釈すれば、アレントは〈存在の思索〉と人事の領域との関係をうまく断ち切ることができる。ハイデガーの思索の「対象」(〈存在〉)と(単に曖昧な)存在者の領域との間には、存在論的な深淵があるというわけだ。同様にハーバーマスも、存在論的差異を〈存在〉と存在者の両極に分けて、一方の本来的現存在と、もう一方の歴史の不可解な根底である〈存在〉は根本的に無関係であることを示そうとしている。ハーバーマスが『近代の哲学的ディスクルス』で典型的に述べているように、「ディオニュソスの役割を引き継げるのは、存在者と区別され実体化された〈存在〉だけだ」[8]。ハイデガーによる存在神学的伝統の脱構築は棚上げし、「ハイデガー形而上学」という怪しげな想定をして、ハイデガーは根本的に非政治的である、あるいは反政治的であるという主張が成り立っているのは無視できない[9]。

アレントとハーバーマスの解釈に認められる歪曲を考えると、プラクシスに対するハイデガーの態度や、彼の哲学と政治活動の関係は、「非政治的」とか「反政治的」というレッテルを貼るだけでは収まらないのは明らかだ。ラクー＝ラバルトが、紛れもなくアレントに関して言っているように、「一九三三年の政治参加は事故でも過ちでもない[10]」のだ。それはハーバーマスが言う必然的結論というものでもない。ハイデガーによるプラクシスの純化と、国家社会主義を本来的開示の到来——現代人と科学技術とのグローバルな出会いの実現——と考えるグロテスクな解釈との間には、明らかに関係がある[11]。ハイデガー思想ではプラクシスは完全に回避されるか抹殺されているという(むしろ彼の政治参加は「過ち」だとか、反政治的な権威主義的態度のせいだと説明する)考え方には、捨てがたいところがあるが、そういう安易な解決には抵抗せざるをえない。プラクシスへの——あるいは行為の考え方への——ハイデガーの影響は、政治思想への遺産と同様に紛らわしい。その曖昧さこそ、全然ちがう理由でアレントとハーバーマスが一掃しようと考えたものだ。しかし、ハイデガー思想の背景には、——『存在と時間』でその区別を活用し、中期にはそれを克服しようと試み、技術批判ではもう一度それに戻るという具合に——一貫してプラクシス／ポイエーシスの区別がある。それがわかれば、タミニオーが言うように、ハイデガーで同時に起こっているプラクシスの「徹底化と抹殺」を解明せねばならないのは明らかである。[12]ハイデガーの思想は政治的なものの新生にとっても再検討にとっても重要だが、それは、ハイデガーがプラクシスを徹底化するとともに、プラクシスを抹殺しているからだ。

ハイデガーがプラクシスの忘却にも新生にも同時に影響しているという——この問題の複雑さは、バーンスタインの批判に戻るとよくわかる。バーンスタインは、すべての行動を本質的に技術的なものとする後期ハイデガーの見方では、現代におけるプラクシスの歪曲を解明するのに必要な区別そのものが消えてしまうと力説している。ハイデガーによる行為の技術的理解の系譜学に認められる還元主義的で「危険な」性質は、バーンスタインによると、「行為の技術的理解や計算的思考の根源は、すでにプラトンやアリストテレスのうちに潜んでいた」というハイデガーの見方に示されている。[13]形而上学の歴史に潜んでいる「秘められた技術的目的」を暴き出すのに熱中するあまり、ハイデガーはプラクシスとポイエーシスの区別、テクネーとプロネーシスの区別を余分なものだと考える。そう考えるハイデガーは、われわれの助けになる政治哲学の伝統に近づくのを妨げる。ハイデガーの「平板な見方」では実践的地平と技術的地平を区別できないため、「単なる行為が世界を変えることはない」という彼のセイレーンの歌声がいっそう魅力的に聞こえる。[14]バーンスタインは、そういう見方は「ハイデガーが直接に対決しなかった実践的問題」に関心を寄せる、「ガーダマー、アレント、ハーバーマス、プラグマティストたち」に共通の見方だと考えている。[15]

バーンスタインの批判では、ハーバーマスが『近代の哲学的ディスクルス』で提起した——プラクシスや対話、あるいはコミュニケーションによる理解に対して、西洋的理性の全面的批判を対置する——二分法は斥けられている。その二分法では曖昧にされ、バーンスタインが無視しているものがある。それは、伝統には行為と思考に関する技術的理解の根源が浸透しているという点では、アレントがハイデガーと基本的に一致していることだ。アレントの政治行為論の発端には、今日の「プラクシスの忘却」は実はプラトン‐アリストテレス的な行為の捉え方に深い根があるという確信がある。[16] そういう捉え方によって、（プラトンでは公然と、アリストテレスでは密かに）プラクシスはポイエーシスの支配下に置かれ、複数性は軽視され、行為から曖昧なところは抜き取られて、テオリアの優位が主張されている。結局、西洋では「政治的なもの」を（哲学的に）構成することは、目的主導型の行為概念を確立することにほかならず、そういう概念によって行為は、目的を設定する理性や、命令をくだす主権的意志の支配に屈することになった。[17]

アレントの基本的主張は、そういう行為の捉え方は公然と技術的なものになっていなくても、公的領域での行為についての哲学以前の経験を曖昧にし、政治的なものについての現代の複数性を無視する道具主義的見方に道を開いたというものだ。実を言うと、アレントの主張で重要なのは、こうした行為の最初の「忘却」のため、行為に関する目的主導型の主権的モデルが物象化され、そのモデルのため「政治理論や政治思想のあらゆる用語」が、行為を「目的・手段のカテゴリーで、手段という観点で」論じるのに使われるようになったという部分である。[18] 存在論と政治学、第一哲学と実践哲学の伝統的関係の崩壊とともに、この物象化がさらにしっかり根を生やしてしまった。ところが超越的原理が失われ、行為の究極的原理が衰退するとともに（つまり「神の死」とともに）、結果を生み出すとされてきた行為が宙に浮いてしまった。そうなったとき、目的論的モデルの技術的本質が前面に出てきて、反政治的な凶暴な力をフルに発揮することになったのだ[19]。これが、工作人の強烈な道具主義の優勢から、労働する動物である現代人の「世界喪失」までの歴史的変化を跡づけて、アレントが与えた教訓である。

以上、簡単に示そうとしたのは、プラクシスを「背景に」隠してしまうハイデガーの「還元」によって曖昧になる説明が、実は、アレントによるプラクシスの「新生」の各段階に示唆を与えているということだ。それどころか、アレントによる「新生」の形態または方法を決定しているのは、ハイデガーの系譜学なのだ。アレントは――そしてわれわれ自身も――、現代のテクノクラシーによる政治におけるプラクシスの忘却が、単純な忘却ではないことに気づくのは、伝統に働いている「隠れた技術的目的」を解明するハイデガーの努力のおかげだからだ。〈存在忘却〉の場合と同様、プラクシスの忘却は〈忘却の忘却〉とでも言うほかはない[20]。解釈学的な想起とかコミュニケーション行為論でアリストテレスの重要な区別を再生させれば、その忘却を克服できるというのは、ナイーヴであるだけでなく間違った期待だ。ハイデガーが行為の技術的理解の系譜学で示し、アレントが政治的行為の「開示的」理論における目的主導型モデルの脱構築によって明らかにしているのは、哲学的解釈学や批判的理論が鵜呑みしているアリストテレスの区別そのものに、この忘却が**すでに刻み込まれている**ことなのだ[21]。(プラクシスとポイエーシス、テクネーとプロネーシスといった)区別が現代政治の批判に無関係だと言うのではない。逆にその区別が重要であり、そしてその区別の根源に遡って、その底にある存在論的な前了解に注目して、その区別を問い直す必要があるのだ。しかしハーバーマスもガーダマーもそういうことは試みていない。この二重の忘却を真剣に受け止め、ハイデガーがその区別を扱う脱構築(*Abbau*)という戦略を採用している点で、アレントの企ては彼らの試みとは根本的に異なる[22]。実践哲学の起源に立ち返るというだけでは十分ではない。現象そのものを(〈存在〉の多様な意味と同様に)解明するには、哲学以前にあった根源的な行為の捉え方の殻を突き破らなければならない[23]。

アレントはハイデガーによる行為の技術的理解の系譜学を使って、行為の問題や政治的なものの考え方に関して、彼が本質的に曖昧であることを明らかにしている。一方では、ハイデガーの「平板な見方」は、バーンスタインが言うように、プラクシスを跡形もなく消し去るが、もう一方では、行為の技術的解釈と、プラトンやアリストテレスの製作中心主義的な存在論的偏見とのつながりを明らかにすることによって初めて、行為の問題の複雑な全貌が見えてきた。ハイデガーの形而上学の歴史によって、アリストテレスから現代まで引き継がれてきた行為の目的主導型のパラダイムが顕わになったのだ。その連続性の意味が理解されると、もはや単純に技術に行為を対比させるとか、戦略的合理性にコミュニケーション的合理性を対置することはできない。ハイデガーによって、政治の哲学的な捉え方そのものが問題化したのだ[24]。プラトン‐アリストテレス的に根拠からの演繹という観点で理論／実践の関係を捉えると、行為の現象をまったく異質な比喩を使って表現することになる。それはアレントやシュールマンが強調する事実である[25]。そういう捉え方を突き破り、その根源を脱構築して、行為や政治的なものの哲学的な捉え方を問い直さねばならないのはこのためだ。そうやって初めて、製作という観点で行為を考えること、あるいは目的を設定する理性にプラクシスを従属させることから生まれる反政治的な結果が十分に認識される。

まさにこの点に、プラクシスの新生にとって最も重要なハイデガーの貢献がある。バーンスタインもタミニオーも書いているように、ハイデガーが道を踏み外したのもまさにこの点なのだ。哲学において行為が技術的に理解された起源の問題を提起した後、ハイデガーは「本来的行為」への関心を放棄して、ポイエーシスと行為を「詩《ポイエーシス》としての開示」として考え直そうとした[26]。後で述べるように、**これこそ**プラクシス忘却に対してハイデガーが最も大きな影響を与えた点であり、それは相互主観性の無視とか思索への執着といった事柄をはるかに超えている。実に奇妙なことだが、ハイデガーが「本来的行為」への関心を放棄したことの政治的意味を明らかにできるのは、アレントが『存在と時間』に示された線でプラクシス／ポイエーシスの区別を徹底させたからである。

II　造形芸術としての政治——製作中心主義的パラダイムとハイデガーの芸術主義の問題

アレントがハイデガーの行為の技術的解釈の系譜学を使って解明したのは、伝統には複数性を克服しようとする試みが一貫して認められることだった。複数性は人間の条件である有限性のしるしであり、政治的に最も重要である。複数の政治的行為者の非主権的自由の代わりに、職人による命令や支配を前面に押し出すためには、目的を設定する理性の支配にプラクシスを従わせる必要があった。プラトンにならって、行為を製作の言葉へ「翻訳」して、行為を第一哲学ないし理論から導き出す形式が確立された。人事の領域につきまとう相対性を逃れる道が、その形式のうちに見いだされたのだ。製作による行為の代替から始まったものに〈一致〉というパラダイムがある。リオタールが言っているように、政治哲学の西洋的伝統を規定しているのがこのパラダイムなのだ。製作による行為の代替とともに開かれた、この〈一致〉という比喩にもとづく空間では、政治は、正しい共同生活の理念または理想に合わせて、国民の「形成」を達成する手段ないしテクネーとみなされる[27]。

政治哲学の課題が行為や国民や制度を調停する第一原理の解明である限りは、プラトン的な図式が反復される。それどころか、政治は造形芸術に類似しているという考え方が継続される。アレントによる「プラトン的」伝統の批判を通じて、西洋政治理論の核にある政治と芸術とのカテゴリー上の混同の原因である力が解明され、国家を芸術作品とし政治をテクネーとする比喩が頑固に引き継がれていることが明らかになる。その比喩がいかに強力であるかは、伝統が終わっても、理論と実践のプラトン的分離にもとづく正当化の論理がほとんど揺るがなかった事実を見れば明らかだ。西洋の政治理論では、シュールマンが指摘しているように、(宇宙の秩序、自然の序列または神聖な序列、〈理性〉、自然権、〈歴史〉、最大多数の最大幸福、討議共同体の解放的関心といった)何らかの政治外の第一原理による行為の基礎づけが常に要求されてきた。(28) その結果、政治は国民を理想に合わせて多少暴力的に「形成する」一種の造形芸術だという見方を、本当に止めたためしがない。複数性や差異を軽視し、暴力や強制力を「正当」とする力を見れば、この比喩が続いているのは明らかだ。(29)

アレントの非主権的で闘争的な行為の理論では、その状況が粉砕され、基礎づけの原理や既成目的の支配から行為が解放され、正当化の回路が断ち切られる。(30) 政治理論の――権力の正当な行使の条件を理論的に明示する――本質的に規範的な機能は停止される。(31) それに代えてアレントは、行為の現象学を提示し、公的領域の終焉の物語を展開する。闘争的な公的領域の記憶を残そうとする構えだ。正当化の問題を括弧に入れると、ふつうは政治的には見えない空間や実践が政治的であることが改めて認識できる。(32) そしてアレントが行為を解放したおかげで、芸術と政治とのカテゴリー上の混同から生じた、**非人間的**ではないが反政治的な結果が実に鮮やかに浮かび上がってくる。

その混同の最初の表れが目的主導型の行為モデルだが、これが永く引き継がれてきた。ところが政治的なものの超越論的根拠が崩壊するとともに、この行為概念に組み込まれていた一致や正当化の論理が内向する。その結果、「正義」の理想に合わせての共同体の形成あるいは「虚構」が、自己内部での製作に姿を変えてしまう(33)。その変化を追ってみるだけでも、近代の出発点は跡づけられる。ホッブズの問題設定にも、この変化の影響は明らかだ。すなわち、被統治者を威圧するのに必要な「レヴァイアサン」の製作は、従属以前のばらばらな「自然」状態で被統治者自身が成し遂げる仕事である(34)。ホッブズの例では、政治という「芸術」から自然的根拠が奪われると（つまり、テクネーがピュシスの完成ないし達成とは考えられなくなると）、たちまち逆説的で不可能な論理が登場する。その場合の難問は、簡単に言うとこうだ。自分自身を共同体として創設ないし形成できるためには、まだ**国民として**存在していない人々が何らかの仕方で、常にすでに十分に主権者になっていなければならない。この謎に対して――任命された主権者への権力の譲渡でもあるホッブズの相互契約、ラスレットが「自然的な政治力」とよぶロックの仮説、共同の主権権力を生み出す力と個人の権利との完全な分離というルソーのメカニズムといった――社会契約論の伝統で提示された答えはすべて、控えめに言っても納得できるものではなかった(35)。

　ロマン主義は、このパラドックスを徹底化して乗り越えようとする試みと見ることができる。ジャン＝リュック・ナンシーが共同体の自己形成の「内在主義的」論理とよぶものを使って、ロマン主義では過程と目的の区別が隠されている。つまり主権者は、自己形成的活動であると**ともに**その所産であるという、二重の意味で仕事＝作品として定義し直される(36)。フィリップ・ラクー＝ラバルトが書いているように、ロマン主義的見方では、共同体は**自己自身**を創造し作りだすことによって、「すぐれて主体的な過程である自己形成と自己産出の過程」を完成する(37)。存在者の共同体の目的が、「本質的に自分自身の本質を共同体として作りだすこと」になる(38)。

　このような進展とともに、芸術と政治の伝統的混同の**近代**独特の形が出来上がる。もともとはプラトンの『国家』で主張された政治的なものの**有機的構成**が、新たに極端な形になる。すなわち、芸術家であると**同時に**作品でもある主権者の姿に、芸術的に完成された国家の姿が凝縮される。芸術作品としての国家の主観化が絶頂に達したのが、自己実現への全体主義的意志である。そこでは、完全実現を特徴とする民族の自己創造への意志によって、自己自身による現前が成就する。[39] 自己自身による現前を達成できる唯一の共同体は、複数性も差異も調停も疎外も跡形なく消し去られた共同体だ。言い換えると、それはまったく**政治的な**共同体でない共同体である。

直接性への意志が政治では自己形成的共同体の自殺に至りつくことは、少なくともヘーゲル以後は明らかになっていたことだ。しかし、全体主義的企図がいかに「不可能」であっても、自己形成過程そのものを無限なものにすれば（一時的に）成功を収められる。ある文化特有の精神の表現をロマン主義的に強調すると、組織化、訓育、支配の無限過程、すなわち目的そのものと化した過程が始まる。過程と所産の区別をロマン主義以上に徹底的に消し去ると、製作としての政治の最新版である全体主義が登場する。しかし**この**形態は失敗に終わる。イデオロギーやテロルによって複数性が抑圧されると、政治的共同体は**主体**になってしまう、つまりホッブズが近代初期に夢に描き、アレントが現代における政治の対極と考えた「巨大な一者」になってしまうのだ。[40]

政治が「国家という芸術作品」（ゲッベルス）という形で全体主義的に完成したのを見ると、プラトンからニーチェまでの伝統における、芸術と政治との混同（「製作による行為の代替」）を逃れようとする、アレントの試みの重要さが痛感される。前に述べたように、ハイデガーによる「存在論の歴史の破壊」が、アレントが標的とする、有限性を抑圧する表現形態の反政治性を認識するために実に重要なものであった。しかし、ハイデガーは製作の経験が西洋的な存在理解の形成や、理論と実践の区別に与えた深刻な影響を顕わにしたが、**彼もまた製作中心主義的パラダイムに囚われていた**。そのことが最もよく示されているのは、三〇年代のテクネー（芸術）論である。その特徴は、開示の詩的モデルを明白に認め、国家が真理の「作品化」（*ins-Werk-setzen*）であるという見方に表れている。指摘しておかねばならないが、ハイデガーはそういう開示を、プラトン主義やニヒリズムの「克服」（*Verwindung*）に寄与するものとして構想していたのである。彼はその構想を西洋の運命と同一視して、最初は国家社会主義をそれに貢献する重要なものだと解釈していた。[41] クリストファー・ノリスは（ラクー＝ラバルトをパラフレーズして）、政治的判断基準を芸術的判断基準で代替することを、西洋形而上学の「最も持続的な最深の目的」とよんだが、このテクネー論には、まさにその目的が、疑う余地のない言葉で述べられている。[42]

ハイデガーのテクネー論は、その目的にどのように寄与しているだろうか。ほかならぬハイデガーが有限性／複数性の抑圧をめざす欲望に燃えて、政治的なものを考えるようになったのはなぜか。ハイデガーが製作中心主義的パラダイムに囚われていたことには、西洋における「政治的なものの本質」について何が語られ、その本質と国家社会主義との関係について何が示されているだろうか。

作品における歴史的な「真理の出来事」の特権的事例として国家を提示することによって、ハイデガーのテクネー論は、伝統の芸術主義的衝動を拡大するとともに深めている。国家は〈存在〉の露呈が「生起する」作品であるという考え方は、すでに述べたように、明らかにプラトンとは**正反対**のものだ。しかし、歴史化という手段での反プラトン主義的な目的は、ポイエーシスという記号で政治的共同体を考え続けているため、形無しになっている。ハイデガーは、実体論的形而上学によって閉じ込められた閉塞状態――イデアとテロスによる閉塞状態――から、ポイエーシスを解放する。しかし、彼のポスト形而上学的なポイエーシスの考え方では、詩的に開示されるものの根本的な新しさが強調されるが、それはプラクシスの本質的な複数性と極端に対立した考え方だ。ハイデガーが世界と大地との争いを**根源的な**闘争《アゴーン》とみなすところに、その対立が浮き彫りになっている。闘争を止めさせる作品である本来的政治が実現するのは、創設者や保護者の世界を開示する詩的な言葉においてだ。その結果生まれたのが、すでに示したように、皮肉にも再び本来的な詩的な言葉と〈単にコミュニケーションの〉非本来的言葉との疑似プラトン的な序列である。

本来的プラクシスが創設や保護という詩的な役割に限定されると、政治的共同体の存在理由は複数性の明瞭な表現ではなくなってしまう。政治的共同体の主要な使命は、歴史的な特定の**世界**の創設と保護になる。ハイデガーによる世界を打ち立てる政治と「本来的な意味での」歴史との同一視によって、本来的な政治的・歴史的共同体の有機体的特質が強調されるのは、何も驚くべきことではない。世界を「世界」とするに足る独特のエートスを創造できるのは、ギリシアのポリスのような、芸術的に統一され文化的に同質の完成した共同体だけだ[43]。つまり反プラトン主義によってハイデガーは政治的なものを時間的な差異化という観点から、〈**歴史的なもの**〉と考えるようになったが、政治的共同体の共時的原理を明確にすることができない。ハイデガーはポイエーシスを歴史化するとともに存在論化して、先輩ヘーゲルと同じように、歴史的真理の担い手として民族（*Volk*）に注目することになる[44]。

こういう語り方が、有限性や偶然性を抑圧する形而上学的な欲望から生まれたことは十分わかっていながら、ハイデガーはなぜそういう語り方をするのだろうか。それは、彼による西洋形而上学の「破壊」が内在的な性質のものだからである。ロバート・ベルナスコーニが指摘しているように、ハイデガーは、ギリシア存在論の製作中心主義的偏見を主題化するが、それを手がかりにして、ギリシア存在論に表現された存在理解を否定して、取り除こうとは考えない[45]。それどころか、「古代存在論の伝統的内容の破壊は、存在論ではなくその標準的解釈に向けられている。標準的解釈は、〈存在〉の本性を規定する最初の道が開かれた根源的経験への接近を阻み、存在論を評価する際に障碍になるからだ[46]。

言い換えると、ハイデガーはギリシア存在論におけるポイエーシスの支配を逃れようとはしない。むしろギリシア存在論の物象化された（ラテン化された）解釈を「破壊」して、伝統の根元にある現前（*Anwesenheit*）の現象学的経験を顕わにするのだ。ハイデガーの思想が複数性や相互主観性に対して奇妙に目を閉ざしているのは、存在論の歴史の「破壊」が、現前の経験が製作過程から引き出された「最初の開始」の反復という形をとるからだ。アレントが示したように、〈存在〉を現前として理解する西洋的な存在理解を開いた現象学的領域は、人間の複数性という本質的次元を曖昧にするものなのだ[47]。ハイデガーは現前を永遠の現在として物象化することを問題にして、〈存在〉を時間化し、その物象化には限界があると主張する。しかし、ピュシス的な現前として〈存在〉を「回復」する際にも、プラクシスや人事の領域一般における有限性の経験は忘れたままだ。

「有限的なものの遍在」について**政治的な**仕方で考え、ハイデガーが製作中心主義的パラダイムに囚われていることの深刻さを知るには、アレントによるプラクシスとポイエーシスの区別の検討と活用が必要だ[48]。相互主観性を改めて強調しても、この課題にはそれだけでは十分ではない。ハイデガーの根底にある芸術主義が完全に顕わになるのは、アレントが徹底し強化した行為と製作の区別というプリズムを通して、ハイデガーを見る場合だけだ。反目的論的な行為概念を提示して、アレントの行為論は、目的主導型モデルを転覆し、**さらに**ハイデガーによるポイエーシスの徹底的再検討の限界をも暴露する。この課題のいずれも、行為と製作を**哲学的に**区別しさえすれば達成できるというようなものではない。

国家社会主義の「真理」を認識し、その「真理」によって開示されると同時に隠蔽される西洋におけるない。[49] しかし、アレントの伝統分析で明らかになった事柄であるにもかかわらず、アレントはハイデガー批判ではそういう取り組み方をしていない。しかしラクー＝ラバルトは、アレント的ではあるが彼女のメタ禁欲主義者像の歪んだ弁護論を取り除いたハイデガー批判を提示した。ラクー＝ラバルトは、ハイデガーのテクネー論では、芸術的カテゴリーと政治的カテゴリーがいかに混同されているかを明らかにする。そして、ハイデガーによるプラトン主義／ニヒリズムの克服（*Verwindung*）から反伝統的な芸術主義が生まれているにもかかわらず、そこにいかに伝統の基本的衝動が現れているかをも明らかにしている。[50]

ラクー＝ラバルトの分析は、芸術の問題を（そして暗に詩の問題を）ハイデガーの政治論の中心に据えている。ラクー＝ラバルトの重要な主張によると、その政治論は一九三三年のテクストには見られず、むしろ国家社会主義と絶縁した後のテクストに見いだされる。[51] それらのテクストでは、ハイデガーはテクネー論の性格を変えている。総長就任演説では、知（テクネー）をギリシア的根源に合わせて統合して、精神的再生を実現する必要を示していた。しかし一九三三年以後のテクストでは、科学が芸術に道を譲って、芸術には歴史的現存在の世界を基礎づける力があると考えられている。[52] この変更はきわめて重大である。世界を基礎づける作品や、民族の歴史的存在を「許し」あるいは「与える」詩的な言葉というような考えを展開しながら、ハイデガーは、ニヒリズム的な性格がもはや無視できなくなった体制に対立する態度をとっている。しかしラクー＝ラバルトが指摘しているように、国家社会主義の「**現実**」との対立を示すものは、国家社会主義の「真理」に訴える言葉なのだ。ハイデガーが体制に反対するのは、国家社会主義運動に含まれていながら、結局それに裏切られた可能性の名においてである。[53] その真理――近代のニヒリズムに直面したドイツ民族独特の歴史的運命、詩人フリードリヒ・ヘルダーリーンによって明確に表現された運命――は、芸術作品としての国家というロマン主義的理想から生まれたものだ。ハイデガーはヘルダリーンに訴えて、その理想を詩と化し、〈存在〉の開示の手段としての政治的共同体という考えのなかで、芸術的国家というロマン主義的理念を完成させている。

ハイデガーの芸術作品（あるいは存在論的意味での強力な詩）としての国家という「ロマン主義的」理念によって、ラクー＝ラバルトの言う「ナチズムの真の深い本性」が正確に照らし出されている。[54]ハイデガーのその考え方のおかげで、国家社会主義を芸術的国家の俗悪な形態として見ることができる。国家社会主義は本質的に国家芸術主義であり、そこでは「国家という造形芸術」は、ドイツ民族が（自分の「本質」である）アーリア神話に合わせて自己形成を行う過程を指している。ハイデガーの三〇年代半ばのテクネー論では、ナチズムのこの次元が鮮やかに浮き彫りにされ、総合芸術作品（*Gesamtkunstwerk*）を政治的モデルにした運動と、（シラーからヘーゲルを介してニーチェ、ワグナー、そしてハイデガーに至る）政治的共同体の明らかに芸術的な理想を支持する論説との共犯関係が、示されるとともに実証されている。

しかし、「ロマン主義的」芸術主義は、国家社会主義の「原因」ではない。アレントの言う「貧民窟生まれのイデオロギー」とも混同できない。特に激しい緊張状態では、芸術主義の「高級版」と「低級版」が強化し合ったわけだが、その状況を捉えることが重要である。ハイデガーの一九三五年の国家社会主義運動の「内的真理と偉大さ」への悪評高い――党のイデオローグに**反対**の――アピールには、（「形而上学的視点から見ると」同じである）ボルシェヴィズムとアメリカニズムという悪の双生児からヨーロッパを守る力をもつ、詩的政治の可能性が指し示されている。[55]その政治では、ホメロスに代わってヘルダリーンが、敵に囲まれたヨーロッパ文化の中心で、「ドイツ的なものの賛美」によって独特の歴史的使命を自覚させる。それを真似る――人種、神話、民族といった「身体」への衛生的彫刻によって「総合芸術作品」

を実現しようとするナチスという――醜い猿に出会ったとき、詩的な政治は恐怖のあまりひるんでしまう。ヘルダリーンに訴えるハイデガーの態度は、明らかにナチズムの「意志への意志」とは正反対だ。しかし、国家社会主義による芸術と政治との混同はほとんど問題にしていない。

　国家社会主義を国家的芸術主義と見ることによって、ハイデガーの「過ち」と（一九三三年以後たっぷり十年続いた）裏切られたという彼の感情を理解できる。[56] ハイデガーとナチズムによって提示された芸術主義的イデオロギーの「高級版」と「低級版」のいずれにも、芸術としての政治という考え方、つまり民族の歴史的個性を言語ないし神話の根源性に従って形成する、ポイエーシスないしテクネーとしての政治という考え方が共通の根拠になっている。[57] そういう考え方によって開かれた可能性の範囲は広大で、民族の身体を「美化」しようとする第三帝国の試みの野蛮性やキッチュから、詩人によるドイツ的なものの賛美に耳傾けよという、哲学者の国民へのアピールにまで広がっている。しかし、その芸術主義の両極のいずれも、最初から西洋の政治哲学に吹き込まれた「芸術作品としての国家という夢」、つまり歴史的民族の独特の精神が、有機的構造に完全に表現される政治共同体という夢を頼りにしている。[58]

　その場合、ハイデガーは反対の立場をとるだけに、国家社会主義の本質的な芸術主義を主題化する。彼のテクネー論を見ると、ナチズムの背後にある政治的なものについての考え方が明確になる。その――芸術の真理としての政治的なもの、国家という「造形芸術」としての政治という――考え方は、すでに述べたように、伝統に深く根ざしている。その根は「国家社会主義によって隠蔽されると同時に開示される」[59]（ラクー＝ラバルト）。国家社会主義運動で神話が駆使され、ドイツ民族の自己創出《オート・ポイエーシス》によるアーリア神話の自己産出が讃えられるなかで、本質的にはプラトンの言葉であるものが偽装される。[60] アレント的な手段でハイデガーの芸術主義を取り出すことが、二重の意味で重要になる。ハイデガーの芸術主義を取り出せば、プラトン主義の克服（*Verwindung*）が実は単に逆転にすぎず、「製作による行為の伝統的代替」によって開かれた領域に刻み込まれた、「詩」としての芸術と政治との混同であることが明らかになるからだ。アーリア神話の製作を支配する模倣の論理が、プラトンの一致の論理を価値のない逆説的な形にねじ曲げている限り、ナチズムはこの混同を曖昧にしている。ドイツ人は自分自身を模倣し、神話から得たアーリア人の原型を完全に主体性に表現しようとする場合に初めて、「本来の自分となること」ができるというわけだ。[61]「神の死」のために、民族の「自己形成」は自分以外のものに頼ることができず、「民族」は普遍的真理の領域でなく架空の神話的根源のうちに、自分自身の「原型」を求めざるをえない。[62]

ハイデガーの芸術主義で、「ナチズムの真の深い本性」が顕わになる。ハイデガーの芸術主義には、この「イデオロギー」が、テクネーとしての政治の内在主義的な形態であることが示されているからだ。国家芸術主義は、プラトンの言葉で始められた論理を、歪んだ形で完成させたものだ。さらに、ポスト形而上学的なポイエーシスにもとづくハイデガーの政治観によって、ナチズムの「本質」だけでなく、西洋における「政治的なものの非政治的本質」（ラクー＝ラバルト）も明らかになる。[63] ナチスによる政治の芸術化に示された、純粋なアイデンティティを求める意志は、政治的なもの（タ・ポリティカ）の哲学的規定から生まれる、政治的なものの芸術化と離しては考えられない。アレントが指摘するように、伝統のなかでは、製作による行為の代替が政治的なものの基礎になり、政治は常にすでに芸術（テクネー）だからだ。

ラクー＝ラバルトの分析によって、ハイデガーの開示の詩的モデルと、ナチスの芸術主義と、伝統の基本的衝動（一義的な行為概念の追求過程での政治と芸術とのカテゴリー上の混同）との隠れたつながりが明らかになる。そこにラクー＝ラバルトの分析の重要さがある。ラクー＝ラバルトが言うように（アレントも同意することだが）、政治的なものを最初から芸術の真理と見ていたとすれば、伝統を乗り越えようとするハイデガーや国家社会主義の試みは、伝統の創始とともに開かれた可能性の範囲への退却にすぎない。(西洋で考えられてきた)政治的なものの反政治的本質は、アレントが言うように、確かに伝統の最初と最後において最も明らかになるのだ。[64]

ラクー゠ラバルトのアレント的/脱構築的な見方のおかげで、ハイデガー思想のきわめて反政治的な側面に、ハイデガーの「詩《ポイエーシス》としての」政治と、製作による行為の伝統的代替との間の深いつながりが明らかに認められる。プラクシスを根源的ポイエーシスに似たものとして、プラクシスの開示的次元を保持しようとするハイデガーの試みは、たとえ反プラトン的な真理概念(開示《アレーテイア》としての真理)の名においてなされるとしても、プラトンの最初の態度の反復にすぎない。その結果生じた開示としての政治的発言と単なる意見に順位をつけるところには、開示の詩的モデルを人事の領域に適用する危険(アレントの言う「カテゴリーの混同」)のみならず、真理と意味の混同の反政治的結果も示されている。[65]〈真理〉は一義的に反政治的なものではないかというアレントの疑念は、世界創設的作品に顕わな真理の**出来事**を、意見という複数性の領域から生まれる意味より優越させる「詩としての」政治の実例から生まれた疑いだ。ハイデガーはプラトン以上に真理と意味を混同し、芸術と政治を混同して、詩の言葉によって複数性を抹殺している。

III　芸術・科学技術・全体主義

ポイエーシスの再生を求める三〇年代の試みでは、ハイデガーは『存在と時間』で使った行為と製作のアリストテレス的な区別を逆転させている。『存在と時間』では「詩的」ないし製作的な活動の開示的次元は、利害関係に没頭する日常生活の前提となっている「見方」に限られていた。製作と見られたポイエーシスは**開示する**が、それによって開示される世界（道具的存在［*Zuhandenheit*］の世界）は、頽落した非本来的なものであった。ところが、『芸術作品の起源』でポイエーシスが徹底的に再検討されると、芸術的ないし詩的な活動が「単なる」製作とともに、明らかな開示が起こるという点で行為を超えた高い地位に高められる。芸術作品の超主観的な在り方によって、世界と大地との根源的争い（ポレモス）がやむというわけだ。その結果、タミニオーが言うように、開示する現存在の行為（プラクシス）は補助的役割に追いやられている、——これは三〇年代の著作で行為の評価が修正された歴然たる証拠である。[66]

〈転回〉後ハイデガーに、その行為の評価の修正が、ナチズムの意図的な芸術主義と共犯関係にあることがわかったのは明らかだ。その認識がテクネー論の変化に現れている。ハイデガーは力点を芸術作品の存在論的使命への関心から、人間の本質的欲望の技術的組織化という問題へ移している。克服（*Überwindung*）という企図の意図的または形而上学的な性格を認めて、それに対してハイデガーが展開する自己批判にもその認識がうかがえる。[67]（アレントが指摘しているように）『ニーチェ』の半ば以後、克服という企図へのハイデガーの疑念は深まり、『時間と存在について』の勧告で絶頂に達している。形而上学の網に取り込まれまいとすれば、「克服するというようなことはすべて止める」ことを学ばねばならないというのがその勧告だ。[68]

必ずしもすぐにそういう洞察がハイデガーに生じたわけではない。彼は伝統を乗り越えようとする自分の試みの意図的な性格だけでなく、ポイエーシスを再生させようとする試みの「技術的」な性格も認める必要があった。そのまえに西洋形而上学／ヒューマニズムの核にある「隠れた技術的目的」を前面に引き出しておかねばならなかった。ハイデガーが『ニーチェ』や『哲学への寄与』で予示し、一九五三年の『技術への問い』で達した――その前面に引き出す作業によって、三〇年代の自分の「高次の」芸術主義が、ナチズムによる国家的芸術主義の裏面であること、そしてそのいずれも「製作による行為の伝統的代替」のバリエーションであることが、ハイデガーにようやく明らかになった。ラクー＝ラバルトはこう指摘している。

第三帝国の崩壊から十年以上もたってのことだが、ハイデガーは次のことを決定的に明らかにした。すなわち、国家社会主義（国家芸術主義）はプラトン主義を逆転したものの真理、あるいは――プラトンは専制政治に屈しなかったわけではないが――プラトンが戦った相手を復活させたものの真理、言い換えると、技術的なものや政治的なものを虚構と考える思考の真理だった。それは西洋の「神話化」の最後の試みだった。ただし、おそらく政治的なものの最後の芸術化ではなかったろうが。(69)

ハイデガーに自分の初期の芸術主義が、国家社会主義と伝統の基本衝動にいかに深く関与していたかがわかったのは、テクネー論を完全に変形してからのことだった。伝統の政治的カテゴリーと芸術的カテゴリーとを混同する衝動は、プラトンによって開かれた一致という一般的パラダイムに反することなく、（プラトン的／テオリア的な）「合理主義的」形態にもなれば、（詩や神話という）形態にもなれた。一九五三年に出来た技術概念によって、ハイデガーは初期のポイエーシス再生の試みが、哲学的根拠にもとづいて政治的なものを芸術化する立場の逆投影としての、一つの芸術主義であったことがわかった。

ラクー＝ラバルトによると、円熟した技術概念によって、ハイデガーは（そしてわれわれ自身も）「政治的なものの芸術化」が伝統を一貫しているのを理解できる。ハイデガーの自己批判でも、伝統における「政治的なものの反政治的本質」が明らかにされている。その自己批判が、西洋政治哲学を規定している「製作による行為の代替」へのアレントの批判と一致しているのは注目すべきことだ。修正されたハイデガーのテクネー論のおかげで、権威の古来の源泉——国家という総合芸術の根拠である「始元」——が枯渇したとき現れる新しい政治形態を捉えることができる。全体主義が起こる歴史的な重大局面は、伝統が揺らぎつつもまだ崩壊していない時期である（アレントが書いているように、伝統が死を迎えるのは全体主義体制が出現したときだ）。[70] 当時、権威の伝統的源泉が枯渇したため、政治的なものの「本質的」な有機的構造は脅威にさらされていた。全体主義という内在主義的反応が起こったのは、その脅威——政治的なものの「根拠」の消滅と多元化——からである。全体主義は政治的共同体を、〈自然〉や〈歴史〉の法則の**直接の**表現手段として形成しようとするまったく新しい試みであった。根拠が永久に消滅する事態に直面したとき、政治的なものの有機体的な捉え方の最後の拠り所となったのが、直接性への意志、技術的手段によって直接性を実現しようとする意志にほかならない。

アレントに従って、二〇世紀における「伝統的権威の劇的な全面崩壊」に対して、権威の「外的」な根拠と共同体の有機的構造を結びつける試みで応えたのが全体主義だと言うことができる。[71] 全体主義の約束によると、人類を〈自然〉や〈歴史〉という超人間的な力に**直接に**従属させれば、権威の危機は克服できるはずだった。アレントが「イデオロギーとテロル」で指摘しているように、従来のどういう体制においても、権威の超人間的源泉を政治体制と**直接**結びつけようと考えられたためしはない。どういう体制でも、人事の領域が自然法と無縁にならないためには、不変の自然法（*ius naturale*）の不可欠な「翻訳」という形であっても、権威の媒介となる——実定法のような——人為的構造が必要だと考えられていた。[72] ところが、伝統的権威の破片を片づけて「地上に正義の直接支配を確立する」ように見せかける全体主義体制では、正義と合法性の区別は撤廃されてしまう。

全体主義的な遵法精神は〈歴史〉の法則あるいは〈自然〉の法則を個人の行動の正不正の基準に翻訳せずに、その法則を執行する。人間の行動を無視して、法を人類に直接に適用するのだ。〈自然〉の法則あるいは〈歴史〉の法則を適切に適用すれば、最終目的である人類が生み出されるように思われている。……全体主義的政策によって、人間という種は単に受動的に不承不承従うのでなく、法則の積極的な完璧な担い手になると言われる。(73)

アレントの言い方だと、全体主義は決して極端な形の専制的な**無法状態**としては現れない。正反対に、全体主義の**本性**は、政治体制を〈自然〉や〈歴史〉の運動の法則に合わせて、「人類そのものを法の具体化とする」試みとなって現れる。(74) そういう法が国家の運動法則として確立されると、共同体の自己形成活動は〈自然〉や〈歴史〉の力と合体する。全体主義下では、政治という「造形芸術」の本質は、そういう法によって運動が直接決定される集団的主体の産出にある。その芸術に必ず伴うものがある。それは、存在するだけでも（そのイデオロギーによると）〈自然〉や〈歴史〉が究極的に創造する集団的主体の実現の妨げになる、浪費か障碍である階級や人種や個人の**抹殺**だ。「人類の製造」という全体主義の企図では、「人類」の材料の加工を妨げるのは、無政府主義的で未開発の「非有機体的」な要素ぐらいのものだ。政治的なものの全体主義的芸術は、権威の超人間的根源を内在化している点で、それに似た古典的形態と区別される。しかし、政治の芸術またはテクネーをピュシスの完成ないし達成と見る点では、古典的モデルと同様である。全体主義的目的論によって、一種の倒錯したアリストテレス主義が生み出されるのだ。もちろん、二つの「自然的」芸術の間には、重要な違いがある。政治的なものの全体主義的芸術は、製作過程を自然化して進められる。すなわち、発展過程の完成を表す指導的テロスすなわち究極目的という考え方は解体されている。製作過程の自然化とは、製作過程と作品の区別を省いて、人間的「材料」が超人間的運動法則の具体的表現になることだ。その結果、自己形成過程が生命そのものと合体する。製作過程の全体主義的自然化によって、自己形成過程は果てしない循環、生産と消費の循環と同じような必然的、反復的、不断の過程になってしまう。全体主義的政治という「芸術」――人類の製作――は、原理的に〈自然〉や〈歴史〉それ自体の運動法則と同じように完成に達することがない。

全体主義的政治は……この過程に終わりがありえないことを明らかに示したが、こういう運動の真の本性［＝自然や歴史の法則］がそこに完全に暴露されている。有害なものや生きる資格のないものはすべて抹殺するのが自然の法則だとすると、新種の有害なものや生きる資格のないものが見いだされなければ、自然そのものの終わりにほかならないだろう。階級闘争では特定の階級は「死滅する」のが歴史の法則だとすると、新しい階級が形成され、今度はその新しい階級が全体主義支配者の手で「死滅」させられない限り、人間の歴史そのものが「死滅する」ことになる。言い換えると、たとえ人類全体を支配下に置くのに成功しても、全体主義運動が権力を掌握し権力を発動する殺戮の法則はどこまでも運動の法則であり続けるのだ(75)。

継続的に果てしなく人間という種を製造する際に、自然や歴史の運動法則に厳密に従う政治的なものの芸術という理念の根源は、すべてが可能であるという「全体主義の基本信念」(アレント)にほかならない[76]。この信念は人間の条件へのルサンチマンの最も純粋な表れであり、アレントはそれによって近代は駆り立てられてきたと考えている。この信念を見れば、全体主義的企図の基本前提が明らかになる。人類が自然や歴史の運動法則の「具体的表現」になるためには、全体主義は時代錯誤か水準以下の材料を廃棄する完璧な計画に着手するだけでなく、人工的世界を作り上げて公的空間と私的空間を区別する物象化された人為的境界(権利や実定法など)を、まず破壊する必要がある。人間社会が自然や歴史の力を十分に指揮するためには、「人間的構築物」の相対的永続性を解体して、歴史過程のなかに流し込まねばならない。その境界を残しておくと、人々の間のコミュニケーションの通路が開かれたままになる。そういう通路が存在すると、——全体的テロルによって抹殺されていない場合には——自由や行為が現実に存在し続ける。政治体制はどうしても共同体を(超人間的な)必然性の手段に変えてしまわねばならないのだ[77]。

全体主義的政治という新しい「造形芸術」に関するアレントの分析と、ハイデガーの後年のテクネー論とがはっきり相交わるのは、まさにこの点においてだ。全体主義は権威の超人間的根拠を内在化して造形芸術を自然化しようとする。その試みが可能なのは、ハイデガーが説明した技術の地平においてだけだ。把握し操作できる「資源」として世界(および世界内の存在者)がまず形作られていない限り、人類を製造するという——全体主義的イデオロギーの必要条件である——企図は構想できない。そういう形の「開示」の「歴史的運命」によって初めて、人類が管理され改造されるべき資源として登場することになる。それは操作可能な資源としての人間の「管理としての開示」は、決して全体主義の十分な原因ではない。それは必ずしも全体主義体制に限られたものでもない。だが、ハイデガーが技術の本質と考える「挑発としての開示」が、その内部で「人類製造」の企図が形作られる史上空前の地平であることに変わりはない[78]。

技術は単に全体主義支配の重要な手段というものではない。無論、全体主義支配は巨大な技術的装置抜きには考えられない。イデオロギーの宣伝から、官僚機構によって可能になった数百万人の虐殺に至るまで、全体主義は科学技術に依存している。しかし技術的手段を多種多様な政治目的に使うからといって、全体主義が技術的であることの深い意味がわからなくなってはならない。実を言うと、全体主義は**造形芸術としての政治の独特の技術的形態なのだ**。西洋の政治的なものの有機体的／芸術的捉え方の本質的限界が、二〇世紀における伝統的権威の後退によって流動化したのは確かだ。『技術への問い』でハイデガーが示した存在論的限界が突破されたとき、その限界は完全に消滅した。科学技術の枠〈ゲシュテル〉の内部では、すべての存在者が管理され（潜在的に）制御可能なものとして現れる。そのことこそ、——全体主義的企図そのものにとっては——すべてが可能であるように見えるための必要条件なのだ。

全体主義は芸術ないし製作としての政治の独特の技術的形態であるというテーゼは、「イデオロギーとテロル」でのアレントの分析に含まれていると考えられる。この論文では、全体主義によって存在者が自然化される際、実はごく伝統的な比喩が使われていることが論証されている。アレントはそう捉えることによって、全体主義の驚くべき新しさとその「製作による行為の伝統的代替」の深い根を力説することができる。全体主義が自己形成過程を無限化していることが暴露され、政治共同体の西洋的／有機体的捉え方の核心にあるパラドックスが暴き出される。特に「作品」が理性によって示された理想でありえない以上、「作品」そのものが常にすでに何らかの形で、「製作」の企図の基礎になっていなければならない。言い換えると、そういう製作は決して本当に新しいものを創造することはないのだ。その仕事は常にすでに存在していた本質的統一を顕わにするにすぎない。実体論的形而上学そのものの終焉とともに、内在主義／全体主義の神話的起源——政治共同体の「虚構」——への依存が登場したのだ。

全体主義は芸術とか製作という独特の技術的形態の政治だと考えると、絶滅収容所を機械化された食品工業の到来や水素爆弾の製造と同一視した、ハイデガーの言語道断の見方に含まれている真理の核心が見えてくる。(79) 一九四九年ブレーメンで記されたこの所見は、「〈存在史〉という平板な見方」の最後の例である。その所見では、〈ユダヤ人絶滅〉の黙示録的性質は否定されて、〈ユダヤ人絶滅〉は科学技術の支配が到来した一つの現れにすぎぬとされている。しかし、この出来事と「他の技術的現象」との間には、「解消できない差異」がある。ユダヤ人の絶滅は、ラクー＝ラバルトが指摘しているように、明らかに技術的事件だった。(80) アウシュヴィッツその他で行われた「組織的な死体製造」は、西洋の「政治的なものの非政治的本質」に含まれていた本質的可能性の実現にほかならなかった。〈ユダヤ人絶滅〉は、西洋の根源的自己同一性の名において——複数の多様な起源という——根源的な差異の痕跡をすべて拭い去る可能性を捉えたものだった。〈ユダヤ人絶滅〉の背後にある論理は「純粋に形而上学的な決意」の論理であり、(ファシズムのモデルであり、近代ヨーロッパ共和制のモデルでもある) 西洋のギリシア・ローマ的起源という「汚点」を、「跡形もなく」絶滅しようとする決意である。そのやり方の純粋に衛生的な性質が、ラクー＝ラバルトが言うように「史上空前のものである」のはこのためだ。(81)

したがって、人類製造というナチズムの試みは、長い間西洋的伝統の夢だった芸術作品としての国家という夢を実現しようとする歪んだ形の試みと見ることができる。伝統の終焉と技術としての開示の「枠」で囲まれた空間の内部では、この夢から——〈ユダヤ人絶滅〉という——一つの出来事が生まれるが、その論理は科学技術にも全体主義にも還元できない。〈ユダヤ人絶滅〉は技術的で全体主義的だが、**ユダヤ人**の絶滅は、進化の自然法則を技術的手段で加速しようとする全体主義的試みさえ超えたものだという、独特の論理で決定されているからだ。ユダヤ人絶滅の決定——ギリシア・ユダヤ・ラテン的西洋の複数の起源の証人であるユダヤ人を決定的に絶滅しようという決定──は、ラクー゠ラバルトが力説しているように、厳密に言えば精神的・形而上学的論理から生まれている。[82] それは一つの民族を異質なものとみなし──つまりユダヤ人をすぐれて異質な要素とみなし──その異質さのために起こる脅威を、異質性の具体的表現を絶滅することによって「除去」しようとする決定なのだ。アイデンティティに先行するとともにアイデンティティにつきまとい、アイデンティティを制度化しようとするすべての試みを揺るがす差異のため、民族としてのアイデンティティの人工性に脅威を感じている──ドイツ人という──「民族」のうちに、直接性への激しい意志が生み出されたのだ。[83] ヒトラーの「ユダヤ人は誰のなかにもいる」という逆説的な言葉を、これ以外にどういう仕方で理解できるだろうか。この言葉はアイデンティティの根源的な「不純さ」を認めると同時に、外面化され実体化された他性の抹殺を求める言葉である。

〈ユダヤ人絶滅〉はその決定が精神的・形而上学的性質のものである点で、──大規模な政治的虐殺や宗教的虐殺に充ち満ちた──西洋の歴史でも空前の出来事である。ラクー゠ラバルトはアウシュヴィッツを「現代の裂け目」とよぶ。アウシュヴィッツを生み出した論理が、文化や政治体制の論理を超えて、西洋の本質そのものに達しているからだ。科学技術による／全体主義的な大量虐殺は、全体主義のその他の（ひとしく悲惨な、ひとしく悲劇的な）実例よりもはるかに深く西洋の根源を貫いている。それは、──最も組織的な抹殺だった──〈ユダヤ人絶滅〉の犠牲に選ばれた人々が**ユダヤ人**だったからだ。このことをラクー゠ラバルトは次のように書いている。

> 何世紀にもわたる（本質的に宗教的な根拠にもとづく）反ユダヤ主義の存在は周知のことであった。西洋人が殺人者である（実を言うと西洋人だけがそうであるわけではないが、西洋人は比類なき殺戮

手段を獲得しえた）ことは周知の事実だった。西洋がユダヤ人の何かを常に憎んできたことさえ周知のこと、――あるいは察しのつくことであった。しかし分かり切った証拠さえ無視して、西洋人ではないとか内側から西洋を蝕むものと宣言された人々の虐殺を計画し、企画を練るとき、自己自身の内部にある自分のための自分の真理だと公言しているものに従って、西洋が本領を発揮しようとしていることが見抜けただろうか。(84)

この――ラクー＝ラバルトが西洋自身に対する西洋の本質の「恐るべき暴露」とよぶ――出来事の世界史的意義は、アレントの全体主義の**本性の**考察では一部しか明らかにされていない。同じように哲学史でも、この出来事を肯定的または否定的な弁証法に取り込んで、この出来事を意味づけうるように装うことはできない。この出来事は、信仰や理性にもとづく弁神論や批判をすべて呑み込んでしまう深淵なのだ。しかし――これがラクー＝ラバルトの重要な主張だが――、ハイデガーが形而上学の展開として歴史を考えたおかげで、歴史を引き裂くこの出来事の独自の意義が捉えられる。(85)ヴァルター・ベンヤミンの言葉を使えば、ハイデガーの考察は「ロザリオのビーズ」に還元して出来事を捉えようとするものではない。ハイデガーの歴史考察の啓示的な価値は、〈ユダヤ人絶滅〉の**形而上学的な意義**を示す力にある。(86)**この**虐殺を他のあらゆる虐殺と区別するのはその意義である。この虐殺では、複数性、有限性、他性を含まない一義的起源、根源的統一の回復は不可能なことを自らの存在によって証明している人々に、西洋の芸術理念の「無益な残り滓」が技術的に復讐するのだ。歴史や科学技術に関するハイデガーの考察から、差異を同一性に取り替え、有限性を支配に取り替える伝統の「隠れた技術的な力」の働き方が明らかになる。ハイデガーの考察によって、「国家社会主義の奥底に刻み込まれた……純然たる形而上学的決定」(87)が浮き彫りにされるのだ。

歴史に関するハイデガーの考察には啓示する力――〈ユダヤ人絶滅〉が西洋自身に対する西洋の本質の「恐るべき暴露」だったことを示す潜在的な力――があるだけに、ユダヤ人虐殺に関するハイデガーの**沈黙**はこの上もなく耐え難いものになる。[88] アレントが言うように、「〈存在史〉という平板な見方」の裏面が歴史性の概念に示されている「思想と出来事との一致」なら、**この**出来事に応える上での思想の失敗は、総長職を引き受けたこと以上のハイデガーの「最大の愚行（*die größte Dummheit*）」だ。国家社会主義とハイデガーの「衝突」から変化が生じ、新しいテクネー論が西洋の「歴史的運命」についての彼の考え方に影響したのを考えると、ユダヤ人に関するハイデガーの沈黙は、――いかに情熱的な思索も決して免れえない思考力の欠如に対する力であるはずの――思考に、見る目が根本的に欠けていた証拠だ。

〈ユダヤ人絶滅〉に関するハイデガーの言語道断の沈黙――「西洋の歴史的運命」にとってのその事件の意味を見る目がなかったこと――の一因が、人種差別を野卑と思いながら受け入れた初期の体制との共犯関係であるのは明らかだ。しかしもう一つの原因は、西洋の科学技術としての歴史的運命に関する考察が、彼が優越性を疑わなかったギリシアの**哲学的**起源から慎重に展開されていた事実にある。そういう特別扱いをしたため、――製作による行為の伝統的代替や造形芸術としての政治という見方[89]の背後にある力である――複数性へのプラトン的復讐の政治的なコンテクストが抜き取られてしまったのだ。真理を一致とか、永遠の現在である現前と捉えるプラトン的物象化だけが取り上げられる。それは自己同一性や主権的意志を証明するものというより、有限性や他性への一般的恐怖を証明するものだと、ハイデガーは考えている。その観点からすると、伝統の「隠れた技術的な力」は、複数性から生まれる有限性や偶然性への応答というより、存在者全体を支配しようとする意志であるように見える。そこに、ハイデガーによる行為の技術的理解の系譜学に認められる政治的意味の限界がある。その系譜学は、政治を製作として考えて生まれる反政治的結果を顕わにする強力な道具になりうるものなのに、主体としての民族創造による複数性の排除や、還元不能な絶対的異質性の代表だと宣告された人々の排除や抹殺を要求する自己形成過程という、国家社会主義的な芸術主義の本質をまったく捉えていない。

いかにも前兆を示しているこのような失敗を考えると、ハイデガーの後期思想がポスト形而上学的な行為概念にとって十分な力になりうるかどうかを問わずにおれない。たとえ——三〇年代の克服（*Überwindung*）の際には見えなかった事柄が、自己反省をへて修正されたテクネー論では洞察されているという——ラクー＝ラバルトの重要な主張を認めても、ハイデガーが初期の製作中心主義的偏見から十分に解放されたかどうかという疑問は残る。この点についてのリトマス試験紙にはならないが、〈ユダヤ人絶滅〉に関するハイデガーの戦後の沈黙を考えると、改めて疑惑と不信が沸き起こる。

Ⅳ　技術への問い——行為再考

後期ハイデガーはプラクシスを抹殺しなかった、あるいはプラクシスの徹底化に成功したと言えるだろうか。ライナー・シュールマンの著作は、この問いにはっきりイエスと答えている。(90) シュールマンはハイデガーの周到な解読にもとづいて、〈放下〉（*Gelassenheit*）という概念には、広義のポスト形而上学的な行為概念が含まれていると主張している。この概念の意味する「世界に向かい合う」態度は、ハイデガーが『ヒューマニズムについて』や『技術への問い』で説明している支配的、技術革新的な態度とは正反対だ。〈放下〉とは、支配をめざす理性の統制を受けない行為の在り方や世界内存在の在り方のことである。『根拠律』でハイデガーがマイスター・エックハルトの実存概念に訴えるのを解説しながら、シュールマンは「理由抜きの生」は、〈存在〉を解放として理解し、〈ゲシュテル〉の強制から解放されて行為しようとする「アプリオリに実践的なもの」だと考えている。[91] 究極的根拠または（既成の）最終目標への要求に従って生活を築き上げよという命令に抵抗する場合、行為者には、厳密に言えば目標抜きの行為、あるいは非目的論的である行為の可能性が開かれる。その行為は――まさに目的主導型の考え方で押し潰される次元である――自由な活動、自発性、変動するプラクシスを肯定する。つまり、後期ハイデガーによって示された「形而上学を超える転回」――「実践的には」「理由なき生」と「理論的には」〈放下〉としての〈存在〉理解に示されている転回――には、シュールマンの言う「原理なき交流というプラクシスの本質」が示されているのだ。[92] シュールマンの解釈によると、潜在的に権威主義的である証拠が見られるどころか、ハイデガーの後期思想が政治的にはきわめて**反体制的**であるのは明らかである。[93]

リチャード・バーンスタインも、ハイデガーの後期思想の政治的意味を強調した。[94] しかし、バーンスタインは、（エートスや「住まい」を重視する）ハイデガーの後期思想の、究極的にはソクラテス的な関心と思われるものに敏感で、ハイデガー後期思想の「倫理・政治的結果」についての評価はシュールマンよりはるかに厳しい。バーンスタインは「形而上学的ヒューマニズム」へのハイデガーの攻撃を批判しながら、〈ユダヤ人絶滅〉に関するハイデガーの沈黙が、科学技術の本質を〈ゲシュテル〉とする見方の「必然的結果」であることを示そうとしている。[95] 科学技術としての開示は「その他の開示の可能性を排除する最大の危険」だと言うハイデガーは、可能的な「救済力の急激な高まり」は、開示としての科学技術の本質の思索に立脚した関係の表れだと考える。そのため、〈ゲシュテル〉に対する可能的応答であるプラクシスが軽視される。[96] ハイデガーが（プラクシスから製作に至る、あるいは農業からジェノサイドに至る）人間活動の範囲を〈ゲシュテル〉の領分と見る視点に立つのは、〈ゲシュテル〉に抗して、開示という人間の本質を思索によって確保しなければならないということだけに注目するからだ。

バーンスタインの見方だと、科学技術に関するハイデガーの思想には、行為の再検討に必要な手段はほとんど見いだされない。科学技術論はハイデガーの〈転回〉後の思想による「プラクシス忘却」の、中心的ではなくても一つの要素なのだ。さらに、科学技術論でいっそう深まった行為に関する沈黙は、ユダヤ人の運命に関するハイデガーの沈黙と直結していると考えられる。バーンスタインによると、ハイデガーの「技術への問い」の**立て方**が、この二つの沈黙を説明してくれる。ハイデガーが「ガス室での死体製造や絶滅収容所」を「機械化された食品工業」や「水素爆弾の製造」のような現象と並べるのは、プラクシスを技術的活動や意志への意志に還元してしまうのと同じ理由にもとづく。どちらの場合も、ハイデガーは科学技術の**本質**の解明だけに関心を寄せている。**そういう**角度から見ると、〈ユダヤ人絶滅〉と農業の変化が大差なくなるのと同じく、人間活動も大差がなくなってしまう。バーンスタインが言うように、確かに「ガス室での死体製造のほうが［ハイデガーの視点では］科学技術の本質をはるかによく表している」。[97] これこそハイデガー思想の要点である。その結果、科学技術批判を〈存在史〉という存在論的文脈に収めるために、躊躇もなければ恥じることもなく〈ユダヤ人絶滅〉――ショアー――を一つの**実例に**格下げしてしまうのだ。

シュールマンとバーンスタインによる後期ハイデガー思想に関する正反対の評価に、ハイデガーの無知と洞察の割合を測る困難――問題――が示されている。バーンスタインがプラクシスとポイエーシスの区別を保存する必要を強調して、ハイデガーによるプラクシスの開示的または露呈的な次元の横暴な「忘却」に応えようとしている限り、彼のほうが（タミニオーと同様に）正しい考え方をしていると考えられる[98]。確かに、科学技術による「挑発」と詩による「創作」との対比を、包括的とか究極的と見なければならない確かな理由はない。しかし、バーンスタインが〈ユダヤ人絶滅〉に関するハイデガーの沈黙は、プロネーシスやプラクシスに関するさらに徹底した「沈黙」に要約される、と言うのは間違いだと思われる。バーンスタインは、この二つの沈黙を――同じ根源に帰着させて――ごちゃ混ぜにするから、ハイデガーの「行為の技術的解釈」というカテゴリーの網羅的ないし還元的な性質とみなすものを、さらに攻撃することができる。思索や詩作以外のすべての人間的活動がそのカテゴリーに含まれてしまうわけだ。バーンスタインが力説するハーバーマス的な論点は、プラクシスないしコミュニケーション行為は**本質的に、**〈ゲシュテル〉に敵対するということである。バーンスタインによると、ハイデガーがその対立をもっとよく知っていたら、**すべての**行為の背後に「意志への意志」を認めるようなことはしなかっただろう。そして人事の領域を冷然と見下すことなく、その領域の犠牲者たちに対してももっと関心を寄せたにちがいない[99]。

これはあまりにも単純な図式だ。後期ハイデガーのテクネー論から行為の検討にとって教えられることは、すべての人間活動は〈ゲシュテル〉に要約されるということではない。むしろプラクシスやプロネーシス（つまり行為と、ハーバーマスの言う「コミュニケーション的合理性」）は、現代を支配している「管理としての開示」の力を免れているということだ。ハイデガーによる〈技術への問い〉から見えてくるものは、「コミュニケーション行為」がテクノクラシーによる露骨な侵害から守られている場合でも、プラクシスはそういう管理によって常に危険にさらされているということだ。アレントやフーコーやリオタールによる分析のおかげで、この点の理解がいちだんと鮮明になったと思われる。主体の規範化と行為の変質は、目的合理性のサブシステムの拡張だけに限られた現象ではない[100]。ウェーバーの「鉄の檻」の増大は、確かに〈ゲシュテル〉の重要部分である。しかし、それだけでは、社会的なものの台頭や、訓育技法の拡大や、合意によって推進される政治の「テロ」効果は解明できない。ハイデガーが（『技術への問い』や『ヒューマニズムについて』その他で）技術時代におけるプラクシスの隠れた変化に注目を促している事実を見ると、彼に同調して、行為そのものが不毛であるとか、唯一の真実の行為は思索であるとか詩作であると結論するわけにはいかない[101]。

〈ユダヤ人絶滅〉に関するハイデガーの沈黙を考えると、彼の後期哲学が行為の再検討に役立つかどうか疑わしいが、彼は議論を宙づりにしているだけだという主張には用心せねばならない。「一枚岩的な」技術概念の「必然的結果」だと言わないとしたら、彼の考察の不十分さはどう言えばいいだろうか。

この問題については、シュールマンとバーンスタインとの中間が望ましいところではないかと思う。後期ハイデガーがプラクシスの形而上学的構成を問うことによって、行為の問題を徹底させているという点では、シュールマンと同意見だ。ハイデガーの技術論は結局、行為の本当の再検討には不十分だという点では、バーンスタインとも同意見だ。それが不十分なのは、ハイデガーの〈ゲシュテル〉という概念の還元的ないし網羅的な性質の結果というより、後期のテクネー論がポイエーシスを再生させるという広大な構想の一環として書かれた結果だと考えられる。五〇年代のハイデガーと三〇年代のハイデガーとのつながりは、開示の詩的モデルには「意志への意志」のテクノニヒリズムから解放する力があるという堅い確信に見いだされる。確かに、「開示の詩的モデル」の**内容**は大きく変化している。初期の試みの特徴だった「熱烈な共同創造」の強調は、「共同責任」とか〈放下〉という概念に道を譲っている。しかし重要なことは、後期ハイデガーがポイエーシスの再生という一般的構想を捨てずに、もう一つのポスト・ヒューマニズム的な構想も確かにもっていることだ。それは『技術への問い』にちょっと戻ってみればよくわかる。

先に述べたように、『技術への問い』と『ヒューマニズムについて』の特徴は、初期のポイエーシスの（芸術的）再生が斥けられていることだ。後期のテクネー論では、初期の考えは意志を強調する技術的・形而上学的なものだったとされている。しかし、技術の本質を考えようとする試みには、詩としての開示というトポスと絶縁したふしは見られない。それどころか、バーンスタインが注意しているように、ギリシア人のポイエーシスの経験に見られる「産出」という形の開示と、現代技術の特徴である「挑発的」開示とのハイデガーによる対比にもとづいて、『技術への問い』の議論全体が構成されている。[102]

ポイエーシスは単に〈ゲシュテル〉に対置させせれば、それで回復するわけではない。『技術への問い』ではポイエーシスは、明らかに一つの規範的な——より根源的ないし本来的な——形の露呈として描かれている。ハイデガーが科学技術という形の開示について一番言いたいのは、科学技術は「ポイエーシスを妨害する」ということだ。「管理が支配するところでは、他のすべての開示の可能性は排除される。特に〈ゲシュテル〉によって、現前するものをポイエーシスの意味で現れさせる開示が隠される」。[103]詩としての開示の「産出」には事物を現前させる共同責任が感じられるのに対して、〈ゲシュテル〉の「挑発」では開示の事実そのものが隠されてしまう。管理し確保しようとする願望によって、リアルなものの現前が隠蔽されるのだ。バーンスタインが書いているように、「〈ゲシュテル〉の最大の危険は開示そのものを隠すことである」。[104]こういう隠蔽が、開示する存在である人間の本質が徹底的に忘却される舞台を整え、人間を「墜落の瀬戸際」に立たせる。

無論ハイデガーは問題をそこで放置するわけではない。むしろ彼の言う科学技術の「曖昧な本質」に焦点を当てて、その開示も一つの「供与」であり、その内部に「救済力の可能的な急激な高まり」が宿っていることを示そうとする。[105] ハイデガーは、科学技術を中性的なものと解する形而上学的／人間中心的な解釈を捨てて初めて、技術の本質との思索にもとづく関係に到達できることを示そうとしている。そういう思索による方向変更によって、根本的にはちがう「挑発」と「産出」が相関していることがわかり始める。[106] **現代の**開示の形態は、実際には、ギリシアのテクネーという概念に根源がある。ハイデガーによると、ギリシアのテクネーは「美しいものの産出」を意味していたからだ。「かつては美しいもののうちへの真なるものの産出が、テクネーとよばれていた時代があった」。[107] したがって〈ゲシュテル〉の本質は、——「妨害する」性質にもかかわらずというより、その性質のゆえに——ポイエーシスとテクネーの「さらに根源的な開示」を指し示している。すなわち、思索による〈ゲシュテル〉の活用が、「詩作」への可能的な回帰を指し示しているのだ。[108]

バーンスタインが強調しているように、この主張で目立つのは、ポイエーシスと芸術（テクネー）だけを〈ゲシュテル〉に代わりうるものとしていることである。ポイエーシスによって「プロネーシスやプラクシスの可能的応答が排除され隠蔽されている」のだ。[109] バーンスタインはその排除を、ハイデガーの技術概念の**必然的結果**と見るべきだと言う。しかしそう見る必然性はなさそうだ。〈ゲシュテル〉という概念それ自体が、プラクシスを簡単に抹殺してしまうことはないからだ。ハイデガーがポイエーシスか〈ゲシュテル〉かの選択を迫る事実それ自体は、選択や強調の問題である。それを決定するのは、大半は、ポイエーシスの再生を追求する〈転回〉後のハイデガーの**決断**だ。その決断が後期のテクネー論全体を形作っているだけではない。ハイデガーが〈ゲシュテル〉に代わりうるものに考察を限定した事情も、その決断から理解できる。テクノニヒリズムを脱する道としてポイエーシスを再生させるという——一方の道を追求するハイデガーの決断が「必然的」だったと言えるとするると、それは**ただ**ハイデガーが「常にすでに」開示をポイエーシスないしテクネーとして考える傾向があったという意味においてである。その傾向は、ギリシア人の製作中心主義的存在論の偏見に屈した「必然的結果」と見ることができる。——そしてその屈服が少なからず原因となって、ハイデガーの企てとアレントの企てに大きな違いが生まれたのだ[110]。

ポイエーシスによって形而上学や科学技術を受け入れようとするハイデガーの試みについては、二通りの見方がある。その一つはシュールマンの説明に見られる見方だ。それはハイデガーの第二の再生の試みを**成功**であり、行為の再検討に道を拓いたものと見る。もう一つは、再生の企てへの回帰を、ハイデガーが製作中心主義的パラダイムに絶えず肩入れしていた証拠と見る見方だ[111]。ベルナスコーニとタミニオーは、バーンスタインとは逆に、ハイデガーはプラクシス／ポイエーシスの区別を**単に**無視しているとか消しているのでなく、むしろその区別が常にハイデガーの思想展開の背景となっていることを示している。彼らはさらに、ハイデガーが形而上学思想における製作の支配を暴露するにもかかわらず、ギリシア人に従ってポイエーシスを特権化していることも明らかにしている。ベルナスコーニによると、「形而上学におけるポイエーシスの決定的役割を認めていながら、ハイデガーはそれを見捨てることなく、**ポイエーシスによって**形而上学と折り合いをつけようと試みている[112]」。

ベルナスコーニとタミニオーの分析の結論によると、プラクシスとポイエーシスの区別の**形而上学的**説明のハイデガーによる脱構築は**不徹底**である。ハイデガーによる存在論の歴史の破壊の目標は、製作の経験に由来する現前の観念に素朴に依拠していた伝統を問い直して、**製作の経験のうちにある**ギリシア存在論の驚くべき基礎へ立ち返ることだ。ベルナスコーニが言うように、そこから「破壊」の「内在的」性格が生まれている。それに対して、アレントの行為や公的領域の現象学によって、タミニオーの言う「基礎存在論よりも**はるかに**徹底した形而上学の破壊」が達成されている[113]。アレントは「ハイデガーとプラトンを背中合わせにして」、「ギリシア人の（人事が完全にポイエーシスから起こるとする）活動的生活の［哲学的］分析が、現象学的に適切であるかどうか」を問題にしている[114]。現在のコンテクストでは、タミニオーの見解は広範囲について的を射ていると言える。つまり後期ハイデガーによるプラクシスの純化は、〈ゲシュテル〉の論理または理論的反ヒューマニズムだけから生まれているわけではない。それは――深いレベルでは――ギリシア存在論に刻み込まれた〈存在〉／現前の経験へのハイデガーの生涯にわたる共感から生まれているのだ。行為や人事に関するハイデガーの「盲点」の本質を究明しようとするなら、ないし露呈を何らかの詩の形で考える彼の傾向の根源を考えればいい。そうすると、ハイデガー後期のテクネー論が、行為に関する議論を開くとともに閉ざし――徹底化するとともに消去している――ことをもっと詳細に捉えることができる。

後期のテクネー論をポイエーシス再生の試みの継続と見ると、三つの重要な事実が現れる。第一に、後期ハイデガー思想に関するこういう観点から見ると、アレントの企てがどの程度ハイデガーの企てに**還元できない**かが明らかになる。その点では、タミニオーが、アレントはハイデガーの「一弟子」にすぎないと片づける（リュック・フェリーのような）人々に反対するのは完全に正しい[115]。行為の現象学では、哲学的／製作中心主義的偏見のためにハイデガーには到底考えられなかった仕方で、開示のトポスが取り替えられているからだ。

第二に、ハイデガーの「ギリシア的」な存在論的偏見を主題化すると、シュールマンのような解釈が、新しい「テクスト理論」（すなわちハイデガーを後期から初期へ逆に読む読み方）だけではなく、アレントの行為論の影響によるものであることが明らかになる。ハイデガー後期のテクネー論――および後期思想一般——には行為の再検討のための十分な力が含まれているが、それが**わかる**のは、**アレント**の行為論の反目的論的な意味を十分理解したあとだ。後期ハイデガーをいわばアレントのレンズを通して読むことが、彼のテクストから「原理抜きの行為」が見えてくる前提条件である。[116]

第三に、これまでの私の主張から見て最も重要なことだが、タミニオーとベルナスコーニが主張している後期ハイデガーについての批判的視点によって、アレントがプラクシスの自己充足性を主張する奇妙な態度が理解できる。もちろんその主張から多くの誤解が生じ、それはアレントの政治行為論の理解の大きな障碍になっている。多くの批判者には、彼女の理論は独断的、形式主義的で、反動的でさえあるように思われている。彼女の主張の**コンテクスト**を忘れると、そういう判断がどうしても生まれる。しかし行為を根拠主義的な製作の言葉に平気で翻訳してきた政治哲学の伝統だけでなく、ギリシア形而上学の存在論的前了解に含まれる、プラクシスに対するポイエーシスの根源的な特権化にも関連させると、アレントがプラクシスの自己充足性を主張する「意図」はずっとわかりやすくなる。西洋的伝統の最深部に組み込まれた、プラクシスに対するポイエーシスの優位を逆転させることは容易ならぬ課題だ。ニーチェやハイデガーのような伝統の主な「克服者」さえ、行為をポイエーシスに読み替えた事実を見れば、行為の**独自性**の問題に取り組むには不屈の決意が必要なことは明らかである。

最後の点に関しては、——ハーバーマスやバーンスタインに反対して——行為と製作とのアリストテレス的区別を主張するだけでは、「製作中心主義」の陥穽を免れることはまず不可能であると私は主張した。ベルナスコーニが書いているように、「プラクシスとポイエーシスの区別を無視するだけでは、ポイエーシスの形而上学的支配に屈することになる。プラクシスがポイエーシスに対立すると主張しても、まだ形而上学の勢力範囲内にとどまっている[117]」。政治哲学の伝統では（製作で行為を代替して）消そうとされてきた区別そのものが、広義の技術的な（目的論的な）行為理解の範囲にとどまっていたのだ。[118] アレント独特の行為論は、先に述べたような仕方で、ニーチェやハイデガーを「通り抜けて」、行為を行為として考えられる立場――すなわち、哲学的な捉え方によって押しつけられた、行為と異質の語り方と絶縁した立場――に達している。その「立場」は、アリストテレスの政治哲学への回帰ではない。[119] その立場に達するには、ニーチェ／ハイデガーの形而上学批判によって遂行された伝統克服を通り抜けねばならない。

第2章と第3章で述べたように、アレントがパフォーマンスという行為の特徴に訴えて、行為を「芸術化」したのは、行為とは異質の語り方を脱却する必要があったからだ。しかしここではっきり言っておかねばならないが、アレントによる行為の「芸術化」は、ニーチェによるプラトン主義への攻撃に似ているが、『国家』の重要な言葉で行われ、ニーチェやハイデガーの芸術作品としての国家への訴えでも反復された、政治的なものの芸術化とは**正反対**である。（行為を自己充足的なものと考える）アレントによる行為の「芸術的」捉え方と、（プラトン主義の〈真理〉への訴えと国家社会主義の神話への訴えを結ぶ）伝統的な行為の芸術化との**違い**は、複数性のコンテクストでの目的から解放された非暴力的パフォーマンスと考えられる行為と、一種の造形芸術と見られた行為との違いである。アレントが「自由とは何か」で述べているように、「芸術」を造形芸術だと理解すると、政治は「芸術の正反対」なのだ。[120]

ハイデガー後期のテクネー論について私が提起した批判的視点には、もう一つ長所があると思われる。その視点に立てば、アレントの「真珠採り」をハイデガーの「破壊」や「反復」から区別できるからだ。テオドール・アドルノの言葉を借りると、後者は崩壊の瞬間まで形而上学に付き添っていくものだ。その必要条件は形而上学的合理性の終焉のテーゼである。それによって形而上学の「時代」の限界が設定できると同時に、形而上学の「彼方」のようなものへの逃走も防がれる。[121]

アレントの伝統批判の立場を決定しているものは、一つはハイデガーの脱構築であり、もう一つはその特徴である終焉のテーゼである。（『過去と未来の間』の）「伝統と近代」での主張によると、伝統はその政治組織の可能性を使い果たし、廃墟と化しているが、それにもかかわらず、その廃墟が思考を依然として拘束している。他方、彼女の「行為の現象学」は、その終焉を凌駕する自発的に始める行為という「奇蹟」を出発点としている。アレントでは、「生誕」という概念に、現前の最も物象化された体制をも絶えず離脱するものが示されている。実を言うと、アレントがハイデガーには考えられない仕方で実体論的形而上学の歴史から離脱できたのは、随所に見られる創始の力に注目したからだ。根本的に新しいものを考えようとする**ハイデガー**の試みは、ポイエーシスと〈存在史〉によって開かれた可能性で制限されている。[122]これは、形而上学を凌駕するものを「取り戻す」際に、伝統的な捉え方で汚されていない純粋な自発性の領域という、形而上学の「彼方」を想定する陥穽にアレントが陥っていると言っているのではない。アレントの歴史観には結局、〈存在史〉よりも、むしろヴァルター・ベンヤミンの「断片的歴史」と共通するところがある。「歴史の天使」によって残骸のなかに置かれた——純粋に始まる行為の契機という——隠された宝を求めるアレントの探究の特徴となっているのは、ハイデガーでなくベンヤミンの精神である。

　アレントとベンヤミンを並べて、〈存在史〉と対比できるのは、結局なぜか。ハイデガーの直線的な〈存在史〉には、彼が脱構築しようとする実体論的形式が再び書き込まれてしまうという指摘は珍しくない。[123]プラトンの製作による行為の「根源的」代替にもとづいて構成された——伝統に対するアレントの批判にも、そういう疑問の余地のある直線性が反映していると言えなくはない。しかし、政治的行為の運命についての彼女の物語には、そういう批判を加えることはできない。その物語が、政治組織の可能性の物語でも内的論理の展開の物語でもなくて、**瞬間**と**出来事**の物語であり、自発的抵抗、革命、不服従の物語であり、英雄的だが失敗に終わった理想の物語だからだ。要するに、それはきわめて非ハイデガー的な歴史であり、そこではどういう瞬間も「メシアが現れる狭き門」なのだ。[124] こういう歴史は、歴史的成功を意味の基準とするヘーゲルを拒否し、さらには、一九世紀に歴史の意味とされた進歩という観念も斥ける。その拒絶の態度を要約したものとして、アレントが好む言葉の一つにカトーの言葉がある。それを彼女は『精神の生活』の未完の第三巻(判断)のエピグラフに使うつもりだった。「神々のお気に召すのは勝利を収めた理想だが、カトーには敗北に終わった理想のほうが気に入る」。[125]

バーンスタインが言うように、「救済力」として登場するのは、アレントの観点では、詩による産出ではなくプラクシスである。しかしプラクシスが救済力と言えるのは、バーンスタインが考えているように、プラクシスが〈ゲシュテル〉に明確に代わりうるものを表しているからではない。アレントは政治的行為に多くのことを求めているが、技術的合理性とコミュニケーション的合理性という二つの領域に分けられる世界を前提してはいない。彼女にとっては「管理としての開示」は、われわれの生活の無視できない重要な**事実**である。しかし、そういう開示の包括的な力でも、われわれの生活の隙間に起こる創始的行為の瞬間を消すことはできないのだ。

V　ハイデガー・アレント・人間的行為への「期待」の問題

多くのアレントの読者が、歴史哲学への彼女の反感、最悪の場合あるいは最も不注意な場合のヘーゲルやハイデガーの断定的な「内的論理」に対する反感について述べている。そういう読者によると、アレントの反感は人間的行為の可能性への強い期待、(ヘーゲル哲学のような)哲学の観想的態度や後期ハイデガーの——「意志しようとしない意志」という——平安の境地とは反対の、行為への期待から生まれている。この点でのアレントとハイデガーの違いは実に顕著だ。しかし、行為に対する後期ハイデガーの疑念を自己消去的な**運命論に**してしまわないようにしなければならない。バーンスタインが強調しているように、ウォーリンやハーバーマスのような批判者はこの問題では完全に**間違って**いる。〈歴史的運命〉はいわゆる宿命ではない。それは別の答えに「道を開くこと」なのだ。[126] 先に述べたように、行為に対するハイデガーの疑念は、一種のプラトン的(哲学的)な歪みに根源があるとも考えられる。しかし——運命論に還元できない——二つの別のファクターも働いている。それは(一)ハイデガー自身の(ポイエーシス、つまり熱烈な共同創造として考えられた)人間行為の可能性についての往時の過大評価であり、(二)〈ゲシュテル〉の複雑さと世界史的進展である。

最初のファクターの役割は、多くの人々に——アレントだけでなくハーバーマスやラクー゠ラバルトのような本質的に異なる批判者によっても——注目されてきた。第二のファクターについて言うと、バーンスタインその他の批判者とは逆に、ハイデガーの「管理としての開示」という科学技術の本質の捉え方が真剣に注目される場合、人間行為はそういう開示からわれわれを解放しそうもないというテーゼが、特に論争の的にならないことを指摘しておきたい。実は、ハイデガーによる「歴史的運命」の特徴づけの正確さは、システムによる生活世界の植民地化を遅らそうとする(ハーバーマス)、あるいは日常生活に訓育のテクノロジーの浸透に抵抗する(フーコー)批判的な企てによって証明されている。確かに、これらの企てでは、ハイデガーの企てとちがって、活動的な態度がとられている。しかしどちらの場合も、〈ゲシュテル〉内部に存在するものは資源として現れるというハイデガーのテーゼの妥当性は疑われていない。

ハイデガーは人間の行為によって「〈ゲシュテル〉の危険との直接対決」が可能だとは考えない。新しい現前の在り方は、人間の志向や努力や意志によっては実現されないからだ。「唯一の真の行為」である思索へのハイデガーの訴えには、プラトン的な歪みが認められる。しかしそこには、〈ゲシュテル〉の危険との「直接対決」をはかる試みによって、道具化体制の支配が再び確立されることが警告されている。マルクスからハーバーマスまで、人間の作り出したものを再び作者の意志に従わせ、手段が目的となる物象化の過程を奪還することが期待されていた。[127] ハイデガーはウェーバーと同じように、そういう構想の奥底にある素朴なプロメテウス主義には懐疑的である。支配意志を主張しようとすると、皮肉にも、同じものがさらに生み出されることになると考える。[128] ウェーバー的な近代の「否定弁証法」では、システムとコミュニケーション的合理化が十分に区別されていないとハーバーマスは主張するが、ハイデガーはそういう区別の「救済力」について懐疑的な寸評を記している。ポストモダン派の批判者が取り上げた「技術への問い」の遺産は、そういう区別の自明性を問い直すことだった。討議による合理化は、本質的にシステムによる合理化との対立において形成されるというのは本当だろうか。討議による合理性が「統制と保安」の体制、つまり排除による管理体制を押しつけることはないか。これはリオタールが実に鋭く提起した問いだが、こう問いかけると、〈ゲシュテル〉との「直接対決」の別の戦略が知らぬ間に復活しているのではないかと疑わずにおれない。

ハイデガーによる技術への問いには、「単なる行為では世界を変えることはできない」と考え「させる」傾向がある限り、バーンスタインがこの言葉に抵抗するよう勧めるのは正しい。しかしハイデガーの技術への問いを運命論への後退として解釈するのをやめると、それとよく対比されるアレントの行為への期待が別の様相を呈してくる。明らかに、彼女の「積極的行動主義」はマルクス的なヒューマニズムにもとづくものではない。アレントは人間が再び支配権を獲得して、「万物の霊長」としての正当な地位につく手段として行為を考えているわけではない。ところが、そういう誤解を排除したため、アレントの行為への期待を本質的に**宗教的なもの**だと考える人々が出てきた。信仰に裏づけられた「生誕」こそ、近代によって解き放たれた世界と行為を蝕む力に人類が打ち勝つ保証だとみなされる。不幸なことだが——ますますこういう方向でアレントが解釈されるようになってきた[129]。しかし彼女の行為への期待を別の仕方で見る見方がある。それは啓蒙思想の決まり文句を繰り返したり、曖昧模糊たる宗教心に訴えたりしない解釈だ[130]。

アレントは現代における真の公的領域の将来については非常に悲観的だった、現代は「公的なものの光がすべてを曖昧にする[131]」という「ハイデガーの倒錯とも見える主張」が実際には「問題の核心を貫いている」時代なのだ。実を言うと、アレントの現代批判の立場からすると、厳密な意味での行為はもはやありえない。彼女の全体主義の分析は、自由民主主義ないし「共和体制」が現代世界への破壊力に対する十分な答えであるという意味のものだと考える人々は、(『全体主義の起源』の)「イデオロギーとテロル」の次の警告を考えたほうがいい。「全体主義が過去のものになってしまったとき、現代の真実の窮境が——必ずしも最も残虐な形ではないが——本来の形をとることさえあるかもしれない[132]」。アレントの思想には、最近のハイデガー批判者のような、技術世界の到来に自由民主主義が十分対処できるという確信はまったくない(この点では、シュールマンが指摘しているように、ハイデガーが『シュピーゲル』のインタビューで、民主主義が「技術時代と十分に対等に渡り合う[133]」ことができるかどうかについて表明した疑いには、権威主義とは別のものが含まれていると考えられる)。もちろんアレントは、文化保守主義の哲学であるハイデガーなら決してやらなかったようなやり方で、立憲政治を支持していた。しかしそれを支持するからといって、自由主義が政治の手段化や、行為のための公的領域の終焉や世界の非民主化に役立っていることに、彼女が心を痛めない日はなかった。

したがって、アレントが理性、意志、議会制民主主義といった陳腐な言葉に訴えて「現代の真の苦境」を逃れようとしないことに驚く必要はない[134]。最近自由主義に転向した多くの人々とはちがって、全体主義以後の技術的世界の危険への警戒を怠らず、アレントは公的領域が現実性を失ったことから起こる深刻な取り返しのつかぬ結果を強調した。その喪失は近代初頭の構造そのもの（「社会的なもの」の台頭）によってもたらされたものだが、そのため、プラクシスや「公的領域」に直接訴えることは、紛れもないアイロニーでなくても、限りなく疑わしいものになっている。アレントが合意より抗争を、従順より抵抗を、議会制民主主義の規範化する政治よりも、「革命精神」の「敗北に終わった大義」を強調するのは、まさにポストモダンの時代における、真実の公的領域の不可能性（リオタールの言い方だと共通感覚の不可能性）のゆえである。自由主義（および現代）の批判者としてのアレントの主張は、「すべてが悪いわけではないにしても、すべてが危険に満ちている」というフーコーの主張に似ている。そのすべてのうちには、彼女が——そしてわれわれも——必ず恩恵を受けている近代の政治改革も含まれている。政治的生活を擁護する者は「啓蒙思想の恐喝」に屈してならないことは、アレントの理論的な仕事がはっきりと示しているとおりだ[135]。

したがってアレントの「行為への期待」を、ルソーや第二批判のカントの遺産と考えてはならない。創始という人間能力への半宗教的な崇拝とみなすべきでもない。ましてギリシア人へのドイツ人独特の執拗なノスタルジアから生まれたものではない。彼女はポリスを「近代を打つ鞭」として使っていると考える読者は、彼女の思想の表層しか読んでいない。アレントは「製作による行為の伝統的代替」が定着する以前の政治的行為の本性や条件に目を向けさせ、自発的、複数の、ドクサによる闘争的な政治の次元を生き生きと理解させてくれる。彼女の「行為への期待」は、現代社会にアゴラを復活させようという不毛な願いにもとづくものではない。彼女の「行為への期待」には、政治史家が歴史のゴミ箱に放り込む「敗北に終わった大義」に政治的行為が生き続けている事実への驚きが認められる。公的空間は依然として「開かれ」ており、自由の「島々」は現れては再び沈み込む。それが限りなく残念だという人々もあろうが、ハンナ・アレントにとっては、そこには喪失が見られると**ともに**希望のしるしが認められるのである。

訳者あとがき

本書は Dana Richard Villa, *Arendt and Heidegger : The Fate of the Political*, Princeton University Press, 1996 の全訳である。

著者デーナ・リチャード・ヴィラは、一九八七年にプリンストン大学でＰｈＤを取得後、アマースト大学に十年勤務した後、カリフォルニア大学に移って、現在はサンタ・バーバラ校で政治理論・政治思想史などを教えている。著書としては本書のほかに、*Politics, Philosophy, Terror : Essays on the Thought of Hannah Arendt*, Princeton University Press, 1999 と *Socratic Citizenship*, Princeton University Press, 2001 がある。編著としては Austin Sarat との共同による *Liberal Modernism and Democratic Individuality : George Kateb and the Practices of Politics*, Princeton University Press, 1996 があり、Socrates, Lessing, and Thoreau : The Image of Alienated Citizenship in Hannah Arendt という論文を寄せている。本書によって注目を浴びて *The Cambridge Companion to Hannah Arendt*, Cambridge University Press, 2000 を編纂した。その他、Craig Calhoun and John MacGowan (ed.), *Hannah Arendt and the Meaning of Politics*, University of Minesota Press, 1997 には Hannah Arendt : Modernity, Alienation and Critique を寄稿、*Revue Internationale de Philosophie : Hannah Arendt*, no. 2, 1999 に請われて、序論と Arendt and Socrates という論文を書いてい

る。そのほかにも Stephen E. Aschheim, *Hannah Arendt in Jerusalem*, University of California Press, 2001 にも Totalitarianism, Modernity, and the Tradition（後に *Politics, Philosophy, Terror* に収録）および Apologist or Critic? On Arendt's Relation to Heidegger という二篇を寄稿している。なお、本書 *Arendt and Heidegger* は *Poilitics, Philosophy, Terror* とともに、二〇〇一年にはデジタル化されて、ダウンロードできるようになっている。これは本書が重視され、広く読まれている一つの証拠であるが、そこに現在のアメリカ社会の一つの関心の有り様を認めることもできるだろう。ヴィラは、ボニー・ホーニッグと並べて「ポストモダン的アレント解釈」の代表者と見られることが多いが、彼自身はポストモダンの思想家に対しては明らかに批判的であって、彼の本当の関心はアレントによる伝統の脱構築に学んで、現代における政治的なものの新生の道を「ソクラテス的市民」の在り方に求めることに向けられている。最近はトクヴィルやヘーゲルに重点的に取り組んでいる。

アレントが引き受けた課題は大まかに言って、三つの問題系に分けて考えられる。第一に全体主義／生政治、第二にユダヤ人／女性、第三に政治的行為／討議という問題系である。前の二つがアレントの思想的背景を理解するうえで抜きに出来ないことは言うまでもないが、問題としてはそれらも第三の問題に収斂すると考えることができる。ハイデガーによる「形而上学の歴史の破壊」に学んで、アレントは西洋思想の伝統の「脱構築」を企てた。その結果見えてきたのは、他性への恐怖（ハイデガー）でも「他性の抹殺・占有の欲望」（ブランショ）でもなかった。アレントが伝統の底に見届けたのは、偶然性・複数性を否定する「実存的ルサンチマン」である。それはまさしく複数性の領域である「世界」からの「逃亡」であり、「世界」という本来的に「決定不可能性」の領域に一義的な決定原理を導入することによって、「世界」を破壊し、「自由な空間」を抹殺するものであった。アレントが「世界喪失」を重視するのはそういう破壊から「政治的なもの」を救うためにほかならなかった。したがってアレントが企てた「政治的なもの」の明確な提示という課題を引き受けて、自らの実践に結びつけようとする場合には、第三の問題系を中心的に取り上げるのは当然のことだ。そしてそれがヴィラが本書において採った道である。

本書の主題はまさしく今日の最重要課題の一つにほかならない。今日ほど、理論においても実践においても「政治的なもの」が見失われている時代はないからである。全世界的な反戦運動の高まりをまったく無視して、自由と民主主義の名のもとに強行された「イラク戦争」が、何よりも「政治的なもの」の衰退を物語っている。グローバリズムが世界中を制圧して、政治はその手先となり果てている。政治が共同生活に不可欠の機構や制度、管理や実務に矮小化されれば、政治はいつでも容易にその本質を失ってしまう。そういう危険にさらされている政治に対して、まっとうな政治の在り方を示し、政治を政治たらしめるものを「政治的なもの」とよべば、ラクー゠ラバルトとナンシーが言ったように、今日はまさに「政治的なものの後退‐撤収」の時代である。したがって、今日の最重要課題の一つが「政治的なもの」の新生であることは間違いない。その点ではアレントが誰にもまさって多くを教えている。アレントが公的領域と私的領域とを厳密に区別しようとするのも、社会的・経済的なものから「政治的なもの」を明確に区別する方策にほかならないことを考えるだけでも、それは明らかだと思われる。

今日の状況がこういう事態であるだけに、「政治的なもの」を示そうとする本書の意味がきわめて大きいことは誰の目にも明らかであり、明らかなはずだ。ところが、この主題を展開するに当たって、ヴィラが「アレント・ハイデガー・根拠主義」という「三つ巴の構造」を採用したところに、すでに本書の意味の理解が必ずしも容易でないことが示されている。なぜなら、「根拠主義（foundationalism）」とは、西洋哲学の伝統を支配してきたばかりか、今日も多くの人々の思考を縛り続けている思考様式にほかならないからである。「根拠主義」は単に認識や道徳の基礎を求める思考ではなく、つまりいわゆる「基礎づけ主義」ではなくて、「見いだされた」と称する「根拠（アルケー）」によって世界や人事の領域すべてを説明し、規制しようとするものであり、本質的に「根拠」によって統一を図り、つまり差異や複数性や偶然性を抹殺することによって「支配（アルケイン）」をめざす思考様式である。しかもヴィラが「政治の外部から安定性や永続性を与える規範的土台」として、「自然法とか神律、あるいは正しい理性、最大多数の最大幸福、歪みのないコミュニケーション」などを挙げているのを見れば、事態の深刻さはほぼ察しがつくだろう。ニーチェが「不完全なニヒリズム」とよんだものが、今日もなお「権威への郷愁」という形で、現代人の意識の底に強力に生きている。たとえば「プラクシスを破壊するもの」と聞いて、政治を破壊する「テオリア」なり「哲学」という主題がすぐ思い浮かぶ研究者が多いとも思えない。アレントについては、ある哲学研究者が口走った「動物的反応」といった途方もない無理解は論外としても、「決断主義」というシュトラウス式批判も依然として跡を絶たない。「建築術」というカント的幻想は、哲学の「研究者」にとっては依然として見果てぬ夢であり続けているのだろう。

　ヴィラがアレントとハイデガーとの間の「継承と批判」の両面にわたる複雑な関係を明らかにしようとするのは、「根拠主義」＝「権威主義」による政治の否定が西洋哲学の伝統を貫いており、今日の哲学研究の現場にも伝統的物象化が支配しているからである。したがって、言うまでもないが、本書は「アレントとハイデガー」の関係についてのエッティンガーの覗き趣味とも、両者の関係を「アベラールとエロイーズ」の現代版に仕立て上げるクレメントのロマン主義ともまったく関係がない。

　一言で言えば、本書は何よりもアレントをさまざまな誤解から解き放つ書物である。しかも、その誤解は、批判的理論、共同体論、参加民主主義といった立場に立つ一部の研究者だけが陥る誤解ではない。一般の多くの読者も現に囚われている誤解である。反政治であるものを政治と思い込んで、平穏無事の日常を求めてひたすら和を願い、抗争を避けて合意のみに頼ろうとすれば、「複数性」という政治の根本の否定に至りつくほかはない。そういう思い込みに囚われている読者自身を解放するという意味でも、本書は解放の書である。したがって本書によって、読者はヴィラの言う「脱構築」の実践によって、さまざまな幻想からの解放を経験することができる。ヴィラの言う「脱構築」とは、手っ取り早く言えば、形而上学の「克服（反転）」から政治理論の「新生」へ転換させる運動のことだ。ヴィラが指し示そうとしているのは、形而上学から解き放たれた根拠＝支配抜きの政治であり、それはいわば抗争と和解のフーガとしての「友愛の政治」と言うこともできるだろう。ハイデガーのように〈反転〉から〈放下〉へいくのではなく、「世界に対する責任」へ向かうところに、アレントの思考がある。〈放下〉から〈責任〉への転換において、アレントはハイデガーにおける〈責任〉の欠落を乗り越えたというのが、ヴィラの一つの基本的テーゼなのである。

本書を読むに当たって、既製服を選ぶように自分の体型に合うものだけを選び取って、それを相手に投影するのでは、相手を理解することにはほど遠い。ヴィラは「「自分の偏見を押しつけ、自己投影して非難する」ことを戒めているが、必要なのは、アレントの言葉で言えば「手摺抜きの思考（Denken ohne Geländer）」と言ってもいい。それはシュールマン式に言えば「根拠抜きの（an-archic）の思考」である。Geländer とは保護柵のことだが、これは保護と同時に檻にもなるような柵である。

かつてピエール・クラストルは「登るより下るほうが楽だとしても、思考とは斜面に逆らって誠実に考えることではないのか」と問いかけたが、思考することが「斜面に逆らう思考」（pensée à contre-pente）

であるならば、アレントの言う「手摺抜きの思考」こそ、そうよぶに値する思考のように見える。洞窟の比喩では「登る」ことに哲学的探求のイメージがあったが、しかし、クラストルが「斜面に逆らって思考する」と言うとき、そこには下るだけの楽な思考との対比が言われているだけではない。根源的一者を否定するクラストルは、むしろ、根拠を掘り下げることとの対比も考えていると言っていいだろう。その限りでは根拠抜きの思考がクラストルでも考えられていたと言えるが、その対比がどこまでも反転の図式で考えられていると、単に逆転しただけになる。逆転ならプラトンがすでにホメロスを逆転した発想をしていたのだ。

ニーチェの場合は、狂人が叫ぶように「上とか下ということ」そのものがなくなっている以上、登るも下るも意味をなさない。残っているのは登坂や斜面に逆らう思考ではなくて、「新しい海へ」漕ぎ出す思考、離脱する思考のイメージである。それがクラストルの言う「誠実（loyalement）」とは微妙にかつ決定的にちがって、ニーチェが「誠実（redlich）」とよぶ思考である。アレントの言う支えとなるべき「手摺」を失い、もはや「手摺」に頼ることのない「手摺抜きの思考」は、ニーチェ的な、いわば徒手空拳の思考とでも言うべき自主独立の思考である。それはニーチェが「海へ」で歌ったような離脱の思考であり、物象化された概念装置によって思考が囚われている牢獄からの離脱をめざす思考である。

訳出に当たっては、ハイデガーの言葉に限らず、鬼面人を驚かすような異様な訳語は極力避けた。ふつうアレント関連の書物では「活動」と訳されがちな action も、ギリシア語のプラクシスに当たる英語として使われているのは明らかで、アレント自身も『人間の条件』のドイツ語版では Handlung と表現しているので、本書では action を「行為」と訳した。aestheticization も、自分の反形而上学的世界観を「芸術的世界観」とするニーチェの規定にちなんで、「芸術化」と訳し、それに伴って aestheticism は「芸術主義」という訳語をあえて採用した。The Life of the Mind（独訳はヘーゲル風に Vom Leben des Geistes）も一応『精神の生活』としたが、この Life は「生活」でも「生命」でもなく、これこそ「活動」である。それを「精神の生活」としたのでは、「精神的生活」とか「精神生活」みたいで正確な理解は望むべくもない。「生活」を「生き生きとした活動」の縮約という意味にでも理解すればともかく、普通はそういう理解は期待できない。この書が「思考・意志・判断」をテーマとする以上、これは『精神の活動』とすべきところである。

ことのついでに言い添えれば、アレントの life という概念は一般的にはビオスの訳語であり、ゾーエーを指すものではない。ビオスがゾーエーに頽落したとき起こる反政治である全体主義を経験したアレントが、終始一貫求めているのが、ゾーエーに転落・頽落する危険からビオスを救済する方途にほかならない。その限りで本書でのヴィラの試みは、ジョルジョ・アガンベンの試みとも通じるところがある。ただしアガンベンがフーコーの生政治の分析を踏まえて、生政治からアレントの全体主義批判を捉え直そうとしているのに対して、ヴィラは、アレントによる政治的行為をフーコーの抵抗の概念と結びつけている。政治を破壊する根源的暴力としての集約し支配する普遍的理性に対抗しうる、分散型の民衆的理性の在り方をアレントが提起しようとしていると考えるからである。その際、ヴィラがアレントに従って、ハイデガーを「脱構築」して、〈放下〉ではなくデリダ的な〈責任〉として政治的行為を捉える立場にたつ以上、当然に彼の関心は「ソクラテス的市民」の在り方に集中していく。それは彼の諸論文からもわかるように、彼が背負い込んだ課題でもある。それは「決定不可能性」の次元に「自由の空間」、言い換えれば「公共空間」を確保する道の探求であるだけに、政治組織や制度に関する検討に不足があると見られたりもするわけだが、ヴィラについても彼自身が言うように「解釈上の視野狭窄」を克服する必要があろうし、何よりも、アレントが「政治的なもの」を社会的なものから峻別する現代的意味を正しく捉える必要があることは疑問の余地がない。

アレントの思想の奥行きや射程をうかがう上で何よりも貴重な資料が、最近刊行されたアレントの『思索日記』(Denktagebuch, 2002) であることは言うまでもないが、それを理解する前提としても、読者自身の思考が囚われている枠組からの解放が起こっていなければならない。本書にはそういう解放をもたらす力が確かにある。それ以外の点でも、本書はアレント理解に不可欠のものとなっているが、現代における「政治的なものの運命」を考えるうえでも信頼できる足場であるのは確かである。

刊行当初、ヴィラの周到な解読に敬服し、的確な批判の爽快さと、情熱的とも言える一種スリリングな議論の展開に惹かれてすぐ翻訳を思い立ったが、諸般の事情により遅くなってしまった。原著者にも読者にも申し訳ない限りである。今回、訳者の申し出を快諾して、早速版権取得の労をお取りくださった平川俊彦氏ならびに綿密な校正に並々ならぬ御尽力を頂いた松永辰郎氏に心から厚くお礼を申し上げる。

二〇〇四年五月

青木隆嘉

索　引

（参照項目は→で，見出し語の反復は〜で示し，別訳や関連語は／を入れて並記した。）

文献目録

Adorno, Theodor. *The Jargon of Authenticity.* Translated by Knur Tarnowski and Frederick Will. Evanston : Northwestern University Press, 1973.

——. *Minima Moralia.* Translated by E.F.N. Jephcott. London : Verso Editions, 1978.

Adorno, Theodor, and Horkheimer, Max. *Dialectic of Enlightenment.* Translated by John Cumming. New York : Seabury Press, 1972.

Arendt, Hannah. "What Is Existenz Philosophy?" *Partisan Review,* Vol. 13, No. 1 (Winter 1946) : 34-56.

——. "Rejoinder to Eric Voegelin's Review of The Origins of Totalitarianism." *Review of Politics,* No. 15 (January 1953) : 76-85.

——. "Understanding and Politics." *Partisan Review,* Vol. 20, No. 4 (July -August 1953) : 377-392.

——. *The Human Condition.* Chicago : University of Chicago Press, 1958.

——. *On Revolution.* New York : Penguin Books, 1962.

——. *The Origins of Totalitarianism.* New York : Harcourt Brace Jovanovich, 1966.

——. *Between Past and Future.* New York : Penguin Books, 1968.

——. *Men in Dark Times.* New York : Harcourt Brace Jovanovich, 1968.

——. *Crises of the Republic.* New York : Harcourt Brace Jovanovich, 1972.

——. *Eichmann in Jerusalem : A Report on the Banality of Evil.* New York : Penguin Books, 1977.

——. *The Jew as Pariah : Jewish Identity and Politics in the Modern Age.* Edited and with an Introduction by Ron H. Feldman. New York : Grove Press, 1978.

——. *The Life of the Mind.* 2 vols. New York : Harcourt Brace Jovanovich, 1978.

——. "Martin Heidegger at Eighty," *Heidegger and Modern Philosophy.* Edited by Michael Murray. New Haven : Yale University Press, 1978.

——. *Lectures on Kant's Political Philosophy.* Edited by Ronald Beiner. Chicago : University of Chicago Press, 1982.

——. "Thinking and Moral Considerations." *Social Research,* Vol. 51, Nos. 1-2 (Spring/Summer 1984) : 7-37.

——. "Philosophy and Politics." *Social Research,* Vol. 57, No. 1 (1990) : 73-103.
——. *Essays in Understanding.* Edited by Jerome Kohn. New York : Harcourt Brace Jovanovich, 1994.
Arendt, Hannah, and Jaspers, Karl. *Correspondence : 1926-1969.* Edited by Lotte Kohler and Hans Saner. Translated by Robert Kimber and Rita Kimber. New York : Harcourt Brace Jovanovich, 1992.
Aristotle. *Basic Works of Aristotle.* Edited by Richard McKeon. New York : Random House, 1941.
——. *The Politics.* Translated by T. A. Sinclair. New York : Penguin Books, 1977.
——. *Nicomachean Ethics.* Translated by Martin Ostwald. Indianapolis : Bobbs-Merrill Educational Publishing, 1980.
Bakan, Mildred. "Hannah Arendt's Concepts of Labor and Work," in Hill, ed., 1979.
Barber, Benjamin. *Strong Democracy.* Berkeley : University of California Press, 1984.
Barker, Ernest. *The Political Thought of Plato and Aristotle.* New York : Dover Publications, 1959.
——. Introduction to Aristotle's *Politics.* New York : Oxford University Press, 1968.
Beiner, Ronald. *Political Judgment.* Chicago : University of Chicago Press, 1983.
——. "The Moral Vocabulary of Liberalism," in *Virtue. Nomos* XXXIV. Edited by John W. Chapman and William A. Galston. New York : New York University Press, 1992
Benhabib, Seyla. *Critique, Norm, and Utopia.* New York : Columbia University Press, 1987.
——. *Situating the Self : Gender, Community, and Postmodernism in Contemporary Ethics.* New York : Routledge, 1992.
——. *The Reluctant Modernism of Hannah Arendt.* London : Sage Publications, 1996.
Benhabib, Seyla, and Dallmayr, Fred, eds. *The Communicative Ethics Controversy.* Cambridge : MIT Press, 1990.
Benjamin, Walter. *Illuminations.* Edited by Hannah Arendt. New York : Schocken Books, 1968.
Bernasconi, Robert. "The Fate of the Distinction Between *Praxis* and *Poiesis.*" *Heidegger Studies* 2 (1986).
——. "Habermas and Arendt on the Philosopher's 'Error' : Tracking the Diabolical in Heidegger," in Brainard, ed., "Heidegger and the

Political" Special Issue, *Graduate Faculty Philosophy Journal,* Vol. 14, No. 2—Vol. 15, No. 1 (1991).
Bernauer, James W., ed. *Amor Mundi : Explorations in the Faith and Thought of Hannah Arendt.* Boston : Martinus Nijhoff Publishers, 1987.
Bernstein, Richard. "Hannah Arendt : The Ambiguities of Theory and Practice," in *Theory and Practice : New Perspectives.* Edited by Terence Ball. Minneapolis : University of Minnesota Press, 1977.
——. *Beyond Objectivism and Relativism.* Philadelphia : University of Pennsylvania Press, 1984.
——. *Philosophical Profiles.* Philadelphia : University of Pennsylvania Press, 1986.
——. *The New Constellation : The Ethical-Political Horizons of Modernity/Postmodernity.* Cambridge : MIT Press, 1992.
Bernstein, Richard, ed. *Habermas and Modernity.* Cambridge : MIT Press, 1985.
Blumenberg, Hans. *The Legitimacy of the Modern Age.* Translated by Robert Wallace. Cambridge : MIT Press, 1982.
Bourdieu, Pierre. *The Political Ontology of Martin Heidegger.* Stanford : Stanford University Press, 1991.
Bowen-Moore, Patricia. *Hannah Arendt's Philosophy of Natality.* New York : St. Martin's Press, 1991.
Buci-Glucksmann, Christine, éd. *Ontologie et Politique : Actes du Colloque Hannah Arendt.* Paris : Editions Tiesce, 1989.
Calhoun, Craig, ed. *Habermas and the Public Sphere.* Cambridge : MIT Press, 1992.
Canovan, Margaret. "The Contradictions of Hannah Arendt's Political Thought." *Political Theory,* No. 6 (February 1978) : 5-26.
——. "Arendt, Rousseau, and Human Plurality in Politics." *Journal of Politics,* No. 45 (1983) : 286-302.
——. "Politics as Culture : Hannah Arendt and the Public Realm." *History of Political Thought,* Vol. 6, No. 3 (1985) : 617-642.
——. "Socrates or Heidegger? Hannah Arendt's Reflections on Philosophy and Politics." *Social Research,* Vol. 57, No. 1 (1990) : 135-165.
——. *Hannah Arendt : A Reinterpretation of Her Political Thought.* New York : Cambridge University Press, 1992.
Caputo, John. *Radical Hermeneutics : Repetition, Deconstruction, and the Hermeneutic Project.* Bloomington : Indiana University Press, 1987.
Chytry, Josef. *The Aesthetic State.* Berkeley : University of California Press, 1989.

Dallmayr, Fred. "Ontology of Freedom. Heidegger and Political Philosophy." *Political Theory,* No. 12 (1984) : 204-234.
——. *Margins of Political Discourse.* Albany : State University of New York Press, 1989.
——. *The Other Heidegger.* Ithaca : Cornell University Press, 1993.
Deleuze, Gilles. *Nietzsche et la Philosophie.* Paris : Presses Universitaires de France, 1962.
Derrida, Jacques. *Of Grammatology.* Translated by Gayatri Spivak. Baltimore : Johns Hopkins University Press, 1976.
——. *Writing and Difference.* Translated by Alan Bass. Chicago : University of Chicago Press, 1982.
——. *Margins of Philosophy.* Translated by Alan Bass. Chicago : University of Chicago Press, 1982.
——. *Of Spirit.* Translated by Geoffry Bennington and Rachel Bowlby. Chicago : University of Chicago Press, 1989.
Dews, Peter. *Logics of Disintegration.* New York : Routledge, 1987.
Dostal, Robert. "Judging Human Action : Arendt's Appropriation of Kant." *Review of Metaphysics,* No. 37 (1984) : 725-755.
Draenos, Stan. "Thinking without a Ground : Hannah Arendt and the Contemporary Situation of Understanding," in Hill, ed., 1979.
Dreyfus, Hubert, and Haugeland, John. "Husserl and Heidegger : Philosophy's Last Stand," in *Heidegger and Modern Philosophy.* Edited by Michael Murray. New Haven : Yale University Press, 1978.
Dreyfus, Hubert, and Rabinow, Paul. *Michel Foucault.* Chicago : University of Chicago Press, 1983.
Farias, Victor. *Heidegger et le Nazisme.* Paris : Editions Verdier, 1987.
Ferry, Luc, and Renaut, Alain. *Heidegger and Modernity.* Translated by Franklin Philip. Chicago : University of Chicago Press, 1990.
Fichte, Johann Gottleib. *The Vocation of Man.* Translated by William Smith. Chicago : Open Court Publishing Company, 1925.
Foucault, Michel. *The Order of Things.* New York : Random House, 1970.
——. *Discipline and Punish.* Translated by Alan Sheridan. New York : Vintage Books, 1979.
——. *Power/Knowledge.* Edited by Colin Gordon. New York : Pantheon Books, 1980.
——. *The Foucault Reader.* Edited by Paul Rabinow. New York : Pantheon Books, 1984.
Fraser, Nancy. *Unruly Practices.* Minneapolis : University of Minnesota Press, 1989.

Friedlander, Paul. *Plato.* 3 vols. Translated by Hans Meyerhoff. Princeton : Princeton University Press, 1969.

Gadamer, Hans-Georg. *Truth and Method.* New York : Seabury Press, 1975.

——. *Philosophical Hermeneutics.* Edited and translated by David E. Ling. Berkeley : University of California Press, 1977.

——. *Reason in the Age of Science.* Translated by Frederick G. Lawrence. Cambridge : MIT Press, 1981.

Gray, J Glenn. "The Abyss of Freedom and Hannah Arendt," in *The Recovery of the Public World.* Edited by Melvyn A. Hill. New York : St. Martin's Press, 1979.

Gunnell, John. *Political Theory : Tradition and Interpretation.* Cambridge, Mass. : Winthrop Publishers, 1979.

Haar, Michel. "Nietzsche and Metaphysical Language," in *The New Nietzsche.* Edited by David B. Allison. New York : Dell Publishing Company, 1980.

Habermas, Jürgen. *Toward a Rational Society.* Translated by Jeremy J. Shapiro. Boston : Beacon Press, 1970.

——. *Theory and Practice.* Translated by John Viertel. Boston : Beacon Press, 1973.

——. *Legitimation Crisis.* Translated by Thomas McCarthy. Boston : Beacon Press. 1975.

——. "On the German-Jewish Heritage." *Telos,* No. 44 (1980).

——. *Philosophical-Political Profiles.* Translated by Frederick Lawrence. Cambridge : MIT Press, 1983.

——. *The Theory of Communicative Action.* 2 vols. Translated by Thomas McCarthy. Boston : Beacon Press, 1984.

——. *The Philosophical Discourse of Modernity.* Translated by Frederick Lawrence. Cambridge : MIT Press, 1987.

——. *The New Conservatism.* Edited by Sherry Weber Nicholsen. Cambridge : MIT Press, 1989.

——. *The Structural Transformation of the Public Sphere.* Translated by Thomas Burger. Cambridge : MIT Press, 1989.

Harries, Karsten. "Fundamental Ontology and the Search for Man's Place," in *Heidegger and Modern Philosophy.* Edited by Michael Murray. New Haven : Yale University Press, 1978.

——. "Heidegger as Political Thinker," in *Heidegger and Modern Philosophy.* Edited by Michael Murray, New Haven : Yale University Press, 1978.

Hegel, G.W.F. *The Philosophy of Right.* Translated by T. M. Knox. New

York : Oxford University Press, 1942.
——. *Hegel's Lectures on the History of Philosophy.* 3 vols. Translated by Elizabeth Haldane. New York : Humanities Press, 1968.
——. *Reason in History.* Translated by Robert S. Hartman. Indianapolis : Bobbs-Merrill Educational Publishing, 1978.
——. *Phenomenology of Spirit.* Translated by A. V. Miller. New York : Oxford University Press, 1979.
Heidegger, Martin. *The Question of Being.* Translated by Jean T. Wilde and William Kluback. New Haven : College and University Press, 1958.
——. *An Introduction to Metaphysics.* Translated by Ralph Manheim. New Haven : Yale University Press, 1959.
——. *Being and Time.* Translated by John Macquarne and Edward Robinson. New York : Harper and Row, 1962.
——. *Kant and the Problem of Metaphysics.* Translated by James S. Churchill. Bloomington : Indiana University Press, 1962.
——. "Plato's Doctrine of Truth," in *Philosophy in the Twentieth Century.* Volume 3. Edited by William Barrett. New York : Random House, 1962.
——. *What Is a Thing?* Translated by W. B. Barton, Jr., and Vera Deutsch. Chicago : Henry Regnery Company, 1967.
——. *Identity and Difference.* Translated by Joan Stambaugh. New York : Harper and Row, 1969.
——. *Poetry, Language, Thought.* Translated by Albert Hofstader. New York : Harper and Row, 1971.
——. *On Time and Being.* Translated by Joan Stambaugh. New York : Harper and Row, 1972.
——. *Sein und Zeit.* Tübingen : Max Niemayer, 1972.
——. *The End of Philosophy.* Translated by Joan Stambaugh. New York : Harper and Row, 1973.
——. *Early Greek Thinking.* Translated by David Farrell Krell and Frank A. Capuzzi. New York : Harper and Row, 1975.
——. "Only a God Can Save Us." *Der Spiegel* Interview with Heidegger, September 23, 1966. Translated by Maria P. Alter and John D. Caputo. *Philosophy Today* (Winter 1976) : 267-284.
——. *Basic Writings.* Edited by David Farrell Krell. New Yofk : Harper and Row, 1977.
——. "Who Is Nietzsche's Zarathustra?" in *The New Nietzsche.* Edited by David B. Allison. New York : Dell Publishing Company, 1977.
——. *The Question Concerning Technology and Other Essays.* Translated

by William Lovitt. New York : Harper and Row, 1977.
——. *Nietzsche.* 4 vols. Edited by David Farrell Krell. New York : Harper and Row, 1979.
——. *The Basic Problems of Phenomenology.* Translated by Albert Hofstadter. Bloomington : Indiana University Press, 1982.
——. *The Metaphysical Foundations of Logic.* Translated by Michael Heim. Bloomington : Indiana University Press, 1984.
——. *Schelling's Treatise on the Essence of Human Freedom.* Translated by Joan Stambaugh. Athens : Ohio University Press, 1985.
——. *Beiträge zur Philosophie. Gesamtausgabe* 65. Frankfurt : Vittorio Klostermann, 1989.
——. "The Self-Assertion of the German University," in *Martin Heidegger and National Socialism.* Edited by Günther Nesler and Emil Kettering. Translated by Karsten Harries. New York : Paragon House, 1990.
——. *The Principle of Reason.* Translated by Reginald Lilly. Bloomington : Indiana University Press, 1991.
——. *Platon's Sophist. Gesamtausgabe* 19. Frankfurt : Vittorio Klosterman, 1992.
——. *Parmenides.* Translated by André Schuwer and Richard Rojcewicz. Bloomington : Indiana University Press, 1992.
Hill, Melvyn, ed. *Hannah Arendt : The Recovery of the Public World.* New York : St. Martin's Press, 1979.
Hinchman, L. P. and Hinchman, S. K. "In Heidegger's Shadow : Hannah Arendt's Phenomenological Humanism," *Review of Politics,* Vol. 46, No. 2 (1984) : 183-211.
Hobbes, Thomas. *Leviathan.* Edited by C. B. MacPherson. New York : Penguin Books, 1968.
Honig, Bonnie. "Arendt, Identity, and Difference." *Political Theory,* Vol. 16, No. 1 (1988) : 77-98.
——. *Political Theory and the Displacement of Politics.* Ithaca : Cornell University Press, 1993.
Ingram, David. "The Postmodern Kantianism of Arendt and Lyotard," in *Judging Lyotard.* Edited by Andrew Benjamin. New York : Routledge, 1992.
Isaac, Jeffrey C. *Arendt, Camus and Modern Rebellion.* New Haven : Yale University Press, 1992.
Janicaud, Dominique. "Heidegger's Politics : Determinable or Not?" *Social Research,* Vol. 56, No. 4 (1991) : 819-847.
Jay, Martin. *Permanent Exiles.* New York : Columbia University Press,

1985.
——. "The 'Aesthetic Ideology' as Ideology ; or, What Does It Mean to Aestheticize Politics?" *Cultural Critique,* No. 21 (Spring 1992) : 41-61.

Kant, Immanuel. *Critique of Judgment.* Translated by J. H. Bernard. New York : Hafner Press, 1951.

——. *Groundwork of the Metaphysics of Morals.* Translated by H. J. Paton. New York : Harper and Row, 1956.

——. *Critique of Pure Reason.* Translated by Norman Kemp Smith. New York : St. Martin's Press, 1965.

——. *Political Writings.* Edited by Hans Riess. Translated by H. B. Nisbet. New York : Cambridge University Press, 1971.

——. *Critique of Practical Reason.* Translated by Lewis White Beck. Indianapolis : Bobbs-Merrill Educational Publishing, 1978.

Kateb, George. *Hannah Arendt : Politics, Conscience, Evil.* Totowa, N.J. : Rowman & Allanheld, 1983.

——. *The Inner Ocean.* Ithaca : Cornell University Press, 1991.

Kierkegaard, Soren. *The Present Age.* Translated by Alexander Dru. New York : Harper and Row, 1962.

Knauer, James T. "Motive and Goal in Hannah Arendt's Concept of Political Action" *American Political Science Review,* Vol. 74, No. 3 (1990) : 721-733.

Kuhn, Thomas. *The Structure of Scientific Revolutions.* Chicago : University of Chicago Press, 1970.

Lacoue-Labarthe, Philippe. *Typography : Mimesis, Philosophy, Politics.* Edited by Christopher Fynsk. Cambridge : Harvard University Press, 1989.

——. *Heidegger, Art and Politics.* Translated by Chris Turner. Cambridge : Basil Blackwell, 1990.

Lacoue-Labarthe, Philippe, and Nancy, Jean Luc. "Ouverture," in *Rejouer le Politique.* Paris : Editions Galilée, 1982.

——. *Le Retrait du Politique.* Paris : Editions Galilée, 1983.

Lingis, Alphonso. "The Will to Power," in *The New Nietzsche.* Edited by David B. Allison. New York : Dell Publishing Company, 1977.

Lobkowicz, Nicholas. *Theory and Practice : History of a Concept from Aristotle to Marx.* Lanham, Md. : University Press of America, 1967.

Locke, John. *Two Treatises of Government.* Edited by Peter Laslett. New York : Cambridge University Press, 1960.

Löwith, Karl. *Max Weber and Karl Marx.* Translated by H. Fontel. London : Allen & Unwin, 1982.

——. *Mein Leben in Deutschland vor und nach 1933.* Stuttgart : J. B. Melzer, 1986.
——. "The Political Implications of Heidegger's Existentialism." Translated by Richard Wolin and Melissa Cox. *New German Critique* (1988).
Lyotard, Jean-François. *The Postmodern Condition : A Report on Knowledge.* Translated by Geoff Bennington and Brian Massumi. Minneapolis : University of Minnesota Press, 1984.
——. *Just Gaming.* Minneapolis : University of Minnesota Press, 1985.
——. *The Différend : Phrases in Dispute.* Translated by George Van Den Abbeele. Minneapolis : University of Minnesota Press, 1988.
——. *Heidegger and "the Jews."* Translated by Andeas Michel and Mark Roberts. Minneapolis : University of Minnesota Press, 1990.
MacComber, John. *The Anatomy of Disillusion.* Evanston : Northwestern University Press, 1967.
Machiavelli, Niccolo. *The Prince,* in *The Portable Machiavelli.* Edited by Peter Bondanella and Mark Musa. New York : Penguin Books, 1979.
——. *The Discourses,* in *The Portable Machiavelli.* Edited by Peter Bondanella and Mark Musa. New York : Penguin Books, 1979.
MacIntyre, Alasdair. *After Virtue.* Notre Dame : University of Notre Dame Press, 1981.
Marx, Karl, and Engels, Friedrich. *The Marx-Engels Reader.* Edited by Robert Tucker. New York : Norton, 1978.
Marx, Werner. *Heidegger and the Tradition.* Translated by Theodore Kisiel and Murray Greene. Evanston : Northwestern University Press, 1971.
McCarthy, Thomas. *The Critical Theory of Jürgen Habermas.* Cambridge : MIT Press, 1979.
Mill, J. S. *On Liberty.* Edited by David Spitz. New York : Norton, 1975.
Miller, James. "The Pathos of Novelty : Hannah Arendt's Image of Freedom in the Modem World," in Hill, ed., 1979.
——. *Rousseau : Dreamer of Democracy.* New Haven : Yale University Press, 1984.
Mulgan, Richard. *Aristotle's Political Theory.* New York : Oxford University Press, 1977.
Nancy, Jean-Luc. *The Inoperative Community.* Edited by Peter Connor. Minneapolis : University ot Minnesota Press, 1991.
Nehamas, Alexander. *Nietzsche : Life as Literature.* Cambridge : Harvard University Press, 1985.
Neske, Günther and Kettering, Emil, eds. *Martin Heidegger and National*

Socialism. New York : Paragon House, 1990.
Newell, W. R. "Heidegger Some Political Implications of His Early Thought" *American Political Science Review*, Vol. 78, No. 2 (1984) : 775-784.
Nietzsche, Friedrich. *The Birth of Tragedy*. Translated by Francis Goffling. New York : Doubleday, 1956.
——. *The Use and Abuse of History*. Translated by Adrian Collins. Indianapolis : Bobbs-Merrill Educational Publishing, 1957.
——. *The Will to Power*. Translated by Walter Kaufmann and R. J. Hollingdale. New York : Vintage Books, 1968.
——. *Beyond Good and Evil*. Translated by Walter Kaufmann. New York : Random House, 1974.
——. *The Gay Science*. Translated by Walter Kaufmann. New York : Random House, 1974.
——. *The Genealogy of Morals*. Translated by Walter Kaufmann. New York : Random House, 1974.
——. *Philosophy and Truth : Selections from Nietzsche's Notebooks of the Early 1870s*. Translated and edited by Donald Brazeale. Atlantic Highlands, N. J. : Humanities Press International, 1979.
——. *Twilight of the Idols*. Translated by R. J. Hollingsdale. New York : Penguin Books, 1979.
Norris, Christopher. "Complicity and Resistance : Heidegger, de Man, and Lacoue-Labarthe." *Yale Journal of Criticism*, Vol. 4, No. 2 (1981) : 129-161.
O'Sullivan N. K. "Hannah Arendt : Hellenic Nostalgia and Industrial Society," in *Contemporary Political Philosophers*. Edited by A. de Crespigny and K. Minogue. London : Methuen, 1976.
Panis, Daniel. "La Question de l'Etre Comme Fond Abyssal d'aprẽs Heidegger." *Etudes Philosophique*, No 1 (1986) 59-78.
Parekh, Bhikhu. "Hannah Arendt's Critique of Marx," in Hill, ed, 1979.
——. *Hannah Arendt and the Search for a New Political Philosophy*. London : Macmillan, 1981.
Pippin, Robert B. *Modernism as a Philosophical Problem*. Cambridge : Basil Blackwell, 1991.
Pitkin, Hanna Fenichel. "Justice : On Relating Private and Public" *Political Theory*, Vol. 9, No. 3 (1981) : 327-352.
——. *Fortune Is a Woman*. Berkeley : University of California Press, 1984.
Plato. *Collected Dialogues*. Edited by Edith Hamilton and Huntington Cairns. Princeton : Princeton University Press, 1982.

Pocock, J. G. A. *The Machiavellian Moment*. Princeton : Princeton University Press, 1975.
Pöggeler, Otto. *Martin Heidegger's Path of Thinking*. Translated by Daniel Magurshak and Sigmund Barber. Altantic Highlands, N. J. : Humanities Press International, 1987.
Rawls, John. *Political Liberalism*. New York : Columbia University Press, 1993.
Riedel, Manfred. "Nature and Freedom in Hegel's 'Philosophy of Right,'" in *Hegel's Political Philosophy*. Edited by Z. A. Pelczynski. New York : Cambridge University Press, 1971.
Riley, Patrick. *Will and Political Legitimacy*. Cambridge : Harvard University Press, 1982.
——. "Hannah Arendt on Kant, Truth and Politics." *Political Studies*, Vol. 35, No. 3 (1987) : 379-392.
Rorty, Amelie Oksenberg. "The Place of Contemplation in Aristotle's Nicomachean Ethics," in *Essays on Aristotle's Ethics*. Edited by Amelie Oksenberg Rorty. Berkeley : University of California Press, 1980.
Rorty, Richard. *Philosophy and the Mirror of Nature*. Princeton : Princeton University Press, 1979.
——. *Consequences of Pragmatism*. Minneapolis : University of Minnesota Press, 1982.
——. *Contingency, Irony and Solidarity*. New York : Cambridge University Press, 1989.
——. *Essays on Heidegger and Others*. New York : Cambridge University Press, 1991.
——. *Objectivity, Relativism, and Truth*. New York : Cambridge University Press, 1991.
Rosen, Stanley. *Nihilism : A Philosophical Essay*. New Haven : Yale University Press, 1969.
Ross, W. D. *Aristotle*. London : Methuen, 1971.
Rousseau, Jean-Jacques. *Discourses*. Edited and translated by Roger D. Masters. New York : St. Martin's Press, 1964.
——. *The Social Contract*, in *Political Writings*. Edited and translated by Frederick Watkins. Madison : University of Wisconsin Press, 1986.
Sandel, Michael. *Liberalism and the Limits of Justice*. New York : Cambridge University Press, 1982.
——. "The Procedural Republic and the Unencumbered Self." *Political Theory*, Vol. 12, No. 1 (February 1984) : 81-97.
Sartre, Jean-Paul. *L'Existentialism est un humanisme*. Paris : Editions

Nagel, 1960.
——. *Being and Nothingness.* Translated by Hazel E. Barnes. Secaucus, N. J. : Citadel Press, 1977.
Schmidt, Dennis. *The Uniquity of the Finite.* Cambridge : MIT Press, 1989.
Schmitt, Carl. *The Concept of the Political.* Translated by George Schwab. New Brunswick : Rutgers University Press, 1976.
Schürmann, Reiner. "Political Thinking in Heidegger." *Social Research,* No. 45 (1978) : 191-221.
——. *Heidegger on Being and Acting : From Principles to Anarchy.* Translated by Christine-Marie Gros. Bloomington : Indiana University Press, 1987.
Schwan, Alexander. *Politische Philosophie im Denken Heideggers.* Opladen : Westdeutscher Verlag, 1988.
Sennett, Richard. *The Fall of Public Man.* New York : Pantheon Books, 1978.
Shklar, Judith. *After Utopia.* Princeton : Princeton University Press, 1957.
——. "Rethinking the Past." *Social Research,* No. 44 (Spring, 1977).
Shulman, George. "Metaphor and Modernization in the Political Thought of Thomas Hobbes." *Political Theory,* Vol. 17, No. 3 (1989) : 392-416.
Silber, John. "The Copernican Revolution in Ethics," in *Kant : A Collection of Critical Essays.* Edited by Robert Paul Wolff. Notre Dame : University of Notre Dame Press, 1967.
Sloterdijk, Peter. *Thinker on Stage. Nietzsche's Materialism.* Translated by Jamie Owen Daniel. Minneapolis : University of Minnesota Press, 1989.
Strauss, Leo. *Studies in Platonic Political Philosophy.* Chicago : University of Chicago Press, 1983.
——. *What Is Political Philosophy? and Other Studies.* Chicago : University of Chicago Press, 1988.
——. *The Rebirth of Classical Political Rationalism.* Edited by Thomas L. Pangle. Chicago : University of Chicago Press, 1989.
——. *On Tyranny.* Edited by Victor Gourevitch and Michael S. Roth. New York : Free Press, 1991.
Strong,Tracy. *Friedrich Nietzsche and the Politics of Transfiguration.* Berkeley : University of California Press, 1975.
Taminiaux, Jacques. "Arendt, disciple de Heidegger?" *Etudes Phĕnomĕnologiques* No. 2 (1985) : 111-136.
——. *Heidegger and the Project of Fundamental Ontology.* Translated by

M. Gendre. Albany : State University of New York Press, 1991.
——. "Heidegger and Praxis," in *The Heidegger Case : On Philosophy and Politics.* Edited by Tom Rockmore and Joseph Margolis. Philadelphia : Temple University Press, 1992.
——. *La Fille de Thrace et le Penseur Professionel : Arendt et Heidegger.* Paris : Payot, 1992.
Taylor, Charles. *Hegel.* New York : Cambridge University Press, 1975.
——. *Philosophy and the Human Sciences : Philosophical Papers* 2. New York : Cambridge University Press, 1985.
——. "Cross Purposes. The Liberal-Communitarian Debate," in *Liberalism and the Moral Life.* Edited by Nancy Rosenblum. Cambridge : Harvard University Press, 1989.
——. *Sources of the Self.* Cambridge : Harvard University Press, 1989.
Theunissen, Michael. *The Other : Studies in the Social Ontology of Husserl, Heidegger, Sartre, and Buber.* Translated by Christopher Macann. Cambridge : MIT Press, 1978.
Villa, Dana R. "Beyond Good and Evil : Arendt, Nietzsche, and the Aestheticization of Political Action." *Political Theory,* Vol. 20, No. 2 (May 1992) : 274-308.
——. "Postmodernism and the Public Sphere." *American Political Science Review,* Vol. 86, No. 3 (September 1992) : 712-721.
Viroli, Maurizio. *Jean-Jacques Rousseau and the Well-Ordered Society.* New York : Cambridge University Press, 1988.
Vlastos, Gregory. "Socrates on Political Obedience and Disobedience." *Yale Review,* No. 63 (1974) : 517-534.
Vollrath, Ernst. "Hannah Arendt and the Method of Political Thinking." *Social Research,* No. 44 (1977).
Walzer, Michael. *Interpretation and Social Criticism.* Cambridge : Harvard University Press, 1987.
Weber, Max. "Politics as a Vocation" and "Science as a Vocation," in *From Max Weber.* Edited by Hans H. Gerth and C. Wright Mills. New York : Oxford University Press, 1972.
White, Stephen K. "Heidegger and the Difficulties of a Postmodern Ethics and Politics." *Political Theory,* Vol. 18, No. 1 (February 1990) : 80-103.
——. *Political Theory and Postmodernism.* New York : Cambridge University Press, 1991.
Wiggins, David. "Deliberation and Practical Reason," in *Essays on Aristotle's Ethics.* Edited by Amelie Oksenberg Rorty. Berkeley : University of California Press, 1980.

Wilkes, Kathleen V. "The Good Man and the Good for Man in Aristotle's Ethics," in *Essays on Aristotle's Ethics.* Edited by Amelie Oksenberg Rorty. Berkeley : University of California Press, 1980.
Wittgenstein, Ludwig. *Philosophical Investigations.* Translated by G.E.M. Anscombe. New York : Macmillan, 1958.
——. *Tractatus Logico-Philosophicus.* Translated by D. E Pears and B F. McGuinness. London : Routledge and Kegan Paul, 1961.
Wolin, Richard. *The Politics of Being : The Political Thought of Martin Heidegger.* New York : Columbia University Press, 1990.
Wolin, Sheldon. *Politics and Vision.* Boston : Little, Brown, 1960.
——. "Hannah Arendt : Democracy and the Political." *Salmagundi* 60 (1983) : 3-19.
——. "Fugitive Democracy," *Constellations,* Vol. 1, No. 1 (1994).
Yack, Bernard. *The Longing for Total Revolution.* Princeton : Princeton University Press, 1986.
——. *The Problems of a Political Animal.* Berkeley : University of California Press, 1993.
Young-Bruehl, Elizabeth. *Hannah Arendt : For Love of the World.* New Haven : Yale University Press, 1982.
Zimmerman, Michael E. *Heidegger's Confrontation with Modernity.* Bloomington : Indiana University Press, 1990.
Zuckert, Catherine. "Martin Heidegger : His Philosophy and His Politics." *Political Theory,* Vol. 18, No. 1 (February 1990) : 51-79.

原　注

序論

1. 特に George Kateb, *Hannah Arendt : Politics, Conscience, Evil,* p. 39 ; N.K.O'Sullivan, "Hannah Arendt Hellenic Nostalgia and Industrial Society" ; Hanna Pitkin, "Justice : On Relating Private and Public" ; Mildred Bakan, "Hannah Arendt's Concepts of Labor and Work," in Melvyn Hill, ed., *Hannah Arendt : The Recovery of the Public World,* p. 59参照。
2. Jürgen Habermas, "Hannah Arendt : On the Concept of Power," in *Philosophical-Political Profiles,* p. 174.
3. Friedrich Nietzsche, *The Gay Science,* Section 228.
4. Sheldon Wolin, *Politics and Vision* および Benjamin Barber, *Strong Democracy* を参照されたい。このいずれにもアレントの大きな影響が認められる。たとえばバーバーは「究極の政治的問題」として政治的行為に焦点を当てている（p. 121ff.)。
5. Hannah Arendt, *The Human Condition*（以下 *HC* と略記), chapter 2. Aristotle, *The Politics,* books III and VII.
6. Barber, *Strong Democracy,* pp. 2, 13.
7. 同書，p. 120.
8. Jürgen Habermas, *Theory and Practice* および *The Theroy of Communicative Action ;* Seyla Benhabib, *Critique, Norm, and Utopia ;* Richard Bernstein, *Beyond Objectivism and Relativism,* part four を参照されたい。
9. Theodor Adorno and Max Horkheimer, 'The Concept of Enlightenment," in *Dialectic of Enlightenment.*
10. ハーバーマスが最近こういう見方を明確に示しているのは *Philosophical Discourse of Modernity* の第11章と第12章である。
11. 同書，第11章。
12. Habermas, "Hannah Arendt," in *Philosophical-Political Profiles* および *Theory and Practice,* pp. 42, 286. アレントによる区別と彼女の複数性という概念のハーバーマスへの影響を示した特に優れたものとして Benhabib, *Critique, Norm, and Utopia,* pp. 243-245参照。
13. ハーバーマスによるこの区別の最初の表現については "Science and Technology as Ideology," in *Toward a Rational Society,* p. 96参照。
14. Habermas, "Hannah Arendt," pp. 174-175.

15. Michael Sandel, *Liberalism and the limits of Justice*; Charles Taylor, "Cross-Purposes: The Liberal-Communitarian Debate"; Alasdair Maclntyre, *After Virtue* 参照。
16. Michael Sandel, "The Procedural Republic and the Unencumbered Self," in *Political Theory,* p. 82.
17. 同書, p. 91.
18. 同書, p. 89.
19. Sandel, *Liberalism,* p. 183.
20. Arendt, *HC,* pp. 200-201および "Ideology and Terror," In *The Origins of Totalitarianism,* p. 474, "On Violence," in *Crises of the Republic,* pp. 142-143（以下 *CR* と略記)。
21. Arendt, "Ideology and Terror," in *The Origins of Totalitarianism,* p. 465の適法性の分析と Arendt, *On Revolution,* chapter 3（以下 *OR* と略記）における立憲制批判を参照されたい。
22. Sandel, *Liberalism,* p. 183.
23. Hannah Arendt, *Between Past and Future,* p. 7（以下 *BPF* と略記）の序論。
24. S. Wolin, *Politics and Vision,* p. v.
25. Ernst Volrath, "Hannah Arendt and the Method of Political Thinking," p. 163,
26. Arendt, Preface, *BPF,* p. 14. 同書の "Tradition and the Modern Age," p. 28および Stan Draenos の論文 "Thinking without a Ground: Hannah Arendt and the Contemporary Situation of Understanding," in Hill, ed., 1979も参照されたい。
27. Arendt, "Tradition and the Modern Age," in *BPF,* p. 26.
28. 同書, p. 15.
29. Walter Benjamin, "Theses on the Philosophy of History," in *Illuminations,* p. 261.
30. Hannah Arendt, *Men in Dark Times,* pp. 193, 197, 199（以下 *MDT* と略記)。
31. 同書, pp. 205-206.
32. 同書, "Walter Benjamin," p. 201.
33. Martin Heidegger, *Being and Time,* pp. 41-49（以下 *BT* と略記)。
34. 同書, p. 43.
35. Friedrich Nietzsche, *The Use and Abuse of History,* p. 40
36. Arendt, *BPF* 序論。
37. 同頁。
38. Arendt, *MDT,* pp. 201, 205.
39. ケイテブがその *Hannah Arendt,* chapter 5で指摘しているように根拠喪失はアレントに繰り返し現れるテーマである。特に Arendt, *HC,*

part VIおよび“Ideology and Terror,” in *The Origins of Totalitarianism* を参照されたい。そこでは根拠喪失と全体主義が直接に結びつけられている。

40. Arendt, “Ideology and Terror,” p. 475.
41. Kateb, *Hannah Arendt,* p. 7.
42. この言葉はケイテブから借用した。
43. Arendt, *OR,* p. 281.
44. この言葉は，優れた論文である Stephen K. White, “Heidegger and the Difficulties of a Postmodern Ethics and Politics,” p. 85から借用した。
45. 特に1972年のトロントでのアレントの著作に関する会議での発言者による反論を参照されたい。それらの発言の要旨は Hill, ed., pp. 301-339に収録されている。
46. Habermas, “Hannah Arendt,” in *Philosophical-Political Profiles,* pp. 178-179.
47. Philippe Lacoue-Labarthe and Jean-Luc Nancy, *Le Retrait du Politique.* 現代フランス思想にとってのこのテーマの重要性に関する議論についは Nancy Fraser, “The French Derrideans: Politicizing Deconstruction or Deconstructing the Political,” in *Unruly Practices* を参照されたい。
48. 第一原理に基礎づけられていない「根拠抜きの（an-archic）」行為という概念については Reiner Schürmann, *Heidegger on Being and Acting: From Principles to Anarchy,* Introduction and pp. 82-93を参照されたい。なお “Heidegger and the Difficulties of Postmodern Ethics and Politics” でのホワイトの議論も参照。
49. 「革命的保守派」と非難しているのは *The Political Ontology of Martin Heidegger* のピエール・ブルデューと *Heidegger and Morality,* chapter 2でのリュック・フェリーとアラン・ルノーである。リチャード・ウォーリンは *The Politics of Being: The Thought of Martin Heidegger,* chapters 1-3で同様のことを長々と述べている。こういう解釈の思想的背景，特にハイデガーがエルンスト・ユンガーに負っているものについての優れた議論は Michael E. Zimmerman, *Heidegger's Confrontation with Modernity* を参照されたい。
50. シュールマンとラクー＝ラバルトはこの点についてのアレントの企図の目的を強調したことがある。Reiner Schürmann, *Heidegger on Being and Acting* および Philippe Lacoue-Labarthe, *Heidegger, Art and Politics* 参照。

第1章

1. Arendt, *HC,* p. 17および p. 85.
2. 同頁。Arendt, “Tradition and the Modern Age,” in *BPF* 参照。

3. Arendt, *HC,* p. 86.
4. 同書，pp. 4-5, 321.
5. ハーバーマス，バーンスタイン，バカンその他多くの人々がこの結論についてアレントを批判している。
6. Aristotle, *The Politics,* I. 2, p. 28.
7. Arendt, *HC,* p. 30および *BPF,* p. 116.
8. Aristotle, *The Politics,* I. 3, p. 30.
9. 同書，I. 1, III. 9および Aristotle, *Nicomachean Ethics,* I. 7, 1098a.
10. Aristotle, *The Politics,* I. 2, p. 28.
11. 同頁。
12. 同頁。
13. Aristotle, *Physics,* in *Basic Works of Aristotle,* VIII. 7.
14. Aristotle, *The Politics,* I. 2, p. 29および *Ethics,* VIII. 8, 116a, 25.
15. Arendt, *HC,* chapter 2.
16. 同書，p. 30.
17. 同書，pp. 30-31および Arendt, *BPF,* pp. 116-117.
18. Arendt, *HC,* p. 37.
19. 同書，p. 28および Chapter 2, Section VI.
20. 同書，p. 47.
21. 同書，p. 28.
22. 同書，p. 40.
23. 同書，p. 6.
24. ハーバーマスが特にこの点を強く主張している。本書の第1章第III節を参照されたい。
25. Aristotle, *The Politics,* I. 2, p. 28.
26. 私が「自己充足性」を選ぶ理由は，第2章および第3章でアレントの実践理論の芸術的次元を検討するときに明らかになるはずである。
27. Aristotle, *Ethics,* 1097a.
28. 同書，1097b.
29. 同書，1094a.
30. たとえば Aristotle, *Ethics,* X. 6および X. 7参照。『自然学』でアリストテレスは（視覚のような）感覚の活動をそれ自身のうちに目的を含む活動だとしている。
31. Aristotle, *Ethics,* 1140b.
32. 同書，1098a および1139b.
33. 同書，1139b.
34. 同書，1140b.
35. 同書，1140a.
36. Aristotle, *The Politics,* I. 4, p. 32。アリストテレスによる道徳的価値のある活動と，必要だが道徳的には無価値な活動との区別については

96. Arendt, *HC,* pp. 154–155参照。
97. Aristotle, *The Politics,* 1.2, pp. 28–29.
98. Arendt, *HC,* p. 3.
99. Arendt, "On Humanity in Dark Times," in *MDT,* p. 24.
100. Arendt, *HC,* pp. 26–27. *OR,* p. 35参照。
101. Arendt, *HC,* p. 27.
102. 同書，p. 207.
103. Arendt, *OR,* p. 86.
104. 同書，p. 34.
105. それは政治的ではない。なぜなら最も有効な手段の問題にのみ関心を向けているからである。
106. Aristotle, *Ethics,* VI.9, 1142b, 30.
107. 同書，VI.5, 1140a, 25.
108. 同書，VI.9, 1142b, 20.
109. 同書，VI.5, 1140b, 5.
110. Arendt, *BPF,* p. 241.
111. Arendt, *HC,* pp. 57, 50.
112. Arendt, *OR,* pp. 31, 124, 246.
113. Arendt, *HC,* p. 7.
114. 同書，p. 58.
115. 同書，p. 7. アレントが討議を強調するとともに複数性に焦点を当てているだけに，それがいかにもアリストテレスに，特に『政治学』第2巻での「国家はできる限り統一されているべきだ」という「ソクラテス的な」考えに対する批判に由来するかのように見える。
116. Arendt, *OR,* p. 31.
117. 同書，p. 237.
118. Arendt, *HC,* p. 52.
119. 同書，p. 53.
120. Arendt, *MDT,* p. 24.
121. Aristotle, *Ethics,* IX.6. アレントが「共同体感覚」から生まれ，討議において実現される「親密な個人的関係ではなく政治的要求を行い世界との連関を失わない」友愛に訴えているのは，アリストテレスがポリスに認めた明確な共同性を改めて主題化したものである。しかし第3章で論じるように，実を言うと共通感覚（*sensus communis*）への訴えには，アレントとアリストテレスや共同体論者との違いが示されている。
122. Arendt, *OR,* pp. 275, 279.
123. 同書，p. 277.
124. 同書，p. 274.
125. *The Politics,* III.9ならびに *Ethics,* V.3における配分的正義に関するアリストテレスの議論を参照されたい。

126. Kateb, *Hannah Arendt,* p. 15.
127. Richard Bernstein, "Judging: The Actor and the Spectator," in *Philosophical Profiles,* pp. 220-232.
128. Beiner, *Political Judgment ;* Pitkin, "Justice: On Relating Private and Public."
129. こういう批判の最も優れた定式については，Richard Bernstein, "Rethinking the Social and the Political," in *Philosophical Profiles,* pp. 238-259参照。
130. Pitkin, "Justice," p. 336. Hill, ed., p. 315のメアリー・マッカーシーの意見を参照されたい。
131. ヴェルマーの引用は Hill, ed., p. 318による。
132. この一貫した主張の背後にある動機は第2章で明らかにするつもりだが，それが完全に明らかになるのは，ハイデガーによる製作中心主義的形而上学に対する批判という観点から見る場合に限られる。ここでは，アレントの「自己完結的」なプラクシスについての逆説的で時には猛烈な主張の意図は，西洋の哲学と政治理論の伝統におけるポイエーシスの支配から解放することである。本書第8章参照。
133. Kateb, *Hannah Arendt,* p. 17.
134. 同書，p. 16. Margaret Canovan, "Politics as Culture: Hannah Arendt and the Public Realm" 参照。
135. Kateb, *Hannah Arendt,* p. 17.
136. 同頁。
137. 同頁。
138. Arendt, *CR,* p. 142ff. アレントによると，権力は「正しく行為する能力に対応するものではなく，協調して行為する人間的能力に対応するものである。権力は決して個人の専有物ではない。権力は集団のものであり，権力が存在するのは集団が続いている場合に限られる」。それゆえ権力は，「人々の共同生活」によって生み出される，つまり強制や服従ではなく相互承認の原理にもとづく共同体によって生み出されるという点で，知力や体力や暴力や権威とは明らかに異なる。権力は「人々が共同して行為するとき人々の間に出現し，人々が姿を消すとともに消滅する」。つまり権力とは，「行為し発言する人々の間にある潜在的な出現の空間である公的領域を存在させるもの」なのである。憲法を権力のシステムとして理解すると，憲法はこうした共同行為の形式的条件を制度によって具体化したものである。それは「純然たる人間的共同生活」から生まれた根源的力の最初の現れであり，自由が「住みつき」，「感知できる世界内部の現実」となる建物の基礎なのである。
139. Arendt, *OR,* p. 125.
140. Arendt, *HC,* p. 199.
141. Arendt, *OR,* p. 35.

142. 同書，p. 255ff.
143. アリストテレスによるこういう広い意味での「憲法」の定義については *The Politics,* IV.4およびIV.11を参照されたい。
144. Kateb, *Hannah Arendt,* p. 18.
145. Arendt, *CR,* pp. 88, 95.
146. Canovan, "Politics as Culture," p. 639.
147. James Knauer, "Motives and Goal in Hannah Arendt's Concept of Political Action," p. 730.
148. Kateb, *Hannah Arendt,* p. 19.
149. Habermas, "Hannah Arendt : On the Concept of Power," in *Philosophical-Political Profiles,* pp. 172-173.
150. 同書，p. 178.
151. ジェイムズ・ナウアーは，アレントの行為概念は目的や手段という性格の否定にもとづくと解釈する人々に強烈な批判を浴びせた。彼の指摘によると，アレントでは，行為の手段という次元は否定されるというよりも二位に追いやられているのであって，行為がまともなものであれば，本質的に手段とか戦略という性格のものであってはならないが，そのことは行為には目的という性格があってはならないという意味ではない。ナウアーが言っていることは一般的なレベルの話としては確かに正しいが，これではハーバーマスによる批判は決して論破されたことにならない。アレントの概念的枠組のなかでは，政治的行為の内容を社会経済的なものと見るのはまったく不可能である。確かにすべての行為には目標がある。しかしそれを認めることはアレントの側としては，ナウアーが彼女がそうしていると考えているように，社会経済的内容を全部容認することにはならない。アレントが考えている政治的行為は社会経済的な問題を「主とする」ものではない。バーンスタインやピトキンと同様にハーバーマスが，アレントの純粋なプラクシスの概念と，社会的なものと政治的なもの，あるいは私的なものと公的なもの，さらには手段的なものとコミュニケーション的ないし討議的なものを峻別する事情との間には，構造的なつながりがあると考えているのは正しい見方である。
152. Bernstein, "Rethinking," in *Philosophical Profiles,* p. 249.
153. Martin Jay, "The Political Existentialism of Hannah Arendt," in *Permanent Exiles,* p. 242.
154. 先に（注151）指摘したように，この点でのナウアーによるアレントの再生は行き過ぎである。
155. このテーマは第2章，第3章，第6章で改めて取り上げる。
156. Bernstein, "Rethinking," in *Philosophical Profiles,* p. 249.
157. Arendt, *HC,* p. 182.
158. 同書，pp. 50, 57.
159. Arendt, Hill, ed., p. 316での引用。

160. 同書，p. 318.

第2章

1. Arendt, *HC*. p. 222.
2. Habermas, "Hannah Arendt : On the Concept of Power," in *Philosophical-Political Profiles,* p. 174. "On the German-Jewish Heritage," in *Telos,* p. 128で，ハーバーマスはアレントによるプラクシス概念の体系的な再生とアリストテレス理論そのものの「文献学的」な再生とを区別している。
3. Habermas, "Hannah Arendt," p. 173. こういうアレントの見方を展開している解釈としては，Bernstein, *Beyond Objectivism and Relativism,* part IV, pp. 207-223を参照されたい。
4. Habermas, "Hannah Arendt," p. 171.
5. 序論参照。
6. Schürmann, *Heidegger*, p. 10. "On the German-Jewish Heritage," p. 128でのハーバーマスの叙述を参照されたい。そこでハーバーマスはアレントの企図を「政治理論のためのアリストテレスのプラクシス概念の再構成」とよんでいる。
7. Arendt, *BPF,* p. 15 ; *MDT,* p. 204.
8. Arendt, *BPF,* pp. 143-171 ; *HC,* chapter 5.
9. 同書，p. 146.
10. Bernard Yack, *The Longing for Total Revolution,* pp. 71-72. ヤックはアレントが近代的自由概念を古典に読み込んだとして，これはアレントに認められる不可解なアナクロニズムだと考えている。ハーバーマスと同様に，ヤックはアレントの自己理解は，アリストテレスを十分に理解していないのに新アリストテレス主義を気取る者のそれだと考えている(そういう非難を繰り返しているものとして Yack, *The Problems of a Political Animal* 参照)。
11. Aristotle, *The Politics,* I. 1, III. 9ならびに VII.13-15. *Ethics,* I. 9参照。
12. Arendt, *HC,* p. 177.
13. Arendt, *BPF,* p. 151および *HC,* pp. 231, 234.
14. Arendt, *HC,* p. 247. ここではアレントは行為の能力は生まれたという「事実」のうちに「存在論的根元」があると述べている。*HC,* p. 9, および *BPF,* p. 167参照。
15. Arendt, *HC,* p. 178.
16. アーネスト・バーカーがアリストテレスの翻訳につけた序論 (Aristotle's *The Politics,* p. lxvii) 参照。「革新」がもっと根本的な意味を獲得するために必要な「パラダイム転換」を最もよく検討したものは今なお J.G. A. Pocock, *The Machiavellian Moment* 所収のジョン・ポーコックのものである。特に chapters II, III, VI を参照されたい。

17. Arendt, *BPF,* pp. 153–154.
18. 同書，p. 153.
19. Aristotle, *Ethics,* II 参照。
20. 同書，II. 4, 1105a, 30.
21. アレントが行為に与えている「自律」の特質は彼女の企図を把握するうえできわめて重要である。
22. Aristotle, *Ethics,* 1098a, 15.
23. Arendt, *HC,* p. 206参照。
24. 同頁および1176b.
25. 同頁。
26. 同書，1094a.
27. Arendt, *HC,* p. 207.
28. Aristotle, *Ethics,* I. 7.
29. 同書，1099b.30. Aristotle, *The Politics,* III.9も参照。
30. Aristotle, *Ethics,* V.1 および *The Politics,* I.1. Ernest Barker, *The Political Thought of Plato and Aristotle*, p. 322参照。
31. Aristotle, *The Politics,* III.12, p. 128.
32. *Ethics,* V ならびに *The Politics,* III における配分的正義に関するアリストテレスの議論を参照されたい。
33. 「理想的」ポリスに関する Aristotle's *The Politics,* Book VII を読めばこの点が納得できる。
34. たとえばW・D・ロスはこの点を強調している。彼の *Aristotle,* p. 188. 参照。注意すべきことは，（デイヴィッド・ウィギンスのような）最近の注釈家たちは緊張が現に存在する程度を疑問視している。David Wiggins, "Deliberation and Practical Reasons," in *Essays on Aristotle's Ethics,* pp. 221–240参照。
35. Arendt, *LM,* vol. 2, p. 15.
36. Arendt, *HC,* p. 196.
37. Aristotle, *Ethics,* 1168a.
38. 同書（強調はヴィラ）。
39. Arendt, *HC,* p. 196.
40. 同頁。
41. 同頁。
42. Arendt, *LM,* vol. 2. p. 62.
43. 同頁。Aristotle, *Ethics,* 1113a14–15, 1113b3–4参照。
44. Aristotle, *The Politics,* I.2.
45. Arendt, *OR,* p. 35 ; *HC,* p. 52参照。
46. Arendt, *LM,* vol. 2, p. 140.
47. Hegel, Arendt, *LM,* vol. 1, p. 139での引用。Arendt, *OR,* p. 54参照。そこでアレントは「自由は必然性の結果である」というヘーゲルのパラド

ックスを直接取り扱っている。

48. G.W.F. Hegel, *Reason in History,* p. 24.
49. Arendt, *HC,* p. 195および p. 301.
50. Aristotle, *Ethics,* 1177b.
51. 同書，1177a. Arendt, *Lectures on Kant's Political Philosophy,* p. 21参照。
52. Arendt, *LM,* vol. 1, pp. 14-15.
53. Immanuel Kant, *Critique of Pure Reason,* B xx.
54. 同書，A viii.
55. 同書，B 476.
56. Arendt, *LM,* vol. 1, p. 15.
57. 西洋形而上学に関するハイデガーの話のなかでのプラトンの位置については Martin Heidegger, "Plato's Doctrine of Truth," in *Philosophy in the Twentieth Century* を参照されたい。
58. これはプラトンはアレントの伝統の解釈では二次的な役割しか演じていないという意味ではない。ニーチェやハイデガーと同じように，アレントは激烈な反プラトン主義者だと言っていい（本書第3章参照)。プラトンの定式は西洋政治哲学の伝統における行為の理解に決定的影響を与えた。しかし製作の経験を行為（プラクシス）の「純粋な」概念に持ち込んで，目的主導型の考え方を作り上げるのに最も貢献したのはアリストテレスである。"What Is Authority?" in Arendt, *BPF,* pp. 104-114, 115-120参照。
59. Arendt, *BPF,* p. 118.
60. 同頁。
61. Aristotle, *The Politics,* 1328a, 35. アレントは *BPF,* p. 116でこの箇所を引いている。
62. Aristotle, *The Politics,* III.4. VII, 14も参照。そこには「国家を構成する人々の集まりはすべて支配者と被支配者から成り立っている」と書かれている。
63. Arendt, *BPF,* p. 117.
64. Arendt, *HC,* p. 222.
65. Arendt, *BPF,* p. 118.
66. 同頁。
67. Aristotle, *Ethics,* X.9, 1180a, 1-5参照。リチャード・マルガンはこの点でのアリストテレスの「権威主義」を詳しく論じている。Richard Mulgan, *Aristotle's Political Theory,* p. 79ff 参照。
68. したがって *Political Judgment* でのベイナーの説明は誤解を与えかねない。政治特有の目標はアリストテレス的な討議概念でのレトリックを使って設定できるが，共同体そのものの大きな目的はそうはいかない。そういう目的はレトリカルな言葉の力では設定できないからである。

69. Arendt, *CR,* p. 150.
70. Arendt, “The Concept of History,” in *BPF,* p. 76参照。この観点をハーバーマスの “The Classical Doctrine of Politics in Relation to Social Philosophy,” in *Theory and Practice* における観点と比較されたい。
71. Arendt, “What Is Authority?” in *BPF,* p. 119（「教育の分野から取られた実例の政治的妥当性ほど疑わしいものはない」）参照。
72. Arendt, *Lectures on Kant's Political Philosophy,* pp. 69-72参照。
73. たとえば Ronald Beiner の “Interpretive Essay,” in Arendt, *Lectures on Kant's Politcal Philosophy,* pp. 137-138の論評を参照されたい。そこでベイナーは新アリストテレス主義的視点からアレントがカントに転換したと批判している。
74. Arendt, “On Humanity in Dark Times,” in *MDT,* p. 30.
75. Arendt, *HC,* p. 206. 無論すべての行為には目的と動機がある。Arendt, *OR,* p. 98参照。「確かに，どういう行為にも目標や原理があるように動機がある」。
76. Arendt, *HC,* p. 206.
77. 技術的な意味については Jean-François Lyotard, *The Postmodern Condition : A Report on Knowledge,* pp. 41-53の議論を参照。
78. Arendt, *BPF,* p. 153.
79. Arendt, *BPF,* p. 154.
80. 同書，pp. 152-153.
81. 同書，p. 153.
82. 同書，p. 154. *HC,* p. 187参照。
83. Arendt, *BPF,* p. 154.
84. 同頁。
85. Arendt, *OR,* pp. 237-239.
86. Arendt, *HC,* pp. 198-199.
87. 同書，p. 205.
88. 同書，p. 206.
89. 同書，pp. 41, 42.
90. 同書，p. 41.
91. 同書，pp. 25, 194.
92. Arendt, *HC,* p. 74ff. 参照。同情を中心にした似たような議論が Arendt, *OR*（chapter 2, section 3）にも見られる。そこではルソーとフランス革命を論じながら，アレントは同情を特に反政治的な美徳としている(pp. 86-87)。彼女の論法はマキアヴェリが『君主論』の第15章と第19章で使っているものに似ている。そこでは個人の美徳は，政治家が発揮する場合には破滅的な結果をもたらしかねないと言われている。
93. Arendt, *BPF,* p. 137.

94. Arendt, *HC,* p. 77.
95. Kateb, *Hannah Arendt,* p. 32参照。ピトキン，バカン，ジェイ，オサリヴァンも同様のことを主張している。
96. Machiavelli, *The Prince,* chapter VII.
97. 無論アレントには，出現の政治あるいは意見の政治が欺瞞の政治やイメージ作りの政治に堕落しかねないことはわかっている。特に『過去と未来の間』の「真理と政治」を参照されたい。彼女がマキアヴェリのヴィルトゥを引き合いに出しているのはマキアヴェリが権力や欺瞞を強調することを否定するためではなくて，彼の政治理論を「戦略的」だとする普通の見方では見落とされているヴィルトゥの側面を明らかにするためである。別の文脈で（"What Is Authority?" in *BPF,* pp. 139-140），アレントは「近代革命の先駆者」としてマキアヴェリをあげているが，それはマキアヴェリがロベスピエールと同じように，（共和国の建設という）「最高目的」にもとづいてあらゆる手段を正当化した点だけについて述べていることである（*OR,* pp. 37-39参照）。
98. Habermas, *Theory and Practice,* p. 50. ウォーリン，ピトキン，ポーコックもこのことがマキアヴェリの「近代性」の核をなす一面であると指摘している。
99. Kateb, *Hannah Arendt,* p. 31.
100. 同書，p. 33.
101. 同頁。
102. Arendt, *HC,* p. 77.
103. 同書，p. 75.
104. Arendt, *OR,* chapter 2, section 3.
105. 同書，pp. 86-87.
106. 同書，pp. 97-98.
107. 同書，p. 82.
108. Arendt, *HC,* p. 77.
109. マキアヴェリによるアガトクレスとオリヴェロットについての考察を参照されたい（*The Prince,* chapter VIII）。名声と邪悪さないし卑しさとの矛盾に関する見解については Machiavelli, *The Discourses,* book I, chapter X 参照。マキアヴェリによる名声と共通善との結びつきについては，*The Discourses,* book I, chapter LVIII を参照されたい。
110. Machiavelli, *The Prince,* chapters XV to XVIII.
111. ここでの議論は Sheldon Wolin, *Politics and Vision,* chapter 7に負うところがある。
112. Weber, "Politics as a Vocation," in *From Max Weber,* pp. 117, 123参照。
113. 同書，p. 129.
114. 『全体主義の起源』でのテロルの分析に明らかなように，アレントはこ

ういう力を心得ている。しかしマキアヴェリや（それほどではないが）ウェーバーが言うような「経費／利得」という観点でこの問題を見ることはふつうは拒否している。その例外は「暴力について」（*CR,* p. 106）と「ブロッホ論」（*MDT,* pp. 147-148）に見られる。なお “Truth and Politics,” in *BPF,* p. 245も参照。そこでは彼女の立場はマキアヴェリの独特の政治的倫理の考え方に近いが，*Lectures on Kant's Political Philosophy,* pp. 50-51も参照されたい。

115. Arendt, “On Violence,” in *CR,* p. 106.
116. 同頁。
117. Kateb, *Hannah Arendt,* p. 39.
118. アレントはある程度，自分の「演劇的」な政治観には反論のあることを予想していて，行為に対する基礎づけによらない参照基準である「原理」に訴えている。アレントによると，原理とは「行為の正当な指導原理」であり，「自発的に始める行為」を救うものとされている。行為が一つの原理の表現である限り，すなわち，行為の出現が世界に原理が現れることにほかならない限り，行為は単なる卓越した技量の顕示以外のものとなり，個人に限定されない有意義な「客観的」現象となる（Arendt, *BPF,* p. 152）。p. 243も参照。この箇所では，「人間的行為を促し，人間的行為において表現される自由や正義や名誉や勇気といった政治の原理」とアレントは書いている。
119. Seyla Benhabib, “Judgment and the Moral Foundations of Politics in Hannah Arendt's Thought,” in *Situating the Self* および Habermas, “Hannah Arendt : On the Concept of Power,” in *Philosophical-Political Profiles* を参照されたい。
120. J. Glenn Gray, “The Abyss of Freedom—and Hannah Arendt,” in *The Recovery of the Public World.*
121. James Miller, “The Pathos of Novelty : Hannah Arendt's Image of Freedom in the Modern World,” in Hill, ed.
122. 同書，p. 192.
123. アレントを「不本意な近代主義者」だとする *The Reluctant Modernism of Hannah Arendt* におけるベンハビブの記述を参照されたい。
124. Judith Shklar, “Rethinking the Past,” p. 90.
125. 同頁。
126. Arendt, *Lectures on Kant's Political Philosophy,* p. 19.
127. Arendt, *BPF,* p. 164.
128. 同書，p. 151.
129. Arendt, *BPF,* p. 155. 第 4 章参照。
130. 同書，pp. 157, 165.
131. Arendt, *Kant Lectures,* pp. 21-24, 27-30.
132. 同書，p. 19.

133. 同書，p. 75および Arendt, “The Crisis in Culture,” in *BPF,* p. 223。ベイナーがハーバーマス系の人々と同様に，こうした格下げを行っているのは興味深い。ベイナーの “Interpretive Essay,” Arendt, in *Kant Lectures,* p. 112参照。
134. Arendt, *Kant Lectures,* p. 61.
135. 同書，pp. 20, 27.
136. Patrick Riley, “Hannah Arendt on Kant, Truth and Politics.”
137. 同書，p. 384.
138. Arendt, “Crisis in Culture,” *BPF,* p. 219参照。
139. Arendt, *MDT,* p. 27.
140. “What Is Authority?” in Arendt, *BPF* および本書第 3 章と第 4 章を参照されたい。
141. Arendt, *BPF,* p. 220.
142. G.W.F. Hegel, *Philosophy of Right,* Introduction, note to §29.
143. Plato, “Gorgias,” in *Collected Dialogues,* p. 482. Arendt, *BPF,* p. 220参照。
144. Arendt, *Kant Lectures,* p. 37.
145. Immanuel Kant, *Groundwork of the Metaphysics of Morals,* p. 114.
146. Hegel, *Philosophy of Right,* pp. 89-90.
147. Kant, *Groundwork,* p. 98.
148. Kant, *Political Writings,* pp. 73-79参照。
149. 同書，p. 125.
150. 同書，pp. 55-59（“What Is Enlightenment?”）および Arendt, *Kant Lectures,* pp. 38-41.
151. Arendt, *Kant Lectures,* pp. 15-16.
152. Kant, *Groundwork,* p. 61.
153. Kant, *Political Writings,* p. 41.
154. 同書，p. 42.
155. 同書，p. 88. Arendt, *Kant Lectures,* pp. 50, 59参照。
156. Arendt, *BPF,* pp. 82, 83.
157. Arendt, *Kant Lectures,* p. 52.
158. Arendt, *BPF,* p. 78.
159. 同頁。
160. 同書，p. 79. p. 243も参照。
161. Arendt, *CR,* pp. 128-130. Walter Benjamin, “Theses on the Philosophy of History,” in *Illuminations* 参照。
162. Arendt, *OR,* pp. 51-52.
163. Hegel, *Reason in History,* p. 47参照。
164. Arendt, *OR,* pp. 54, 62-63および *CR,* p. 132.
165. Arendt, *OR,* p. 58.

166.「敗北に終わった運動」を重視するカトーをアレントが繰り返し引用するのはこのためである。
167. Arendt, *BPF,* pp. 220-221.
168. Seyla Benhabib, "Moral Foundations," in *Situating the Self,* p. 132.
169. 同書，pp. 121, 140.
170. Arendt, *Kant Lectures,* p. 15.
171. Benhabib, "Moral Foundations," in *Situating the Self,* p. 136.
172. 同書，pp. 124, 139.
173. 同書，pp. 141, 139.
174. 同書，p. 121.
175. この点では，*Critique, Norm, and Utopia,* pp. 244-245でのベンハビブの言い方には同意できない。
176. Habermas, "Hannah Arendt on the Concept of Power," in *Philosophical-Political Profiles,* p. 172（強調はヴィラ）。
177. 同頁。
178. Habermas, *The Structural Transformation of the Public Sphere,* pp. 117-129および Benhabib, *Critique, Norm, and Utopia* 参照。
179. Arendt, *MDT,* p. 27. Habermas, "On the German-Jewish Heritage," p. 128参照。そこでハーバーマスは「相互主観性の統一力」ということを述べている。ルソーと同様ハーバーマスにとっても，妥当性は結局，普遍化可能性のうちにあるのだ。これは彼の *Legitimation Crisis* を見れば明らかである。
180. Thomas McCarthy, *Critical Theory of Jürgen Habermas,* pp. 307-317の議論を参照されたい。
181. Lyotard, *Postmodern Condition,* pp. 60-67参照。
182. Richard Rorry, "Habermas and Lyotard on Postmodernity," in Bernstein, ed., *Habermas and Modernity.*
183. Habermas, "Hannah Arendt," in *Philosophical-Political Profiles,* p. 184.
184. 同書，p. 185.
185. 第3章参照。
186. Habermas, "Hannah Arendt," in *Philosophical-Political Profiles,* p. 184.
187. Habermas, "German-Jewish Heritage," p. 129参照。なお Habermas, *Legitimation Crisis,* p. 108も参照。
188. Arendt, *Kant Lectures,* pp. 38-39. 普通仕組まれた「政治劇」であるどういう種類の「公開裁判」にも，アレントが反対であることは言っておかねばならない。Arendt, *Eichmann in Jerusalem,* pp. 3-12参照。
189. Arendt, *Kant Lectures,* p. 37.
190. Arendt, *CR,* pp. 58-59. Gregory Vlastos, "Socrates on Political Obedi-

ence and Disobedience." 参照。

191. Rousseau, *Social Contract,* book III, chapter XV および Arendt, *OR,* chapter 6参照。

192. Rousseau, *Social Contract,* book I, chapters I, V および VIII 参照。なお Canovan, "Arendt, Rousseau, and Human Plurality in Politics", pp. 287-289参照。

193. ここでのアレントの解釈は，マウリツィオ・ヴィローリのようにルソーが市民共和主義から影響を受けていることを強調する人々とは異なる。Viroli, *Jean-Jacques Rousseau and the Well-Ordered Society* 参照。

194. Arendt, *OR,* p. 77.

195. Rousseau, *Social Contract,* book I, chapter VI. 提携に見られる契約／主権権力が作り出される構造に関する正反対の見解として Hobbes, *Leviathan,* chapter 17, p. 227を参照されたい。

196. Rousseau, *Social Contract,* book I, chapter VI.

197. 同書，book II, chapter III.

198. 同書，book IV, chapter II.

199. 同書，p. 114.

200. Arendt, *OR,* p. 78.

201. 同書，pp. 78-79.

202. Canovan, "Arendt, Rousseau, and Human Plurality," p. 201参照。ルソーの立法投票についての記述は Rousseau, *Social Contract,* p. 118を参照されたい。

203. Arendt, *OR,* p. 79.

204. Arendt, *BPF,* p. 164.

205. Miller, "The Pathos of Novelty," in Hill, ed., p. 191.

206. 同書，p. 192.

207. *OR,* pp. 165-178でのアレントの独立宣言の解釈を参照されたい。

208. Miller, "The Pathos of Novelty," in Hill, ed., p. 198.

209. 同書，pp. 190-191.

210. 同書，p. 194. なお p. 202でミラーは社会契約論の「個人主義」への激しい敵意を示している。

211. Beiner, "The Moral Vocabulary of Liberalism" 参照。

212. Arendt, "On Humanity in Dark Times," in *MDT.*

213. 同書，p. 16.

214. 同書，p. 27.

第 3 章

1. Beiner, "Interpretive Essay," in Arendt, *Kant Lectures,* p. 104.

2. これは議論の余地のある主張であって，多くのアレント研究者にすぐ賛同されるものではない。多くの研究者は討議における判断は，時間的に

も空間的にも離れている傍観者のくだす，意味創造的で救済をもたらす判断とは非常に異なると考えている。ここに含まれている問題を要約したものとして Beiner's “Intepretive Essay,” in Arendt, *Kant Lectures* と Bernstein, *Philosophical Profiles* 所収の “Judging—the Actor and the Spectator” を参照されたい。

3. Arendt, *HC,* p. 7.
4. 同書，pp. 175, 182.
5. Arendt, *LM,* vol.2, p. 200.
6. Arendt, *BPF,* p. 146.
7. 同頁。アレントがモンテスキューに従って主張する哲学的自由と政治的自由との区別については *LM,* vol. 2, p. 200も参照されたい。
8. 同書，p. 153.
9. Arendt, *HC,* pp. 182-184.
10. Arendt, *BPF,* p. 151.
11. Arendt, *HC,* p. 176.
12. 同書，p. 190.
13. 同頁。この後にアレントは「行為と受難は表裏一体である」と書いている。
14. この点については Arendt, “What Is Freedom?” in *BPF,* p. 164参照。なお Arendt, *Lectures on Kant's Political Philosophy,* p. 55も参照されたい。そこでアレントは観想の立場から見た行為の「非自律的」な特徴を論じている。
15. Arendt, *HC,* p. 195.
16. 同書，p. 222.
17. 同書，p. 234.
18. 同書，p. 235.
19. 同書，p. 220,
20. 同書，p. 222.
21. 同書，p. 225. Arendt, “What Is Authority?” In *BPF,* pp. 107-115および *Lectures on Kant's Political Philosophy,* pp. 59-60も参照。
22. Arendt, *HC,* p. 225.
23. 同書，p. 229および p. 225.
24. 同書，section 26.
25. Arendt, *BPF,* p. 137.
26. 同書，p. 135.
27. Arendt, *HC,* p. 57および p. 199.
28. 同書，pp. 184-186.
29. Arendt, *BPF,* p. 151.
30. 同頁。
31. 同頁。

32. Arendt, *HC,* pp. 190, 192.
33. 同書，p. 184.
34. 同書。
35. Kateb, *Hannah Arendt,* chapter 1.
36. Arendt, *HC,* p. 197.
37. 同書，p. 198.
38. 同書，pp. 197–198.
39. 同書，pp. 198–199.
40. Nietzsche, *The Genealogy of Morals,* I,13.
41. 同節。
42. 同節。
43. この定式は Gilles Deleuze, *Nietzsche et la philosophie* による。
44. Alexander Nehamas, *Nietzsche,* chapter 6参照。
45. Arendt, *Human Condition,* chapter 4.
46. 同頁。ニーチェは自己を行為や意欲や思考とは別個のものでそれらに先立つ統一体，つまり実体／主体と見る考え方の根源は言葉の「幼稚なフェティシズム」だと見ている。Nietzsche, *Twilight of the Idols,* p. 38参照。
47. Arendt, “Tradition and the Modern Age,” in *BPF* ; Nietzsche, *The Will to Power,* part I, “European Nihilism.”
48. Deleuze, *Nietzsche et la philosophie,* pp. 137–139. Nietzsche, *Genealogy,* I, 10も参照されたい。
49. Nietzsche, *Genealogy,* I, 13.
50. 同節。
51. Nietzsche, *Genealogy,* III, 13. ネハマスはこのように恥ずかしく思わせることを「奴隷道徳の主要な目的」とよんでいる。Nehamas, *Nietzsche : Life as Literature,* p. 126参照。
52. 『悲劇の誕生』でニーチェは「理解によって行為は命を失う」と言っている。
53. Nietzsche, *Genealogy,* II, 16.
54. 同書，I, 12.
55. Nietzsche, *Beyond Good and Evil,* section 199.
56. Arendt, *HC,* p. 194.
57. 同書，p. 43.
58. Nietzsche, *Beyond Good and Evil,* section 225参照。
59. Arendt, *HC,* p. 179.
60. 同書，p. 175.
61. 同書，p. 176.
62. 同書，p. 176（強調はヴィラ）。
63. 同書，p. 178.

64. 同頁。
65. 同書, pp. 178-179.
66. 同書, p. 179.
67. たとえば Pitkin, "Justice," in *Political Theory* ; Jay, "The Political Existentialism of Hannah Arendt," in *Permanent Exiles* および O'Sullivan, "Hellenic Nostalgia" 参照。
68. 表出主義的な考え方の優れた説明としては Charles Taylor, *Hegel,* pp. 16-50参照。
69. 第2章第III節参照。
70. したがって, 労働する動物の「世界喪失」は文字通りの自己喪失でもあるのだ。この点については *OR,* pp. 96-98の分裂したルソー的な「本来的自己」に関するアレントの議論を参照されたい。Kateb, *Hannah Arendt,* pp. 8-13も参照。
71. 多様性としての主体という考え方については Friedrich Nietzsche, *The Will to Power,* sections 490および488参照 (*Beyond Good and Evil,* section 12も参照)。ホーニッグは, アレントが伝統の「潜在的一元論」に対して人間の能力の明らかな多様性を肯定している *The Life of the Mind* の一節を引いて, アレントはニーチェの「政治的な」自己概念を共有していると主張している ("Arendt, Identity and Difference," p. 485参照)。不幸なことに, プラトンの霊魂論やカントの能力概念については同じことは言えない。アレントは人間の内的な多様性を肯定しているが, ホーニッグが「断片化した」あるいは多様である自己を積極的に評価する仕方は, アレントは疑わしいと考えると思われる。"Thinking and Moral Considerations," in *Social Research* でのアレントの議論参照。ニーチェの「自己の政治的メタファー」についての優れた議論は Alexander Nehamas, *Nietzsche : Life as Literature,* pp. 177-186に見られる。
72. Arendt, "Philosophy and Politics," p. 86.
73. 同頁。
74. 同書, p. 88.
75. Arendt, *BPF,* p. 153.
76. Arendt, *OR,* pp. 106-107.
77. Arendt, *HC,* pp. 184-188.
78. Nietzsche, *Gay Science,* section 290.
79. Nehamas, *Nietzsche,* p. 186.
80. Arendt, *OR,* pp. 106-108.
81. Nehamas, *Nietzsche,* p. 186. 無論これは少なくともニーチェの場合には問題の一面にすぎない。ニーチェは自分には観衆はいないこと, そして自分自身の基準に依拠することを強調している。
82. Arendt, *HC,* p. 184.

83. 同書，p. 179.
84. 同書，pp. 184-185.
85. Nietzsche, *Genealogy,* Preface, I.
86. Arendt, *HC,* p. 180.
87. 同書，pp. 52-53 ; Arendt, *MDT,* pp. 4-11.
88. Arendt, *HC,* p. 52.
89. 同書，p. 182.
90. 同書，pp. 134, 137. 本書の第 1 章第 II 節も参照。
91. 同書，pp. 182-183.
92. 同書，p. 51.
93. 同書，p. 154.
94. 同頁。
95. Arendt, *BPF,* p. 218.
96. Arendt, *HC,* p. 199.
97. Arendt, *OR* p. 98.
98. Arendt, *BPF,* pp. 154-155.
99. 同書，p. 154.
100. Arendt, *HC,* p. 199 ; *MDT,* p. 4.
101. Arendt, *HC,* p. 57.
102. 同頁。
103. 同頁。
104. 同頁。
105. Arendt, *OR,* pp. 268-269 ; *MDT,* pp. 26-27 ; "Philosophy and Politics," pp. 80-81 ; *BPF,* pp. 241-242.
106. Arendt, "Philosophy and Politics," p. 80.
107. 同頁。
108. 同頁。
109. 同書，pp. 73-80 ; *BPF,* pp. 239-247. 哲学による「人事の領域の軽視」についてのアレントの分析の要点は *Lectures on Kant's Political Philosophy,* pp. 21-27を参照されたい。そこでアレントはニーチェに最も近づいている。人間の条件への哲学のルサンチマンというテーマが，そこには実に明確に示されている。
110. Arendt, *BPF,* p. 233.
111. 同書，p. 241.
112. Arendt, "Philosophy and Politics," pp. 90-91 ; *BPF,* pp. 107-115.
113. Arendt, "Philosophy and Politics," p. 74.
114. Arendt, *BPF,* p. 233.
115. Arendt, *MDT,* p. 27.
116. Arendt, "Philosophy and Politics," p. 81.
117. Arendt, *BPF,* pp. 233-234 ; *MDT,* pp. 26-27.

118. Arendt, *BPF,* p. 238.
119. 同書，pp. 252-259.
120. 同書，pp. 246-247.
121. 同書，p. 247.
122. Arendt, "On Violence," in *CR,* p. 140.
123. Arendt, *CR,* p. 139および *BPF,* pp. 162-163参照。
124. Nietzsche, *Genealogy,* 1,13なお *Twilight of the Idols,* p. 38. Nehamas, *Nietzsche,* p. 121も参照。
125. Nietzsche, *Genealogy,* III, 23.
126. Jean-François Lyotard, *Just Gaming,* pp. 23-25. Arendt, "What Is Authority?" in *BPF,* p. 115参照。
127. Deleuze, *Nietzsche,* pp. 19-34.
128. Nietzsche, *Genealogy,* III, 12.
129. Nietzsche, *The Will to Power,* pp. 3-4.
130. Michel Haar, "Nietzsche and Metaphysical Language," in *The New Nietzsche,* p. 14.
131. Alphonso Lingis, "The Will to Power," in *The New Nietzsche,* p. 38. *The Life of the Mind*（以下 *LM* と略記), I, p. 24の，物自体を重視するカントの偏見についてのアレントの議論を参照されたい。
132. Nietzsche, *The Gay Science,* p. 125.
133. Tracy Strong, *Friedrich Nietzsche and the Politics of Transfiguration,* p. 77.
134. Arendt, *BPF* の "Tradition and the Modern Age" および "What Is Authority?" 参照。
135. Nietzsche, *Birth of Tragedy,* p. 29; Arendt, *OR,* p. 281. なお Arendt, *Lectures on Kant's Political Philosophy,* p. 23も参照。
136. Arendt, *HC,* pp. 154-157.
137. Arendt, "Philosophy and Politics," p. 82.
138. ハーバーマスにとっては，ニーチェが美的判断力に頼るのは純然たる非合理主義にひとしい。Habermas, *The Philosophical Discourse of Modernity,* p. 127参照。
139. Lyotard, *The Postmodern Condition,* p. 10; Michel Foucault, *Power/Knowledge,* pp. 93-108, 131-133; Gilles Deleuze, *Nietzsche et la philosophie,* pp. 84-95参照。
140. Nietzsche, *Genealogy,* II, 3.
141. Theodor Adorno and Max Horkheimer, "The Concept of Enlightenment," in *Dialectic of Enlightenment*; Michel Foucault, *Discipline and Punish.*
142. Peter Sloterdijk, *Thinker on Stage,* p. x.
143. これはデューズの言葉である。Peter Dews, *Logics of Disintegration,*

p. 160参照。

144. Nietzsche, *Genealogy,* II, 2および *Beyond Good and Evil,* section 188.
145. 同頁。Deleuze, *Nietzsche,* p. 157参照。
146. Nietzsche, *Twilight,* p. 92. ニーチェによるゲーテに関する有名な記述も参照されたい（pp. 102-103)。
147. Nietzsche, *Genealogy,* II, 12.
148. 同節。
149. 同節。
150. ネハマスは *Nietzsche : Life as Literature* でこの側面を強調している。
151. *Consequences of Pragmatism,* pp. 151-154でリチャード・ローティが言う「頑固な原典主義者」という概念を参照されたい。
152. Nietzsche, *Twilight,* p. 40（「われわれは真実の世界を廃止した。その後にどういう世界が残っているだろうか。もしかすると現象の世界が残っているのだろうか。……そうではない。真実の世界とともにわれわれは現象の世界も廃止したのだ！」)。
153. Arendt, *BPF,* p. 218.
154. 同書，p. 219.
155. Nietzsche, *Beyond Good and Evil,* section 24.
156. Arendt, *BPF,* p. 219.
157. Immanuel Kant, *Critique of Judgment,* p. 15.
158. 同書，pp. 42, 43.
159. Nietzsche, *Twilight,* pp. 71, 72.
160. Arendt, *BPF,* p. 210.
161. 同頁。
162. 同頁。
163. 同頁。
164. Arendt, *BPF,* p. 210.
165. 同頁。
166. 同書，p. 222.
167. Kateb, *Hannah Arendt,* chapter 1参照。
168. Arendt, *HC,* chapter 1. Arendt, *Lectures on Kant's Political Philosophy,* pp. 55-59も参照。
169. Arendt, *BPF,* p. 241.
170. 同頁。Arendt, *Lectures on Kant's Political Philosophy,* p. 43参照。
171. Kant, *Critique,* p. 136.
172. Arendt, *BPF,* p. 241.
173. Nietzsche, *Genealogy,* III, 12. Arendt, *Lectures on Kant's Political Philosophy,* p. 43参照。
174. Foucault, "Nietzsche, Genealogy and History," in *The Foucault Reader* および Jacques Derrida, "Structure, Sign and Play," in

Writing and Difference, pp. 278-295.
175. Kant, *Critique of Judgment,* p. 136.
176. Nietzsche, *Genealogy,* III, 11および "On Truth and Lie," in *Philosophy and Truth,* p. 79. Arendt, *Lectures on Kant's Political Philosophy,* pp. 65-72も参照されたい。
177. Max Weber, "Science as a Vocation," in *From Max Weber*, pp. 152-153.
178. Lyotard, *Postmodern Condition,* p. 26および *Just Gaming*, p. 58.
179. Nietzsche, *Beyond Good and Evil,* section 151.
180. Kant, *Critique of Judgment,* section 20.
181. 同書，p. 74. Arendt, *Lectures on Kant's Political Philosophy,* pp. 63-64参照。
182. Kant, *Critique of Judgment,* section 40.
183. Arendt, *BPF,* p. 221.
184. 同頁。Beiner, "Interpretive Essay," in *Kant Lectures,* p. 119（「〈趣味〉の問題では自分一人で判断することは決してない。というのは判断という活動には常に自分の判断をコミュニケートする義務が含まれているからである」）参照。
185. Arendt, *BPF,* p. 221.
186. 同書，p. 222.
187. 同書，p. 221.
188. 同書，p. 222.
189. 同頁。
190. 同頁。Arendt, *Lectures on Kant's Political Philosophy,* p. 72参照。
191. Arendt, *BPF,* pp. 221-222.
192. Lyotard, *Just Gaming,* p. 16. しかし14頁では，リオタールは彼が「モダニティ」とよぶものでの共通感覚の可能性を否定し，趣味判断を近代以前のものや普遍的なものに結びつけている。
193. Jürgen Habermas, *Legitimation Crisis,* p. 110.
194. Arendt, *BPF,* p. 241.
195. 同書，p. 227.
196. 同書，p. 218. この点では，Arendt, *Kant Lectures,* pp. 151, 155での判断力の存在論的意義に関するベイナーの発言を参照されたい。
197. Arendt, *BPF,* pp. 216-218.
198. 同書，pp. 153-154, Nietzsche, *Genealogy* 11, 17参照。
199. Lacoue-Labarthe, *Heidegger, Art and Politics,* p. 66.
200. Arendt, *BPF,* p. 217.
201. このテーマは第7章と第8章で，特にハイデガーとの関連で改めて取り上げる。
202. Arendt, "Tradition and the Modern Age," in *BPF* 参照。なお Arendt,

"Thinking and Moral Considerations," *Social Research,* p. 25の「転倒されたプラトンもなおプラトンである」という言葉も参照されたい。

203. Arendt, *BPF,* pp. 28-30.

第4章

1. Arendt, *MDT,* p. 204.
2. Arendt, *OR,* p. 124.
3. Jacques Taminiaux's "Arendt, disciple de Heidegger?" 参照。
4. Arendt, *BPF,* p. 163参照。
5. Martin Jay, "Political Existentialism of Hannah Arendt," in *Permanent Exiles* ; Luc Ferry and Alain Renaut, *Heidegger and Modernity* ; Richard Wolin, *The Politics of Being.*
6. Leo Strauss, "An Introduction to Heideggerian Existentialism," in *The Rebirth of Classical Political Rationalism.*
7. Leo Strauss, "What Is Political Philosophy?" in *What Is Political Philosophy? and Other Studies,* pp. 26-27.
8. Jay, *Permanent Exiles,* pp. 240-242.
9. Schürmann, *Heidegger on Being and Acting,* p. 6.
10. Arendt, *BPF,* pp. 97, 104-105, 141.
11. 同書, pp. 104-115.
12. Lacoue-Labarthe and Nancy, *Rejouer le Politique,* p. 14.
13. Richard Rorty, "The Priority of Democracy to Philosophy" および "Postmodern Bourgeois Liberalism." いずれも *Objeccivity, Relativism, and Truth* 所収。
14. Arendt, *HC,* p. 229.
15. Arendt, *BPF,* pp. 157-158.
16. 同書, p. 148.
17. 同書, pp. 162-165。本書第2章も参照。
18. Arendt, *BPF,* pp. 160-161 ; *LM* II, pp. 198-199,
19. Arendt, *BPF,* p. 169.
20. Arendt, *LM,* II, pp. 29, 205 ; Kant, *Critique of Pure Reason,* B 478.
21. Arendt, *LM,* II, p. 196.
22. 同書, p. 207.
23. 同書, p. 198.
24. 同書, p. 216.
25. Arendt, *LM,* II, pp. 31, 135-141, 195 ; *BPF,* p. 167.
26. この言い方は Taminiaux's "Arendt, disciple de Heidegger?" から借用した。
27. Martin Heidegger, *Schelling's Treatise on the Essence of Human Freedom,* p. 9.

28. Frederick Dallmayr, "Ontology of Freedom : Heidegger and Political Philosophy," pp. 220-224.
29. Heidegger, *Basic Writings,* p. 128.
30. 第 2 章および第 3 章参照。なお Schürmann（1987）および White（1990）の議論も参照されたい。
31. Arendt, *BPF,* pp. 152, 151. この連関で大事なのは，初期と中期でのハイデガーの自由の「存在論的」把握とアレントが後期ハイデガーの「意志しようとしない意志」と言うものとを区別することである。第 7 章参照。
32. 『存在と時間』を「非政治的」とか「反政治的」と見る見方に関する議論については第 7 章を参照されたい。
33. Hannah Arendt, "What Is *Existenz* Philosophy?"
34. Hannah Arendt, "Concern with Politics in Recent European Philosophy," in *Essays in Understanding,* p. 432.
35. 同書，p. 443, and *LM* II, p. 200.
36. Arendt, *Essays in Understanding,* p. 432.
37. Heidegger, *Being and Time,* §12, p. 78 ; *Sein und Zeit*（以下 *SZ* と略記）, p. 53.
38. Heidegger, *Being and Time,* §44.
39. Heidegger, *Being and Time,* §13, pp. 90, 67 ; *SZ,* pp. 62, 43. L. P. Hinchman and S. K. Hinchman, "In Heideggers' Shadow," p. 190 も参照。
40. 同書，§14, p. 92 ; *SZ,* p. 64.
41. 同書，§15, p. 97 ; *SZ,* p. 62.
42. 同書，§15, p. 99 ; *SZ,* p. 69.
43. 同書，§15, p. 98 ; *SZ,* p. 69.
44. これが社会科学では広く認められている一般的な解釈である。Charles Taylor, *Philosophy and the Human Sciences : Philosophical Papers,* vol. 2 に収められている "Interpretation and the Sciences of Man" という論文を参照されたい。
45. Karsten Harries, "Fundamental Ontology and the Search for Man's Place," in *Heidegger and Modern Philosophy.*
46. Heidegger, *BT,* §16, p. 103 ; *SZ,* p. 73.
47. Heidegger, *BT,* §16, p. 105.
48. 同書，§25, p. 150 ; *SZ,* p. 114.
49. Heidegger, *BT,* §25, p. 150. ハーバーマスはこの点をハイデガーに残っている主観主義の表れと見て強調している。Habermas, *The Philosophical Discourse of Modernity,* chapter VI および本書第 7 章を参照されたい。
50. Heidegger, *BT,* §25, p. 152 ; *SZ,* p. 116.

51. 同書，§25, p. 155 ; *SZ,* p. 118. *BT,* p. 156も参照されたい。そこでハイデガーは孤立した存在を共同存在の不完全な形態とみなしている。
52. Arendt, *HC,* pp. 9–10.
53. Arendt, "Rejoinder to Eric Voegelin's Review of *The Origins of Totalitarianism,*" pp. 68–76参照。フェーゲリンがアレントの意図をいかに捉え損なっているかをヒンチマンは正しく把握している。"In the Shadow of Heidegger : The Phenomenological Humanism of Hannah Arendt," pp. 184–185参照。なお Arendt, *OT,* pp. 458–459も参照されたい。
54. Arendt, *HC,* p. 7.
55. Heidegger, *BT,* §28, p. 170 ; *SZ,* p. 132.
56. Heidegger, *BT*, §28, p. 170.
57. 同頁。Harries, "Fundamental Ontology and the Search for Man's Place," p. 68および Arendt's preface to *BPF* も参照。
58. Heidegger, *BT,* §28, p. 171 ; *SZ,* p. 132.
59. 同書，§43, p. 245 ; *SZ,* p. 201.
60. 同書，§28, p. 171 ; *SZ,* p. 133.
61. 同書，§43, p. 255 ; *SZ,* p. 212. および *BT,* pp. 269, 272（「[存在者でなくて]〈存在〉は真理がある限りでのみ〈存在する〉ものである。そして真理は現存在がある限りでのみ，またその間だけしか存在しない」）参照。
62. R. Wolin, *The Politics of Being*（以下 *POB* と略記）, p. 149参照。
63. ここでの私の解釈はR・ローティによる示唆にもとづく。R. Rorty, *Essays on Heidegger and Others* を参照されたい。
64. Heidegger, *BT,* §44, p. 263 ; *SZ,* p. 220.
65. Heidegger, *BT,* §44, p. 263.
66. 同書，pp. 260–261 ; *SZ,* pp. 218–219. したがってたとえばニュートン物理学の法則がギリシア的な〈存在〉理解にもとづいて捉えられるとは考えられない。ハイデガーはニュートンの法則を自然「そのもの」，すべての説明に先立つ自然を正しく説明するものだとか自然に対応するものだと考えるのを止めさせようと考えている。ハイデガーの立場からすると，そういう法則は新しい説明という形になり，近代西洋のプロジェクトの実用的関心になじむ形で「自然」とよばれている対象領域を再構成する語彙の形になる。自然の支配がベーコンが定式化したこのプロジェクトの中心をなしている。そして効用と力というベーコン的基準で測られるニュートン科学の成功に直面して，カントが人間を「自然の立法者」にしたのは論理的結論をくだしたにすぎない。真理と――人間の構成をめざす関心に汚されていない〈真理〉に触れさせる特殊な能力を有する存在である――人間という観念との一致を主張する理論とのハイデガーの戦いは，カントの「コペルニクス的転回」を完成するものにすぎ

ないと考えられる。すなわち，真理は「見いだされる」ものではなくて「作られる」ものである。これが経験論以後の科学哲学の定式となった主張である。

67. Heidegger, "On the Essence of Truth," in *Basic Writings,* p. 132.
68. 同頁。
69. もう一度言えば，正義と真理との混同は今後とも拒否すべきプラトン的伝統である。
70. Heidegger, *BT,* §31, p. 183 ; *SZ,* p. 143.
71. 同書，pp. 184-185 ; *SZ,* p. 145.
72. Heidegger, "What Is Metaphysics?" in *Basic Writings,* pp. 105-106.
73. Heidegger, *BT,* §31, p. 183 ; *SZ,* p. 143.
74. 同書，p. 185 ; *SZ,* p. 145.
75. Dallmayr, "Ontology of Freedom," p. 216. Arendt, "What Is Freedom?" in *BPF* における意志の自由の派生的な性格に関するアレントの見解を参照されたい。
76. Heidegger, "On the Essence of Truth," in *Basic Writings,* p. 128.
77. Heidegger *BT,* §44, p. 264 ; *SZ,* p. 221. §29, p. 174（*SZ,* p. 135も参照)。
78. Heidegger, *BT,* §44, p. 264.
79. たとえば W. R. Newell の論文 "Heidegger : Some Political Implications of His Early Thought" 参照。
80. Heidegger, *BT,* §7, p. 63 ; *SZ,* p. 38.
81. Arendt, *HC,* p. 10.
82. Arendt, *LM,* II, ch. 13.
83. Arendt, *HC,* p. 9（強調はヴィラ)。
84. Heidegger, *BT,* p. 210 ; *SZ,* p. 167.
85. 同書，38, p. 222 ; *SZ,* p. 177.
86. 同書，§38, p. 220 ; *SZ,* p. 176.
87. この点についてはハイデガーの後期著作では明らかな変化がある。
88. Heidegger, *BT,* §38, p. 224 ; *SZ,* p. 179.
89. Heidegger, "On the Essence of Truth," in *BW,* p. 121.
90. Thomas Kuhn, *The Structure of Scientific Revolutions,* chapters II and IX.
91. Heidegger, *BT,* §44, p. 264 ; *SZ,* p. 222.
92. この言い方は Taminiaux, *Heidegger and the Project of Fundamental Ontology,* p. 117から借用した。
93. 本章第Ⅴ節参照。
94. Taminiaux, *Heidegger and the Project of Fundamental Ontology,* p. 122.
95. Taminiaux, *Heidegger and the Project of Fundamental Ontology,* p. 124のハイデガーからの引用。

96. Heidegger, *BT,* §44, p. 265 ; *SZ,* p. 222.
97. Heidegger, *BT,* §44, p. 265.
98. 〈存在〉と人間との関係に関するハイデガー思想の発展についての最良の概観は Werner Marx, *Heidegger and the Tradition* に見られる。
99. Heidegger, "The Origin of the Work of Art," in *Poetry, Language, Thought.* 特に pp. 46-47, 60-63を参照されたい。
100. R. Rorty, *Philosophy and the Mirror of Nature* および Nietzsche, "On Truth and Lie in an Extramoral Sense," in *Philosophy and Truth,* さらに J. S. Mill, *On Liberty* を参照されたい。
101. K. Harries, "Heidegger as a Political Thinker," p. 309 ; R. Wolin, *The Politics of Being,* pp. 37-39 ; Leo Strauss, "PhiIosophy as Rigorous Science," in *Studies in Platonic Political Philosophy* 参照。
102. Heidegger, *BT,* §40, p. 232 ; *SZ,* p. 188.
103. Heidegger, *BT,* §40, pp. 232-233.
104. Karsten Harries, "Fundamental Ontology and the Search for Man's Place," pp. 77.
105. Heidegger, *BT,* §57, p. 319.
106. 同書，§58. *The Life of the Mind* での「負い目」という概念についてのアレントの批判を参照されたい。
107. Heidegger, *BT,* §58, p. 330. Harries, "Heidegger as a Political Thinker," p. 308も参照されたい。
108. Heidegger, *BT,* §58, p. 330.
109. 同書，pp. 330-331.
110. Harries, "Heidegger as a Political Thinker," p. 308.
111. Heidegger, *BT,* §60, p. 344 ; *SZ,* p. 298.
112. 同書，§60, p. 345 ; *SZ,* p. 298.
113. Heidegger, *BT,* §60, p. 345.
114. Strauss, "Philosophy as a Rigorous Science," in *Studies in Platonic Political Philosophy,* p. 30.
115. R. Wolin, *The Politics of Being,* pp. 38-39.
116. 同頁。
117. ウォーリンはハイデガーによる意志への問いかけや哲学的主観主義に対する批判を考慮すれば自分の解釈が「不適切であること」を意識している。そこで彼は初期ハイデガーと哲学的主観主義との関係は「難問を与えて新展望を開かせようとするもの（aporetic）」だと主張して反論をあらかじめ封じようとしている。こういう捉え方をすると，ハイデガーの『存在と時間』は価値創造的主体を重視しているから「ニーチェ的」だとする自分の記述を推し進めることができるわけだ。
118. この問題は第5章の第I節で論じている。
119. Heidegger, *BT,* §44, p. 365. Mill, *On Liberty,* ch. 2参照。

120. アレントによると，これがまさに20年代にギリシア哲学を読み直してハイデガーがやったことなのである。“Martin Heidegger at Eighty,” in *Heidegger and Modem Philosophy* でのアレントの説明を参照されたい。
121. Heidegger, *BT,* §38, p. 224. この点で，本来性または決意性はカントが行為の格率が「自然的」ないし普遍的な法則となる可能性を熟慮するように要求するときに求めていた効果を深めるものと見ることができる。こういう「思考実験」の目的は日常従っている規則に根本的に異なる光を当て，道徳的立法者としての使命を強調することによって規則の倫理的（あるいは非倫理的）な意味を認めさせようとするものだと考えられる。「自分自身となること」にほかならぬ本来性／決意性の場合も同様に，身近な日常的なものを「ひと」のような受け止め方ではなくて，自分が責任を果たすべき事柄として改めて真摯に受け止めることが要求される。言うまでもなく，この次元を滑稽なほど極端に強調したのはサルトルである。Sartre, *L'Existentialism est un humanisme.*
122. Arendt, *LM,* I, p. 15（ハイデガーの説明にある意味と真理との混同とアレントが見ているものは除く）。
123. Taminiaux, “Reappropriation,” in *Heidegger and the Project of Fundamental Ontology,* p. 124.
124. Arendt, *HC,* §20, p. 73.
125. 同書，pp. 115, 118.
126. 同頁。
127. 同書，p. 84. Heidegger, “Letter on Humanism,” in *BW,* p. 203参照。
128. Arendt, *HC,* pp. 134-135および “Crisis in Culture,” in *BPF,* pp. 209-210.
129. Arendt, *HC,* pp. 19, 20.
130. 同書，pp. 143, 153.
131. 同書，p. 154.
132. 同頁。
133. 同書，p. 155.
134. 同書，pp. 156-158.
135. 同書，p. 157.
136. 同書，p. 41.
137. 第3章および Taminiaux, “Reappropriation,” in *Heidegger and the Project of Fundamental Ontology* を参照されたい。
138. Heidegger, *BT,* p. 265.
139. Arendt, *HC,* pp. 182-183.
140. 同書，p. 197.
141. 同書，p. 168.
142. 同書，§23.
143. Arendt, *HC,* p. 73.

144. 第2章およびArendt, *OR* を参照されたい。本来性の政治に関するアレントに想を得た系譜学や批判についてはRichard Sennett, *The Fall of Public Man* 参照。

145. 言うまでもなく，この置換によってアレントについても，デリダが *Of Grammatology* その他でハイデガーについて行っている脱構築的解釈と似た解釈も可能である。これはやって見るに値する課題だろうが，あまりにも見え透いたやり方のように思われる。アレントのテクストでは鋭く区別することによって進められている限り，当然にも脱構築されるべきである。しかし多様な「二元対立」を解消するにつれて，すべてを機能化することによって何もかも過程に解消して，生活世界の本質的な分節を保てなくなってしまうという彼女の重要な論点が見失われかねない。アレントにとっては，境界は常にすでにぼやけて認められなくなっているのである。

146. 第6章参照。

147. Arendt, *HC,* p. 9.

148. Arendt, *HC,* pp. 186, 35–36.

149. Arendt, “On Violence,” in *CR,* および“Concern for Politics,” in *Essays in Understanding* 参照。

150. この論点についての議論は第7章参照。

151. Heidegger, *An Introduction to Metaphysics,* pp. 62–63, 152; “The Origin of the Work of Art,” in *Poetry, Language, Thought,* pp. 43, 48–49, 61–63.

152. Taminiaux, “Reappropriation,” in *Heidegger and the Project of Fundamental Ontology,* pp. 133–135参照。いずれの要素もハイデガーの1942年のゼミナール「パルメニデス」の次の一節に明らかに見られる。

> ポリスとは何か。〈存在〉と真理についてのギリシア人の本質的理解を学ぼうという気になりさえすれば，答えはこの言葉そのものからほぼ見当がつく。ポリスはポロスつまり回転軸であり，存在者のなかでもギリシア人に開示されたものがすべて独特の仕方でその周りに引き寄せられる場所である。そういう場所であるこの回転軸のおかげで存在者は相互関係の総体にふさわしい〈在り方〉で出現することができる。そういう回転軸は存在者をそれぞれの〈在り方〉で作ったり創造したりするわけではないが，回転軸である限り，それは存在者全体が露呈する場所である。ポリスは場所の精髄も言うべきものであって，ギリシア人の歴史的な住まいの地域的な場所という言い方をするのもこのためだ。ポリスのおかげで存在者全体が顕わな相互関係のなかに何らかの仕方で現れるのだから，ポリスは本質的に存在者の〈存在〉に関わっている。ポリスと〈存在〉の間には同じ根源に由来する関係が存在する。

153. Taminiaux, “Reappropriation,” in *Heidegger and the Project of*

Fundamental Ontology, p. 116.
154. 同書，pp. 117-127.
155. Heidegger, *The Metaphysical Fooundations of Logic,* p. 183. この一節はタミニオーもベルナスコーニも引いている。
156. Taminiaux, "Reappropriation," in *Heidegger and the Project of Fundamental Ontology,* p. 126.

第5章

1. Heidegger, *QCT,* p. 61. pp. 65, 69も参照されたい。
2. Arendt, *LM,* I, p. 10. Arendt, "Thinking and Moral Considerations," pp. 10-11も参照されたい。そこでアレントは，それは文字通りの意味での神の死――という明らかにばかげた観念――の問題ではないという必要な明確な説明をつけ加えている。アレントに信仰はあったが，彼女の個人的信仰は重要な問題ではない。
3. Sheldon Wolin, "Hannah Arendt : Democracy and the Political" ; Pitkin, "Justice : On Relating Private and Public."
4. 第3章参照。
5. 言うまでもなく，ニーチェの「階層秩序」がこのように気楽に（そして簡単に）解釈できるかどうかについては幾らか問題がある。一例をあげると，ウォーリンはそう解釈できると信じている。R. Wolin, *The Politics of Being,* chapter 2参照。
6. R. Wolin, *The Politics of Being,* pp. 123-130.
7. 第7章参照。
8. Heidegger, "On the Essence of Truth," in *BW* 参照。
9. Arendt, *BPF,* Preface.
10. Heidegger, *BW,* pp. 119-220.
11. 同書，p. 132.
12. 同書，p. 134.
13. 同書，p. 135.
14. Heidegger, *Letter on Humanism,* in *BW,* p. 239参照。
15. Arendt, *HC,* p. 71（強調はヴィラ）。
16. 同書，pp. 62-63.
17. 同書，p. 64. ここには「アナクシマンドロス断片」でのハイデガーによるピュシスを「束の間の現前」とする解釈と共鳴するところがある。しかしアレントはハイデガーの解釈をまったく無世界的な非政治的思慕の兆候とみなしている。第7章の拙論を参照されたい。
18. Arendt, *HC,* p. 157.
19. 同頁。
20. 同書，p. 45.
21. Arendt, *MDT,* preface.

22. Arendt, *HC,* p. 43.
23. 同書，p. 46. これ以上にハイデガー的なものはない。本書第 6 章参照。
24. Arendt, *OR,* p. 21.
25. 同書第二章。
26. 同書第四章。
27. 同書第三章。
28. 同書，p. 135.
29. 同書，p. 232.
30. 同書，pp. 48-49.
31. 同書，p. 272.
32. Arendt, *BPF,* p. 5.
33. 同書，pp. 168-169.
34. このような運命が加速していることは東ヨーロッパでの最近の革命以上に明らかに示しているものはない。東ヨーロッパに新たに生まれた公的領域もごく短期間輝いただけで，まもなく「家計への関心」や統制経済から市場経済への移行という問題に圧倒されてしまった。
35. Sheldon Wolin, *Politics and Vision,* chapter 7.
36. 第 3 章および第 5 章 V 節を参照されたい。
37. たとえばシュールマンによるポストモダンの政治の定義を参照されたい（*Heidegger on Being and Acting,* p. 18）。
38. Arendt, *HC,* p. 55.
39. しかしボニー・ホーニッグが，*Political Theory and the Displacement of Politics* でやっているように，ニーチェを「制度論的」理論家として解釈することもできる。
40. 第 3 章および Arendt, "Tradition and the Modern Age," in *BPF* 参照。ニーチェを「転換者」とする解釈はハイデガーに由来する。Heidegger, "Nietzsche's Word : God is Dead," in *QCT* を参照されたい。
41. 繰り返して言っておくが，これはハイデガーの言葉である。Heidegger, "Anaximander Fragment," in *Early Greek Thinking* 参照。
42. Heidegger, *IM,* p. 199.
43. 同書，pp. 37, 45.
44. 同書，p. 36.
45. 同頁。
46. 同頁。
47. 同書，ch. 4.
48. 第 5 章第V節参照。
49. Heidegger, *IM,* p. 105.
50. 同書，p. 100.
51. 同頁。
52. 同頁。

53. 同書，p. 14.
54. 同頁。
55. 同書，pp. 100-101.
56. 同書，p. 101.
57. Arendt, *LM,* I, pp. 19-39 ; *HC,* p. 50 ; *OR,* p. 98.
58. Arendt, *LM,* I, p. 27.
59. Heidegger, *IM,* p. 103.
60. 同書，p. 104.
61. 同書，p. 106.
62. 同書，p. 109.
63. 同頁。
64. 同書，p. 107-108.
65. 同頁。
66. 同書，p. 62. 第 6 章参照。
67. 同書，pp. 62, 152.
68. この点については『存在と時間』序論でのトゥキュディデスとプラトンやアリストテレスに関する簡単な比較を参照されたい。
69. Arendt, "What is Authority?" in *BPF,* note 16.
70. Jay, *Permanent Exiles,* pp. 242, 252.
71. R. Wolin, *POB,* p. 191 (note 3).
72. 第 7 章および R. Wolin, *POB,* pp. 35-40参照。
73. この点については，R. Bernstein, ed., *Habermas and Modernity* に収められている "Habermas and Lyotard on Postmodernity" での，ハーバーマスに関するリチャード・ローティの論評を参照されたい。
74. 拙論 "Postmodernism and the Public Sphere" 参照。
75. Jay, *Permanent Exiles,* p. 243.
76. Arendt, *OR,* pp. 76-81, 94-98.
77. 同書，p. 229.
78. Jay, *Permanent Exiles,* pp. 249, 251-252.
79. Arendt, *OR,* p. 20.
80. Arendt "On Violence," in *CR.*
81. Arendt, *OR,* p. 215.
82. Arendt, *BPF,* p. 93.
83. Habermas, "Hannah Arendt : On the Concept of Power," in *Philosophical-Political Profiles* 参照。
84. Hannah Arendt and Karl Jaspers, *Correspondence 1926-1969,* p. 28 に見られるヤスパースの啓発的な意見を参照されたい。
85. Arendt, *BPF,* p. 95.
86. 同書，pp. 94-95.
87. 同書，p. 93.

88. 同頁。
89. 同頁。
90. 同頁。
91. 同頁。
92. 言うまでもないが，政治的領域での権威に対してアレントが反対するからといって，教育のような政治以外の分野でも権威を重視しないということではない。Arendt, "The Crisis in Educanon," in *BPF* 参照。
93. Arendt, *BPF,* p. 92（ヤスパースのコメントはこれによる）。
94. 同書，p. 95.
95. 同頁。
96. 同書，p. 91.
97. 同書，p. 141.
98. 同書，p. 93.
99. 同書，p. 97.
100. 同書，p. 115.
101. 同書，p. 104.
102. 同頁。
103. 同頁。
104. 同書，p. 106.
105. 同書，p. 105.
106. 同書，p. 107.
107. 同頁。Arendt, *Kant Lectures,* pp. 33-46参照。
108. Plato, *Republic,* book VIおよびVII.
109. Schürmann, *Heidegger on Being and Acting,* p. 1.
110. Arendt, *BPF,* p. 115.
111. Heidegger, "Letter on Humanism," in *BW,* p. 194.
112. Schürmann, *Heidegger,* pp. 1, 4, 82-83.
113. Arendt, *BPF,* p. 115.
114. この言葉は Lacoue-Labarthe and Nancy, *Rejouer le Politique* からの借用である。
115. Arendt, *BPF,* p. 108.
116. 同頁。Plato, *Republic,* book X.
117. Arendt, *BPF,* pp. 127, 132.
118. 同書，pp. 124-125.
119. 同書，p. 124.
120. Arendt, *LM,* I, p. 11（強調はヴィラ）。p. 212も参照。
121. Nietzsche, *Will to Power,* part I, "European Nihilism"; Heidegger, "Nietzsche's Word," in *QCT* および *Nietzsche,* vol. IV 参照。
122. Hill, ed., *Hannah Arendt : The Recovery of the Public World,* pp. 313-314.

123. 同頁。

124. 同書，p. 314. Arendt, "Thinking and Moral Considerations," *Social Research,* pp. 26–27も参照。

125. Arendt, "Organized Guilt and Universal Responsibility," in *The Jew as Pariah : Jewish Identity and Politics in the Modern Age,* pp. 231–232.

126. Arendt, *BPF,* p. 210および Arendt, "Understanding and Politics," *Partisan Review,* pp. 383, 379.

127. 「禁欲主義的神官」に関するニーチェの見解を参照されたい（*Genealogy of Morals,* essay III）。

128. Arendt, *BPF,* p. 141.

129. Schürmann, *Heidegger,* pp. 5, 86–89. Heidegger, *QCT,* p. 65および R. Rorty, *Essays on Heidegger and Others,* p. 20の議論を参照されたい。

130. Arendt, *LM,* I, p. 212.

131. Arendt, "Understanding and Politics," p. 379.

132. 同書，p. 383.

133. Nietzsche, *Will to Power.*

134. Arendt, "Understanding and Politics," p. 384.

135. 同書，p. 388.

136. 同書，p. 391.

137. Arendt, *Eichmann in Jerusalem,* pp. 257, 267.

138. 同書，pp. 252–258（Menthon, p. 257）.

139. Arendt, "Thinking and Moral Considerations," *Social Research,* p. 7.

140. 同書，p. 9.

141. Beiner, "Interpretive Essay," in Arendt, *Kant Lectures,* p. 96.

142. 最近の論文のなかでマーティン・ジェイは，芸術的なものと政治的なものとを結びつけようとするアレントの奇妙な試みにこれ以上の共感を示している。Jay, "The 'Aesthetic Ideology' as Ideology ; or, What Does It Mean to Aestheticize Politics?" 参照。

143. Beiner, in Arendt, *Kant Lectures,* p. 112.

144. Arendt, *Eichmann in Jerusalem,* p. 296.

145. Lacoue-Labarthe and Nancy *Rejouer le Politique* 参照。なお Fraser, "French Derrideans," in *Unruly Practices* も参照されたい。

146. Heidegger, "Overcoming Metaphysics," in *The End of Philosophy,* p. 90.

147. Heidegger, *Nietzsche,* IV, pp. 214–215, 224–225および "Metaphysics as a History of Being," in *The End of Philosophy,* pp. 1–46.

148. *The Life of the Mind,* vol.2, chapter 15のアレントの議論を参照されたい。

149. Heidegger, *IM,* p. 205.

150. Heidegger, "The Question Concerning Technology," in *QCT* および Nietzsche, IV.
151. Heidegger, *IM,* p. 14および本書第5章第III節を参照。
152. Heidegger, *IM,* pp. 184-185.
153. 本書第8章参照。
154. Heidegger, *IM,* pp. 193, 202.
155. Heidegger, *The End of Philosophy,* p. 4.
156. Otto Pöggeler, *Martin Heidegger's Path of Thinking,* p. 121.
157. Heidegger, *BW,* p. 109.
158. Heidegger, *The End of Philosophy,* pp. 90-94.
159. Heidegger, "End of Philosophy and the Task for Thinking," in *BW,* p. 374.
160. Heidegger, *The Basic Problems of Phenomenology,* pp. 100-117.
161. 同頁。Taminiaux, "Reappropriation," in *Heidegger and the Project of Fundamental Ontology* も参照されたい。
162. たとえば Heidegger, "The Origin of the Work of Art," in *Poetry, Language, Thought,* pp. 28-33 ; *On Time and Being,* pp. 46-47および Michael Zimmerman, *Heidegger's Confrontation With Modernity,* chapter 11参照。
163. Taminiaux, "Reappropriation," in *Heidegger and the Project of Fundamental Ontology,* p. 119.
164. Heidegger, *The End of Philosophy,* p. 9.
165. Heidegger, *IM,* pp. 193-194.
166. Heidegger, "Age of the World-Picture," in *QCT.*
167. Heidegger, "Nietzsche's Word," in *QCT.*
168. Heidegger, "Plato's Doctrine of Truth," in *Philosophy in the Twentieth Century,* pp. 269-270参照。
169. Heidegger, "The Question Concerning Technology," in *QCT.*
170. 第7章および第8章参照。

第6章

1. Arendt, *HC,* p. 254.
2. 同書, p. 6.
3. 同書, p. 157.
4. 同書, p. 204.
5. Arendt, *MDT,* p. 13 ; Heidegger, *BW,* p. 219および Heidegger, *Nietzsche,* vol. IV, p. 248.
6. Arendt, *HC,* p. 57.
7. Adorno and Horkheimer, *Dialectic of Enlightenment,* p. 54.
8. Arendt, *HC,* pp. 2, 3.

9. 同書，p. 3.
10. Heidegger, “The Word of Nietzsche,” in *QCT,* p. 100 ; Arendt, *HC,* p. 3.
11. Heidegger, “The Age of the World Picture,” in *QCT,* p. 128.
12. Heidegger, “The Question Concerning Technology,” in *QCT,* p. 27.
13. 同頁。
14. Arendt, *HC,* p. 52.
15. 同書，p. 46.
16. 同書，p. 322.
17. Benhabib, *The Reluctant Modernism of Hannah Arendt* 参照。
18. Kateb, *Hannah Arendt,* p. 183.
19. 同書，chapter 5.
20. たとえばハーバーマスのような批判。
21. Arendt, *HC,* p. 10.
22. Arendt, “Rejoinder to Eric Voegelin,” pp. 68-76.
23. Heidegger, *The End of Philosophy,* p. 86.
24. Heidegger, “The Word of Nietzsche,” in *QCT,* pp. 84, 107および Heidegger, *Nietzsche,* vol. IV, p. 99.
25. Heidegger, “The Age of the World Picture,” in *QCT,* p. 126.
26. 同書，p. 128および Heidegger, *Nietzsche,* vol. IV, p. 96.
27. 言うまでもなくハイデガーはここでヘーゲルの足跡をたどっている。G. W.F. Hegel, *Hegel's Lectures on the History of Philosophy,* vol. III 参照。ハイデガーの記述は *Nietzsche,* vol. IV, p. 100に見られる。Heidegger, “The Word of Nietzsche,” in *QCT,* p. 82も参照されたい。
28. Heidegger, “The Age of the World Picture,” in *QCT,* p. 149. Heidegger, *Nietzsche,* vol. IV, p. 97参照。
29. Heidegger, “The Age of the World Picture,” in *QCT,* p. 149.
30. 同頁ならびに Heidegger, *Nietzsche,* vol. IV, p. 97.
31. Heidegger, “The Word of Nietzsche,” in *QCT,* p. 83.
32. Heidegger, *Nietzsche,* vol. IV, p. 114.
33. 同書，p. 116. Heidegger, “The Word of Nietzsche,” in *QCT,* p. 89も参照。
34. Heidegger, “Overcoming Metaphysics,” in *The End of Philosophy,* p. 88参照。
35. Heidegger, “The Age of the World Picture,” in *QCT,* p. 127.
36. 同書，p. 133.
37. Heidegger, *Kant and the Problem of Metaphysics,* §38.
38. Heidegger, *What Is a Thing?* p. 181.
39. Heidegger, “Overcoming Metaphysics,” in *The End of Philosophy,* p. 88.

40. Heidegger, *What Is a Thing?* p. 121.
41. Heidegger, "The Word of Nietzsche," in *QCT,* p. 84.
42. 同書，pp. 83-84.
43. 同頁。
44. Heidegger, "Who Is Nietzsche's Zarathustra?" in *The New Nietzsche* 参照。ハイデガーによる解釈に非常に優れた疑問を投げかけたのはデリダ，ドゥルーズ，フーコーである。
45. Heidegger, "The Age of the World Picture," in *QCT,* p. 115.
46. Heidegger, "The Word of Nietzsche," in *QCT,* p. 100. p. 107参照。
47. Heidegger, "Plato's Doctrine of Truth" および "The Word of Nietzsche," in *QCT,* p. 84参照。
48. 前者の説明については Taylor, *Hegel,* part I を参照されたい。Michael Zimmerman, *Heidegger's Confrontation with Modernity,* p. xiii 参照。
49. Heidegger, "The Age of the World Picture," in *QCT,* pp. 116-117.
50. 同書，p. 128.
51. Heidegger, "The Age of the World Picture," in *QCT,* p. 117.
52. 同頁。
53. 同書，p. 118.
54. 同頁。
55. 同書，p. 127.
56. 同頁。
57. 同頁。
58. 同頁。
59. 同書，p. 128. Hans Blumenberg, *The Legitimacy of the Modern Age* および Manfred Riedel, "Nature and Freedom in Hegel's 'Philosophy of Right'" 参照。
60. Heidegger, "The Age of the World Picture," in *QCT,* p. 128.
61. 同頁。
62. 同頁。
63. 同頁。
64. 同書，pp. 128-129.
65. 同書，Appendix 5.
66. 同書，pp. 129-130.
67. 同書，p. 130.
68. 同書，p. 131.
69. 同書，p. 132.
70. 同書，pp. 129, 130および Appendix 6.
71. 同書，p. 132.
72. 同書，pp. 130-131
73. 同書，p. 132.

74. 同頁。
75. 同書, p. 129.
76. 同書, pp. 129-130.
77. 同書, p. 116. Gadamer, *Truth and Method,* part I 参照。
78. Heidegger, "The Age of the World Picture," in *QCT,* p. 134.
79. 同書, pp. 134-135.
80. Zimmerman, *Heidegger's Conformatation with Modernity,* chapter 10 参照。
81. Heidegger, "What Are Poets For?" in *Poetry, Language, Thought,* p. 116.
82. このテクストはもともとは1949年の講義である。
83. Heidegger, *QCT,* p. 17.
84. 同書, p. 27.
85. 同書, p. 28.
86. "What Are Poets For?" in *Poetry, Language, Thought,* p. 116参照。
87. Heidegger, *BW,* p. 229.
88. Kateb, *Hannah Arendt,* p. 172.
89. Heidegger, *BW,* p. 225.
90. Heidegger, "Overcoming Metaphysics," in *The End of Philosophy,* p. 104.
91. Heidegger, *Poetry, Language, Thought,* p. 116.
92. Karl Löwith, *Max Weber and Karl Marx* 参照。
93. Heidegger, "Overcoming Metaphysics," in *The End of Philosophy,* p. 110.
94. たとえば *HC,* p. 252のアレントの叙述を参照されたい。
95. Arendt, *HC,* pp. 55, 59, 60.
96. 同書, p. 257.
97. 同書, p. 55.
98. 同書, p. 58.
99. 同頁。Arendt, *MDT,* preface も参照。
100. 第 4 章参照。
101. Arendt, *HC,* p. 58.
102. 同書, p. 248.
103. 同書, pp. 248-262.
104. 同書, p. 250.
105. 同書, p. 251.
106. 同頁。
107. 同書, pp. 254-255.
108. 同書, p. 256.
109. 同頁。

110. Arendt, "The Crisis in Culture," in *BPF* 参照。
111. Arendt, *HC,* p. 262.
112. 同頁。
113. 同頁。
114. 同書 p. 264.
115. 同頁。
116. Kateb, *Hannah Arendt,* p. 152. Arendt, *HC,* pp. 268-269も参照。
117. Arendt, *HC,* p. 261.
118. Arendt, *HC,* pp. 70-71, 284および Arendt, "What Is Freedom?" in *BPF.*
119. Arendt, *HC,* pp. 70-71, 283-284.
120. Heidegger, "Age of the World Picture," in *QCT,* p. 132 ; Arendt, *HC,* p. 3.
121. Arendt, *HC,* p. 265.
122. Kant, *Critique of Pure Reason,* B xiii.
123. Arendt, *HC,* p. 266.
124. 同頁。
125. 同書, pp. 267-268.
126. 同書, p. 275.
127. 同書, pp. 268-271.
128. 同書, p. 277.
129. 同書, p. 279.
130. 同頁。
131. 同書, p. 280.
132. 同書, p. 282. Arendt, *LM,* vol.1, pp. 46-49参照。
133. 同頁。
134. 同書, p. 293.
135. たとえば Arendt, *BPF,* p. 96参照。
136. Arendt, *HC,* p. 284.
137. ハンス・ブルーメンベルクは異なる意見である。*The Legitimacy of the Modern Age,* part I の分析を参照されたい。
138. Arendt, *HC,* p. 285.
139. 同書, p. 286.
140. 同書, p. 287.
141. 同頁。
142. 同書, p. 288.
143. 同書, p. 290.
144. 同頁。
145. 同書, pp. 290-291.
146. 同書, p. 294.

147. 同書，p. 295.
148. 同書，pp. 296-297（強調はヴィラ）。
149. Arendt, *HC,* p. 297.
150. 同書，p. 299.
151. 同書，pp. 305-306.
152. 同書，p. 306.
153. Arendt, "On Violence," in *CR,* p. 106.
154. Arendt, *HC,* p. 154.
155. 同頁。
156. 同頁。
157. 同書，p. 155.
158. したがってアレントはたとえばプロタゴラスの立場と近代人の立場との連続性に注目しているが，ハイデガーは違いを強調する。Arendt, *HC,* pp. 157-158とHeidegger, "The Age of the World Picture," in *QCT,* Appendix 8（pp. 143-147）参照。
159. Arendt, *HC,* p. 157.
160. 同頁。
161. 同書，p. 145.
162. 同頁。本書第1章参照。
163. 同書，p. 146.
164. 同書，p. 147.
165. 同書，p. 4.
166. 同書，p. 132.
167. 同書，p. 150.
168. 同書，p. 151.
169. 同頁。
170. *HC,* §12および§19参照。
171. 同書，p. 137.
172. Arendt, *HC,* p. 322. ハイデガーに言及したからといって，それに劣らずニーチェと深いつながりがあることを忘れてはならない（Nietzsche, *The Genealogy of Morals*）。
173. Arendt, *HC,* pp. 40-41.
174. 同書，p. 246（強調はヴィラ）。
175. 同書，p. 230. p. 10も参照されたい。
176. Arendt, *OT,* pp. 458-459.
177. Kateb, *Hannah Arendt,* p. 158.
178. 同頁。
179. 同頁。
180. Arendt, *LM,* vol. 2, pp. 157-158.
181. Judith Shklar, *After Utopia.*

182. Kateb, *Hannah Arendt,* p. 178参照。
183. こういう批判を概観するには，Craig Calhoun, ed., *Habermas and the Public Sphere* 所収の Nancy Fraser, "Rethinking the Public Sphere" を参照されたい。
184. Arendt, *HC,* p. 58.
185. Arendt, *OR,* p. 232.
186. Arendt, *BPF,* p. 168.
187. Sheldon Wolin, "Fugitive Democracy" 参照。
188. 拙論 "Postmodernism and the Public Sphere" 参照。Foucault, "The Subject and Power," in Hubert Dreyfus and Paul Rabinow, *Michel Foucault* 参照。
189. Lyotard, *Just Gaming,* p. 82. 本書第 3 章と第 4 章参照。
190. Lacoue-Labarthe and Nancy, "Ouverture," in *Rejouer le Politique.*
191. Michael Walzer, *Interpretation and Social Criticism.*
192. 前者は *Arendt, Camus and Modern Rebellion* での J. アイザックの立場であり，後者は *Political Theory and the Displacement of Politics* における B・ホーニッグの立場である。

第 7 章

1. Arendt, *LM,* vol. 2, pp. 172-194.
2. Heidegger, *Being and Time,* p. 224. Harries, "Heidegger as a Political Thinker," p. 310および Newell, "Heidegger : Some Political Implications of His Early Thought," p. 778参照。
3. たとえば Ferry and Renaut, *Heidegger and Modernity,* pp. 38-39参照。もっと共感をもった扱い方については Dallmayr, "Ontology of Freedom : Heidegger and Political Philosophy" 参照。
4. Taminiaux, "Reappropriation," in *Heidegger and the Project of Fundamental Ontology,* p. 124参照。
5. 同書，p. 165.
6. 同書，p. 220.
7. 同書，§35および p. 221.
8. 同書，pp. 220, 221.
9. Habermas, *The Philosophical Discourse of Modernity,* p. 150.
10. 同書，p. 142.
11. 同書，p. 149.
12. 同書，p. 151.
13. 同書，p. 149.
14. 同頁。
15. 同頁。
16. 同書，p. 180.

17. 同書，p. 157.
18. Habermas, *Political-Philosophical Profiles,* p. 75.
19. R. Wolin, *The Politics of Being,* pp. 45, 49.
20. Habermas, *PDM,* p. 150.
21. Wolin, *POB,* pp. 45, 46.
22. K. Harries, "Heidegger as Political Thinker" および W. R. Newell, "Heidegger : Some Political Implications of His Early Thought" 参照。
23. Arendt, *MDT,* p. 4.
24. 私が考えているのはたとえばジャン・ボードリヤールやギー・ドゥボールの著作である。
25. Arendt, *MDT,* p. 5.
26. Heidegger, *BT,* pp. 222, 223 ; §40.
27. 同書，pp. 233-234.
28. 同書，p. 436.
29. Newell, "Heidegger," p. 779. Heidegger, *BT,* p. 384も参照されたい。そこには，衰退しつつある共同体を根本原理に立ち返らせるためにマキアヴェリが『政略論』で提示する方策と共鳴するものがある。Machiavelli, *Discourses,* book III, chapter 1参照。
30. K. Harries "Heidegger as Political Thinker," p. 308.
31. 同書，p. 313 ; Habermas, *PDM,* p. 141.
32. この特徴づけは Kateb, *Hannah Arendt,* p. 15による。
33. Taminiaux, "Reappropriation," in *Heidegger and the Project of Fundamental Ontology,* p. 130. Dominique Janicaud, "Heidegger's Politics," p. 832も参照されたい。
34. Lyotard, *Just Gaming,* pp. 20-22.
35. Weber, "Science as a Vocation," in *From Max Weber* 参照。
36. Newell, "Heidegger," p. 781.
37. Heidegger, "The Self-Assertion of the German University" (Rectoral Address), in *Martin Heidegger and National Socialism,* pp. 5-13.
38. Heidegger, *BT,* p. 435.
39. 同頁。
40. 同書，p. 443.
41. 同書，p. 438. ここでの私の扱い方は実質的に K. Harries, "Heidegger as Political Thinker," p. 311と W. R. Newell, "Heidegger : Some Political Implications of His Early Thought," p. 781に負っている。ドイツ民族にとって「精神的存在」の始まりを取り返す，あるいは反復する（wiederholen）ということが何を意味するかについての実に感動的な解釈については Heidegger, *IM,* pp. 38-39を参照されたい。
42. Heidegger, *BT,* pp. 436, 437. Heidegger, "The Self-Assertion of the

German University" (Rectoral Address), pp. 6, 8–9. K・ハリエスは権威が説明に役立つ性質のものであることを強調している。

43. Heidegger, *BT,* p. 436 ; Rectoral Address, p. 6 ; K. Harries, "Heidegger as Political Thinker," p. 313.
44. Heidegger, *BT,* p. 437 ; Newell, "Heidegger : Some Political Implications of His Early Thought," p. 781.
45. Heidegger, "The Self-Assertion of the German University" (Rectoral Address), p. 10.
46. Heidegger, *BT,* pp. 435–436 ; Harries, "Heidegger as Political Thinker," p. 313.
47. この点では総長就任演説での指導者と部下との「争い」の説明を参照されたい。The Rectoral Address, p. 12.
48. Harries, "Heidegger as Political Thinker," pp. 318, 319, 320.
49. Heidegger, "The Self-Assertion of the German University," p. 9. ハーバーマスはこのような直観はハイデガーがフッサールの現象学的方法に忠実であることにもとづくものだと考えている。Habermas, *PDM,* p. 138参照。
50. K. Harries, "Heidegger as Political Thinker," p. 316.
51. Heidegger, *IM,* p. 62.
52. Heidegger, *OWA,* p. 77. R. Wolin, *POB,* p. 102も参照。
53. 「根源的ポイエーシス」という言葉はヴェルナー・マルクスからの借用である。ハイデガーの "Origin of the Work of Art," in *Poetry, Language, Thought* には伝統が生産重視型カテゴリーに陥っていたことについての簡潔だが有益な記述があるが (pp. 29–30, 32), 彼の "Question Concerning Technology," in *QCT* は, 生産としてのポイエーシスと「産出」としてのポイエーシスというハイデガーの重要な区別が見られる資料である。
54. 「存在論的使命」という言葉は R. Wolin, *POB,* p. 100から借用した。
55. Heidegger, *OWA*, in *Poetry, Language, Thought,* p. 72.
56. 同書, p. 73.
57. 同書, p. 71.
58. 同書, P. 44.
59. 同書, p. 42.
60. 同書, p. 44.
61. R. Wolin, *POB,* p. 101.
62. Heidegger, *OWA*, in *Poetry, Language, Thought,* p. 44.
63. 同書, p. 46.
64. 同書, p. 49.
65. 同頁。
66. 同書, p. 62.

67. 同書，p. 60.
68. 同書，pp. 60, 58.
69. 同書，p. 62.
70. 同頁。
71. Heidegger, *IM,* p. 191.
72. 同書，p. 62.
73. 同頁。*OWA*, in *Poetry, Language, Thought,* p. 63も参照されたい。
74. Heidegger, *OWA*, pp. 77-78.
75. 同書，p. 78.
76. 同書，p. 77および Heidegger, *IM,* p. 157参照。
77. W. Marx, *Heidegger and the Tradition,* p. 151.
78. 製作の暴力性に関するアレントのアリストテレスへの同意については第1章参照。
79. Heidegger, *IM,* p. 157. R・ウォーリンはこれを *POB,* pp. 124-126で大きく取り上げている。
80. Heidegger, *IM,* p. 152.
81. 同書，pp. 152-153.
82. K. Harries, "Heidegger as Political Thinker," p. 318.
83. R. Wolin, *POB,* pp. 114-115参照。ここでのウォーリンの批判を見ると，自由主義者たちがヘーゲルの政治理論についてよくやる批判の一つが想い出される。そのどちらの場合も，「国家」という言葉やその使い方を大きな支えにしているため，その二次的な意味合いをかなり重要視せざるをえない。ハイデガーの「国家」のモデルはポリスであり，その考え方を本当に批判するためには，ハイデガーにおける政治的空間の「世界を開示する」機能を指摘するだけでは不十分である。政治的領域に存在論的な意味をもたせることは不可避的に「国家主義（statism）」に至りつくと言うのは，アレントの仕事を見れば明らかなように，きわめて疑わしい主張である。
84. Heidegger, *OWA*, in *Poetry, Language, Thought,* p. 75.
85. 同頁。
86. 同頁。
87. Heidegger, "Letter on Humanism," in *BW,* p. 233.
88. Heidegger, OWA, in *Poetry, Language, Thought,* p. 71.
89. 同書，p. 54.
90. Heidegger, *IM,* p. 157.
91. Heidegger, OWA, in *Poetry, Language, Thought,* p. 73.
92. 同頁。ハーバーマスがハイデガー批判のなかでこの二分法を再生させている点で，ここには大きなアイロニーがある。Habermas, *PDM,* chapters 6 and 10参照。R・ウォーリンも，政治に開示という次元があるという考えは潜在的に全体主義的だと思わせる論法を展開する際に，存在

論と相互作用という似たような二分法を採用している。R. Wolin, *POB*, p. 117参照。

93. Heidegger, *IM*, p. 51.

94. ハイデガーにおけるドクサに関しては，Heidegger, *IM*, p. 103ff. のきわめて重要な議論を参照されたい。これに関してアレントとの連続あるいは非連続が認められる事柄は実に興味深い。本書第5章参照。

95. 無論これはハーバーマスの論点ではない。彼の批判の主眼点は詩的な言葉とコミュニケーションないし普通の意味で政治的な言葉とのハイデガー的な二分法には十分な根拠があること，そして政治的なものの見方を詩的言葉で作り上げようとするハイデガーの試みでは政治理論の支持できない特質が存在論的な言葉で強調されているだけだということである。ハーバーマスが「行為を調整する」言葉と「世界を開示する」言葉の対立を活用するやり方の説明はS. White, *Political Theory and Postmodernism,* chapter 2を参照されたい。

96. 本書第6章参照。

97. Heidegger, "Overcoming Metaphysics" in *The End of Philosophy,* p. 86.

98. 西洋形而上学の特徴をプラグマティズム／テクノロジーに終わる「権力妄想」と見る捉え方については，Richard Rorty, "Heidegger, Contingency and Pragmatism," in *Essays on Heidegger and Others,* p. 31を参照されたい。

99. Heidegger, *BT,* p. 255.

100. Heidegger, "Letter on Humanism," in *BW,* p. 216.

101. Heidegger, "Nietzsche's Word," in *The Question Concerning Technology,* pp. 69, 100, 107.

102. Heidegger, *LH,* in *BW,* p. 219.

103. 同書，p. 218.

104. 同書，p. 199.

105. 同書，pp. 221, 210.

106. 同書，p. 210.

107. この点ではSchürmann, *Heidegger on Being and Acting,* pp. 47-50, 60参照。Heidegger, "Poetically man dwells.," in *Poetry, Language, Thought,* pp. 215-216も参照されたい。

108. Heidegger, *LH,* in *BW,* p. 239.

109. 同頁。

110. R. Rorty, "Heidegger, Contingency and Pragmatism," in *Essays on Heidegger and Others* 参照。

111. Heidegger, *LH,* in *BW,* pp. 198, 197.

112. 同書，p. 199, 197.

113. ここではR. Rorty, "Heidegger, Contingency and Pragmatism," in

Essays on Heidegger and Others, p. 46と T. Strong, *Friedrich Nietzsche* を利用している。

114. Heidegger, *LH,* in *BW,* p. 239および193.
115. 同書，p. 194.
116. 同頁。
117. Heidegger, *LH,* in *BW,* p. 239.
118. Bernstein, “Heidegger on Humanism,” in *Philosophical Profiles,* p. 208.
119. ハイデガーのマールブルク講義の主要な論点を要約したものとして，Taminiaux, *Heidegger and the Project of Fundamental Ontology,* pp. 139-143参照。
120. Bernstein, ”Heidegger on Humanism,“ in *Philosophical Profiles,* p. 207.
121. 同書，pp. 206, 208.
122. 同書，pp. 208, 219. 同様な批判については，R. Rorty, *Essays on Heidegger and Others* の “Heidegger, Kundera and Dickens” という論文（p. 70）参照。
123. Bernstein, “Heidegger on Humanism,” pp. 152-153および R. Wolin, *POB,* p. 149も参照されたい。
124. Bernstein, “Heidegger on Humanism,” p. 140.
125. R. Wolin, *POB,* p. 155.
126. 同書，p. 154.
127. 同頁。R・ウォーリンは批判の終わりで，行為ならびに「実践理性に関する納得できるどういう捉え方も……自律的な行為の主体という人間の理解」が前提となっていると主張している（*POB,* pp. 152-153）。Ferry and Renaut, *Heidegger and Modernity,* pp. 104-110も参照されたい。
128. ファリアスへの回答でジャニコーが同様の戦略をとっている。Janicaud, “Heidegger's Politics : Determinable or Not?” 参照。
129. たとえば Arendt, *LM,* I, pp. 13, 180-92, 200-201参照。
130. 思考による世界からの撤退は判断力による撤退とは次元がちがうことに注意しなければならない。Arendt, *LM,* I, pp. 92-94参照。この点では，アレントは「終始一貫」ハイデガーの「人事の世界からの孤立」を批判していたと言うのは誤りであることも言っておかねばならない。その他のことについては見るべきものを含んでいる L. P. and S. K. Hinchman “In Heidegger's Shadow : Hannah Arendt's Phenomenological Humanism” のこうした主張では，アレントにとっては，思考という活動は必然的に孤独な営みであり，世界から撤退し「孤立した」ものであるという事実が無視されている。こういう孤立はハイデガーの場合のように悲劇的な誤った判断に至ることもあるが，ハイデガー思想の偉大さは確かに部分的にはそのみごとな孤立によるとアレントは確信している。

131. Arendt, "Martin Heidegger at Eighty," p. 300.
132. Arendt, *LM,* I, p. 71 ; "Heidegger at Eighty," p. 297.
133. Arendt, "Heidegger at Eighty," p. 300.
134. 同書, pp. 301-302.
135. 同書, p. 303.
136. 同頁。
137. 同頁。
138. Arendt, *LM,* II, pp. 188-192.
139. 同書, pp. 185, 187.
140. Arendt, "Heidegger at Eighty," p. 301.
141. Arendt, "What Is *Existenz* Philosophy?" p. 50.
142. 同書, p. 51.
143. 同書, p. 50.
144. 同書, pp. 55-56.
145. *OR,* pp. 97-109のアレントによるルソー的自我についての議論を参照。
146. Arendt, "Concern with Politics in Recent European Philosophical Thought," in *Essays in Understanding.*
147. "Concern with Politics" でのアレントによるハイデガーの引用。Young-Bruehl, *Hannah Arendt : For Love of the World,* p. 303参照。
148. Young-Bruehl, *Hannah Arendt,* p. 303.
149. 同頁。
150. Schürmann, *Heidegger on Being and Acting* ; Bernasconi, "The Fate of the Distinction between Praxis and Poiesis in Heidegger" 参照。
151. Young-Bruehl, *Hannah Arendt,* p. 303.
152. 同頁。
153. 同頁。
154. 同書, p. 304.
155. Arendt, *LM,* II, p. 178.
156. 同頁。
157. 同書, p. 179.
158. 同書, p. 180.
159. 同書, p. 181.
160. 同書, p. 183.
161. Arendt, *LM,* II, p. 183に引用されたハイデガーの言葉。
162. Arendt, *LM,* II, p. 194.
163. 同頁。
164. 同頁。
165. 同書, p. 185.
166. 同頁。
167. 同頁。

168. 同書，p. 187.
169. 同頁。
170. 同頁。
171. 同頁。
172. Arendt, “Heidegger at Eighty,” p. 298.
173. ローティによる同様の批判については “Heidegger, Kundera, Dickens,” p. 70参照。
174. Arendt, “Heidegger at Eighty,” pp. 299, 303.
175. Arendt, *LM,* II, pp. 188-189.
176. 同書，p. 188.
177. Arendt, *LM,* II, p. 189.
178. 同頁。Heidegger, “The Anaximander Fragment,” in *Early Greek Thinking,* p. 13も参照。
179. 同頁。
180. Heidegger, “Anaximander Fragmenr,” in *Early Greek Thinking,* p. 37.
181. Arendt, *LM,* II, p. 190.
182. 同頁。
183. 同頁。Heidegger, “Anaximander Fragment,” in *Early Greek Thinking,* p. 26.
184. “Das Sein entzieht sich indem es sich in das Seiende entbirgt.”
185. Arendt, *LM,* II, p. 191.
186. 同頁。
187. 同頁。
188. 同頁。Heidegger, “Anaximander Fragment,” *Early Greek Thinking,* p. 50.
189. 同書，pp. 191-192.
190. 同書，p. 192.
191. 同頁。
192. 同頁。
193. 同書，p. 194.
194. 同書，p. 193. これと対照的なのが「生誕（natality)」というカテゴリーへのアレント自身の執着である。
195. 同書，p. 194.

第8章

1. Taminiaux, *Heidegger and the Project of Fundamental Ontology,* pp. 129-32.
2. Janicaud, “Heidegger's Politics.”
3. Robert Bernasconi, “Habermas and Arendt on the Philosopher's

'Error' : Tracking the Diabolical in Heidegger" 参照。

4. Arendt, "Martin Heidegger at Eighty."
5. S. White, *Political Theory and Postmodernism,* p. 33.
6. 同書，p. 37. Taminiaux, "Heidegger and *Praxis*," in *The Heidegger Case* 参照。
7. F. Dallmayr, *Margins of Political Discourse,* p. 62.
8. Habermas, *The Philosophical Discourse of Modernity,* p. 135.
9. Derrida, "Différance," in *Margins of Philosophy* 参照。
10. Lacoue-Labarthe, *Heidegger, Art and Politics,* p. 18.
11. Heidegger, *IM,* p. 192.
12. 第 4 章および Taminiaux, *Heidegger and the Project of Fundamental Ontology,* p. 130. 参照。なお Bernasconi, "The Fate of the Distinction Between *Praxis* and *Poiesis*" も参照されたい。
13. Bernstein, "Heidegger on Humanism," in *Philosophical Profiles,* p. 206.
14. Heidegger, "Overcoming Metaphysics," in *The End of Philosophy,* p. 81. この点に関して R・ウォーリンはハイデガーの「実践理性に対する戦い」と言っている（*POB,* p. 147)。ハイデガーが第一哲学と実践哲学との間の伝統的な演繹的関係を疑問視しているという意味において，ウォーリンは正しい。Schürmann, *Heidegger on Being and Acting,* pp. 4-7参照。
15. Bernstein, "Heidegger on Humanism," in *Philosophical Profiles,* p. 219.
16. 本書第 2 章と第 3 章参照。Schürmann, *Heidegger on Being and Acting,* pp. 82-84および White, *Postmodernism and Political Theory,* p. 48参照
17. Schürmann, *Heidegger on Being and Acting,* p. 83参照。
18. Arendt, *HC,* p. 229.
19. Schürmann, *Heidegger on Being and Acting,* pp. 5-7, 11, 83および Arendt, "Tradition and the Modern Age" ならびに "What Is Authority?" in *BPF* 参照。
20. Heidegger, *IM,* p. 19.
21. Habermas, "Technology and Science as Ideology," in *Toward a Rational Society* および Gadamer, *Reason in the Age of Science,* 特に "Hermeneutics as Practical Philosophy" と "Hermeneutics as a Practical and Theoretical Task" を参照されたい。
22. John Caputo, *Radical Hermeneutics,* pp. 63-65参照。
23. Arendt, *MDT,* pp. 201-204.
24. Lacoue-Labarthe and Nancy, "Ouverture," in *Rejouer le Politique,* pp. 11-28.

25. Schürmann, *Heidegger on Being and Acting,* p. 83. さらに pp. 101-105 および Bernasconi, "The Fate of the Distinction Between *Praxis* and *Poiesis,*" pp. 116-117を参照されたい。
26. Taminiaux, "Reappropriation," in *Heidegger and the Project of Fundamental Ontology,* p. 131ff ; Bernstein, "Heidegger on Humanism," in *Philosophical Profiles,* p. 214.
27. Lyotard, *Heidegger and "the jews,"* p. 76.
28. Schürmann, *Heidegger on Being and Acting,* p. 5.
29. この点では *Origins of Totalitarianism,* p. 468-474の「イデオロギーとテロル」での論理の強制力についてのアレントの議論を参照されたい。
30. Schürmann, *Heidegger on Being and Acting,* pp. 90-91参照。
31. フーコーと同様，アレントも正統性の問題は「括弧に入れる」。Nancy Fraser, *Unruly Practices,* chapter 1を参照されたい。
32. 拙論 "Postmodernism and the Public Sphere" 参照。
33. Lacoue-Labarthe, *Heidegger, Art and Politics,* p. 70.
34. G. Shulman, "Metaphor and Modernization in the Political Thought of Thomas Hobbes" 参照。
35. P. Laslett's Introduction in Locke, *Two Treatises of Government* 参照。
36. Jean-Luc Nancy, *The Inoperative Community,* p. 2-15.
37. Lacoue-Labarthe, *HAP,* p. 70.
38. Nancy, *The Inoperative Community,* p. 3.
39. Lacoue-Labarthe, *HAP,* pp. 70, 75.
40. Arendt, "Ideology and Terror," in *OT,* pp. 465-466. pp. 139-143も参照。
41. Lacoue-Labarthe, *HAP,* p. 18.
42. Christopher Norris, "Complicity and Resistance : Heidegger, de Man, and Lacoue-Labarthe," p. 132参照。
43. K. Harries, "Heidegger as a Political Thinker," p. 327.
44. 同頁。
45. Bernasconi, "The Fate of the Distinction Between *Praxis* and *Poiesis,*" p. 113. タミニオーも "*Arendt, disciple de Heidegger?*" pp. 123-124で同様のことを主張している。
46. 同頁。
47. Arendt, *HC* の第 3 章および第 4 章。
48. D. Schmidt, *The Ubiquity of the Finite.*
49. Lacoue-Labarthe, *HAP,* p. 77.
50. 同頁。
51. 同書，p. 53.
52. 同書，p. 55.

53. 同書，p. 57.
54. 同頁。
55. Heidegger, *IM,* p. 45.
56. Lacoue-Labarthe, *HAP,* p. 54.
57. 同頁，pp. 56, 79–82, 92–95.
58. 同書，p. 66.
59. 同書，p. 77.
60. 同頁。
61. 同書，p. 94.
62. Lacoue-Labarthe, *Heidegger, Art and Politics.* このことをラクー＝ラバルトはこう述べている。「理性の普遍的概念の矛盾が顕わになり，（キリスト教や人間信仰のような）本当は生気を失った神話でしかなかった近代人の信仰が崩壊すると，神話の力が——自動的に《オートポイエティック》——目覚めてくるのは一つの必然となる」。
63. 同書，p. 77.
64. Arendt, *BPF,* p. 18.
65. Arendt, *LM,* I, p. 15.
66. Taminiaux, “Reappropriation,” in *Heidegger and the Project of Fundamental Ontology,* p. 129.
67. Heidegger, *On Time and Being,* p. 24参照。
68. Arendt, *LM,* II, p. 173.
69. Lacoue-Labarthe, *HAP,* p. 86.
70. Arendt, *BPF,* Preface.
71. Arendt, “What Is Authority?”, in *BPF,* p. 91.
72. Arendt, “Ideology and Terror,” in *OT,* p. 464.
73. 同書，p. 462.
74. 同頁。全体主義の「本質」についてのこういう見方は，シュトラウスの全体主義は一種の専制政治であり，古典的資料を参照すればそれがよくわかるという主張と真っ向から対立する。Leo Strauss, *On Tyranny* 参照。
75. Arendt, “Ideology and Terror,” in *OT,* p. 464.
76. Arendt, *Origins of Totalitarianism,* p. 437.
77. Arendt, “Ideology and Terror,” in *OT,* pp. 465–466.
78. 同書，pp. 462, 465.
79. Bernstein, *The New Constellation,* p. 130に引用されている。Lacoue-Labarthe, *HAP,* pp. 33–34も参照されたい。
80. Lacoue-Labarthe, *HAP,* p. 34. *Essays in Understanding,* pp. 13–14のアレントの記述を参照されたい。
81. Lacoue-Labarthe, *HAP,* p. 37.

82. 同書，p. 35.
83. 同書，pp. 70, 94-95.
84. 同書，p. 49.
85. 同書，pp. 46, 48.
86. 同書，p. 49.
87. 同書，p. 48.
88. 同頁。
89. アレントの "What Is Authority?" in *BPF*, p. 291の注（note 16）参照。
90. Schürmann, *Heidegger on Being and Acting*；および "Political Thinking in Heidegger," p. 198.
91. Schürmann, *Heidegger on Being and Acting*, p. 18.
92. 同書，p. 4.
93. Schürmann, "Political Thinking," p. 201ff.
94. Richard Bernstein, *The New Constellation: The Ethical-Political Horizons of Modernity/Postmodernny*, chapter 4: "Heidegger's Silence? Ethos and Technology."
95. Bernstein, *The New Constellation* p. 131.
96. Heidegger, *QCT*, pp. 27, 38.
97. Bernstein, *The New Constellation*, p. 131.
98. Taminiaux, "Heidegger and Praxis," in *The Heidegger Case*, pp. 188-207; Bernstein, *The New Constellation*, pp. 122-125.
99. Bernstein, *The New Constellation*, pp. 134-135.
100. "Postmodernism and the Public Sphere" という拙論参照。
101. Heidegger, "Letter on Humanism," in *BW* および "Building, Dwelling, Thinking" と "... Poetically Man Dwells," in *Poetry, Language, Thought* を参照されたい。
102. Heidegger, *QCT*, pp. 14-15.
103. 同書，pp. 30, 31.
104. Bernstein, *The New Constellation*, p. 109.
105. Heidegger, *QCT*, p. 36.
106. 同書，p. 24.
107. 同書，p. 38.
108. Bernstein, *The New Constellation*, p. 117.
109. 同書，p. 122.
110. Bernasconi, "The Fate of the Distinction Between *Praxis* and *Poiesis*," p. 122参照。
111. Taminiaux, "Reappropriarion," in *Heidegger and the Project of Fundamental Ontology*, および Bernasconi, "The Fate of the Distinction Between *Praxis* and *Poiesis*."
112. Bernasconi, "The Fate of the Distinction Between *Praxis* and

Poiesis," p. 122および pp. 129–30 ; Taminiaux, "Heidegger and *Praxis*," p. 206 ; Taminiaux, "Reappropriation," pp. 134–135 ; Taminiaux, "Arendt, disciple de Heidegger?" p. 113.

113. Taminiaux, "Arendt, disciple de Heidegger?" p. 113.

114. 同頁。

115. 同書，p. 111.

116. 必ずしもシュールマンがこれに異議を唱えるとは思えない。

117. Bernasconi, "The Fate of the Distinction Between *Praxis* and *Poiesis,*" p. 129.

118. 第 2 章および Bernasconi, "The Fate of the Distinction," pp. 116–117 ; Schürmann, *Heidegger on Being and Acting,* p. 84参照。

119. Taminiaux, "Heidegger and *Praxis*," pp. 200–201参照。この点ではタミニオーはアリストテレスの反プラトン主義を誇張しすぎているように思われる。

120. Arendt, *BPF,* p. 153.

121. この点に関しては Heidegger, *The Question of Being* およびデリダの *Writing and Difference* の諸論文を参照されたい。

122. W. Marx, *Heidegger and the Tradition* 参照。

123. R・ウォーリンのようにこうした直接の連続性を強調しすぎないようにすることが重要である。それと異なる見解については，Bernasconi, *The Question of Language in Heidegger's History of Being* (New York : Humanities Press, 1990), chapter 1を参照されたい。

124. Walter Benjamin, "Theses on the Philosophy of History," in *Illuminations.* この類似については "Tradition and Remernbrance in Political Theory" という未発表の論文で詳しく論じたことがある。

125. Arendt, *LM,* Ⅰ, "Postscriptum," p. 216ならびに Arendt, *Lectures on Kant's Political Philosophy,* p. 5.

126. Bernstein, *The New Constellation,* p. 106.

127. K. Löwith, *Max Weber and Karl Marx* 参照。

128. Heidegger, *QCT,* p. 27.

129. たとえば James W. Bernauer, ed., *Amor Mundi* の諸論文および Patricia Bowen-Moore, *Hannah Arendt's Philosophy of Natality* を参照されたい。

130. たとえば Ferry and Renaut, *Heidegger and Modernity* および R. Wolin, *The Politics of Being* 参照。

131. Arendt, *MDT,* p. 5.

132. Arendt, *Totalitarianism,* p. 158.

133. Heidegger, "Only a God Can Save Us," Heidegger interview with *Der Spiegel.*

134. Ferry and Renaut, *Heidegger and Modernity,* pp. 94–108 ; R. Wolin,

The Politics of Being, pp. 152-154.

135. Foucault, "What Is Enlightenment?" in *The Foucault Reader*, pp. 42-44.

《叢書・ウニベルシタス　799》
アレントとハイデガー
政治的なものの運命
2004年7月1日　初版第1刷発行

デーナ，R.ヴィラ
青木隆嘉 訳
発行所　財団法人　法政大学出版局
〒102-0073 東京都千代田区九段北3-2-7
電話03(5214)5540／振替00160-6-95814
製版，印刷　三和印刷／鈴木製本所

Printed in Japan

ISBN4-588-00799-8

著者

デーナ・リチャード・ヴィラ

1987年にプリンストン大学でPh.Dを取得後，アマースト大学に10年間勤務し，その後カリフォルニア大学に移り，サンタ・バーバラ校で政治理論・政治思想史などを教えている．本書（1996）のほか，『政治･哲学･恐怖』（1999，法政大学出版局より近刊），『ソクラテス的市民』（2001）などの著書がある．ボニー･ホーニッグと並べて「ポストモダン的アレント解釈」の代表者と見られることが多いが，彼の関心はアレントによる伝統の脱構築に学んで，現代における政治的なものの新生の道を「ソクラテス的市民」の在り方に求めることに向けられている．最近はトクヴィルやヘーゲルに重点的に取り組んでいる．

訳者

青木隆嘉（あおき　たかよし）

1932年生まれ．京都大学文学部卒業．大阪女子大学名誉教授．著書：『ニーチェと政治』『ニーチェを学ぶ人のために』（著），『実践哲学の現在』『過剰としてのプラクシス』『ポピュラー文学の社会学』（以上共著）ほか．訳書：アンダース『時代おくれの人間』上･下，『異端の思想』，『世界なき人間』，『塔からの眺め』，ピヒト『ニーチェ』，ヘッフェ『倫理・政治的ディスクール』，エリアス『モーツァルト』，デュル『神もなく韻律もなく』，カネッティ『縄の苦しみ』，ヨベル『深い謎――ヘーゲル，ニーチェとユダヤ人』，C.ムフ編『脱構築とプラグマティズム』ほか．

				（頁）
1	芸術はなぜ心要か	E.フィッシャー／河野徹訳	品切	302
2	空と夢〈運動の想像力にかんする試論〉	G.バシュラール／宇佐見英治訳		442
3	グロテスクなもの	W.カイザー／竹内豊治訳		312
4	塹壕の思想	T.E.ヒューム／長谷川鉱平訳	品切	316
5	言葉の秘密	E.ユンガー／菅谷規矩雄訳		176
6	論理哲学論考	L.ヴィトゲンシュタイン／藤本，坂井訳		350
7	アナキズムの哲学	H.リード／大沢正道訳		318
8	ソクラテスの死	R.グアルディーニ／山村直資訳		366
9	詩学の根本概念	E.シュタイガー／高橋英夫訳		334
10	科学の科学〈科学技術時代の社会〉	M.ゴールドスミス，A.マカイ編／是永純弘訳	品切	346
11	科学の射程	C.F.ヴァイツゼカー／野田，金子訳	品切	274
12	ガリレオをめぐって	オルテガ・イ・ガセット／マタイス，佐々木訳		290
13	幻影と現実〈詩の源泉の研究〉	C.コードウェル／長谷川鉱平訳	品切	410
14	聖と俗〈宗教的なるものの本質について〉	M.エリアーデ／風間敏夫訳		286
15	美と弁証法	G.ルカッチ／良知，池田，小箕訳	品切	372
16	モラルと犯罪	K.クラウス／小松太郎訳		218
17	ハーバート・リード自伝	北條文緒訳		468
18	マルクスとヘーゲル	J.イッポリット／宇津木，田口訳	品切	258
19	プリズム〈文化批判と社会〉	Th.W.アドルノ／竹内，山村，板倉訳	品切	246
20	メランコリア	R.カスナー／塚越敏訳		388
21	キリスト教の苦悶	M.de ウナムーノ／神吉，佐々木訳		202
22	アインシュタイン／ゾンマーフェルト往復書簡	A.ヘルマン編／小林，坂口訳	品切	194
23 24	群衆と権力（上・下）	E.カネッティ／岩田行一訳		440 356
25	問いと反問〈芸術論集〉	W.ヴォリンガー／土肥美夫訳		272
26	感覚の分析	E.マッハ／須藤，廣松訳		386
27 28	批判的モデル集（I・II）	Th.W.アドルノ／大久保健治訳	〈品切〉 〈品切〉	I 232 II 272
29	欲望の現象学	R.ジラール／古田幸男訳		370
30	芸術の内面への旅	E.ヘラー／河原，杉浦，渡辺訳	品切	284
31	言語起源論	ヘルダー／大阪大学ドイツ近代文学研究会訳		270
32	宗教の自然史	D.ヒューム／福鎌，斎藤訳		144
33	プロメテウス〈ギリシア人の解した人間存在〉	K.ケレーニイ／辻村誠三訳	品切	268
34	人格とアナーキー	E.ムーニエ／山崎，佐藤訳		292
35	哲学の根本問題	E.ブロッホ／竹内豊治訳		194
36	自然と美学〈形体・美・芸術〉	R.カイヨワ／山口三夫訳	品切	112
37 38	歴史論（I・II）	G.マン／加藤，宮野訳	I・品切 II・品切	274 202
39	マルクスの自然概念	A.シュミット／元浜清海訳	品切	316
40	書物の本〈西欧の書物と文化の歴史．書物の美学〉	H.プレッサー／轡田収訳		448
41 42	現代への序説（上・下）	H.ルフェーヴル／宗，古田監訳	品切	上・220 下・296
43	約束の地を見つめて	E.フォール／古田幸男訳	品切	320
44	スペクタクルと社会	J.デュビニョー／渡辺淳訳	品切	188
45	芸術と神話	E.グラッシ／榎本久彦訳		266
46	古きものと新しきもの	M.ロベール／城山，島，円子訳		318
47	国家の起源	R.H.ローウィ／古賀英三郎訳	品切	204
48	人間と死	E.モラン／古田幸男訳		448
49	プルーストとシーニュ（増補版）	G.ドゥルーズ／宇波彰訳		252
50	文明の滴定〈科学技術と中国の社会〉	J.ニーダム／橋本敬造訳	品切	452
51	プスタの民	I.ジュラ／加藤二郎訳		382

叢書・ウニベルシタス

				(頁)
52 53	社会学的思考の流れ（I・II）	R.アロン／北川, 平野, 他訳		I・350 II・392
54	ベルクソンの哲学	G.ドゥルーズ／宇波彰訳		142
55	第三帝国の言語LTI〈ある言語学者のノート〉	V.クレムペラー／羽田, 藤平, 赤井, 中村訳		442
56	古代の芸術と祭祀	J.E.ハリスン／星野徹訳		222
57	ブルジョワ精神の起源	B.グレトゥイゼン／野沢協訳		394
58	カントと物自体	E.アディッケス／赤松常弘訳		300
59	哲学的素描	S.K.ランガー／塚本, 星野訳		250
60	レーモン・ルーセル	M.フーコー／豊崎光一訳		268
61	宗教とエロス	W.シューバルト／石川, 平田, 山本訳	品切	398
62	ドイツ悲劇の根源	W.ベンヤミン／川村, 三城訳		316
63	鍛えられた心〈強制収容所における心理と行動〉	B.ベテルハイム／丸山修吉訳	品切	340
64	失われた範列〈人間の自然性〉	E.モラン／古田幸男訳		308
65	キリスト教の起源	K.カウツキー／栗原佑訳		534
66	ブーバーとの対話	W.クラフト／板倉敏之訳		206
67	プロデメの変貌〈フランスのコミューン〉	E.モラン／宇波彰訳		450
68	モンテスキューとルソー	E.デュルケーム／小関, 川喜多訳	品切	312
69	芸術と文明	K.クラーク／河野徹訳		680
70	自然宗教に関する対話	D.ヒューム／福鎌, 斎藤訳	品切	196
上・71 下・72	キリスト教の中の無神論（上・下）	E.ブロッホ／竹内, 高尾訳		上・234 下・304
73	ルカーチとハイデガー	L.ゴルドマン／川俣晃自訳	品切	308
74	断　想　1942—1948	E.カネッティ／岩田行一訳		286
75 76	文明化の過程（上・下）	N.エリアス／吉田, 中村, 波田, 他訳		上・466 下・504
77	ロマンスとリアリズム	C.コードウェル／玉井, 深井, 山本訳		238
78	歴史と構造	A.シュミット／花崎皋平訳		192
79 80	エクリチュールと差異（上・下）	J.デリダ／若桑, 野村, 阪上, 三好, 他訳		上・378 下・296
81	時間と空間	E.マッハ／野家啓一編訳		258
82	マルクス主義と人格の理論	L.セーヴ／大津真作訳		708
83	ジャン=ジャック・ルソー	B.グレトゥイゼン／小池健男訳		394
84	ヨーロッパ精神の危機	P.アザール／野沢協訳		772
85	カフカ〈マイナー文学のために〉	G.ドゥルーズ, F.ガタリ／宇波, 岩田訳		210
86	群衆の心理	H.ブロッホ／入野田, 小崎, 小岸訳		580
87	ミニマ・モラリア	Th.W.アドルノ／三光長治訳		430
88 89	夢と人間社会（上・下）	R.カイヨワ, 他／三好郁郎, 他訳		上・374 下・340
90	自由の構造	C.ベイ／横越英一訳	品切	744
91	1848年〈二月革命の精神史〉	J.カスー／野沢協, 他訳		326
92	自然の統一	C.F.ヴァイツゼカー／斎藤, 河井訳	品切	560
93	現代戯曲の理論	P.ションディ／市村, 丸山訳	品切	250
94	百科全書の起源	F.ヴェントゥーリ／大津真作訳	品切	324
95	推測と反駁〈科学的知識の発展〉	K.R.ポパー／藤本, 石垣, 森訳		816
96	中世の共産主義	K.カウツキー／栗原佑訳	品切	400
97	批評の解剖	N.フライ／海老根, 中村, 出淵, 山内訳		580
98	あるユダヤ人の肖像	A.メンミ／菊地, 白井訳		396
99	分類の未開形態	E.デュルケーム／小関藤一郎訳	品切	232
100	永遠に女性的なるもの	H.ド・リュバック／山崎庸一郎訳	品切	360
101	ギリシア神話の本質	G.S.カーク／吉田, 辻村, 松田訳		390
102	精神分析における象徴界	G.ロゾラート／佐々木孝次訳		508
103	物の体系〈記号の消費〉	J.ボードリヤール／宇波彰訳		280

叢書・ウニベルシタス

				(頁)
104	言語芸術作品〔第2版〕	W.カイザー／柴田斎訳	品切	688
105	同時代人の肖像	F.ブライ／池内紀訳		212
106	レオナルド・ダ・ヴィンチ〔第2版〕	K.クラーク／丸山, 大河内訳		344
107	宮廷社会	N.エリアス／波田, 中埜, 吉田訳		480
108	生産の鏡	J.ボードリヤール／宇波, 今村訳		184
109	祭祀からロマンスへ	J.L.ウェストン／丸小哲雄訳		290
110	マルクスの欲求理論	A.ヘラー／良知, 小箕訳	品切	198
111	大革命前夜のフランス	A.ソブール／山崎耕一訳	品切	422
112	知覚の現象学	メルロ=ポンティ／中島盛夫訳		904
113	旅路の果てに〈アルペイオスの流れ〉	R.カイヨワ／金井裕訳		222
114	孤独の迷宮〈メキシコの文化と歴史〉	O.パス／高山, 熊谷訳		320
115	暴力と聖なるもの	R.ジラール／古田幸男訳		618
116	歴史をどう書くか	P.ヴェーヌ／大津真作訳		604
117	記号の経済学批判	J.ボードリヤール／今村, 宇波, 桜井訳		304
118	フランス紀行〈1787, 1788&1789〉	A.ヤング／宮崎洋訳		432
119	供　犠	M.モース, H.ユベール／小関藤一郎訳		296
120	差異の目録〈歴史を変えるフーコー〉	P.ヴェーヌ／大津真作訳	品切	198
121	宗教とは何か	G.メンシング／田中, 下宮訳		442
122	ドストエフスキー	R.ジラール／鈴木晶訳	品切	200
123	さまざまな場所〈死の影の都市をめぐる〉	J.アメリー／池内紀訳		210
124	生　成〈概念をこえる試み〉	M.セール／及川馥訳		272
125	アルバン・ベルク	Th.W.アドルノ／平野嘉彦訳		320
126	映画　あるいは想像上の人間	E.モラン／渡辺淳訳	品切	320
127	人間論〈時間・責任・価値〉	R.インガルデン／武井, 赤松訳		294
128	カント〈その生涯と思想〉	A.グリガ／西牟田, 浜田訳		464
129	同一性の寓話〈詩的神話学の研究〉	N.フライ／駒沢大学フライ研究会訳		496
130	空間の心理学	A.モル, E.ロメル／渡辺淳訳		326
131	飼いならされた人間と野性的人間	S.モスコヴィッシ／古田幸男訳		336
132	方　法　1. 自然の自然	E.モラン／大津真作訳	品切	658
133	石器時代の経済学	M.サーリンズ／山内昶訳		464
134	世の初めから隠されていること	R.ジラール／小池健男訳		760
135	群衆の時代	S.モスコヴィッシ／古田幸男訳	品切	664
136	シミュラークルとシミュレーション	J.ボードリヤール／竹原あき子訳		234
137	恐怖の権力〈アブジェクシオン〉試論	J.クリステヴァ／枝川昌雄訳		420
138	ボードレールとフロイト	L.ベルサーニ／山縣直子訳		240
139	悪しき造物主	E.M.シオラン／金井裕訳		228
140	終末論と弁証法〈マルクスの社会・政治思想〉	S.アヴィネリ／中村恒矩訳	品切	392
141	経済人類学の現在	F.プイヨン編／山内昶訳		236
142	視覚の瞬間	K.クラーク／北條文緒訳		304
143	罪と罰の彼岸	J.アメリー／池内紀訳		210
144	時間・空間・物質	B.K.ライドレー／中島龍三訳	品切	226
145	離脱の試み〈日常生活への抵抗〉	S.コーエン, N.テイラー／石黒毅訳		321
146	人間怪物論〈人間脱走の哲学の素描〉	U.ホルストマン／加藤二郎訳		206
147	カントの批判哲学	G.ドゥルーズ／中島盛夫訳		160
148	自然と社会のエコロジー	S.モスコヴィッシ／久米, 原訳		440
149	壮大への渇仰	L.クローネンバーガー／岸, 倉田訳		368
150	奇蹟論・迷信論・自殺論	D.ヒューム／福鎌, 斎藤訳		200
151	クルティウス-ジッド往復書簡	ディークマン編／円子千代訳		376
152	離脱の寓話	M.セール／及川馥訳		178

				(頁)
203	秩序と無秩序	J.-P.デュピュイ／古田幸男訳		324
204	象徴の理論	T.トドロフ／及川馥,他訳	品切	536
205	資本とその分身	M.ギヨーム／斉藤日出治訳		240
206	干　渉〈ヘルメスII〉	M.セール／豊田彰訳		276
207	自らに手をくだし〈自死について〉	J.アメリー／大河内了義訳	品切	222
208	フランス人とイギリス人	R.フェイバー／北條,大島訳		304
209	カーニバル〈その歴史的・文化的考察〉	J.カロ・バロッハ／佐々木孝訳	品切	622
210	フッサール現象学	A.F.アグィーレ／川島,工藤,林訳		232
211	文明の試練	J.M.カディヒィ／塚本,秋山,寺西,島訳		538
212	内なる光景	J.ポミエ／角山,池部訳		526
213	人間の原型と現代の文化	A.ゲーレン／池井望訳		422
214	ギリシアの光と神々	K.ケレーニイ／円子修平訳	品切	178
215	初めに愛があった〈精神分析と信仰〉	J.クリステヴァ／枝川昌雄訳		146
216	バロックとロココ	W.v.ニーベルシュッツ／竹内章訳		164
217	誰がモーセを殺したか	S.A.ハンデルマン／山形和美訳		514
218	メランコリーと社会	W.レペニース／岩田,小竹訳		380
219	意味の論理学	G.ドゥルーズ／岡田,宇波訳		460
220	新しい文化のために	P.ニザン／木内孝訳		352
221	現代心理論集	P.ブールジェ／平岡,伊藤訳		362
222	パラジット〈寄食者の論理〉	M.セール／及川,米山訳		466
223	虐殺された鳩〈暴力と国家〉	H.ラボリ／川中子弘訳		240
224	具象空間の認識論〈反・解釈学〉	F.ダゴニェ／金森修訳		300
225	正常と病理	G.カンギレム／滝沢武久訳		320
226	フランス革命論	J.G.フィヒテ／桝田啓三郎訳		396
227	クロード・レヴィ=ストロース	O.パス／鼓,木村訳		160
228	バロックの生活	P.ラーンシュタイン／波田節夫訳	品切	520
229	うわさ〈もっとも古いメディア〉増補版	J.-N.カプフェレ／古田幸男訳		394
230	後期資本制社会システム	C.オッフェ／寿福真美編訳	品切	358
231	ガリレオ研究	A.コイレ／菅谷暁訳		482
232	アメリカ	J.ボードリヤール／田中正人訳	品切	220
233	意識ある科学	E.モラン／村上光彦訳		400
234	分子革命〈欲望社会のミクロ分析〉	F.ガタリ／杉村昌昭訳		340
235	火，そして霧の中の信号—ゾラ	M.セール／寺田光徳訳		568
236	煉獄の誕生	J.ル・ゴッフ／渡辺,内田訳		698
237	サハラの夏	E.フロマンタン／川端康夫訳		336
238	パリの悪魔	P.ガスカール／佐藤和夫訳		256
239 240	自然の人間的歴史(上・下)	S.モスコヴィッシ／大津真作訳	品切	上・494 下・390
241	ドン・キホーテ頌	P.アザール／円子千代訳	品切	348
242	ユートピアへの勇気	G.ピヒト／河井徳治訳	品切	202
243	現代社会とストレス〔原書改訂版〕	H.セリエ／杉,田多井,藤井,竹宮訳		482
244	知識人の終焉	J.-F.リオタール／原田佳彦,他訳		140
245	オマージュの試み	E.M.シオラン／金井裕訳		154
246	科学の時代における理性	H.-G.ガダマー／本間,座小田訳		158
247	イタリア人の太古の知恵	G.ヴィーコ／上村忠男訳		190
248	ヨーロッパを考える	E.モラン／林　勝一訳		238
249	労働の現象学	J.-L.プチ／今村,松島訳		388
250	ポール・ニザン	Y.イシャグプール／川俣晃自訳		356
251	政治的判断力	R.ベイナー／浜田義文監訳	品切	310
252	知覚の本性〈初期論文集〉	メルロ=ポンティ／加賀野井秀一訳		158

				(頁)
253	言語の牢獄	F.ジェームソン／川口喬一訳		292
254	失望と参画の現象学	A.O.ハーシュマン／佐々木,杉田訳		204
255	はかない幸福―ルソー	T.トドロフ／及川馥訳	品切	162
256	大学制度の社会史	H.W.プラール／山本尤訳		408
257 258	ドイツ文学の社会史（上・下）	J.ベルク,他／山本,三島,保坂,鈴木訳		上・766 下・648
259	アランとルソー〈教育哲学試論〉	A.カルネック／安斎,並木訳		304
260	都市・階級・権力	M.カステル／石川淳志監訳	品切	296
261	古代ギリシア人	M.I.フィンレー／山形和美訳	品切	296
262	象徴表現と解釈	T.トドロフ／小林,及川訳		244
263	声の回復〈回想の試み〉	L.マラン／梶野吉郎訳		246
264	反射概念の形成	G.カンギレム／金森修訳		304
265	芸術の手相	G.ピコン／末永照和訳		294
266	エチュード〈初期認識論集〉	G.バシュラール／及川馥訳		166
267	邪な人々の昔の道	R.ジラール／小池健男訳		270
268	〈誠実〉と〈ほんもの〉	L.トリリング／野島秀勝訳	品切	264
269	文の抗争	J.-F.リオタール／陸井四郎,他訳		410
270	フランス革命と芸術	J.スタロバンスキー／井上尭裕訳	品切	286
271	野生人とコンピューター	J.-M.ドムナック／古田幸男訳		228
272	人間と自然界	K.トマス／山内昶,他訳		618
273	資本論をどう読むか	J.ビデ／今村仁司,他訳		450
274	中世の旅	N.オーラー／藤代幸一訳		488
275	変化の言語〈治療コミュニケーションの原理〉	P.ワツラウィック／築島謙三訳		212
276	精神の売春としての政治	T.クンナス／木戸,佐々木訳		258
277	スウィフト政治・宗教論集	J.スウィフト／中野,海保訳		490
278	現実とその分身	C.ロセ／金井裕訳		168
279	中世の高利貸	J.ル・ゴッフ／渡辺香根夫訳		170
280	カルデロンの芸術	M.コメレル／岡部仁訳		270
281	他者の言語〈デリダの日本講演〉	J.デリダ／高橋允昭編訳		406
282	ショーペンハウアー	R.ザフランスキー／山本尤訳		646
283	フロイトと人間の魂	B.ベテルハイム／藤瀬恭子訳		174
284	熱　狂〈カントの歴史批判〉	J.-F.リオタール／中島盛夫訳		210
285	カール・カウツキー 1854-1938	G.P.スティーンソン／時永,河野訳		496
286	形而上学と神の思想	W.パネンベルク／座小田,諸岡訳	品切	186
287	ドイツ零年	E.モラン／古田幸男訳		364
288	物の地獄〈ルネ・ジラールと経済の論理〉	デュムシェル，デュピュイ／織田,富永訳		320
289	ヴィーコ自叙伝	G.ヴィーコ／福鎌忠恕訳	品切	448
290	写真論〈その社会的効用〉	P.ブルデュー／山縣熙,山縣直子訳		438
291	戦争と平和	S.ボク／大沢正道訳		224
292	意味と意味の発展	R.A.ウォルドロン／築島謙三訳		294
293	生態平和とアナーキー	U.リンゼ／内田,杉村訳		270
294	小説の精神	M.クンデラ／金井,浅野訳		208
295	フィヒテ-シェリング往復書簡	W.シュルツ解説／座小田,後藤訳		220
296	出来事と危機の社会学	E.モラン／浜名,福井訳		622
297	宮廷風恋愛の技術	A.カペルラヌス／野島秀勝訳	品切	334
298	野蛮〈科学主義の独裁と文化の危機〉	M.アンリ／山形,望月訳		292
299	宿命の戦略	J.ボードリヤール／竹原あき子訳		260
300	ヨーロッパの日記	G.R.ホッケ／石丸,柴田,信岡訳		1330
301	記号と夢想〈演劇と祝祭についての考察〉	A.シモン／岩瀬孝監修．佐藤,伊藤,他訳		388
302	手と精神	J.ブラン／中村文郎訳		284

				(頁)
352	倫理・政治的ディスクール	O.ヘッフェ／青木隆嘉訳		312
353	モーツァルト	N.エリアス／青木隆嘉訳		198
354	参加と距離化	N.エリアス／波田, 道籏訳		276
355	二十世紀からの脱出	E.モラン／秋枝茂夫訳		384
356	無限の二重化	W.メニングハウス／伊藤秀一訳	品切	350
357	フッサール現象学の直観理論	E.レヴィナス／佐藤, 桑野訳		506
358	始まりの現象	E.W.サイード／山形, 小林訳		684
359	サテュリコン	H.P.デュル／原研二訳		258
360	芸術と疎外	H.リード／増渕正史訳	品切	262
361	科学的理性批判	K.ヒュプナー／神野, 中才, 熊谷訳		476
362	科学と懐疑論	J.ワトキンス／中才敏郎訳		354
363	生きものの迷路	A.モール, E.ロメル／古田幸男訳		240
364	意味と力	G.バランディエ／小関藤一郎訳		406
365	十八世紀の文人科学者たち	W.レペニース／小川さくえ訳		182
366	結晶と煙のあいだ	H.アトラン／阪上脩訳		376
367	生への闘争〈闘争本能・性・意識〉	W.J.オング／高柳, 橋爪訳		326
368	レンブラントとイタリア・ルネサンス	K.クラーク／尾崎, 芳野訳		334
369	権力の批判	A.ホネット／河上倫逸監訳		476
370	失われた美学〈マルクスとアヴァンギャルド〉	M.A.ローズ／長田, 池田, 長野, 長田訳		332
371	ディオニュソス	M.ドゥティエンヌ／及川, 吉岡訳		164
372	メディアの理論	F.イングリス／伊藤, 磯山訳		380
373	生き残ること	B.ベテルハイム／高尾利数訳		646
374	バイオエシックス	F.ダゴニェ／金森, 松浦訳		316
375 376	エディプスの謎（上・下）	N.ビショッフ／藤代, 井本, 他訳	上・ 下・	450 464
377	重大な疑問〈懐疑的省察録〉	E.シャルガフ／山形, 小野, 他訳		404
378	中世の食生活〈断食と宴〉	B.A.ヘニッシュ／藤原保明訳	品切	538
379	ポストモダン・シーン	A.クローカー, D.クック／大熊昭信訳		534
380	夢の時〈野生と文明の境界〉	H.P.デュル／岡部, 原, 須永, 荻野訳		674
381	理性よ，さらば	P.ファイヤアーベント／植木哲也訳		454
382	極限に面して	T.トドロフ／宇京頼三訳		376
383	自然の社会化	K.エーダー／寿福真美監訳		474
384	ある反時代的考察	K.レーヴィット／中村啓, 永沼更始郎訳		526
385	図書館炎上	W.シヴェルブシュ／福本義憲訳		274
386	騎士の時代	F.v.ラウマー／柳井尚子訳	品切	506
387	モンテスキュー〈その生涯と思想〉	J.スタロバンスキー／古賀英三郎, 高橋誠訳		312
388	理解の鋳型〈東西の思想経験〉	J.ニーダム／井上英明訳		510
389	風景画家レンブラント	E.ラルセン／大谷, 尾崎訳		208
390	精神分析の系譜	M.アンリ／山形頼洋, 他訳		546
391	金《かね》と魔術	H.C.ビンスヴァンガー／清水健次訳		218
392	自然誌の終焉	W.レペニース／山村直資訳		346
393	批判的解釈学	J.B.トンプソン／山本, 小川訳	品切	376
394	人間にはいくつの真理が必要か	R.ザフランスキー／山本, 藤井訳		232
395	現代芸術の出発	Y.イシャグプール／川俣晃自訳		170
396	青春　ジュール・ヴェルヌ論	M.セール／豊田彰訳		398
397	偉大な世紀のモラル	P.ベニシュー／朝倉, 羽賀訳		428
398	諸国民の時に	E.レヴィナス／合田正人訳		348
399 400	バベルの後に（上・下）	G.スタイナー／亀山健吉訳	上・ 下・	482
401	チュービンゲン哲学入門	E.ブロッホ／花田監修・菅谷, 今井, 三国訳		422

				(頁)
402	歴史のモラル	T.トドロフ／大谷尚文訳		386
403	不可解な秘密	E.シャルガフ／山本, 内藤訳		260
404	ルソーの世界〈あるいは近代の誕生〉	J.-L.ルセルクル／小林浩訳	品切	378
405	死者の贈り物	D.サルナーヴ／菊地, 白井訳		186
406	神もなく韻律もなく	H.P.デュル／青木隆嘉訳		292
407	外部の消失	A.コドレスク／利沢行夫訳		276
408	狂気の社会史〈狂人たちの物語〉	R.ポーター／目羅公和訳	品切	428
409	続・蜂の寓話	B.マンデヴィル／泉谷治訳		436
410	悪口を習う〈近代初期の文化論集〉	S.グリーンブラット／磯山甚一訳		354
411	危険を冒して書く〈異色作家たちのパリ・インタヴュー〉	J.ワイス／浅野敏夫訳		300
412	理論を讃えて	H.-G.ガダマー／本間, 須田訳		194
413	歴史の島々	M.サーリンズ／山本真鳥訳		306
414	ディルタイ〈精神科学の哲学者〉	R.A.マックリール／大野, 田中, 他訳		578
415	われわれのあいだで	E.レヴィナス／合田, 谷口訳		368
416	ヨーロッパ人とアメリカ人	S.ミラー／池田栄一訳		358
417	シンボルとしての樹木	M.ルルカー／林 捷 訳		276
418	秘めごとの文化史	H.P.デュル／藤代, 津山訳		662
419	眼の中の死〈古代ギリシアにおける他者の像〉	J.-P.ヴェルナン／及川, 吉岡訳		144
420	旅の思想史	E.リード／伊藤誓訳		490
421	病のうちなる治療薬	J.スタロバンスキー／小池, 川那部訳		356
422	祖国地球	E.モラン／菊地昌実訳		234
423	寓意と表象・再現	S.J.グリーンブラット編／船倉正憲訳		384
424	イギリスの大学	V.H.H.グリーン／安原, 成定訳	品切	516
425	未来批判　あるいは世界史に対する嫌悪	E.シャルガフ／山本, 伊藤訳		276
426	見えるものと見えざるもの	メルロ=ポンティ／中島盛夫監訳		618
427	女性と戦争	J.B.エルシュテイン／小林, 廣川訳		486
428	カント入門講義	H.バウムガルトナー／有福孝岳監訳		204
429	ソクラテス裁判	I.F.ストーン／永田康昭訳		470
430	忘我の告白	M.ブーバー／田口義弘訳		348
431 432	時代おくれの人間（上・下）	G.アンダース／青木隆嘉訳		上・432 下・546
433	現象学と形而上学	J.-L.マリオン他編／三上, 重永, 檜垣訳		388
434	祝福から暴力へ	M.ブロック／田辺, 秋津訳		426
435	精神分析と横断性	F.ガタリ／杉村, 毬藻訳		462
436	競争社会をこえて	A.コーン／山本, 真水訳		530
437	ダイアローグの思想	M.ホルクウィスト／伊藤誓訳	品切	370
438	社会学とは何か	N.エリアス／徳安彰訳		250
439	E.T.A.ホフマン	R.ザフランスキー／識名章喜訳		636
440	所有の歴史	J.アタリ／山内昶訳		580
441	男性同盟と母権制神話	N.ゾンバルト／田村和彦訳		516
442	ヘーゲル以後の歴史哲学	H.シュネーデルバッハ／古東哲明訳		282
443	同時代人ベンヤミン	H.マイヤー／岡部仁訳		140
444	アステカ帝国滅亡記	G.ボド, T.トドロフ編／大谷, 菊地訳		662
445	迷宮の岐路	C.カストリアディス／宇京頼三訳		404
446	意識と自然	K.K.チョウ／志水, 山本監訳		422
447	政治的正義	O.ヘッフェ／北尾, 平石, 望月訳		598
448	象徴と社会	K.バーク著, ガスフィールド編／森常治訳		580
449	神・死・時間	E.レヴィナス／合田正人訳		360
450	ローマの祭	G.デュメジル／大橋寿美子訳		446

			(頁)
451	エコロジーの新秩序	L.フェリ／加藤宏幸訳	274
452	想念が社会を創る	C.カストリアディス／江口幹訳	392
453	ウィトゲンシュタイン評伝	B.マクギネス／藤本,今井,宇都宮,髙橋訳	612
454	読みの快楽	R.オールター／山形,中田,田中訳	346
455	理性・真理・歴史〈内在的実在論の展開〉	H.パトナム／野本和幸,他訳	360
456	自然の諸時期	ビュフォン／菅谷暁訳	440
457	クロポトキン伝	ピルーモヴァ／左近毅訳	384
458	征服の修辞学	P.ヒューム／岩尾,正木,本橋訳	492
459	初期ギリシア科学	G.E.R.ロイド／山野,山口訳	246
460	政治と精神分析	G.ドゥルーズ,F.ガタリ／杉村昌昭訳	124
461	自然契約	M.セール／及川,米山訳	230
462	細分化された世界〈迷宮の岐路III〉	C.カストリアディス／宇京頼三訳	332
463	ユートピア的なもの	L.マラン／梶野吉郎訳	420
464	恋愛礼讃	M.ヴァレンシー／沓掛,川端訳	496
465	転換期〈ドイツ人とドイツ〉	H.マイヤー／宇京早苗訳	466
466	テクストのぶどう畑で	I.イリイチ／岡部佳世訳	258
467	フロイトを読む	P.ゲイ／坂口,大島訳	304
468	神々を作る機械	S.モスコヴィッシ／古田幸男訳	750
469	ロマン主義と表現主義	A.K.ウィードマン／大森淳史訳	378
470	宗教論	N.ルーマン／土方昭,土方透訳	138
471	人格の成層論	E.ロータッカー／北村監訳・大久保,他訳	278
472	神　罰	C.v.リンネ／小川さくえ訳	432
473	エデンの園の言語	M.オランデール／浜﨑設夫訳	338
474	フランスの自伝〈自伝文学の主題と構造〉	P.ルジュンヌ／小倉孝誠訳	342
475	ハイデガーとヘブライの遺産	M.ザラデル／合田正人訳	390
476	真の存在	G.スタイナー／工藤政司訳	266
477	言語芸術・言語記号・言語の時間	R.ヤコブソン／浅川順子訳	388
478	エクリール	C.ルフォール／宇京頼三訳	420
479	シェイクスピアにおける交渉	S.J.グリーンブラット／酒井正志訳	334
480	世界・テキスト・批評家	E.W.サイード／山形和美訳	584
481	絵画を見るディドロ	J.スタロバンスキー／小西嘉幸訳	148
482	ギボン〈歴史を創る〉	R.ポーター／中野,海保,松原訳	272
483	欺瞞の書	E.M.シオラン／金井裕訳	252
484	マルティン・ハイデガー	H.エーベリング／青木隆嘉訳	252
485	カフカとカバラ	K.E.グレーツィンガー／清水健次訳	390
486	近代哲学の精神	H.ハイムゼート／座小田豊,他訳	448
487	ベアトリーチェの身体	R.P.ハリスン／船倉正憲訳	304
488	技術〈クリティカル・セオリー〉	A.フィーンバーグ／藤本正文訳	510
489	認識論のメタクリティーク	Th.W.アドルノ／古賀,細見訳	370
490	地獄の歴史	A.K.ターナー／野﨑嘉信訳	456
491	昔話と伝説〈物語文学の二つの基本形式〉	M.リューティ／高木昌史,万里子訳	品切 362
492	スポーツと文明化〈興奮の探究〉	N.エリアス,E.ダニング／大平章訳	490
493 494	地獄のマキアヴェッリ（I・II）	S.de.グラツィア／田中治男訳	I・352 II・306
495	古代ローマの恋愛詩	P.ヴェーヌ／鎌田博夫訳	352
496	証人〈言葉と科学についての省察〉	E.シャルガフ／山本,内藤訳	252
497	自由とはなにか	P.ショーニュ／西川,小田桐訳	472
498	現代世界を読む	M.マフェゾリ／菊地昌実訳	186
499	時間を読む	M.ピカール／寺田光徳訳	266
500	大いなる体系	N.フライ／伊藤誓訳	478

叢書・ウニベルシタス

				(頁)
501	音楽のはじめ	C.シュトゥンプ／結城錦一訳		208
502	反ニーチェ	L.フェリー他／遠藤文彦訳		348
503	マルクスの哲学	E.バリバール／杉山吉弘訳		222
504	サルトル，最後の哲学者	A.ルノー／水野浩二訳	品切	296
505	新不平等起源論	A.テスタール／山内昶訳		298
506	敗者の祈禱書	シオラン／金井裕訳		184
507	エリアス・カネッティ	Y.イシャグプール／川俣晃自訳		318
508	第三帝国下の科学	J.オルフ＝ナータン／宇京頼三訳		424
509	正も否も縦横に	H.アトラン／寺田光徳訳		644
510	ユダヤ人とドイツ	E.トラヴェルソ／宇京頼三訳		322
511	政治的風景	M.ヴァルンケ／福本義憲訳		202
512	聖句の彼方	E.レヴィナス／合田正人訳		350
513	古代憧憬と機械信仰	H.ブレーデカンプ／藤代，津山訳		230
514	旅のはじめに	D.トリリング／野島秀勝訳		602
515	ドゥルーズの哲学	M.ハート／田代，井上，浅野，暮沢訳		294
516	民族主義・植民地主義と文学	T.イーグルトン他／増渕，安藤，大友訳		198
517	個人について	P.ヴェーヌ他／大谷尚文訳		194
518	大衆の装飾	S.クラカウアー／船戸，野村訳		350
519 520	シベリアと流刑制度（I・II）	G.ケナン／左近毅訳		I・632 II・642
521	中国とキリスト教	J.ジェルネ／鎌田博夫訳		396
522	実存の発見	E.レヴィナス／佐藤真理人，他訳		480
523	哲学的認識のために	G.-G.グランジェ／植木哲也訳		342
524	ゲーテ時代の生活と日常	P.ラーンシュタイン／上西川原章訳		832
525	ノッツ nOts	M.C.テイラー／浅野敏夫訳		480
526	法の現象学	A.コジェーヴ／今村，堅田訳		768
527	始まりの喪失	B.シュトラウス／青木隆嘉訳		196
528	重　合	ベーネ，ドゥルーズ／江口修訳		170
529	イングランド18世紀の社会	R.ポーター／目羅公和訳		630
530	他者のような自己自身	P.リクール／久米博訳		558
531	鷲と蛇〈シンボルとしての動物〉	M.ルルカー／林捷訳		270
532	マルクス主義と人類学	M.ブロック／山内昶，山内彰訳		256
533	両性具有	M.セール／及川馥訳		218
534	ハイデガー〈ドイツの生んだ巨匠とその時代〉	R.ザフランスキー／山本尤訳		696
535	啓蒙思想の背任	J.-C.ギユボー／菊地，白井訳		218
536	解明　M.セールの世界	M.セール／梶野，竹中訳		334
537	語りは罠	L.マラン／鎌田博夫訳		176
538	歴史のエクリチュール	M.セルトー／佐藤和生訳		542
539	大学とは何か	J.ペリカン／田口孝夫訳		374
540	ローマ　定礎の書	M.セール／高尾謙史訳		472
541	啓示とは何か〈あらゆる啓示批判の試み〉	J.G.フィヒテ／北岡武司訳		252
542	力の場〈思想史と文化批判のあいだ〉	M.ジェイ／今井道夫，他訳		382
543	イメージの哲学	F.ダゴニェ／水野浩二訳		410
544	精神と記号	F.ガタリ／杉村昌昭訳		180
545	時間について	N.エリアス／井本，青木訳		238
546	ルクレティウスのテキストにおける物理学の誕生	M.セール／豊田彰訳		320
547	異端カタリ派の哲学	R.ネッリ／柴田和雄訳		290
548	ドイツ人論	N.エリアス／青木隆嘉訳		576
549	俳　優	J.デュヴィニョー／渡辺淳訳		346

			(頁)
550	ハイデガーと実践哲学	O.ペゲラー他,編／竹市,下村監訳	584
551	彫　像	M.セール／米山親能訳	366
552	人間的なるものの庭	C.F.v.ヴァイツゼカー／山辺建訳	852
553	思考の図像学	A.フレッチャー／伊藤誓訳	472
554	反動のレトリック	A.O.ハーシュマン／岩崎稔訳	250
555	暴力と差異	A.J.マッケナ／夏目博明訳	354
556	ルイス・キャロル	J.ガッテニョ／鈴木晶訳	462
557	タオスのロレンゾー〈D.H.ロレンス回想〉	M.D.ルーハン／野島秀勝訳	490
558	エル・シッド〈中世スペインの英雄〉	R.フレッチャー／林邦夫訳	414
559	ロゴスとことば	S.プリケット／小野功生訳	486
560 561	盗まれた稲妻〈呪術の社会学〉(上・下)	D.L.オキーフ／谷林眞理子,他訳	上・490 下・656
562	リビドー経済	J.-F.リオタール／杉山,吉谷訳	458
563	ポスト・モダニティの社会学	S.ラッシュ／田中義久監訳	462
564	狂暴なる霊長類	J.A.リヴィングストン／大平章訳	310
565	世紀末社会主義	M.ジェイ／今村,大谷訳	334
566	両性平等論	F.P.de ラ・バール／佐藤和夫,他訳	330
567	暴虐と忘却	R.ボイヤーズ／田部井孝次・世志子訳	524
568	異端の思想	G.アンダース／青木隆嘉訳	518
569	秘密と公開	S.ボク／大沢正道訳	470
570 571	大航海時代の東南アジア (I・II)	A.リード／平野,田中訳	I・430 II・598
572	批判理論の系譜学	N.ボルツ／山本,大貫訳	332
573	メルヘンへの誘い	M.リューティ／高木昌史訳	200
574	性と暴力の文化史	H.P.デュル／藤代,津山訳	768
575	歴史の不測	E.レヴィナス／合田,谷口訳	316
576	理論の意味作用	T.イーグルトン／山形和美訳	196
577	小集団の時代〈大衆社会における個人主義の衰退〉	M.マフェゾリ／古田幸男訳	334
578 579	愛の文化史(上・下)	S.カーン／青木,斎藤訳	上・334 下・384
580	文化の擁護〈1935年パリ国際作家大会〉	ジッド他／相磯,五十嵐,石黒,高橋編訳	752
581	生きられる哲学〈生活世界の現象学と批判理論の思考形式〉	F.フェルマン／堀栄造訳	282
582	十七世紀イギリスの急進主義と文学	C.ヒル／小野,圓月訳	444
583	このようなことが起こり始めたら…	R.ジラール／小池,住谷訳	226
584	記号学の基礎理論	J.ディーリー／大熊昭信訳	286
585	真理と美	S.チャンドラセカール／豊田彰訳	328
586	シオラン対談集	E.M.シオラン／金井裕訳	336
587	時間と社会理論	B.アダム／伊藤,磯山訳	338
588	懐疑的省察ABC〈続・重大な疑問〉	E.シャルガフ／山本,伊藤訳	244
589	第三の知恵	M.セール／及川馥訳	250
590 591	絵画における真理(上・下)	J.デリダ／高橋,阿部訳	上・322 下・390
592	ウィトゲンシュタインと宗教	N.マルカム／黒崎宏訳	256
593	シオラン〈あるいは最後の人間〉	S.ジョドー／金井裕訳	212
594	フランスの悲劇	T.トドロフ／大谷尚文訳	304
595	人間の生の遺産	E.シャルガフ／清水健次,他訳	392
596	聖なる快楽〈性,神話,身体の政治〉	R.アイスラー／浅野敏夫訳	876
597	原子と爆弾とエスキモーキス	C.G.セグレー／野島秀勝訳	408
598	海からの花嫁〈ギリシア神話研究の手引き〉	J.シャーウッドスミス／吉田,佐藤訳	234
599	神に代わる人間	L.フェリー／菊地,白井訳	220
600	パンと競技場〈ギリシア・ローマ時代の政治と都市の社会学的歴史〉	P.ヴェーヌ／鎌田博夫訳	1032

叢書・ウニベルシタス

			(頁)
601	ギリシア文学概説	J.ド・ロミイ／細井，秋山訳	486
602	パロールの奪取	M.セルトー／佐藤和生訳	200
603	68年の思想	L.フェリー他／小野潮訳	348
604	ロマン主義のレトリック	P.ド・マン／山形，岩坪訳	470
605	探偵小説あるいはモデルニテ	J.デュボア／鈴木智之訳	380
606 607 608	近代の正統性〔全三冊〕	H.ブルーメンベルク／斎藤，忽那 佐藤，村井訳	I・328 II・390 III・318
609	危険社会〈新しい近代への道〉	U.ベック／東，伊藤訳	502
610	エコロジーの道	E.ゴールドスミス／大熊昭信訳	654
611	人間の領域〈迷宮の岐路II〉	C.カストリアディス／米山親能訳	626
612	戸外で朝食を	H.P.デュル／藤代幸一訳	190
613	世界なき人間	G.アンダース／青木隆嘉訳	366
614	唯物論シェイクスピア	F.ジェイムソン／川口喬一訳	402
615	核時代のヘーゲル哲学	H.クロンバッハ／植木哲也訳	380
616	詩におけるルネ・シャール	P.ヴェーヌ／西永良成訳	832
617	近世の形而上学	H.ハイムゼート／北岡武司訳	506
618	フロベールのエジプト	G.フロベール／斎藤昌三訳	344
619	シンボル・技術・言語	E.カッシーラー／篠木，高野訳	352
620	十七世紀イギリスの民衆と思想	C.ヒル／小野，圓月，箭川訳	520
621	ドイツ政治哲学史	H.リュッベ／今井道夫訳	312
622	最終解決〈民族移動とヨーロッパのユダヤ人殺害〉	G.アリー／山本，三島訳	470
623	中世の人間	J.ル・ゴフ他／鎌田博夫訳	478
624	食べられる言葉	L.マラン／梶野吉郎訳	284
625	ヘーゲル伝〈哲学の英雄時代〉	H.アルトハウス／山本尤訳	690
626	E.モラン自伝	E.モラン／菊地，高砂訳	368
627	見えないものを見る	M.アンリ／青木研二訳	248
628	マーラー〈音楽観相学〉	Th.W.アドルノ／龍村あや子訳	286
629	共同生活	T.トドロフ／大谷尚文訳	236
630	エロイーズとアベラール	M.F.B.ブロッチェリ／白崎容子訳	
631	意味を見失った時代〈迷宮の岐路IV〉	C.カストリアディス／江口幹訳	338
632	火と文明化	J.ハウツブロム／大平章訳	356
633	ダーウィン，マルクス，ヴァーグナー	J.バーザン／野島秀勝訳	526
634	地位と羞恥	S.ネッケル／岡原正幸訳	434
635	無垢の誘惑	P.ブリュックネール／小倉，下澤訳	350
636	ラカンの思想	M.ボルク=ヤコブセン／池田清訳	500
637	羨望の炎〈シェイクスピアと欲望の劇場〉	R.ジラール／小林，田口訳	698
638	暁のフクロウ〈続・精神の現象学〉	A.カトロッフェロ／寿福真美訳	354
639	アーレント＝マッカーシー往復書簡	C.ブライトマン編／佐藤佐智子訳	710
640	崇高とは何か	M.ドゥギー他／梅木達郎訳	416
641	世界という実験〈問い，取り出しの諸カテゴリー，実践〉	E.ブロッホ／小田智敏訳	400
642	悪　あるいは自由のドラマ	R.ザフランスキー／山本尤訳	322
643	世俗の聖典〈ロマンスの構造〉	N.フライ／中村，真野訳	252
644	歴史と記憶	J.ル・ゴフ／立川孝一訳	400
645	自我の記号論	N.ワイリー／船倉正憲訳	468
646	ニュー・ミメーシス〈シェイクスピアと現実描写〉	A.D.ナトール／山形，山下訳	430
647	歴史家の歩み〈アリエス　1943-1983〉	Ph.アリエス／成瀬，伊藤訳	428
648	啓蒙の民主制理論〈カントとのつながりで〉	I.マウス／浜田，牧野監訳	400
649	仮象小史〈古代からコンピューター時代まで〉	N.ボルツ／山本尤訳	200

叢書・ウニベルシタス

			(頁)
700	マリア〈処女・母親・女主人〉	K.シュライナー／内藤道雄訳	678
701	マルセル・デュシャン〈絵画唯名論〉	T.ド・デューヴ／鎌田博夫訳	350
702	サハラ〈ジル・ドゥルーズの美学〉	M.ビュイダン／阿部宏慈訳	260
703	ギュスターヴ・フロベール	A.チボーデ／戸田吉信訳	470
704	報酬主義をこえて	A.コーン／田中英史訳	604
705	ファシズム時代のシオニズム	L.ブレンナー／芝健介訳	480
706	方　法　4．観念	E.モラン／大津真作訳	446
707	われわれと他者	T.トドロフ／小野，江口訳	658
708	モラルと超モラル	A.ゲーレン／秋澤雅男訳	
709	肉食タブーの世界史	F.J.シムーンズ／山内昶監訳	682
710	三つの文化〈仏・英・独の比較文化学〉	W.レペニース／松家，吉村，森訳	548
711	他性と超越	E.レヴィナス／合田，松丸訳	200
712	詩と対話	H.-G.ガダマー／巻田悦郎訳	302
713	共産主義から資本主義へ	M.アンリ／野村直正訳	242
714	ミハイル・バフチン　対話の原理	T.トドロフ／大谷尚文訳	408
715	肖像と回想	P.ガスカール／佐藤和生訳	232
716	恥〈社会関係の精神分析〉	S.ティスロン／大谷，津島訳	286
717	庭園の牧神	P.バルロスキー／尾崎彰宏訳	270
718	パンドラの匣	D.&E.パノフスキー／尾崎彰宏，他訳	294
719	言説の諸ジャンル	T.トドロフ／小林文生訳	466
720	文学との離別	R.バウムガルト／清水健次・威能子訳	406
721	フレーゲの哲学	A.ケニー／野本和幸，他訳	308
722	ビバ　リベルタ！〈オペラの中の政治〉	A.アーブラスター／田中，西崎訳	478
723	ユリシーズ　グラモフォン	J.デリダ／合田，中　訳	210
724	ニーチェ〈その思考の伝記〉	R.ザフランスキー／山本尤訳	440
725	古代悪魔学〈サタンと闘争神話〉	N.フォーサイス／野呂有子監訳	844
726	力に満ちた言葉	N.フライ／山形和美訳	466
727	産業資本主義の法と政治	I.マウス／河上倫逸監訳	496
728	ヴァーグナーとインドの精神世界	C.スネソン／吉水千鶴子訳	270
729	民間伝承と創作文学	M.リューティ／高木昌史訳	430
730	マキアヴェッリ〈転換期の危機分析〉	R.ケーニヒ／小川，片岡訳	382
731	近代とは何か〈その隠されたアジェンダ〉	S.トゥールミン／藤村，新井訳	398
732	深い謎〈ヘーゲル，ニーチェとユダヤ人〉	Y.ヨベル／青木隆嘉訳	360
733	挑発する肉体	H.P.デュル／藤代，津山訳	702
734	フーコーと狂気	F.グロ／菊地昌実訳	164
735	生命の認識	G.カンギレム／杉山吉弘訳	330
736	転倒させる快楽〈バフチン，文化批評，映画〉	R.スタム／浅野敏夫訳	494
737	カール・シュミットとユダヤ人	R.グロス／山本尤訳	486
738	個人の時代	A.ルノー／水野浩二訳	438
739	導入としての現象学	H.F.フルダ／久保，高山訳	470
740	認識の分析	E.マッハ／廣松渉編訳	182
741	脱構築とプラグマティズム	C.ムフ編／青木隆嘉訳	186
742	人類学の挑戦	R.フォックス／南塚隆夫訳	698
743	宗教の社会学	B.ウィルソン／中野，栗原訳	270
744	非人間的なもの	J.-F.リオタール／篠原，上村，平芳訳	286
745	異端者シオラン	P.ボロン／金井裕訳	334
746	歴史と日常〈ポール・ヴェーヌ自伝〉	P.ヴェーヌ／鎌田博夫訳	268
747	天使の伝説	M.セール／及川馥訳	262
748	近代政治哲学入門	A.バルッツィ／池上，岩倉訳	348